基金项目

中国工程院重点咨询项目"法医科学与社会治理法治化
战略关系研究"（2019-XZ-31）、中国政法大学研究生产学研项目
"中国与日本死因查明制度的比较研究"（CXY2012）

版权登记号：图字 01-2022-3029 号

法庭科学专论

[美] 麦克斯·M.霍克／著
Max M. Houck

丛　斌／主审
赵　东／主译

Professional Issues in Forensic Science

中国政法大学出版社

2022·北京

图书在版编目（ＣＩＰ）数据

法庭科学专论/（美）麦克斯·M.霍克著；赵东主译.—北京：中国政法大学出版社，2022.11
书名原文：Professional Issues in Forensic Science
ISBN 978-7-5764-0211-7

Ⅰ.①法… Ⅱ.①麦… ②赵… Ⅲ.①法庭－工作 Ⅳ.①D916.2

中国版本图书馆CIP数据核字(2021)第279252号

出 版 者	中国政法大学出版社
地　　址	北京市海淀区西土城路 25 号
邮寄地址	北京 100088 信箱 8034 分箱　邮编 100088
网　　址	http://www.cuplpress.com（网络实名：中国政法大学出版社）
电　　话	010-58908441(编辑室)　58908334(邮购部)
承　　印	北京九州迅驰传媒文化有限公司
开　　本	720mm×960mm　1/16
印　　张	34.25
字　　数	550 千字
版　　次	2022 年 11 月第 1 版
印　　次	2022 年 11 月第 1 次印刷
定　　价	129.00 元

司法文明协同创新中心
法大鉴定编译组

丛书名：法庭科学译丛

主　　编：李　玲

副主编：赵　东　王元凤

编　　委：官大威　李　玲　罗亚平　马荣梁　孟品佳

王元凤　负克明　张翠玲　赵　东　赵　虎

本书翻译人员

主　译：赵　东

主　审：丛　斌

译　者：（按拼音字母排序）

安志远　陈　庆　何红霞　刘鸿霞　刘　京

吕　途　马星宇　申洪伍　宋随民　夏志远

杨雅棋　袁培入　曾　阔

总　序

　　法庭科学是英语"forensic science"的意译，然而其应用不局限于具体的审判法庭，而是可以延伸至法庭空间之外。广义的法庭科学是指运用一切自然科学的理论和技术，研究并解决刑事侦查、审判以及民事纠纷中有关专门性问题的一门学科。法庭科学有时也被称为刑事技术学、司法鉴定学、法科学。法庭科学的发展是司法证明方法进步的结果和体现。伴随人类文明的发展，司法证明方法发生了两次重大的转变：第一次是从以"神证"为主的证明方法向以"人证"为主的证明方法的转变；第二次是从以"人证"为主的证明方法向以"物证"为主的证明方法的转变。科学证据因其独有的自然科学属性而被法庭及法律工作者高度关注，尤其是在英美法系国家。关于证据和科学证据的内涵与外延，国内外专家学说纷杂。张保生教授主张，证据是与案件事实相关的，用于证明所主张事实之存在可能性的信息；邱爱民教授提出，科学证据是指存在于法律实务过程中的，具有科学技术含量，能够证明案件事实或者证据事实的各种信息。

在经历了漫长岁月的打磨之后，法庭科学领域逐渐呈现出以下几方面的问题：第一，不同的文化背景与社会发展程度导致了法庭科学在不同国度之间的个性化发展模式，借鉴国外先进的法庭科学管理理念以及研究方法对于促进我国相关领域的建设具有重要的意义。第二，由于法庭科学与法律以及自然科学具有与生俱来的亲缘关系，"如何在法律的框架下看待科学证据"以及"如何使技术人员更为有的放矢地解决法律问题"已经逐渐占据相关学者的视野。新兴的证据科学便是法庭科学和证据法学两大研究领域交叉融合的产物，以自然科学和社会科学的交叉研究、综合研究为特色。第三，在交叉学科的背景下，从多维度看待科学证据的研究方法正在形成，诸如法庭护理学、法庭地质学以及法庭统计学等新兴法庭科学分支学科也应运而生。

有鉴于此，全世界法庭科学共同体成员间的学术交流、互通有无、取长补短就显得尤为重要。相对于社会科学而言，法庭科学的自然科学属性决定了期刊学术论文是体现该领域的研究进展以及创新性的主要途径。尤其是互联网和电子文献的出现，在极大程度上加快了法庭科学知识的传播速度。但是，众多经典的以及新近出版的法庭科学学术专著仍然是全面系统地了解和掌握法庭科学学科架构以及交叉性研究成果的权威途径。由于语言差异以及国内购买不便等因素，近年来已有数部此类著作被翻译介绍给中国学者，这为中国法庭科学与国际接轨提供了帮助。

为了系统及时地引进国外法庭科学著作，推动证据法学与法庭科学的学科建设与发展，中国政法大学证据科学研究院法大鉴定编译组在推荐国外相关规范的基础上，组织专门队伍开展了"法庭科学译丛"的系列翻译工作。"2011计划"司法文明协同创新中心为此项目提供了平台和支持。"法庭科学译丛"编委会旨在遴选、评估原著的学术价值和对我国法庭科学事业的影响程度，同时对译者的能力和水平进行初步评价。我们力争兼顾著作的经典性与新颖性，以高质量的翻译工作将国外法庭科学领域的代表性学术著作推介给国内的学者；我们期待以"法庭科学译丛"为媒介，打造一个开放性的交流平台，吸引更多的中国学者汇聚到丛书的翻译工作中，为推动中国法庭科学领域的发展贡献力量。

赵　东　王元凤

2015 年 7 月于北京

序　言

　　《法庭科学专论》的原著 *Professional Issues in Forensic Science* 由美国华盛顿特区法庭联合实验室法庭科学部的麦克斯·M. 霍克博士主编，其中文译本由中国政法大学证据科学研究院赵东教授主持完成。赵东教授曾先后在日本和美国留学，故非常重视域外法庭科学相关著作的翻译引进，其先后组织编译了《法医尸检手册》《法医病理学图谱》等专业经典，本书是赵东教授团队的最新译作。中、美两国在多方面存在显著差异，但在打击犯罪、维护社会公平正义方面，两国的法庭科学工作者均进行着持续而卓越的努力，同时面临新的挑战。从这个角度出发，《法庭科学专论》一书对"法庭科学"的理论体系问题给出了一种答案，虽然未必"放之四海而皆准"，但是代表了目前该领域的前沿水平。

　　在现阶段，以大数据、人工智能、高通量生物技术为代表的新兴科技迅猛发展，法庭科学的服务对象、应用场景、理论基础都受到深刻的影响。在这一时代背景下，积极探索符合中国国情的法庭科学发展之路对于国家安全、社会稳定以及全球治理均具有重要意义。当下法庭科学在中国的内容界定、基本原理、价值基础、应用领域、研究方向以及学科建设等一系列理论问题都亟待解答，中国法庭科学的发展需要凝聚共识，汇聚力量，道阻且长，行则将至！

丛斌

河北医科大学

2022 年 11 月 6 日

译者按

非常高兴能够有机缘将麦克斯·M. 霍克博士主编的 *Professional Issues in Forensic Science* 的中文译本《法庭科学专论》介绍给读者。该书最大的特点就是系统完善地阐述了法庭科学相关基本理论问题。全书共分七章：第一章"绪论"，介绍了法庭科学的历史、法庭科学的基本原则等内容。第二章"分析"，介绍了证据收集程序与检验技术要求，以及证据分析与应用的关键问题。第三章"管理问题"，介绍了法庭科学服务的组织，实验室管理的原则、技术与伦理学等。第四章"认可和认证（合格评定）"，介绍了法庭科学"认可与认证"的具体要求。第五章"教育与培训"，介绍了职业安全与健康，职业培训，研究与出版等可持续发展内容。第六章"法律问题"，介绍了法庭科学证据的法律问题。第七章"专业组织和团体"，介绍了法庭科学领域的知名国际组织和协会。上述内容不仅涵盖了法庭科学的传统学术范围，还涉及其与证据法学等相关学科的交叉内容。尤其是职业安全与健康、法庭科学证据法律问题等方面，恰是国内正在兴起，亟待进一步深入研究的领域。与国内同类著作相比，本书内容丰富，阐述翔实，实属难能可贵。

理论与实践相结合也是本书的一大特点，尤其在法庭科学的基本原理、研究对象、工作方法等内容的介绍过程中，作者利用实际工作中常见的场景，对理论问题进行说明，从而使理论鲜活而有生机。从这个角度来说，《法庭科学专论》是一本理论与实践相结合的学术佳作，其为中国法庭科学建设提供了一个可借鉴的域外样本，同时也有助于大家思考中国法庭科学相关制度如何设计才能对该领域的专业发展产生更加积极的影响。限于译者水平，不足之处还望读者不吝批评指正。

赵东

中国政法大学

2022 年 11 月 2 日

目录

第 1 章

绪　论

从学科形成的视角来看，法庭科学发展到现在大约有100 年的历史。作为一门新兴学科，法庭科学的发展依然有很长的路要走。以化学为例，该学科至少可以追溯到 1661年罗伯特·波义耳（Robert Boyle）出版《怀疑的化学家》（*The Sceptical Chymist*）。法庭科学如今刚刚开始探索其方法和历史，用以构建其基本指导理念。随着法庭科学研究、运用的发展，其理论基础显得尤为重要，但是这中间需要几代法庭科学家的共同努力，才能使其得以健全。

法庭科学的历史

J. 希伯拉德，法国，巴黎，法国宪兵队法医和刑事情报局

F. 达乌斯特，法国，巴黎，法国宪兵队刑事调查研究所

术语表

脱氧核糖核酸（Deoxyribonucleic acid，DNA）：限制性片段长度多态性

法庭科学是一门与法律有关的应用科学，它要求众多相

关科学专业以及学科之间的交流互补。犯罪侦查学（criminalistics）这一术语常常作为法庭科学的替代术语使用。按照美国犯罪学委员会的说法，犯罪侦查学被定义为，通过将自然科学应用于法律科学事项，定向解决物证识别、鉴定、个体识别和评估等有关问题的专业和学科。法庭科学，即应用科学原理解决法律问题，其历史悠久且引人入胜。

关于法庭科学用作具体破案方法的最早记载，可以追溯到中国秦朝的一个案件。这一案件的详细信息是在竹简上发现的，而竹简是在坟墓中找到的。竹简内容涉及有关重罪的实物证据的检查。在运用法律和科学基础解决案件之前，证据通常是以无形、神秘、超自然或精神的方式进行评价和保存的，且因社会形态的不同而显现差异。制度上的证据甚至在很长时间内受宗教和信仰的影响。证据常常从上帝的裁判中获取：通过特定考验，确定犯罪嫌疑人是否有罪。例如，基于上帝会支持获胜受试者这一信念，司法决斗和交叉折磨的方法为对立双方之间的裁判提供了可能。当一个人被确定有犯罪嫌疑时，神明裁判法采用对身体进行考验的各种方式，根据最终考验成功与否来确定该人是否有罪。神判证据在历史上处处可见，如古巴比伦的《汉谟拉比法典》、古埃及、欧洲的法兰克和勃艮第地区。

尽管其证据来源于上帝，但这种获得证据的方法被证明存在局限性，因此社会开始把注意力转向认罪和证言，并以此来证明犯罪。这一类要求罪犯承认其罪行的证据，被认为非常重要，以至于需要通过复杂、详细和正式的程序来获取。

与此同时，越来越多的专家被咨询，以解释案件中某些方面的问题。因此，从理发师到内科医生等各类专家被要求就某人死亡的情形发表他们的意见，例如确定死者是否中毒，或者死者身体是否存在可疑的痕迹。武器生产者也常常被要求以类似的方式提出意见。16世纪，一个笔迹专家协会在法国成立，并向法庭提供关于伪造事项的分析意见。虽然供述和证言是犯罪调查的结果且居于刑事诉讼的核心地位，但具有专业性和科学性的专家意见由于必要性也被引入案件审理中。18世纪，美国开始借助专家来解决案件，因为他们具备陪审团所缺乏的专门技术训练和专业背景。

因此，在法律领域，对科学技术的需求与日俱增。然而这些专家意见仅用来支持从供述中获得的证据，而不是取而代之。此外，每一种技术和学科都遵循自己独有的原则，由此形成了许多国家都存在的学科隔阂问题，如法医病理学与法庭科学。

19 世纪下半叶，受一群法医病理学家和法庭科学家的影响，一些新的关于法庭科学与法律的理念和共识被引入。早期工业社会不再满足于认罪，科学必须介入调查过程和案件审理，以便巩固司法制度。由于犯罪学方法和累犯问题的出现，这些先驱使法庭科学得以传播。

当时生效的法律体系对于累犯的处理已经比初犯严厉，因此，确定累犯成了重要问题。阿方斯·贝蒂隆（Alphonse Bertillon）在 19 世纪 70 年代被巴黎警察局录用为簿记员，负责记录犯罪事实、姓名及被捕疑犯的简要描述。他很快意识到相同的疑犯再次被逮捕时，经常使用不同姓名。利用父亲从事人类学工作的优势［路易斯·贝蒂隆（Louis Adolphe Bertillon）博士当时是巴黎人类学学院的教授］，阿方斯·贝蒂隆发现了大量可用于人体测量的方法，并建立了一套系统的测量方法和人像辨认照相方法，用来确定累犯。这个系统自 1882 年在巴黎警察局开始进行实验，在 1888 年由官方最终确立，距其创立已经过了约 10 年时间。此后，刑事人体测量学在全世界得到广泛应用，而阿方斯·贝蒂隆的方法也进入辉煌时期。

阿方斯·贝蒂隆也介绍了在犯罪现场进行刑事摄影的技术，从而彻底改变了处理犯罪现场的原有方法。犯罪现场从此不再转瞬即逝，由于它们可被印刻在照片中，遗留于犯罪现场的痕迹可以被追踪、记录和使用。依据阿方斯·贝蒂隆的理论，人们应该依赖物证线索。以此为契机，现代法庭科学的雏形在欧洲诞生。

早在 1893 年的奥地利，一个叫汉斯·格罗斯（Hans Gross）的法官就已对律师和预审法官推行法庭科学知识的培训。在构思方案和展示方法上，他的工作均体现出了很高的先进性。他的培训向法官提供全面的法庭科学知识，从科学调查一直到法庭分析。他一直把犯罪现场重建作为侦查工作的起点，是首次引入犯罪侦查学一词的人。

在意大利，切萨雷·龙勃罗梭（Cesare Lombroso）自 1876 年起领导了整个研究运动。萨尔瓦多·奥托伦奇（Salvatore Ottolenghi）博士所涉猎的科学范围更为广泛，包括法医病理学、同一认定、人类学、指纹学和心理学的很大一部分。在 1896 年，奥托伦奇创建了一门名为"警察科学"的课程，并在 1902 年创立了一个警察学院。

龙勃罗梭的工作受到里昂思想学派的质疑，包括一位名为亚历山大·拉卡萨涅（Alexandre Lacassagne）的法医病理学家及其学生埃德蒙·洛卡德（Edmond Locard）。他们否定千篇一律解释的任何科学价值（如把任何身上有文身的人视为潜在犯罪分子），并且更普遍地拒绝了天生犯罪人理论。在阿方斯·贝蒂隆还没有开始其在巴黎警察局的工作时，拉卡萨涅教授出于自己研究工作的需要，就已经开始将现代法医病理学与法庭科学结合。作为1895年至1914年《刑事人类学杂志》（*Criminal Anthropology Journal*）的负责人，拉卡萨涅展现了他的影响力和他收集各领域新知识的意愿。洛卡德博士是将法医病理学和法庭科学进行必要结合的最伟大的人。他于1910年在里昂法院顶楼建起了自己的实验室，并将其命名为"人类学和犯罪学鉴定所"。他为世人所周知的是由他首创的物质交换原理，即"每次接触都会留下痕迹"这一法庭科学的基本原则。

瑞士的鲁道夫·阿奇博尔德·赖斯（Rodolphe Archibald Reiss）之所以具有国际地位，是因为他充满活力，有能力将新出现的法庭科学知识与他在犯罪现场和实验室开展的研究工作结合起来。作为洛桑大学法庭科学学院的创始人，他指导学院工作并且教授有关课程。拥有化学博士学位的他成为法庭科学领域最为重要的学者之一。他高度赞扬阿方斯·贝蒂隆所做的贡献（他曾与阿方斯·贝蒂隆共事过数月，尤其是在刑事摄影、刑事人体测量学和"口头肖像"方面），视洛卡德为自己的挚友。赖斯凭借自己卓越的才华和强烈的求知欲，以及在化学、摄影和任何可能有助于犯罪调查的科学与技术方面的研究，成为法庭科学领域的权威。出生于德国的赖斯，很快成为留学人士的典范，并成功获得了瑞士国籍。1909年，赖斯在洛桑大学建立了法庭科学学院。他在1914年离开了瑞士，帮助塞尔维亚官方完成一项任务，即记录奥匈帝国军队在塞尔维亚对其百姓所犯下的战争罪行。他此后一直忙碌于在塞尔维亚的工作，直至1929年去世。

在美国，对抗制的司法制度在一定程度上激励了控辩双方充分运用法庭科学，因此，法庭科学很快成为刑事诉讼的核心。在20世纪20年代后期，洛杉矶警察局局长奥古斯特·沃尔默（August Vollmer）建立了美国第一个隶属于警察局的犯罪侦查实验室。1932年，美国联邦调查局（FBI）犯罪侦查实验室成立。爱德华·奥斯卡·海因里希（Edward Oscar Heinrich）在伯克利大学建立了第一个私人实验室。科学家保罗·柯克（Paul Kirk）继承了海因里希的工作，他认为法庭科学是个体识别的科学，并以自己的努力预测到法庭科学的研究方向。1937 年，柯克在加利福尼亚大学开设了第一门大学犯罪侦查学课程。

值得注意的是，在新概念不断涌现的年代，法庭科学的鉴定方法和鉴定领域时有变化，这动摇着其尚未完全稳固的学科基础。例如，当时已经被大多数外国警察局采用的刑事人体测量学，随着指纹技术这一崭新领域的出现而面临挑战。指纹可为打击累犯和保存犯罪现场痕迹提供有效方法。1823 年，捷克生理学家杨·梅杰·浦肯野（Jan Major Purkinje）描绘了一些指纹乳头状凸起的图画，并称它们可以用于个体识别。1858 年，威廉姆斯·赫舍尔（Williams Herschel）先生在观察孟加拉人用指纹代替签名的身份验证行为之后，开始将此方法用于人身鉴定。1880 年，亨利·福尔兹（Henry Faulds）博士发表了一篇文章，提议收集指印用于确定罪犯。1891 年，胡安·武切蒂希（Juan Vucetich）在阿根廷建立了一个指纹分类系统，该系统在南美洲国家和一些欧洲国家（包括瑞士）一直得到使用，直至计算机时代到来。1892 年，武切蒂希成为第一个通过指纹比对确定罪犯的人。在欧洲，弗朗西斯·高尔顿（Francis Galton）爵士在 1892 年出版的《指纹》（*Fingerprints*）一书中确定了指纹在人的一生中不会发生改变。高尔顿先生也创建了一套分类系统，之后伦敦市警察局局长爱德华·理查德·亨利（Edward Richard Henry）对该系统进行了改进。

在 19 世纪末 20 世纪初伟大先驱的思想迸发涌流之后，他们的继承人和学生［如巴黎的拜尔（Bayle）、德国的迈兹格（Mezger）、瑞典的索德曼（Sodermann）和瑞士的比肖夫（Bischoff）等］开始收集、整合、完善和发展先辈的学术领域和倡议。通过建立系统的科学方法和大学教育，他们使法庭科学变成刑事诉讼过程的固定组成部分。

此后，一些国家不再允许刑事诉讼过程中使用新的法庭科学研究，它们错误地认为法庭科学领域已经成熟。20 世纪 70 年代和 80 年代，英、法两国深受这一态度的影响。在一些依赖罪犯认罪的刑事案件中，这一缺陷变得尤为明显，不仅导致刑事诉讼停滞不前，还导致了科学进步的迟缓。它导致人们放弃了支持法庭科学的创造和发展的科学运动。20 世纪 80 年代末期，一些国家意识到这一不足后，又回归到科学和法律的国际标准，依据这一标准，物证在法庭上作为证据使用之前，需经过收集和处理。进入 20 世纪 90 年代，口供不再是"证据之王"。法庭科学技术已经成为法律制度不可或缺的科学基准，即使不是领先于其他类型的刑事证据，也是紧随其后的。

20 世纪末 21 世纪初，信息技术开始与法庭科学融合。刑事科学技术已经囊括指纹学、弹道学、毒物学、纵火与爆炸调查、文书鉴定、微量分析、交通事故学、人类学和昆虫学等学科。随着新的法庭科学鉴定领域（如 DNA 技术）、管理证据的新工具（如自动指纹识别系统）和新的犯罪手段（如网络犯罪）的出现，法庭科学领域继续扩大。从经典血清学演化而来的 DNA 分型被认为是当代法庭科学个体识别技术的一次革命。20 世纪 80 年代中期，亚历克斯·杰弗里斯（Alex Jeffreys）爵士研发了这项技术，从而实现了对 DNA 图谱的分析。杰弗里斯于 1985 年在《自然》（*Nature*）上发表了自己的成果，在 1986 年应邀运用此技术解决了一宗犯罪案件。与英国皇家内政部法庭科学服务中心合作，他的 DNA 分型技术首次被用来确定杀害英国莱斯特郡的道恩·阿什沃斯（Dawn Ashworth）和林达·曼（Lynda Mann）的凶手科林·皮奇福克（Colin Pitchfork）。20 世纪 80 年代末，随着聚合酶链式反应（PCR）的出现，塞图斯公司（Cetus）继续研发用于个体识别的 DNA 分型和分子生物技术。随着 PCR 技术应用于短串联重复序列（STR），使用微小斑迹、微量 DNA 或者 DNA 片段进行 DNA 分析变成可能，这种情况下较长可变数目串联重复序列则无法提供任何有意义的数据。

尽管 STR 分析与 PCR 扩增联用能够提高法庭科学实验方法的灵敏性并可以从低拷贝 DNA 中获得完整 DNA 分型，但是许多犯罪现场的样本 DNA 常常发生降解，从而导致无法获得确定性结果，这一问题仍有待解决。1996 年，美国联邦调查局 DNA 分析小组开始使用线粒体 DNA。2003 年，STR 引物被重新设计，以便生成较短的扩增产物。这个被称为微型 STR 的方法显著提高了质量较差样本检测的成功率。如今 9 基因座微型 STR 扩增试剂盒已经在市场上销售，15 基因座微型 STR 扩增试剂盒按照不同标准在使用。这些技术可以用于分析遭到破坏和核 DNA 含量较低的生物样本，如毛发、陈旧骨骼或牙齿，并实现了这类证据的检验，而在这些技术出现之前，对此类样本进行比对是不可能的。

虽然我们承认 DNA 分型的个体识别功能非常强大，但是它也存在局限，即 DNA 分型本身缺乏参照标准，无法向调查人员提供与犯罪嫌疑人身份有关的信息。这就是 20 世纪 90 年代中期欧美国家和世界其他国家先后建立起国家 DNA 数据库的原因。这些 DNA 数据库对于联系连环犯罪和未被侦破的重复犯罪案件非常有效。2005 年，几个欧洲国家签订了《普鲁姆条约》。这一条约促进和激励了成员国之间进行 DNA 数据的自动交换，以便更好地打击跨国犯罪。最近，法庭科学家开始将 DNA 数据库用作情报工具，目的是找出身份不明罪犯的亲属。然而，使用 DNA 编码区域确定罪犯表型成为当前争议的焦点。尽管会引起一些伦理和社会问题，但 DNA 数据库无疑已经彻底改变了法庭科学。

电子证据包括广泛的媒介，如光、磁、电和一些种类的复合数据（如音频、影像、桌面应用软件和专用格式），这些媒介可以将电子证据的整个历史变成一系列风格迥异的短篇故事。更普遍地讲，一个常见的故事可能是对电子证据中的数据信息的研究。20 世纪 70 年代，当在阿帕网（ARPANET）发现病毒的时候，研究人员开始研究这些程序的功能并试图找出它们的创造者。在大多数情况下，这个问题并不难解决，因为作者为了增加自己的知名度，会在程序中凸显自己或声明作者身份。尽管最初分析数据信息非常容易，但随着互联网、私人电脑、多版本操作系统的普及以及数据存储空间的暴增，这一工作很快变得非常复杂。庆幸的是，在同一时期，可以使该工作变得自动化的分析工具，例如 Encase、FTK 和 XWays Forensics 等，也在同步发展。这些程序可以用来检索信息，也可以用于快速分析海量不同种类的信息。如今，电子证据囊括了互联网浏览历史、电子邮件内容、即时消息记录、删除数据和加密数据等各种信息。电子证据可以从私人电脑、移动电话、全球定位系统设备、智能芯片卡、嵌入式系统设备和身份证等物品上获得。

如今全世界的法庭科学实验室均明显感受到落实质量管理的必要性，而犯罪实验室认可的概念已经在法庭科学领域受到广泛承认。实验室通过认可程序，才有资格提供某项特定服务。准备申请认可的实验室需建立一个具备目标、管理系统、技术设施的体系。这些信息都要记录在实验室内部质量手册中。到目前为止，全世界法庭科学实验室主要通过美国犯罪实验室主任协会/实验室认可委员会（ASCLD/LAB）支持计划和国际标准化组织（ISO）/国际电工委员会（IEC）17025（ISO/IEC 17025）标准进行认可，这些标准专门用于实验室的检测和校准。这些机构是独立且经过正式授权的。认可过程包括三个阶段，即机构认可准备阶段、获得认可阶段和认可保持阶段。尽管具体的认可过程因认可机构不同而有差异，但每一个申请认可的实验室都必须由一批专家进行评估。在此评估过程中，将依据书面标准对实验室操作和设备进行评估和检测，以确定其是否符合要求。尽管实验室认可存在一些优势和缺陷，但其仍是创建和维护综合质量管理体系的一个重要组成部分。创建于 1992 年的欧洲法庭科学研究所联盟（ENFSI）鼓励实验室采用最佳操作和国际标准，从而保证质量和能力。

法庭科学继续吸纳新领域和新工具，并且依然在证明其活力和实用性。在完成重要原则的制定、科学方法的巩固以及新技术和新功能不断研究开发之后，法庭科学研究人员已经证明这个领域正在成长并且日趋成熟。1993 年，美国多伯特案的判决确定了一项原则，即在采信专家证言之前，法官需要确保这些证言是可靠的、专家有足够的科学知识、专家采用的方法可以合理地应用于手头的案件。现在，证据的解释越来越受科学家和律师的关注与赏识。因此，有人提出了一个促进科学检验可靠性讨论的新视角。与仅仅关注鉴定科学的依据不同，贝叶斯概率能帮助诉讼双方更好地理解对方所提供证据的价值。然而矛盾且讽刺的是，通常这一评价阶段需要依赖德莱弗斯案中亨利·庞加莱（Henri Poincare）、加斯顿·达布（Gaston Darboux）和保罗·阿佩尔（Paul Appell）三位科学家所展现的精彩论证。柯克于 1963 年指出由线索获得证据的不足，并建议运用统计学基础来评价证据的可信性，以解决证据有效性评估问题。

尽管可能有人认为这些进步使法庭科学陷入被质疑的境地，但事实上这些进步恰好对于评估法庭科学非常有利，因为它们确保了从犯罪现场到法庭审判过程的证据链。法庭科学目前的优先事项是在从取样到检查的保管链中适用质量保证标准，监督实验室、专家和犯罪现场调查员，以及了解如何根据案件的事实提出假设。

法庭科学从实用主义角度不断向前发展。起初，需要对累犯进行鉴定。接着，需要将技术操作应用于犯罪调查并且进行经验总结。然后，从取样到检验，操作规范和科学方法被应用到证据链的监管中。而现在，质量管理的应用确保了结果的准确性。为了促进法庭科学进一步成熟，测量不确定度和运用基本科学评价方法将成为我们新的憧憬与展望，而这同样会涉及对科学本身更好的理解。到那时，在审判过程中，法庭科学将会按照公平正义原则（包括机会均等原则）被赋予更为合理的角色。

参见

化学/痕迹/法医地球科学：犯罪现场注意事项；

文件：手写；

形态证据/指纹（指纹分析）：识别和分类。

扩展阅读

Bell, S., 2008. *Crime and Circumstance*: *Investigating the History of Forensic Science*. Praeger Publishers, Westport.

Daubert v. Merrel Dow Pharmaceuticals, no 92 – 102 du 28 juin 1993, rendu par la Cour Suprême des Etats-Unis.

Jeffreys, A. J., Wilson, V., Thein, S. L., 1985. Individual specific fingerprints of human DNA. *Nature* 316, 76–79.

Kirk, P., 1974. *Crime Investigation*. Kriege Science against Crime London Aldus, Malabar, FL.

Kirk, P. L., 1963. The ontology of criminalistics. *The Journal of Criminal Law*, *Criminology and Police Science* 54, 236–241.

Lee, H. C., Palmbach, T., Miller, M., 2001. *Henry Lee's Crime Scene Handbook*. Academic Press, San Diego.

Locard, E., 1931. *Traité de criminalistique vol. I à vii*, Lyon: Joannès Desvigne etfils Editeurs.

National Academy of Sciences, 2009. *Strengthening Forensic Science in the United States*: *A Path Forward*. The National Academies Press, Washington, DC.

Saferstein, R., 2006. *Criminalistics*: *An Introduction to Forensic Science* (*College Edition*), ninth ed. Prentice Hall, NJ.

Tilstone, W. J., Savage, K. A., Clark, L. A., 2010. *Forensic Science*: *An Encyclopedia of History*, *Methods*, *and Techniques*. ABC–CLIO, Santa Barbara.

法庭科学的基本原则

F. 克里斯皮诺，加拿大，魁北克省，三河市，魁北克大学三河校区

麦克斯·M. 霍克，美国，华盛顿特区，联合法医实验室

术语表

　　溯因　一个前提是确定的，而另一个是前提是可能的，通常作为对前者的最佳解释。因此，溯因是我们了解规律和结果，并试图推断出原因的推理类型。

　　演绎　从一般到具体的推理过程，在此过程中结论必然遵循所述前提。因此，演绎是我们通过分析原因和规律来推断结果的推理类型。

　　法庭科学情报　了解如何在整体情报主导的警务策略中，从现场收集、处理和解释线索。

　　启发式　通过仅宽松定义的规则进行推理的过程，通常由反复试验来确定。

　　整体性　强调整体的重要性和各部分的相互依存关系。

　　归纳　从具体的事实或实例中得出一般原则的过程（即从具体到一般的推理过程）。因此，归纳是我们知道因果关系（或一系列因果关系）而试图推断因果关系所遵循规律的推理类型。

　　关联缺失　组织或调查未能认识到不同案件的共同模式。

　　科学　智力和实践活动，包括通过观察和实验对物理世界和自然世界的结构和行为进行系统研究。它也被定义为系统地组织起来的特定学科的知识体系。

　　鉴于法庭科学是在犯罪现场识别和收集物品，然后视其为证据，法庭科学乍一看似乎只是一门实用且涉及广泛的学科，而从业人员则可以通过调整及开发工具和技术，帮助事实审判者（陪审团或法官）解释从涉及犯罪的人员、地点和事物中获取的信息。有一种观点得到支持，即法庭科学没有哲学上或根本上的统一性，而仅仅是对其他学科产生的知识的应用。确实，许多从事法庭科学工作的科学家更倾向于将自己视为化学家、生物学家、科学家或技术人员，很少把自己看作具有共同基本原理的同一知识体系的实践者。

　　即使是 2009 年美国国家科学院的国家研究委员会报告也未能准确界定法庭科学的概念，当然这一概念的模糊与不同领域从业人员所用术语之间的差异有关，他们混淆了法庭科学、刑事侦查学、犯罪学、技术警察、科学警察等词语，并且普遍限制关于分析技术和方法的科学辩论。对法庭科学的独立定义，除了它的法律方面，将支持它的科学地位，并使专家回到有关领域，作为科学家解释他的分析和结果，以协助非专业人员。

什么是法庭科学？

　　从最广泛的意义上说，法庭科学（Forensic Science）被描述为涉及法律问题的科学应用，包含许多学科，如化学、生物学、病理学、人类学、毒理学和工程学。（Forensic 来自拉丁词根 *forum*，即城市的中心，人们在那里解决争端和辩论，从而定义了城市的法律。Forensic 一般指法律或适用于法律。）犯罪学（Criminalistics）一词被用来描述"在与法律相关的事务中，应用自然科学对物证进行识别、鉴定、个体化和评估"的学科。（Kriminalistik 一词在 19世纪末由格罗斯创造，他是刑法和刑事诉讼法研究员，确定了对调查、战术和证据信息进行分类的方法，供法学院的地方法官学习，以解决犯罪问题和帮助对罪犯进行定罪。）在目前的体系中，犯罪学是法庭科学的一部分，这个词具有地区性，并没有普遍适用。在区分这些概念方面的困难，无疑使犯罪学被定义为个体化科学，将这一特定认识论问题的核心与其他科学学科隔离开来。个体化，即确定物品唯一来源的概念，建立了一个线性过程——对个体识别的鉴定或分类，而忽略各种证据的整体性和可变的作用。评估犯罪周围环境时，所面临的挑战是需要整合和组织数据以重建案件或为所审查事件提出备选建议，为此需要多种类型的证据，而某些证据可能存在解释上的细微差别。在使用所谓的法庭科学情报时也是如此，它满足了调查、警察或者安全方面的需求，其中一个主要的失败原因是关联缺失。然而，似乎这两个术语当前的定义几乎没有抓住法庭科学日常实践的本质。

从最广泛的意义上讲，法庭科学通过分析犯罪活动的残留物（证据）来重建过去发生的犯罪事件。这些分析的结果及其专家解释建立了与犯罪事件相关的人员、地点和事物之间的关系。它通过逻辑推理、归纳、溯因和演绎产生这些结果和解释，所有这些构成假设演绎法的框架，当然调查启发式也发挥了作用。将科学信息转化为法律信息是法庭科学的一个特定领域；其他学科必须（或至少应该）将调查结果传达给公众，但是法律经常要求法庭科学将其调查结果传达给法庭。事实上，正如多伯特听证会所说，"由于法律最终必须迅速地解决争端，科学结论可能会被不断修订"。这一向公众和法庭传达的双重困难要求法庭科学家更好地传达他们的工作和结果。科学推论不一定是法律证据，法庭科学家必须认识到，部分基于其科学工作的法律决定可能与他们的专家知识不符。此外，科学家必须用概率论思维来解释所给证据出现的可能原因，而法官必须依据排除合理怀疑的内心确信来处理案件。正如 N. 英曼（N. Inman）和 K. 鲁丁（K. Rudin）所说："我们（科学家）向诉讼各方提供科学结果和信息，但他们缺乏专业知识而无法独立理解这些结果和信息的语义和内涵，因此我们应当就这些内容提供准确、完整的解释。如果我们不这样做，我们的结论往好了说是不完整的，往坏了说是潜在的误导。"

法庭科学的基本单位——痕迹

法庭科学的基本单位是痕迹，即过去犯罪活动的物理遗迹。痕迹，从其本质上说，属于符号：它们代表的不仅仅是自己，还有其来源物品或事件的信号物或符号。一根纤维不等同于它的来源毛衣，一枚指印也不是指尖，气管里的烟灰不代表被火呛到的受害者，血滴也不等同于对受害者施加的暴力，但它们在不同程度上都指向它们的来源（来源物和活动），且具有或多或少的特异关联程度。因此，痕迹是指标数据的一种类型，即指示相关现象，而不是现象本身。痕迹来自于日常生活中围绕着我们的天然和人造物品。实质上，痕迹是在犯罪现场找到且可以提供法庭科学情报或知识的原材料。日常物品及其痕迹，由于与犯罪活动相关而成为证据。例如，一根壁炉拨火棍，当被用于杀人时，就成了凶器。其他含义还应考虑案件的背景、犯罪活动发生的情况以及对事实的审查。

当痕迹被识别，被视为与所调查案件有关（如果模糊不清）时，就会被采集用于解决法庭问题，此时痕迹就变成了证据。错综复杂的痕迹、符号和证据可能阻碍痕迹的发现，而这正是其解释的根源。最初，研究人员和科学家凭借其已有知识，通过观察发现证据，未被识别的痕迹由于不能被发现而不会成为证据。通过灵敏仪器，研究人员和科学家的感官得以增强，使得无论是在现场还是在实验室，潜在证据的数量都大大增加。显微镜、多波段光源等仪器的高灵敏度和低检测限，使得可被识别和收集的痕迹数量大大增加。毋庸置疑，越来越多的证据与证据类型的出现，会使痕迹搜索和解释变得更为复杂。通过系统反馈可以使新的（微观）痕迹被关注，继而改进现场和实验室的搜索方法，以便发现更多的潜在证据。

痕迹是其起源过程的附属物，它们是其来源活动的副产品，是犯罪过程意外遗留的痕迹。为了帮助确定关联性，必须将来源未知的痕迹与已知来源的样本进行比较。比较是法庭科学研究最核心的部分，该方法本质上属于一种诊断方法，最先由乔治·居维叶（Georges Cuvier）开始使用，之后被包括医疗专业人员在内的许多科学从业者使用。[有趣的是，医生兼作家阿瑟·柯南·道尔（Arthur Conan Doyle）在他的小说《神探夏洛克·福尔摩斯》中的"五个桔核"部分也引用了居维叶的方法。] 可疑的痕迹或物品可能有出处（发现时已知的位置），但这不是它们最初的来源。以下几个例子可能有助于理解。

痕迹（可疑的）	来源（已知）
受害者身上的纤维	毛衣
弹药残留	弹药射击物
血滴	身体
门框上的工具痕迹	用于打开门的撬杆
土壤上的鞋印	嫌疑人的鞋子
玻璃上的指印	嫌疑人的手指

为了进行准确的法庭科学分析和比较，收集具有适当代表性的已知样本至关重要。已知样本可以通过各种合法方案进行选择，包括随机抽样、部分抽样和判断抽样，而且必须谨慎选择。因此，痕迹是偶然的，而已知样本是有目的地选择出来的。

迄今为止已讨论的某些结果导致了基于痕迹分析的法庭科学调查的能力和限制。现在人们可以观察到微观到纳米水平的变化，在这种技术条件下，法庭科学家可以利用物理和化学特征来鉴定类似的证据。这使得法庭科学在方法上可以根据其研究对象的需要而灵活多变。时间不能倒流，而且每一个犯罪行为都是独特的，因此在某种程度上，任何一个案件的法庭科学调查和分析都是相结合的，此种情况下没有就一个特定事件（"在所有类似于约翰·戴维斯被棒球棍殴打的情况下……"）发布一般法律的必要。推论必须以明确的不确定性陈述得出；当新的数据影响到痕迹的相关性时，应该修改推论。因此，寻找痕迹是一个递归启发式过程，要对当前案件环境进行充分考虑，激发研究人员或科学家的想象力、专业知识和能力，从而提出想象性假设。

两条本土原则

有了这个框架，两个原则可以被认为是哲学上支持和构建法庭科学的主要本土原则。在这方面，原则被理解为通用的理论陈述，在推导开始时就已经确定，而不能从所考虑系统的任何其他陈述中被推断出来，并使研究领域具有连贯性。它们提供了推导其他真理的基础，并定义了一种范式（即一个普遍认识论观点，一种观察自然世界的新概念），这种范式是经验主义者从一个经证实的传统中提出的，并为该领域的从业者所接受。最终，这种范式甚至可以引导感知本身。

尽管在其他学科也有相似但不等同的版本，但是洛卡德的物质交换原理依然是法庭科学的核心原则。洛卡德从来没有这样说过这个以他的名字命名的原则，但"每次接触都会留下痕迹"是一个被大家普遍接受的金句。洛卡德的物质交换原理涵盖了所有形式的接触，从生物到化学，再到物理，甚至数据痕迹，它扩展了法庭科学的通常观念，而不仅仅是处理物理痕迹。

其推论之一是，痕迹沉积是连续且不可逆的。接触次数的增加、涉及的证据类型以及交叉转移（A-B 和 B-A）的增加，都增加了在短期内和暂时性密切行为中确定痕迹相关性的复杂性。

即使"没有证据不等于不存在证据"这一潜在的谬论也导致了对证据的本质或可证明性的广泛讨论，其目的是确定的，尽管对概念的实际方面（缺乏敏感性、相关痕迹模糊、人类弱点、实际缺失等）已经作出了解释。物质交换原理需要解决三个层面的问题：首先是物理层面，涉及材料的转移、保持、持久性和亲和力，这些可以更好地说明痕迹交换是从一个来源到另一个来源的过程。其次是情景或语境层面，即对犯罪事件发生的环境和状况的了解，并为任何证据的发现、识别和确定近似显著性设置模型。最后是情报层面，包括对单个事件或系列犯罪行为的了解，与当前犯罪趋势有关的具体问题，以及相关实体部门（警察、科学家和律师等）之间的沟通；这些组成部分有助于相关领域的研究人员专注于更有意义的痕迹，否则这些痕迹可能不会被发现。

争议较大的原则是柯克的个体化原则。同样，柯克除了提到犯罪学是个体化科学，并没有提及其他。该原则以最强的形式假定，宇宙中的每一个物体都可以被演示性地放置到一个只有一个元素的集合中。因此，他断言"宇宙中每一个物体都是独一无二的"。路德维希·约瑟夫·约翰·维特根斯坦（Ludwig Josef Johann Wittgenstein）等哲学家认为，如果没有明确的规则或限制，类似"相同"或"不同"的词语基本上是没有意义的。毫无疑问，所有事物都是独一无二的，两个相同的事物仍然可以用数字来区分，但核心问题是，它们能在检测分辨率上被区分吗？简单地说"所有的东西都是独一无二的"在法律上是没有用的。例如，同一根手指留下的每枚指印都是唯一的，但为了使其有用，每一枚指印还必须能够追溯到其手指来源。唯一性对于个体化而言是必要条件，但还不够充分。因此，关联程度才是最重要的，即被比较的两个事物相似程度和差异程度有多大。如 S. A. 科尔（S. A. Cole）所言，"区别事物靠的不是唯一性，而是它们的鉴别能力：我们在掌握一定的检测参数和操作规则的情况下，有能力以一定的特异性，判断出这些物品痕迹的正确来源"；或如 J. W. 奥斯特伯格（J. W. Osterberg）所述，"在科学现状允许的范围内尽可能地接近个体化"。通常需要统计数据来准确地表示可重现的比较等级。实际上，P. L. 柯克（P. L. Kirk）指出，个体化不是绝对的。["站在证人立场上，犯罪学家必须愿意承认，绝对身份是不可能建立的……不称职的或有偏见的证人可以很容易地证明一种身份，或证明一种实际上并不存在的身份。之所以会出现这种情况，是因为他对身份的本质感到困惑，他无法评估他的观察结果，或者是因为他的一般技术缺陷而无法获得有意义的结果。"（柯克，1953 年；强调补充。）]

非本土原则

其他学科的许多指导原则都适用于法庭科学，其中一些来自地质学——一门与法庭科学同源的历史性学科。这些原则并非来自法庭学科，而是源于其他学科，但这并不意味着，它们在某种程度上不如洛卡德或柯克的原则重要。在许多方面最重要的外部原则是均变论（Uniformitarianism），其最早由詹姆斯·赫顿（James Hutton）提出，由查尔斯·莱尔（Charles Lyell）推广，最终由威廉·休厄尔（William Whewell）创立。这一原则表明自然现象不会随着时间而改变范围、强度或效果。换言之，"现在是过去的关键"，这个原则意味着，现在的火山与 200 年或 2 亿年前的火山活动方式相同，因此地质学家可以通过当前的结果来解释过去事件的数据。同样，在法庭科学中，今天在实验室发射的子弹，与 2 天、2 周或 2 年前实施犯罪时所发射的子弹相比，其范围、强度或效果并没有什么变化。法庭科学对犯罪过程进行复制或重构的分析也是如此。均变论为历史性学科提供了一定程度的客观性，它通常提出假设或关联，然后对特定的情况进行检验。

适用于法庭科学的另外三个地质学原则如下：

● 叠加原则：在物理分布中，较老的材料位于较新的材料的下面，除非之后有行为改变了这种分布。

●横向连续性原则：分离但相似的层，可以被认为来自同一沉积时期。

●年代学原则：它指的是数量模式下的绝对日期（例如"上午 10：12"或者"1670—1702 年"）以及关系模式下的相对日期（即较旧或较新）。

这三个原则归功于尼古拉斯·斯丹诺（Nicolaus Steno），而威廉·史密斯（William Smith）使其正式化并付诸应用。法庭科学应用叠加原则的其中一个例子是，轮胎表面有不同土壤的堆积，最外层距离现在时间最近。横向连续性原则的一个很好的例子是发生在攻击过程中的纤维交叉转移，因为在事件发生之前独立转移和扩散是不可能的。绝对年代学原则的一个简单例子就是零售商店的采购收据上的时间/日期戳。相对年代学原则的例子比比皆是，从已停产商品的年代下限，到温度高于或低于应有水平。

参见

基础：法庭科学情报；法庭科学的历史；鉴定/个体识别的概述和意义；法庭科学家使用的符号学、启发式和推理；证据的统计学解释：贝叶斯分析；法庭科学证据解释的频率论方法；

基础/基本原理：测量不确定度；

形态证据/指纹（指纹鉴定）：摩擦脊线检查——解释和比较方法。

扩展阅读

Cole, S. A., 2009. Forensics without uniqueness, conclusions without individualization: the new epistemology of forensic identification. *Law, Probability and Risk* 8, 233-255.

Crispino, F., 2006. *Le principe de Locard est-il scientifique? Ou analyse de lascientificité des principes fondamentaux de la criminalistique*. Editions Universitaires Européennes No. 523, Sarrebrücken, Germany, ISBN 978-613-1-50482-2 (2010).

Crispino, F., 2008. Nature and place of crime scene management within forensic sciences. *Science and Justice* 48 (1), 24-28.

Dulong, R., 2004. La rationalité spécifique de la police technique. *Revue Internationalede Criminologie et de Police Technique* 3 (4), 259-270.

Egger, S. A., 1984. A working definition of serial murder and the reduction of linkage blindness. *Journal of Police Science and Administration* 12, 348-355.

Giamalas, D. M., 2000. Criminalistics. In: Siegel, J. A., Saukko, P. J., Knupfer, G. C.

(Eds.), *Encyclopedia of Forensic Sciences*. Academic Press, London, pp. 471-477.

Good, G. (Ed.), 1998. *Sciences of the Earth*, vol. 1. Garland Publishing, New York.

Houck, M. M., 2010. An Investigation into the Foundational Principles of Forensic Science (Ph. D. thesis). Curtin University of Technology, Perth.

Inman, N., Rudin, K., 2001. *Principles and Practice of Criminalistics: The Profession of Forensic Science*. CRC Press, Boca Raton, FL, pp. 269-270.

Kirk, P. L., 1953. *Crime Investigation: Physical Evidence and the Police Laboratory*. Interscience, New York, p. 10.

Kirk, P. L., 1963. The ontogeny of criminalistics. *Journal of Criminal Law, Criminology and Police Science* 54, 235-238.

Kuhn, T., 1970. *La structure des révolutions scientifiques*. Flammarion, Paris.

Kwan, Q. Y., 1976. Inference of Identity of Source (Ph. D. thesis). Berkeley University, Berkeley.

Mann, M., 2002. The value of multiple proxies. *Science* 297, 1481-1482.

Masterman, M., 1970. The nature of a paradigm. In: Lakatos, I., Musgrave, A. (Eds.), *Criticism and the Growth of Experimental Knowledge*. Cambridge University Press, Cambridge, pp. 59-86.

Moriarty, J. C., Saks, M. J., 2006. Forensic Science: Grand Goals, Tragic Flaws, and Judicial Gatekeeping. Research Paper No. 06-19. University of Akron Legal Studies.

National Research Council Committee, 2009. Identifying the Needs of the Forensic Science Community, Strengthening Forensic Science in the United States: A Path Forward. National Academy of Sciences Report. National Academy Press, Washington, DC.

Osterburg, J. W., 1968. What problems must criminalistics solve. *Journal of Criminal Law, Criminology Police Science* 59 (3), 431.

Schuliar, Y., 2009. La coordination scientifique dans les investigations criminelles. Proposition d'organisation, aspects éthiques ou de la nécessité d'un nouveaumétier (Ph. D. thesis). Université Paris Descartes, Paris; Université de Lausanne, Lausanne.

Sober, E., 2009. Absence of evidence and evidence of absence: evidential transitivityin connection with fossils, fishing, fine-tuning, and firing squads. *Philosophical Studies* 143, 63-90.

Stephens, C., 2011. A Bayesian approach to absent evidence reasoning. *InformalLogic* 31 (1), 56-65.

US Supreme Court No. 92-102, 1993. William Daubert, et al., Petitioners v. Merrell Dow Pharmaceuticals, Inc. Certiorari to the US Court of Appeals for the NinthCircuit. Argued 30 March 1993. Decided 28 June 1993.

Wittgenstein, L. , 1922. *Tractacus Logico-Philosophicus*. Gallimard, Paris. Tel 311.

相关网站

http://www. all-about-forensic-science. com：All-About-Forensic-Science. com Definition of Forensic Science.

http://www. forensic-evidence. com：Forensic-Evidence. com.

http://library. thinkquest. org：Oracle ThinkQuest d What is Forensics?

转 移

C. 鲁，澳大利亚，新南威尔士，悉尼科技大学

J. 罗伯逊，澳大利亚，堪培拉，堪培拉大学

> **术语表**
>
> **差异性脱落**　由两种或两种以上纤维组成的织物，其纤维不一定按照供体织物纤维构成比例进行脱落的现象。
>
> **首次转移**　纤维直接由供体物品向受体物品转移的过程。
>
> **二次转移（或多次转移）**　转移到受体物品的纤维，在二次接触（或多次接触）过程中再次转移到其他物品的过程。

引 言

　　纺织品被发明之后，可能就存在纤维转移了。然而直到 20 世纪，人们才意识到纤维可能具有法庭科学价值。虽然没有一个人可以被誉为将纺织品作为痕迹证据来源的第一人，但基于痕量物质转移的普遍特性，被大量引用的洛卡德的物质交换原理被普遍视为现代刑事科学技术的起点。从更广泛的意义上说，痕迹越来越被视为法庭科学的核心，因为它们的存在提示某个人曾出现或某件事曾发生。因此，痕迹可以被视为关于犯罪本身的最基本的"物理的"信息。了解纤维转移的基本原理，以及这些信息如何影响纤维证据的解释，对于法庭纤维专家非常重要。

转移

20 世纪 70 年代以来，包括 C. A. 庞兹（C. A. Pounds）、K. W. 斯莫尔登（K. W. Smalldon）、M. C. 格里夫（M. C. Grieve）、J. 罗伯逊（J. Robertson）和 C. 鲁（C. Roux）在内的众多核心工作人员的研究，为法庭科学调查过程中对纤维转移和持续性的解释提供了坚实的基础。

用于室内座套、地毯和服装的纺织物，是使用多种机械和许多不同类型的纤维制造而成的。纤维的转移将受多种因素的影响，如纤维结构、纤维类型以及接触的特点。通常，接触发生在穿衣个体之间，或个体与座位、地毯之类的物品之间。

转移的影响因素

在一般情况下，以下几个方面被证明是在接触过程中影响纤维转移数量的因素。

纤维的类型

这对供体物品和受体物品都很重要。一些纤维织物被认为可以转移更多的纤维，例如，与涤纶（聚酯）纤维织物相比，羊毛和腈纶（丙烯酸）纤维织物可脱落更多的纤维。织物纤维转移潜力的大小被称为"脱落性"（shedability），可以用于评估供体物品的脱落能力。在实际案件中，对纤维供体的脱落性进行评估可能有利于破案。简单的胶带粘贴法只能粗略地指示脱落能力。几位作者提出使用模拟接触设备来评估脱落能力。脱落能力大小的粗略顺序是：羊毛≥腈纶≥棉花>人造丝（粘胶纤维）>涤纶>尼龙。

脱落能力不只取决于纤维类型，织物结构和磨损状况也是关键因素。

纤维形态和厚度

有证据表明，在一种纤维中，较细的纤维比较粗的纤维转移数量更多。这可能与更细的纤维比更粗的纤维更易碎裂有关。

研究表明，在相同条件下，由超细纤维构成的织物可以产生比棉花多 7 倍的纤维（然而，它们比棉花更难检测和收集）。

织物纹理和结构

就相同的纤维类型而言，一般情况下，粗糙织物会比光滑织物转移更多的纤维。然而，这一说法过于简单。织物的结构也很重要。这涉及众多的因素，如上文所述，脱落能力由纤维类型、织物构造和物品状态（即穿着程度）等因素交互作用而决定。

接触位置

通常，接触面积越大，纤维转移越多。

接触次数

如果接触次数不多，那么转移纤维的数量随接触次数的增加而增加。随着接触次数继续增加，一些纤维又返回到供体物品。

压力或接触力

到达平台期之前，转移纤维的数量会随着压力或接触力的增加而增加，此后继续增加压力和接触力，对转移纤维的数量不再有影响。压力也影响转移纤维的尺寸，压力越大，较短纤维的比例越高。

差异性脱落

大多数研究表明，由两种或更多种纤维组成的织物，不同类型纤维的脱落比例不一定与供体物品纤维组成比例相同。一个复杂且有时容易被忽略的因素是，制造商的标签可能给出重量比例，而非纤维或纱线的数量比例。差异性脱落的深层原因包括织物结构：只有一种纤维或纱线在织物暴露表面的外侧，因而不同类型纤维的脱落能力不同。考虑差异性脱落的必要性在一些已发表的案例研究中得到了证明。在案件中，（通过直接观察）获得的纤维比例明显与推定供体不同，而法庭科学家有义务解释这种明显的差异。该过程通常涉及模拟实验。纤维持续性的影响是使解释变得复杂的另一个原因。

首次和二次转移

在上述讨论中，转移指的是首次转移，即从供体物品直接转移到受体物品的过程。首次直接接触，可导致数百甚至数千个纤维的转移。不难理解，在后续的接触过程中，这些转移的纤维可能被继续"转移"。一个很好的例子是，在电影院，第一个人在座位上留下数以千计的纤维，然后另一个人坐在同一个座位上，其中一些纤维就会转移到第二个人的衣服上，这就是二次转移。至少在理论上，三次及三次以下的转移是可能的。在案件中，法庭科学家必须对这种转移的可能保持警惕。通常情况下，嫌疑人是其社交群体的一部分，通过非直接接触导致纤维抵达他们的衣服的可能性已经存在。因此，对纤维位置和数量的解释需要谨慎。一个复杂的因素是，没有一个最低纤维数量可以用来鉴定二次转移或后续转移。

特殊情况

大多数公开研究使用的是服装。然而，纤维可以从任何织物表面转移，例如室内沙发套和地毯。影响毯子、床单和座椅套等物品纤维转移的因素与一般情况没有什么不同。对于地毯纤维的转移，应该有一些不同的考虑，特别是纤维受体面是鞋的情况。地毯只是其他织物的子类别，尽管它们的构造可能是决定其脱落能力的主要因素。鞋显然是作为受体表面的一个特殊情况。鞋底的组成和粗糙度是要考虑的重要参数。纤维转移到鞋表面的机理与织物之间纤维转移的机理不同。在某些程度上，纤维转移到鞋上可能更类似于转移到任何其他物体上。图 1 展示的是一例鞋底和汽车地毯相互接触后的实验结果。这些数据是解决谋杀案件的关键。鞋表面纤维的持久性问题，会在本书的其他部分讨论。

纤维转移的另一个特殊情况是从织物转移到穿着织物的人身上。最好的例子是抢劫中经常被穿戴的面具或巴拉克拉法帽（balaclava）。有时，强盗可能会丢弃其他衣服。通过研究纤维的转移来确定衣物与疑犯存在接触，也是有可能的。从死者或据称受害人的身体中收集纤维及该过程提供证据的可能性被认为过小。

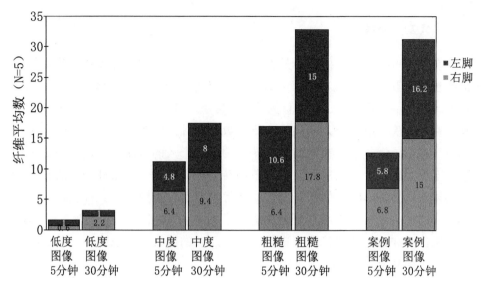

图1 案件数据与实验数据对比的典型例子（在这种情况下，汽车地毯纤维在不同鞋底上的转移）

纤维转移机制

关于纤维转移机制的理论非常多，但尝试获取实验证明的例子少之又少。有人提出，一般情况下，纤维从织物转移到织物可能涉及如下三种机制：

- 织物表面已经存在的游离纤维的转移；
- 通过摩擦从织物中拉出的松散纤维的转移；
- 由接触本身产生的游离纤维的转移。

一般情况下，纤维的静电吸引不是重要的影响因素。然而在特殊情况下，静电吸引可能是一个影响因素。这个讨论集中于游离纤维的转移，而不是通过物理手段从织物上撕裂或截取的纱线或片段的转移。

纤维转移：一个动态的过程

通常情况下，犯罪的实施与疑犯被逮捕之间会有时间差。有证据显示，纤维的转移属性可随着时间的推移而改变。这可能与磨损、洗涤或其他作用有关。一般而言，随着时间延长，服装纤维脱落的数量会逐渐减少。对犯罪行为发生与嫌疑物品被提交检验间隔时间较长的案件，应当小心谨慎。当做出关于是否进行仿真实验的决定时，需要考虑该因素。

纤维转移模型的建立

纤维转移（以及其他影响因素）的知识对于正确解释纤维证据至关重要。如果有人希望回答关于给定案件的纤维种类和数量是否符合接触指控的问题，这类知识就显得非常重要。换句话说，纤维转移（和持续性）的知识有助于回答一些典型争议问题，如"如果存在接触，那么在给定情况下，确定纤维种类和数量的概率是多少？""如不存在接触，确定纤维种类和数量的概率是多大？"

自 1975 年以来，人们进行了大量关于纤维转移和持续性的研究。尽管仍难以对结果进行完整和准确建模，但仍有大量信息和数据可以利用。关于如何将这些评估与贝叶斯框架中的一般调查结果和信息相结合，我们会在本书的其他部分进行介绍。

总结性评论

最后，法庭科学家通过研究纤维转移获得以下类型的信息：

- 确定发生了什么？——谁参与了以及如何参与的？
- 事件发生在哪里？如果是在房子里或汽车里，谁是占有者或所有者？
- 如有性侵害，是发生在床上还是地板上？是否可以重建事件的顺序？是否出现床罩？床罩是否被移动过？
- 事件何时发生？在现场调查之前是否存在时间耽搁？
- 在事件发生以前，涉案人员是否可以以合法形式进入现场或以合法形式接触其他人员？
- 对于罪犯穿什么衣服，是否存在可靠的描述？
- 在案件发生过程中，什么衣物被带走了？

如果法庭科学家要通过有价值的实验对犯罪现场进行重建，这些信息就非常必要。对于纤维证据的解释，未曾有过简单的答案。解决该问题需要考虑的几个方面，我们放在本书其他部分进行描述。

参见

化学/痕量/纤维：纤维：概述；鉴定和比较；纤维证据的解释；持续性和收集。

扩展阅读

Bresee, R. R. , Annis, P. A. , 1991. Fibre transfer and the influence of fabric softener. *Journal of Forensic Sciences* 36 (6), 1699–1713.

Burch, H. J. , 2008. The Transfer and Persistence of Fibres on Bare Skin (Thesis Submitted to Centre of Forensic Science) . University of Strathclyde.

Cordiner, S. J. , Stringer, P. , Wilson, P. D. , 1985. Fibre diameter and the transfer of wool-fibres. *Journal of the Forensic Science Society* 25, 425–426.

Coxon, A. , Grieve, M. , Dunlop, J. , 1992. A method of assessing the fibre shedding potential of fabrics. *Journal of Forensic Sciences* 32 (2), 151–158.

De Wael, K. , Gason, F. , 2008. Microfibre transfer experiments. *Global Forensic Science Today* 4, 31–37.

Grieve, M. C. , Biermann, T. W. , 1997. Wool fibres—transfer to vinyl and leather vehicle seats and some observations on their secondary transfer. *Science & Justice* 37 (1), 31–38.

Kidd, C. B. M. , Robertson, J. , 1982. The transfer of textile fibers during simulatedcontacts. *Journal of the Forensic Science Society* 22, 301–308.

Merciani, P. , Monard Sermier, F. , Buzzini, P. , Massonnet, G. , Taroni, F. , 2003. A study of the cross transfer of fibers. *Forensic International* 136 (1), 123.

Palmer, R. , Burch, H. J. , 2009. The population, transfer and persistence of fibres on the skin of living subjects. *Science & Justice* 49 (4), 259–264.

Parybyk, A. E. , Lokan, R. J. , 1986. A study of the numerical distribution of fibre stransferred from blended products. *Journal of the Forensic Science Society* 26, 61–68.

Pounds, C. A. , Smalldon, K. W. , 1975a. The transfer of fibers between clothing materials during simulated contacts and their persistence during wear—part 1: fibre transference. *Journal of the Forensic Science Society* 15, 17–27.

Pounds, C. A. , Smalldon, K. W. , 1975b. The transfer of fibers between clothing materials during simulated contacts and their persistence during wear—part 3: a preliminary investigation of mechanisms involved. *Journal of the Forensic Science Society* 15, 197–207.

Robertson, J. , Grieve, M. C. (Eds.), 1999. The Forensic Examination of Fibers. Taylor and Francis, London. Robertson, J. , Lim, M. , 1987. Fibre transfer and persistence onto car seats and seatbelts. *Canadian Society of Forensic Science Journal* 20（3），140-141.

Roux，C.，1997. La Valeur Indiciale des Fibers Textiles Decouvertes sur un Siege deVoiture：Problemes et Solutions（Ph. D. thesis）. University of Lausanne.

Roux，C.，Chable，J.，Margot，P.，1996. Fibre transfer experiments on to car seats. *Science & Justice* 36，143-152.

Roux，C.，Langdon，S.，Waight，D.，Robertson，J.，1998. The transfer and persistence of automotive carpet fibers on shoe soles. *Science & Justice* 39，239-251.

Salter，M.，Cook，R.，1996. Transfer of fibres to head hair, their persistence and retrieval. Forensic Science International 81，211-221.

Salter，M. T.，Cook，R.，Jackson，A. R.，1984. Differential shedding from blended fabrics. *Forensic Science International* 33，155-164.

Salter，M. T.，Cook，R.，Jackson，A. R.，1987. Differential shedding from blended fabrics. *Forensic Science International* 33（3），155-164.

Siegel，J. A.，1997. Evidential value of textile fibre—transfer and persistence of fibers. *Forensic Science Review* 9，81-96.

Szewcow，R.，Robertson，J.，Roux，C. P.，2011. The influence of front-loading and top-loading washing machines on the persistence, redistribution and secondary transfer of textile fibres during laundering. *Australian Journal of Forensic Sciences* 43（4），263-273.

Technical Working Group for Materials Analysis，1997. Forensic Fiber Examination Guidelines. Federal Bureau of Investigation，Washington DC.

持续性与收集

C. 鲁，澳大利亚，新南威尔士，悉尼科技大学

J. 罗伯逊，澳大利亚，堪培拉，堪培拉大学

R. 帕默，英国，泰恩河畔纽卡斯尔，英国诺森比亚大学

术语表

　　差异性损失　一个纤维混合物中，不同类型纤维损失的比例不一定相同。

　　纤维污染　被指控有关联的两个物品，在指控关联发生后出现的接触或纤维转移。

　　收集方法　用于收集相关物品表面纤维的方法。

引　言

洛卡德的物质交换原理最简单的表述是"每次接触都会留下痕迹"。因此，如果找到犯罪的所有痕迹，我们就可以重建事件发展的整个过程，并追溯到某个个体或地点。在现实世界中，即使转移已经发生，也未必能被检测到。出现这种情况的原因有几种。转移物质的量过小，导致不能通过现有技术检测或识别。此外，随着转移的发生，微量物质也逐渐损失。转移纤维的持续性太差，使得在转移后非常短的时间内无法被检测。因此，在正常情况下，只有可能证明接触存在，而不能证明其不存在。本部分概述了纤维的持续性及其在纤维证据解释中的意义。

然而，这种假设建立在尽一切努力收集纤维的基础上。因此，本部分还概述了现有的方法，以及提交给实验室的和犯罪现场出现的纤维证据的收集和保存途径。本部分概述的纤维证据收集方法和途径，应使读者能够了解，在最基本也是最重要的纤维检查问题上，纤维检查人员所面临的实际情况和困难。

持续性

20 世纪 70 年代以来，包括庞兹、斯莫尔登、格里夫、罗伯逊和鲁在内的众多重要工作人员的研究为法庭科学调查中对纤维转移和持续性的解释提供了坚实的基础。

在一定程度上，持续性决定了纤维在转移以后能否被发现。无论纤维转移数量是多少，或者受体表面的性质如何，纤维从转移开始就快速损失。在最初的几个小时内，损失率可高达 80%，24 小时后的比例只有几个百分点（如图 1）。因此，在指控的事件发生后，尽快收集原告和疑犯的有关物品是至关重要的。

在某些情况下，纤维损失可能不会遵循经典的纤维损失曲线。例如，转移到汽车内部的纤维将表现出经典的纤维损失曲线，但总体时长增加。与衣物和衣物的接触相比，此类接触发生后，纤维可能保留数周。在露天环境中或偶尔在自杀者的身体或衣物上，纤维可以保留更长时间。在后面的两个例子中，天气可发挥重要的作用。还有转移到头发上的纤维持续性问题，在这种情况下，洗发等梳妆行为将是关键因素，此外还有鞋表面纤维持续性问题。

在最后一个例子中，如果没有出现粘在或淤积在鞋底的物质等特殊情形，纤维持续性通常很差，只能保持几分钟。

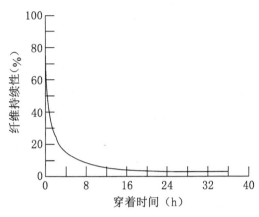

图1 衣物上的纤维持续性

影响持续性的因素

接触引起纤维转移后，纤维损失过程将立即开始。一些可以对损失率造成影响的因素如下：

- 接触的压力——接触压力越小，持续性越差；
- 接触的位置——更易于接触其他区域的，纤维更易于损失；
- 受体衣物穿着状态——当穿衣者在接触后移动时，纤维损失更快；
- 与纤维转移区域接触的其他衣物的位置——当其他衣物穿在纤维受体的外面或上面时，纤维损失更快。

纤维尺寸和形态的影响

2.5毫米以下的短纤维比长纤维持续性强。微纤维是一种特殊情况。与"天然"纤维相比，微纤维损失的总体模式基本相同，但具有更强的持续性，这尤其体现在微纤维向微纤维衣物转移的情形中。

差异性损失

光滑的聚酯纤维比粘胶纤维损失得更快。通常认为混纺织物中不同类型纤维的损失率不同。因此,一段时间后,这个因素将增加前面提到的纤维转移率的潜在差异。在极端的例子中,来自混纺物的一种或多种类型的纤维可能不能被收集。如果不进行说明,织物来源的解释就变得很困难。

衣物清洗的影响

关于各种清洗方式的影响的研究已经表明,清洗会导致纤维损失,但更重要的是,清洗后收集纤维仍然是可能的。一般来说,根据收集纤维的位置来解释接触的意义时应当非常谨慎,因为存在纤维重新分布的可能,尤其是在衣物已经被清洗的情形。

纤维结合

三种结合状态被提出并用于解释衣物与衣物接触后的纤维持续性,即松散结合状态、一般结合状态和牢固结合状态。松散结合状态和一般结合状态的纤维会最先损失,而牢固结合状态的纤维被固定在受体织物织线内。所选择的纤维收集方法应满足最大限度获取有证据价值的纤维的要求。

纤维的再分布

有必要指出的是,持续性也可能涉及已转移纤维从原转移点移动和重新分布。这种情况的发生明显取决于受体衣物或物品的移动量。比如,在静止尸体再分布的情形中,纤维再分布的可能性将非常小(尽管尸体被移动到太平间的过程中也可能发生)。在其他情况下,发生纤维再分布的可能性非常大。如上所述,衣物被清洗属于典型情形。因此,虽然应考虑收集纤维的位置,但在转移后状态不明确的情况下,就需要小心谨慎。

收集方法

可以用于纤维收集的方法有很多,方法的选择取决于物证的状况、性质以及检查人员的个人偏好。收集方法应当:

- 简单(易于使用);
- 快速(时间效率高);
- 有效(收集效果最佳);

- 保存证据（防止污染）；
- 允许简便的后续搜索（时间效率高）。

可以说，一些可用的方法可能比其他方法更符合这些标准。在这里，应当考虑每个方法的相对优点和缺点。当建立搜索策略时，应提醒纤维检测人员注意收集可能的微量生物材料。

视觉搜索

这种方法显然是纤维收集最简单的方法。对物品的视觉搜索可能发现转移的纺织材料，无论是以簇还是单纤维的形式。这种搜索通常可以使用放大镜来完成，并且非常适合盗窃等情况［罪犯常在进入处（例如破窗）留下纤维］。在处理诸如刀具之类的武器，或者处理一个被物品（如地毯）包裹、运输、丢弃的尸体衣物时，也可以考虑这种方法。这种材料可以使用镊子拾取，然后放置在密封、标记好的容器中，待进一步检查。这种方法的优点是可以从容器中快速取得收集的纤维，以供后续检查，而不必在"背景"杂物中进行搜索。可疑物品（如鞋）本身可能很难保持纤维，但从鞋的缝隙或某些黏合介质上（如口香糖）可能捕获一些纤维，这时上述收集纤维的方法就非常有用。在这种情况下，低倍率体视显微镜可以为纤维的检测和收集提供极大的帮助。在尝试任何其他方法之前，应该考虑这种方法。

纤维主要以单个微小丝屑而非以可见的簇或线的形式转移，因而它们通常在肉眼看来并不明显，必须采用从物品中收集和搜寻一般纤维碎片的其他方法。

胶带粘取表面残渣

通过使用透明胶带，可以从衣物或其他物品表面收集外来纤维。胶带获取纤维的操作是这样的：手持胶带长轴，保持粘面朝下，在可疑物体表面系统地轻拍（如图 2）。然后将胶带粘贴到透明塑料片上，有效地保存所收集的纤维杂物。重复这个过程，直到粘贴完所有可疑的表面。然后清楚地标记已完成上述过程的胶带，并放置在已适当标记的防油信封内或类似容器中。作为替代方法，胶带可以固定在一个"辊子"（roller，可从五金商店获得，通常用于按压壁纸边缘）上，用于系统地在衣物表面滚动，必要时更换胶带。

该方法可以更大程度地控制胶带粘取的压力，从而提高收集过程的效率。

图 2　使用透明胶带从衣服上获取纤维

除了可以高效地保存所收集的纤维杂物之外，表面杂物粘取法还允许使用低倍率体视显微镜进行后续的简易搜索。在所有可能匹配的纤维周围做好标记，并用手术刀在有疑问的纤维周围做"窗户"样切口（如图 3）。

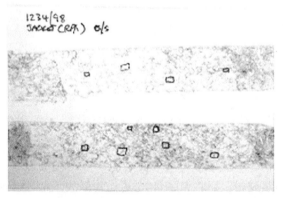

图 3　含有纤维碎片的胶带粘在醋酸透明胶片上（标记的区域可能含有潜在的匹配物）

使用合适的溶剂，将纤维分离，然后使用合适的介质将其直接放到显微镜载玻片上（如图 4 和图 5）。将显微镜载玻片适当地标记并放置在带盖的载玻片托盘中，同样要做适当标记。

图 4　使用体视显微镜寻找并将纤维从胶带表面分离

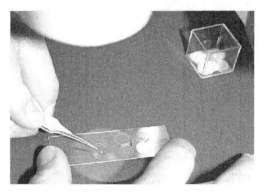

图 5　将纤维固定在显微镜载玻片上

应注意防止胶带过载，即拾取太多"背景"纤维（"背景"纤维是指作为受体衣物结构一部分或存在于物品表面的非目标纤维）。除使搜索更加困难（因为必须搜索所有的"背景"纤维）外，这也会降低胶带的黏合能力，从而严重降低收集的效率。因此，在某一特定物体上使用多个胶带是更好的办法，因为这可以通过减少"过载"来提高收集效率，从而辅助后续的搜索。在一定程度上，这个问题也可以通过在纤维易脱落的物品上使用低黏度胶带或者使用"辊子"进行强力粘贴来解决。

刮擦

这种方法是将可疑物品悬挂到收集漏斗或纸张上方，并从物品表面将杂物刮到受体物品上。杂物随后被转移到培养皿或类似的容器中。如果使用收集漏斗，碎屑则直接落入容器中。这种方法对于收集被污染的物品或者同时收集多种类型的痕量证据是有用的。然而，这种方法的效率和高污染风险已经引起了一些担忧。此外，该方法还降低了位置来源解释的可能性。因此，人们普遍认为这不是最适合用来收集纤维证据的方法。

真空吸取法

本方法使用的是一种经改造的吸尘器，内含与管道系统相通的收集过滤装置。这种方法对于具有较大表面积的物品是有用的，例如地毯和被颗粒残留物污染的物品（例如汽车歇脚板）。这种方法的主要缺点是设备必须被严格清洁以防止污染，且（具有讽刺意味的是）设备的工作效率过高，它不加选择地回收大量无关的残屑，使得搜索目标纤维变得非常困难。使用不同机器实施这种收集方法的工作效率也不尽相同。

梳理法

这种方法使用了"被种了种子"的梳子，即齿间引入棉绒的头发梳（如图6）。这主要用于持械抢劫或恐怖主义案件中头发表面纤维的收集，因为此类案件中罪犯经常佩戴织布面具（如图7）。在梳齿之间添加棉绒，通过向收集系统中引入具有高保留性的收集面，提高了收集效率。研究表明，从这些衣物转移的纤维可以在头发上保持相当长的时间，甚至在洗发之后也是如此。这种方法也可以应用于强奸案件，这种情况下的纤维可能转移到受害者或凶手的阴阜部。

用梳子梳过嫌疑人的头发后，应使用体视显微镜来检查棉绒（和梳子）中是否存在纤维。棉绒（通常）为白色，这也有助于转移纤维的检测。找到的纤维应直接取下并放到显微镜载玻片上（如图8）。当然必须确保使用的梳子和棉绒不含污染物。所提供的梳子应确保装在密封的防拆包装袋中且未曾使用。

图 6 "被种了种子"的梳子

图 7 使用齿间含有棉绒的梳子收集头发上的纤维

图 8 在齿间含有棉绒的梳子上寻找收集到的纤维

收集方法的选择

在考虑各种纤维证据收集方法时，区分实验室和犯罪现场非常重要。前者是在可以使用显微镜、良好光线以及其他设备等严格控制条件下进行的，而后者通常在情况不可预测、脏乱、光线差以及专业设备使用有限等困难情况下进行的。虽然许多犯罪现场在户外，且天气条件可能不利于微量证据的收集，但已发表研究的经验和数据表明，在这种情况下仍然可以收集到重要的证据。在这种情况下，分析人员使用一切合适的方法进行损害限制实践，尽管它们的效率可能不是最高的（在理想的条件下）。

如果犯罪现场在室内或有保护，那么可以立即收集纤维，从而将纤维的潜在损失和污染降到最低。在谋杀案件中，适合就地采用表面杂物粘取法收集死者衣物和皮肤上的纤维。在粘取之前，对身体（特别是手）进行近距离视觉搜索，也可能找到可以用镊子获取的纤维。这种方法可以最大限度地减少由于尸体从现场搬运到停尸间而造成的潜在损失和/或污染。

也许可以使用所谓的"一对一"（1:1）粘取法。这是一种用胶带粘取尸体和衣物暴露面纤维的方法。每个胶带位置已被编码，因此，随后从这些胶带中收集的纤维可以与死者身体上的特定位置进行关联，从而可以建立纤维转移"分布图"。这在某些情况下可能提供额外有用的证据。然而，"一对一"粘取法非常耗时。因此，一些法庭科学组织采取了更加务实的收集方法：分区粘取法，即胶带根据衣物的位置来使用和编码，例如，左前袖使用一个胶带，右前袖使用另一个胶带等。分区粘取法似乎实现了工作量和受体纤维位置准确的良好折中。应该指出的是，"一对一"粘取法或分区粘取法只适用于尸体相对不受干扰并且没有从原始杀人现场移动过（即纤维可能发生再分布）的情形。所有情况下，在解释通过这些方法获得的数据时，必须小心谨慎。从人身上提取的衣物在送到实验室前，通常放在一个袋子里，因此在运输过程中，纤维可以从衣物的一个区域重新分布到另一个区域。

可以看出，虽然犯罪现场会给收集纤维证据带来一些技术上的困难，但它在某些情况下也可以提供进行最大化收集和获取额外信息的机会。尽管某一特定的实验室通常使用一种特定的纤维收集方法，但特殊情况（无论是在犯罪现场还是在实验室）表明某一特定"规范"以外的方法更合适。重要的是，上述每种收集方法都不是孤立的，因为在某些情况下，适宜结合上述几种或全部方法。收集和保存纤维证据是目标，而依靠僵化的思维和死板的方法只会一无所获。

记录和封装

无论使用哪种收集方法，收集的材料都必须在可以被检验之前一直以无损、无污染的方式保存。我们怎么强调处理物品的重要性也不为过，这是为了确保纤维的再分布概率和损失最小。

通常情况下，材料是由某个专门人员而非分析人员来收集的，对材料进行清晰明确的标记非常必要，因为在向法庭展示证据连续性、完整性和收集的意义方面，这些信息将变得至关重要。即使分析人员也是材料收集人员，出于上述相同原因，也应采取小心谨慎的方法。在一项特定调查中，从不同物品中收集纤维残渣的情况也很常见，而非常仔细的记录会带来额外的好处，因为当分析人员对自己处理的材料非常了解时，他们就可以更容易地制定检验方案。

应使用合适的材料（从简单的信封到棕色纸袋）封装纤维残渣，并密封牢固，最好采用防拆封系统。这样的系统可以通过在透明密封胶带下面粘贴签字标签而轻松实现。包含样本相关信息的标签应牢固地粘贴在包装的外部，这种方法当然也适用于服饰和其他物品。

如果在现场收集和包装纤维残渣，有关细节则应由指定的证据管理官员记录在登记册中。从犯罪现场收集的材料，其意义可能在犯罪后的数周甚至数年内也不明朗，所以详细记录实际收集材料的名称、收集地点和收集人员是至关重要的。在检验前，还应记录具体材料的保存地点及保存时间等详细信息。对一个被追回的证据进行编码，可以区分长期调查中取得的突破和由于一件重要物品被丢在某一商店的货架上而导致的"死胡同"，因为它的存在和意义早已被遗忘。

实验室接收样本时，应注意包装和标签的状况。任何可能影响潜在证据的问题都会导致待检物品被拒绝检验。检验人员还应记录物品检验的地点、时间，物品和收集残渣的详细描述应记录在笔记本中。同样，这对于向法庭展示与证据相关的重要发现的连续性和完整性至关重要。

污染问题

纤维很容易转移，因此必须小心谨慎，确保不会由于疏忽造成污染，从而不利于检验人员检验。在这个语境中，"污染"指的是两个被指控有关联的物品在指控出现后发生接触或纤维转移。显然，如果证明污染存在，那么随后存疑物品之间所有纤维转移的证明都将没有证据价值。除保持待检物品相互分开以避免污染外，也要注意防止物品间纤维的二次转移。纤维二次转移的一个例子可能是，已经运送过受害者的警车，随后又继续用来运送嫌疑人。在这种情况下，受害者身上的纤维转移到警车座位上，而后又转移到嫌疑人的衣服上。这种可能性是存在的。

在纤维收集开始之前，采取措施防止污染至关重要。以下是这些措施的例子：

- 受害人和嫌疑人应由单独的车辆运送；
- 受害人和嫌疑人应在单独的房间接受面谈和/或询问；
- 衣物应在不同的房间内由不同的人封装；
- 在犯罪现场应使用防护服（如纸质连衫裤工作服），以避免向现场引入纤维材料，和/或防止材料转移到与该现场相关的物品上。

一旦进入实验室，检验人员必须再次注意，在任何潜在纤维证据得以收集和保存之前，应防止任何潜在纤维证据之间发生首次和二次转移。在实验室防止这种污染的方法有：

- 应检查实验室收到的物品标签及包装的完整性；
- 应在每个单独的房间中对可疑物品进行检验，理想情况下在实验室的不同区域进行；
- 仪器（如镊子）、实验室外套和其他涉及检验的物品，应单独放置于专属房间，每次检验后都要再放回原处；
- 用于收集的胶带应保持封装状态；
- 检验台、收集漏斗和真空设备应在使用前后彻底清洗；
- 检验人员还应在出入即将进行纤维检验或已经完成纤维检验的实验室时洗手；
- 纤维是微小的实体，因此应注意确保任何空气处理或调节系统都不会将其从收集区域或其周围区域吹走。

同样重要的是，要注意区别处理方法不完美所产生的"真正的"污染物和来自于受体织物的不可避免的"背景"纤维。

结 论

如果法庭科学家打算解释（被认为具有证据价值的）纤维发现的意义，理解影响纤维持续性的因素则至关重要。每个案件的情况不同，因此要根据每个案件的特点进行考量。

一旦纤维被转移到衣物的特定区域，它们也可以重新分配到整个衣物上和其他衣物上。并不是所有穿过的衣物均要被送检。如果在衣物上仅发现少量纤维，可能是因为：

- 接触或转移与检验之间存在较长时间间隔；
- 纤维通过再分布已经到达这些衣物；
- 存在二次转移和后续转移；
- 收集方法效率不高；
- 转移是巧合且非真实的。

它遵循：

- 因为纤维很容易丢失和重新转移，所以不宜过度重视少数纤维的准确分布；
- 除非嫌疑人在事件发生后迅速被捕，否则，找不到与申诉者衣物相匹配的纤维并不意味着接触不存在；
- 通过比较转移的纤维而发现的接触和联系通常是最近发生的；
- 良好的防污染措施对于保持纤维证据的完整性至关重要；
- 随着磨损时间的增加，那些保留下来的纤维将具有很强的持续性且难以去除，因此需要采用有效的收集方法。

再怎么强调也不为过的是，纤维证据的后续分析和解释有赖于一开始就采用正确的检验方法，因为收集中所犯的错误后续无法纠正。

参见

化学/痕量/纤维：纤维：概述；鉴定和比较；纤维证据的解释；转移。

扩展阅读

Akulova, V. , Vasiliauskiene, D. , Talaliene, D. , 2002. Further insights into the persistence of transferred fibres on outdoor clothes. *Science & Justice* 42 (3) , 165-171.

Ashcroft, C. M. , Evans, S. , Tebbett, I. R. , 1988. The persistence of fibres in head hair. *Journal of Forensic Science Society* 28, 289-293.

Burch, H. J. , 2008. The Transfer and Persistence of Fibres on Bare Skin (Thesis Submitted to Centre of Forensic Science) . University of Strathclyde.

Chewning, D. D. , Deaver, K. L. , Christensen, A. M. , 2008. Persistence of fibers on ski masks during transit and processing. *Forensic Science Communications* 10 (3) .

Fisher, B. A. J. , Svensson, W. , 1987. *Techniques of Crime Scene Investigation*, fourth ed. Elsevier, New York.

Krauss, W. , Doderer, U. , 2009. Fibre persistence on skin under open-air conditions. *Global Forensic Science Today* 9, 11-16. www. global-forensic-science-today. net.

Lowrie, C. N. , Jackson, G. , 1991. Recovery of transferred fibres. *Forensic Science International* 50, 111-119.

Moore, J. , Jackson, G. , Firth, M. , 1984. The movement of fibres between working areas as a result of routine examination of garments. *Journal of Forensic Science Society* 24, 394.

Nehse, K. , June 1999. Fibre investigation in the Berlin lab-significance and use of 1∶1 taping seen in examples of different cases. Proceedings of the 7th European Fibres Group Meeting, Zurich, pp. 51-57.

Palmer, R. , 1998. The retention and recovery of transferred fibers following washing of recipient clothing. *Journal of Forensic Sciences* 43 (3) , 502-504.

Palmer, R. , Burch, H. J. , 2009. The population, transfer and persistence of fibres on the skin of living subjects. *Science & Justice* 49 (4) , 259-264.

Palmer, R. , Polwarth, G. , 2011. The persistence of fibres on skin in an outdoor deposition crime scene scenario. *Science & Justice* 51 (4) , 187-189.

Pounds, C. A. , 1975. The recovery of fibres from the surface of clothing for forensic examinations. *Journal of Forensic Science Society* 15, 127-132.

Pounds, C. A. , Smalldon, K. W. , 1975a. The transfer offibers between clothing materials during simulated contacts and their persistence during wear—part 2: fiber persistence. *Journal of Forensic Science Society* 15, 29–37.

Pounds, C. A., Smalldon, K. W., 1975b. The transfer of fibers between clothing materials during simulated contacts and their persistence during wear—part 3: a preliminary investigation of mechanisms involved. *Journal of Forensic Science Society* 15, 197–207.

Robertson, J., Grieve, M. C. (Eds.), 1999. *The Forensic Examination of Fibers.* Taylor and Francis, London.

Robertson, J., Kidd, C. B. M., Parkinson, H. M. P., 1982. The persistence of textile fibers transferred during simulated contacts. *Journal of Forensic Science Society* 22, 353–360.

Robertson, J., Lim, M., 1987. Fibre transfer and persistence onto car seats and seatbelts. *Canadian Society of Forensic Science Journal* 20 (3), 140–141.

Robertson, J., Olaniyan, D., 1986. Effect of garment cleaning on the recovery and redistribution of transferred fibres. *Journal of Forensic Sciences* 31 (1), 73–78.

Roux, C., Huttunen, J., Rampling, K., Robertson, J., 2001. Factors affecting the potential for fibre contamination in purpose-designed forensic search rooms. *Science & Justice* 41, 135–144.

Roux, C., Langdon, S., Waight, D., Robertson, J., 1998. The transfer and persistence of automotive carpet fibers on shoe soles. *Science & Justice* 39, 239–251.

Salter, M., Cook, R., 1996. Transfer of fibres to head hair, their persistence and retrieval. *Forensic Science International* 81, 211–221.

Scott, H. G., 1985. The persistence of fibres transferred during contact of automobile carpets and clothing fabrics. *Canadian Forensic Science Society Journal* 18 (4), 185–199.

Siegel, J. A., 1997. Evidential value of textile fibre-transfer and persistence of fibers. *Forensic Science Review* 9, 81–96.

Szewcow, R., Robertson, J., Roux, C. P., 2011. The influence of front-loading and toploading washing machines on the persistence, redistribution and secondary transfer of textile fibres during laundering. *Australian Journal of Forensic Science* 43 (4), 263–273.

Technical Working Group for Materials Analysis, 1997. Forensic Fiber Examination Guidelines. Federal Bureau of Investigation, Washington, DC.

关键词

犯罪学、DNA、认识论、织物结构、纤维收集、纤维、法庭、法庭科学、历史、信息技术、解释、柯克、洛卡德、范式、持续性、科学、刮擦、胶带、痕迹证据、转移、真空吸取法

问题回顾

1. 龙勃罗梭是谁？为什么他是法庭科学史的一部分？

2. 赖斯是谁？他在法庭科学中扮演了什么角色？

3. 在 20 世纪 70 年代和 80 年代，什么看法影响了法庭科学的研究？

4. DNA 分析何时被普遍接受？

5. 社会压力如何影响法庭科学？人们为应对这些压力开发了哪些工具？

6. 法庭科学与刑事科学技术有什么区别？是否存在？

7. 克里斯皮诺和霍克如何定义法庭科学？

8. 法庭科学的基本单位是什么？它是如何被定义的？

9. 法庭科学的本土原则是什么？

10. 法庭科学的外源（外来引入的）原则有哪些？

11. 两种年代类型是什么？它们是如何被用于法庭科学的？

12. 为什么转移对法庭科学如此重要？

13. 虽然鲁和罗伯逊的文章是关于纤维的，但转移如何适用于其他类型的材料？

14. 首次和二次转移有什么区别？是否可以区分？

15. 什么因素影响转移的量？

16. 为什么纤维的持续性很重要？

17. 时间和活动如何影响持续性？

18. 是否所有材料都以同样的速度损失？为什么或者为什么不？

19. 如何收集和包装证据物品？为什么？

20. 为什么纤维为转移和持续性提供了良好的描述性模型？

问题讨论

1. 法庭科学史上主要的主题是什么？多年来它们是如何形成的？一些主题是如何保持的？

2. 法庭科学是真正的科学吗？如果"是"，解释为什么，以及基础是什么；如果"不是"，说明法庭科学需要什么才能变成真正的科学。此外，法庭科学是否是真正的科学是否重要？

3. 除了克里斯皮诺和霍克文章中所概述的原则之外，你认为法庭科学还可能使用其他哪些外源原则？

4. 纤维最常见于转移和持续性的研究。你认为为什么是这样？你认为痕迹的形态是如何影响其转移和持续性的？

5. 什么是最佳的？

补充阅读

Buckleton, J., Bright, J. A., Taylor, D., Evett, I., Hicks, T., Jackson, G., Curran, J. M., 2014. Helping formulate propositions in forensic DNA analysis. *Science & Justice* 54 (4), 258−261.

Cole, S. A., 2009. Forensics without uniqueness, conclusions without individualization: the new epistemology of forensic identification. *Law, Probability and Risk* 8 (3), 233−255.

Houck, M. M., Siegel, J. A., 2010. *Fundamentals of Forensic Science*. Academic Press.

Kaye, D. H., 2009. Probability, individualization, and uniqueness in forensic science evidence-listening to the academies. *Brooklyn Law Review* 75, 1163.

Morgan, R. M., Allen, E., King, T., Bull, P. A., 2014. The spatial and temporal distribution of pollen in a room: forensic implications. *Science & Justice* 54 (1), 49−56.

Pickering, A. (Ed.), 1992. *Science as Practice and Culture*. University of Chicago Press.

Pyrek, K., 2010. *Forensic Science under Siege: The Challenges of Forensic Laboratories and the Medico-legal Investigation System*. Academic Press.

Saks, M. J., Faigman, D. L., 2008. Failed forensics: how forensic science lost its way and how it might yet find it. *Annual Review of Law and Social Science* 4, 149−171.

van Oorschot, R. A., Glavich, G., Mitchell, R. J., 2014. Persistence of DNA deposited by the original user on objects after subsequent use by a second person. *Forensic Science International: Genetics* 8 (1), 219−225.

第 2 章

分 析

分析（名词）：将任何材料或抽象实体分解为其构成要素；仔细研究某些事物，了解其组成部分、作用以及关系。分析源于古希腊语 *analusis*，意为解开或调查。

分析是取证过程不可或缺的一部分，但它不是开始。从最初的犯罪现场调查到证据流转，再到最终处置，许多事物都会经历一个完整的取证过程。很多时候，法庭科学对分析本身而不是与它相关的内容感到担忧。是证据使我们能够对调查对象的深层信息进行仔细解释。与简单地应用死记硬背方法相比，应用更全面的方法有助于完成整个取证过程。通过了解法庭科学的组成部分如何运作（分析），也许可以合成坚实的基础哲学（形成理论或系统的思想组合）。

收集和证据链

F. 普尔，澳大利亚，新南威尔士州，帕拉马塔，新南威尔士州警察局法医服务组

术语表

    DNA 变性   双链 DNA 通过破坏碱基间的氢键而展开并分离成单链的过程。

    DNA 扩增   一个叫作聚合酶链式反应的过程。一个 DNA 测试过程，它模仿细胞进行 DNA 复制，最终复制了百万倍的 DNA。

    静电吸附器   一种由高压电源组成的装置，该高压电源与特殊导电提升膜一起使用，将干鞋印从某个表面静电传送到薄膜上。

    无色印痕证据   犯罪现场中肉眼无法看到的证据，如可能被漂白的血渍、没有特殊照明时不能被看到的精液或没有粉化的指印。

    证明价值   证据在审判中足以证明重要事情。

    痕迹证据   如毛发、纤维、残留物等证据，以及肉眼看不到的其他微观证据。

引 言

    犯罪现场调查员在重大犯罪现场和事件中的作用是识别和收集具有一定证明价值的物理证据和痕迹证据。犯罪现场可能涉及单个或多个位置，这些被称为第一和第二现场。例如，第一现场可能是一个人被杀害的地方；然而，当身体被移动到不同的位置和/或在另一个位置找到凶器时，可能会产生第二现场。每个涉案地点都构成整个犯罪现场的一部分，从每个犯罪现场收集的证据有助于逐个解决难题。

    收集的证据必须与犯罪有关，不得有被错放、篡改、污染或丢失的风险，并且应在整个收集和分析过程中保持完整。出于这个原因，证据的保存在第一个警察到达犯罪现场时开始。此时，必须立即进行评估，并采取措施保护任何有损失或损坏风险的脆弱证据。从现在开始，犯罪现场调查员必须一丝不苟地收集证据，而且从收集证据到实验室分析，直至向法院提交证据，应保持一个完整的保管链。

犯罪现场调查

    证据可以以多种形式出现，包括物理证据、痕迹证据和潜在证据。在 20 世纪，法庭科学家洛卡德提出了今天大多数法庭科学家所依据的理论，并指出"每次接触都会留下痕迹。"洛卡德的物质交换原理基于以下理论：两个物体之间的任何接触都会导致材料从一个物体转移到另一个物体。因此，使用该原则，可以通过评估犯罪现场的罪犯、受害者和物品可能彼此接触的区域来确定具有证明价值的证据。

警察抵达现场时收到的初步信息以及犯罪现场调查员提供的最新情况将有助于发现潜在证据是什么，或者可能是什么。以下是在现场或随后的调查中考虑的情况：罪犯用于进入和离开现场的区域；现场受到干扰的区域；罪犯可能处理或接触的任何物品；任何被罪犯留下的东西，也就是武器。

成功的证据识别、恢复和收集取决于有条不紊和勤奋的犯罪现场调查。应考虑到对任何证据的分析都可能破坏其他痕迹证据。制定犯罪现场调查计划可确保对现场进行系统搜查，并采用适当的光源和化学增强技术，使用破坏性最小的方法而非最具破坏性的方法。对检查和/或分析进行排序，对于保持所有可用证据的完整性至关重要。

证据收集

在所有已识别证据都通过笔记、草图、摄影等方式在现场记录后，要使用适当的技术来收集证据。为了防止样本损坏或污染，应使用系统的收集技术。通过遵循收集顺序，可以最大限度地利用潜在证据，同时为该证据提供最高级别的保护。例如，用于犯罪的枪支首先需要提取指纹，然后擦拭 DNA 残留物，最后提交射击测试。如果不遵循此顺序，将会丢失一种或多种类型的证据。

收集技术多种多样，包括擦拭、取样、粘取、真空吸取、拣选和铸模等。可根据证据类型、证据所在的基质以及证据本身的物理特性来选择这些技术。

擦拭是生物染色的优选取样方法，例如血液、精液和唾液。但是，如果验证测试表明服装上有精液或唾液，则优选的收集方法是剪下染色织物的样本。可以使用拭子或胶带粘取器收集痕量 DNA 或接触 DNA。擦拭包括在污渍上摩擦湿润的拭子，使附着在该区域的细胞再水化，使其更容易通过棉签的摩擦作用取回。胶带粘取器使用无菌或紫外线（UV）处理的胶带去除物品上的痕量 DNA 或接触 DNA。这两种技术都可以对大平面区域进行采样，从而将 DNA 浓缩到较小的可分析样本中。

胶带粘取器不仅可用于收集痕迹证据，如指纹和痕量 DNA，还可用于收集毛发和纤维等宏观材料。胶带的粘面在物品表面被反复和牢固地拍打或翻滚，导致松散黏附的痕迹证据粘在胶带上。将已收集的胶带放置在透明衬垫上，例如透明塑料薄膜或载玻片，使证据免受污染，这也可以方便人们观察和移除样本，以便进一步检查或比较。使用一次性镊子收集衣服上的毛发、纤维、植物等是另一种可接受的收集方法。凝胶粘取器可用于收集灰尘中的鞋印。类似地，静电吸附器也常用于从许多物体表面提取鞋印。

真空吸取是另一种用于从难以接近的区域或存在大量散落物质的材料中收集证据的技术。有几种不同类型的真空吸尘器用于此目的的。有一种真空吸尘器具有一次性头部附件，材料被收集在其中。收集后，取下附件并密封在证据袋中，随后在实验室中检查内容物。另一种真空吸尘器具有可更换的过滤器，但是必须在两次抽真空之间更换和严格清洁过滤器及集水区域，以避免污染。这种收集技术应该在其他收集技术之后使用，因为它是不加选择地收集，并且可能导致收集大量外来物质。

铸模是一种用于收集三维印模的技术，例如土壤中的鞋痕或门框中的撬痕。这种技术使用诸如人造石之类的材料填充三维鞋类印模，以捕捉鞋类在该印模中留下的特征。软膏是一种用于捕捉三维工具痕迹的铸模材料。

在收集证据时，必须妥善保存每一件物品，以保证物品上的证据不会以任何方式受到损害或退化，否则将限制其潜在的证据价值。例如，所有血迹斑斑的衣物都需要在包装前风干。当衣物完全干燥时，应将其包装在纸袋中，因为纸张允许空气循环。如果用塑料袋包装，衣物会发霉，这可能导致 DNA变性。

所有证据都需要小心处理，以防止污染。证据的污染可以通过多种方式发生，例如在不戴手套的情况下处理证据以及在用于 DNA 分析的物品附近咳嗽或打喷嚏。采取控制措施以最大限度地减少潜在的污染，包括穿戴个人防护装备（PPE），如一次性工作服、手套、口罩、鞋套和护目镜。个人防护装备还为研究人员提供了一种自我保护手段，可以防止肝炎或人类免疫缺陷病毒的体液传播。还有一种控制措施是在收集证据期间定时更换一次性手套，这将减少物品之间交叉污染的可能性。

对照样本

从犯罪现场收集证据时，还需要收集相同材料的对照样本。该对照样本是与犯罪现场样本在同一区域的未损坏材料的一部分。在对照样本和犯罪现场样本之间进行比较分析，确定材料的原始成分，以便识别犯罪现场样本中的任何引入物质。例如，在纵火案调查期间，通常从保留区域（例如衣柜下方）收集对照地毯样本，以便与从疑似火灾区域收集的地毯样本进行比较。一旦确定了地毯样本的成分，就可以识别任何可能被用来加速火灾发生的易燃液体，例如汽油。

在发生于 20 世纪 70 年代的臭名昭著的案件中，爱德华·查尔斯·斯普拉特（Edward Charles Splatt）因在家中谋杀一名妇女而被定罪，并在多年后被免罪。在本案中，从受害者床上的床单中找到了纤维。被收集的三根纤维是灰色的，就像斯普拉特裤子上的纤维一样。多年后，英国王室调查委员会得出结论：在床单上发现的纤维被选择性收集，只包括灰色纤维，这不能等同于斯普拉特的裤子。这一证据部分导致了大约 13 年后斯普拉特的脱罪。

这个案件证明了收集在犯罪现场发现的所有证据的代表性样本，与收集完全代表其所包含的每个组成部分的对照样本同样重要。诸如图案织物之类的材料在组成上可能看起来是同质的，但实际上可能是异质的并且包含不同颜色的纤维，或者在混纺织物的情况下含有不同的纤维类型，如聚酯和棉。必须在对照样本中确定染色纤维和纤维类型的完整范围，以确保能与犯罪现场样本进行准确比较。

保管链

证据管理对于刑事诉讼的结果至关重要。保管链是收集、跟踪和保护证据的过程。证明保管链完整是必要的，这是为了证明证据没有被篡改、改变或替代。参与案件的警察、法庭科学家和其他专家必须证明，在任何情况下，证据从一个人转移到另一个人时都存在保管链，以绝对的信心表明不可能对证据进行错误识别或掺假。如果辩护律师对某一证据的保管链提出质疑，那么记录在案的连续性路径可以证明提交法庭的证据实际上是从犯罪现场收集的同一证据。如果在整个过程中物品的去向或者位置存在任何差异，则法官可以裁定保管链已被破坏且该物品可能不被接纳为证据。

针对保管链，需要回答三个不同的问题，以验证警察和法庭科学家证词的准确性和可靠性：第一，有关证据实际上是报告的证据；第二，每一个处理该证据的人都可以证明其占有的持续轨迹，即从收到证据到提交法庭为止都是如此；第三，占有该证据的每个人都可以说，从他收到证据的那一刻起到证据脱离其占有那一刻止，该证据基本上保持相同的状态。

证明保管链完整需要从犯罪现场开始。当犯罪现场调查员在现场找到证据时，在每个证据旁边放置一个显示唯一编号或字母的识别标记，并通过照片、笔记和草图的方式在现场记录。标记证据以进行识别并准确记录每项证据的详细信息是保管链跟踪过程的第一步。

在记录证据后，适当的包装对于保持证据的完整性至关重要。所有证据袋或容器必须用防篡改胶带密封并适当标记。当包装的密封损坏时，防篡改胶带会被拉开或破碎；如果可能的话，从包装中移除该胶带的所有指示标志是非常困难的。如果密封胶带不是防篡改胶带，则需要在胶带和证据袋上签名和签注日期，作为另一种防止篡改的措施。证据及其收集的详细信息记录在证据袋或容器的预印标签模板上或粘贴标签上，该标签贴在证据袋或容器的前面。标签信息包括项目的描述、位置、日期、收集时间、收集人员的姓名以及唯一的取证案例编号。无论是预印标签模板还是粘贴标签，只要证据袋或容器由一个人交给另一个人，就必须签名并注明日期。

在某些司法辖区，一旦所有证据都被包装和封存，犯罪现场调查员就会编制一份法庭物证清单，其中包括移交给案件主管的所有证据的详细清单。案件主管将在法庭物证清单的底部签名，以证明他占有证据的连续性。

一旦证据从犯罪现场运送到警察局或实验室，就必须严格遵守保管链。证据的连续性、存储和安全性在保管链中至关重要。所有证据必须输入证据登记簿或电子案件管理系统，并在等待进一步分析的同时，被锁在一个证据保管室中。证据保管室必须限制访问权限，并定期监视和审核。实验室内的检索套件、检验区域和干燥柜通常设有安全控制措施，仅限授权人员访问。

当证据从证据保管室移除时，必须在证据登记簿上手动注销或使用计算机化的案件管理系统进行电子转移。电子转移可以在系统上手动完成，也可以通过扫描条形码标签并用个人密码确认来完成。该技术提高了跟踪实验室内证据移动路径的责任性和准确性。

打开密封的证据袋进行进一步检查或实验室分析的人必须签署构成标签一部分的保管链细节。犯罪现场调查员或实验室分析人员将彻底记录他们对每个证据的检查或分析，并记录任何发现或结果。在完成检查或分析后，证据必须在证据袋或容器内重新密封，并且必须更新标签上的保管链细节，以反映该证据袋或容器已被该人重新密封。

外部实验室收到证据时将分配另一个唯一的实验室编号，首先是通过该实验室系统跟踪证据，其次是确保每一项证据都可由该实验室分析人员在法庭上识别。

通过遵守保管链，案件可以从犯罪现场准确地反映到法庭上，并确保所有证据的移动都是准确的。这一严格的程序确保对于案件至关重要的证据可以被纳入司法程序，允许法官和陪审团根据他们面前的证据公正地得出结论。

另见：调查；污染；火灾现场证据收集；重大事件现场管理；包装；保存；记录。

扩展阅读

Brown, M. , Wilson, P. , Whelan, J. , 1992. *Justice and Nightmares: Successes and Failures of Forensic Science in Australia and New Zealand.* New South Wales University Press, Sydney.

Fisher, B. A. J. , 2004. *Techniques in Crime Scene Investigation*, seventh ed. CRC Press, Taylor & Francis Group, Boca Raton, FL.

Geberth, V. J. , 2006. *Practical Homicide Investigation - Tactics, Procedures, and Forensic Techniques*, fourth ed. CRC Press, Taylor & Francis Group, Boca Raton, FL.

Saferstein, R. , 2003. *Criminalistics: An Introduction to Forensic Science*, eighth ed. Prentice Hall, Upper Saddle River, NJ.

Saferstein, R. , 2008. *Forensic Science: From the Crime Scene to the Crime Lab.* Prentice Hall, Upper Saddle River, NJ.

Stauffer, E. , Bonfanti, M. S. , 2006. *Forensic Investigation of Stolen - Recovered and Other Crime-Related Vehicles.* Elsevier, Burlington, MA.

Swanson, C. R. , Chamelin, N. C. , Territo, L. , Taylor, R. W. , 2009. *Criminal Investigation*, 10th ed. McGraw Hill, New York.

相关网站

http://www. crime-scene-investigator. net: Crime-Scene-Investigation.

污　染

保罗·米伦，英国，伦敦，保罗·米伦协会

术语表

    空白样本　未使用耗材的随机抽样。

    污染　将（偶然的、故意的或疏忽的）检材引入某一地点，这很可能会破坏对检材所进行的任何检查或调查所得推断的完整性。

    对照样本　接近被收集的物质或检材的背景材料样本。

定义

污染是将（偶然的、故意的或疏忽的）检材引入某一地点，这很可能会破坏对检材所进行的任何检查或调查所得推断的完整性。

背景

法庭科学证据建立在材料接触和转移的基础之上。污染是一种自然但不受欢迎的现实。因此，如果可能的话，必须避免物体或地点之间的物质接触造成的污染。证据的性质，无论是标记、印记还是接触痕迹，都将决定可能的转移程度及污染风险。针对法庭科学证据的性质，还必须考虑两个特定物品之间的关联和污染，以及相似或相同类型的通用材料之间的关联和污染。

任何进行法庭科学调查的人都应该把污染放在最重要的位置。参与该过程的所有人员都有责任识别潜在的污染风险，并记录、消除这些风险。在评估调查的可能性时，该问题应被视为犯罪调查员的知识和职权范围内的威胁。污染风险应被视为犯罪现场调查计划的一个组成部分。

污染可能会破坏检查和从调查过程中收集的材料里获得的证据。科学家在受控实验室条件下进行检查可能具有特殊优势，这些条件受制于组织或国家规定。犯罪现场调查员的情况通常不一定如此，他们有时面临多重挑战：无数犯罪现场，与受害者、可能对于时间问题至关重要的嫌疑人打交道，等等。

避免污染是至关重要的。人们总是期望可以完全消除源污染，但这不具有可行性。实证（通过采取行动、增加样本并记录它们）是检查的唯一安全保障，除非事实证明并非如此。

一些人可能会把污染的发生看作专业上的疏忽。事实并非如此。导致污染发生的实践可能令人失望和遗憾，然而，识别污染并在其发生时传达这一事实是更高的职业理想。这些信息的发现和披露完全是专业的。

避免污染的步骤

控制犯罪现场显然很重要。这可以通过划定犯罪现场的边界（无论是位置、物品还是人）并保护它来完成。在一个重要的犯罪现场设置警戒线，用胶带标明警戒线，并由警察保护警戒线，是常见做法。同样的原则适用于对某人（嫌疑人、受害者或证人）、追回的车辆或其他物品的检查。记录进入和离开边界清晰的犯罪现场（或与之接触）的人员的姓名及时间，保持现场管理过程的完整性。现场管理或调查也适用于从现场移除的人员以及可能与之相关的人员。有时可能没有足够的受过训练的犯罪现场调查员勘查现场。长期以来的原则是，现场、受害者、车辆和嫌疑人等都应由单独的犯罪现场调查员处理。但在某些阶段，通常是在实验室中，物品将由同一位科学家进行检查和比较，此时也需要确保没有污染。

然而，隔离（按时间、地点和检查人员）确实有其缺点。它阻止或阻碍调查人员对观察和证据的潜意识和直觉联系，而这是调查的重要组成部分。经验丰富的人员数量有限可能导致对某些区域的检查被推迟或按优先顺序进行检查，而污染风险仍然存在。

在初步现场检查完成后的很长时间内，污染仍然是一个考虑因素。因此，必须事先考虑所收集的任何材料的包装和储存。这不仅关系到证据连续性（有时被称为保管链），还关系到调查中的材料完整性，在旷日持久的调查中尤其如此。如果由同一个人进行进一步的检查，那么时间流逝本身就不应该是唯一的隔离因素。

通过良好的练习，同一人就有可能检查犯罪现场的不同区域，并希望将其联系起来。最终，在不同的时间和在实验室的不同地点，单个科学家可能会检查这些物品。在现场也是如此，因此有必要按时间、地点和使用的设备准备和规划干净和清晰的隔离区域。在我们已经建立的理想条件下，可以严格消除现场污染，并且可以使法院满意。

在已经发生污染的情况下，有必要在保护现场区域之前考虑其他人的行为。检查人员在此之前的行动（无论是否与调查有关），以及所使用的设备和适当控制的附加安全措施，都可以得到发展。

犯罪调查的性质往往会导致在早期无意中暴露调查的各个方面。这可能在警察到来之前由公众完成，也可能由前往现场的第一名警察进行，他们可能在没有充分考虑法庭科学证据的情况下搜索其他领域。这绝不是一个不可避免的问题，只要立即查明这一点，就可以将仍然相关的领域作为目标。必须确保当事人的口头或书面陈述的可用性。案例：两名年轻人被发现在一辆汽车中，该汽车之前曾抢劫失败，随后被报告失窃。追车后，两名年轻人抛弃了汽车。在搜索距离该汽车相当远的区域之后，与两名年轻人中的一人特征相符的人在挣扎之后被捕。拘捕人员将嫌疑人带到车上，而其中一名拘捕人员则在嫌疑人在场的情况下检查该汽车。

　　嫌疑人完全拒绝参与和没有其他证据可能导致犯罪现场调查员要求对车辆进行检查。很明显，由于嫌疑人被捕，然后在搜查时被带回车上，转移痕迹证据（如纤维）的主题可能不合适。第一响应者搜查车辆通常具有追回财产（赃物、毒品或武器）的目的，而不是为了接触或追踪证据。当嫌疑人在车内被捕时，这是常见做法。拘捕人员的确切行动、他们接触和发现的内容以及他们采取的任何行动都需要了解和记录下来。尽早发现这个问题是至关重要的。由于可能的先前污染，犯罪现场调查员拒绝对车辆进行进一步的详细检查也可能是不合适的。任何关于拘捕人员坐在或爬过座位以搜查车辆的建议都意味着随后进行检查以从座位上找到嫌疑人衣服上的纤维将是非常可疑的。但是，犯罪现场调查员仍有可能检查车辆，寻找不可能被意外污染的材料，包括手指标记和一般标记。如果涉案人员可能在车内丢弃手套和口罩，可考虑由另一名犯罪现场调查员同时检查嫌疑人的头发上是否有纤维。头发上持续存在的纤维的数量超出了科学家认为是污染的数量时，可能会给法院提供明确的方向，这说明一种纤维可能在污染的范围内。在这样一个特定区域（例如嫌疑人的头发）可能不会有大量的纤维。这是后来进行实验室检查的科学家考虑和解释的问题。检查汽车足部空间的纸张可能会显示灰尘中的鞋印。这是一种潜在的强有力的证据形式，因为如果嫌疑人没有坐在车内，就不可能污染这些证据。

　　污染不是第一响应者的最高特权，也不应该是。然而，他们不应该带着嫌疑人返回犯罪现场，因为他们以后可能希望使用法庭科学证据使嫌疑人与现场联系起来。拘捕人员很少能够使用犯罪现场调查员和科学家可以使用的防污技术和衣服搜查嫌疑人或车辆。知道了第一响应者的行为后，详细的检查可能会揭示潜在的证据，而这超出了建议和风险污染的范围。

应该选择谁来检查现场（位置、人物或物品）

一旦犯罪现场调查员在到达之前了解了事件，他们就必须考虑需要采取什么行动。在这一点上，他们评估自己是否适合检查特定区域。与嫌疑人直接接触可能会妨碍对现场的出勤和检查。易于转移的材料，如纤维、油漆、玻璃或富含 DNA 的材料，必须避免使用。

进一步的思考也是必要的，因为虽然以前没有涉及该特定的检查，但是检查人员先前可能检查了会污染他们下一次检查的另一现场中的区域。被要求检查一名涉嫌开枪的人时，如果不采取有效步骤先消除污染，那么检查人员最近在另一个案件中处理枪支将使后一次检查完全不适当。如果有适当的保障措施，可以安全地进行这种检查，这将在后面讨论。然而，可能发生污染的风险将破坏检查。因此，如果有更好的候选人可以进行检查，那么应该继续这样做。

在现场，也许不可能总是考虑到后来才变得相关的事项。尽管可能发生污染，但需考虑特定类型材料的特性以及是否可能意外转移。定向血痕是一个明显的例子，因为它在事件发生后不能通过擦拭转移，且沉积材料的形状本身具有证据价值。没有物体直接接触情况下的标记或印记也是如此。对于富含 DNA 的材料来说，情况就不一样了。材料的潜在污染可能仅在一个方向上发生。例如，犯罪现场调查员可能会拿走并密封被怀疑打破玻璃窗的人的衣服。然后他们前往现场，并从窗框中取出玻璃的对照样本。此时不会发生玻璃污染衣服的情况。如果他们先去现场，然后亲自获得嫌疑人的衣服，情况就不是这样了。在最初和随后的检查中清楚地记录检查人员的行为显然是重要的。在长期调查中也是如此，即必须对所有潜在证据进行适当控制。

检查中的行为

每次都使用一次性鞋套、工作服和手套是一个很好的做法。这些物品必须在使用后以不会导致污染的方式丢弃。个人防护服（如全面防护服）的成分必须适合实施检查（例如白纸），并且不受任何污染。犯罪现场调查员必须尽一切努力确保不会使用来自其他类似现场的材料污染一名嫌疑人。来自另一现场的枪支射击残留物可能导致污染的例子与此有关。

通过使用单独的箱子、设备和消耗品袋来检查现场、车辆和嫌疑人，可以最大限度地减少不相关现场和嫌疑人之间的污染。因此，犯罪现场检查和单独的人员检查是合理的第一步。在任何情况下都不应该移动任何材料（即使是最琐碎的材料，例如密封胶带标签）。应认真考虑对照样本（如下所述），以证明是否发生了任何污染。如果有任何疑问，则应采用对照样本。许多法庭科学实验室或其供应商提供包含控制保护措施在内的成套设备。这并不排除审查员在抽样前考虑位置、设备和人员问题的责任。适当采取积极的控制措施，尽管在任何调查中都是不必要的，但可以使嫌疑人免受超出犯罪现场调查控制范围的事项的影响。

空白样本和对照样本的使用

采集对照样本以确定是否存在背景污染。如果采集得当，它们可能包括使用中的非一次性设备、处于检查环境中的样本（在检查个人的情况下）、或可疑材料周围的区域（不接触可疑材料本身）。空白样本可以包括再次使用的消耗品类型的样本（从同一存货中取出的未用的袋子），以监测并证明它们没有任何其他材料。这在检查中可能是重要的。空白样本包括袋子、容器和胶带等材料。在对可疑材料进行取样之前，应始终采用空白样本和对照样本，否则可能会污染空白和对照样本。

空白样本和对照样本对现场的污染问题同样重要，其与同一现场内的移动有关。如果不采取措施更换个人防护服并在一个犯罪现场采取空白样本和对照样本，则可能会导致现场某个区域的痕迹材料污染另一个区域。只有在证人的陈述和嫌疑人的询问笔录表明需要证明或反驳某一特定点时，才会发生这种情况，其结果可能是无法确定证人、嫌疑人或检查人员是否在现场移动了材料。在正常休息时，或在检查人员离开或重新进入现场警戒线以内时，在不同区域（如现场内的房间）之间更换个人防护服，可限制整个现场和检查过程中的污染风险。

许多法庭科学实验室或其相关的消耗品供应商准备并监测用于 DNA、枪支射击残留物或金属痕迹等检查的取样包。如果试剂盒本身未经实验室制备和监测，则在获得对照样本之前还应获得空白样本。当两名嫌疑人已经被拘留在同一地点并且两者都需要取样时，可以使用同一个受过训练的操作员，前提是已经考虑再次丢弃一次性材料，如手套，并清理适当的区域，取得空白样本和对照样本。当从两名涉嫌先前在现场佩戴丢弃的羊毛面具的人那里获得梳弃的毛发时，肯定是这种情况。最佳做法是使用两名检查人员，一人检查一名嫌疑人。但是，如果只有一个人可用并且唯一可用人员不熟悉或不愿意采取样本怎么办？不管该人多么了解情况，这一明显的选择都可能被排除在外，以便训练有素的检查人员在采取适当和公开的保护措施的同时对两名嫌疑人进行取样。在纸张上用种子梳子大力梳理待检对象的头发，可能不会污染操作者戴手套的手或前臂。但是"可能不会污染"还不够好，需要有一些证据表明保护措施是成功的，而且程序是合理的。在对每个嫌疑人进行抽样之前，检查人员应该清洗自己的手和前臂，然后获取空白胶带，控制自己的手和前臂，再对嫌疑人进行取样。最后，如果嫌疑人穿着一件毛衣，则需对梳理头发之后的取样保持谨慎。

还必须考虑不相关的现场之间的污染，其共同点是存在检查人员或犯罪现场调查员。虽然这可能不像从现场到嫌疑人的污染那样重要，但它仍然是污染。通常，在获得材料的情况下，必须使用新的包装并丢弃所有一次性设备，例如工作服、鞋套甚至手术刀片。仅仅穿着一次性的干净防护服还不能满足防止污染的要求，在最坏的情况下应减少并且最好防止操作员和现场之间的材料转移，以及防止检查人员将材料从现场移走。当重复使用刷子、器械和重型防护服等设备时，必须在使用后彻底清洁。在下次使用时从中取出对照样本，以确定清洁过程是否彻底且成功。如果材料容易被促进剂污染，例如被放入纵火案现场但未使用的袋子，则应将其丢弃并销毁，以免它们被重复使用。案例：不好的做法。用于保存促进剂（来自汽油弹或嫌疑人的衣物）的尼龙袋被保留在警察局的保管区。

有一次，一名警察回收了一个大型汽油容器，并使用袋子来包装。意识到袋子太小时，他选择了一个更大的袋子，然后将第一个袋子放回存储柜中。

一段时间之后，一名警察逮捕了一名嫌疑人。该案涉及不同的汽油炸弹袭击，于是警察将嫌疑人带到保管区。扣押嫌疑人的手套后，他们将手套放入从存储柜中取出的污染袋里。

在实验室环境中检查手套时，在袋中发现痕量促进剂（特别是在没有来自犯罪现场的适当对照样本的情况下）可能提示存在嫌疑人与促进剂的接触，然而事实并非如此。

这方面的经验如下：

1. 绝不能重复使用包装材料。

2. 包装材料只能由经过培训的人员处理和控制，以保持其完整性。

污染的后果是一个真正的问题，特别是在现场情况下必须充分考虑。在开始犯罪现场检查之前，必须仔细考虑他人的行为。如果某个区域已被污染，则污染可能只会单向转移。对相反方向的转移或不易被污染的材料的检查仍然是适当和安全的。发现和披露这些信息是完全专业的。

展示物品和调查的完整性

证明物品没有污染与尽量减少污染同样重要。

与现场完整性有关的准确记录及其检查可以支持这一点：

- 证人的书面陈述和口头陈述；
- 第一批工作人员的行为；
- 对现场的控制；
- 设置现场警戒线；
- 记录日志以详细说明进入和离开现场的人员姓名及时间；
- 在检查时不断拍摄现场的照片；
- 给进入现场的人提供的任何情况说明；
- 犯罪现场检查或调查计划；
- 消耗品来源和控制记录；
- 检索和检查的细节；
- 穿着防护服的详细信息，由谁以及何时更换；
- 个人防护服的保留和/或销毁细节；
- 消耗品的保留和/或销毁细节；
- 采取和保留任何空白和对照样本；
- 回收和保留的所有物品的清单；
- 为保存、保护和打包物品而采取的步骤；
- 存放回收物品；
- 物品的移动；
- 对回收物品进行的任何检查的详细信息；
- 对回收物品的最终处理。

结 论

污染风险是针对每种证据、现场情况及其检查的。将调查材料与任何外部来源分开，并有能力证明发生了这种情况，对于保持调查的完整性以及从中获得的任何解释或结论至关重要。

另见：基础：法庭科学情报；调查：收集和证据链；指纹；法庭科学情报分析；保存。

相关网站

http://www.paulmillen.co.ukdPaul Millen Associates：homepage.

包 装

J. 霍斯韦尔，马来西亚，雪兰莪州，获批准的法庭科学有限公司
版权所有© 2013 爱思唯尔公司。保留所有权利。

背 景

根据相关物品的性质，收集物品和随后将其包装、运输到法庭科学实验室的理想方法会有很大差异。同样，制造包装的材料也会有很大差异。

纸作为包装媒介

通常，建议使用各种尺寸的纸袋。纸袋以各种尺寸制造，应易于获得。如果使用信封，应先使用 A4 白色铜版纸收集较小的物品，如毛发、纤维、玻璃或油漆。将物品放在先前折叠的纸张、包装纸或所谓的"药剂师折纸"上，然后将其放入信封或塑料拉链袋中。这将防止从信封角落或通过塑料袋的拉链丢失物品，并且使用折纸将简化在低倍率显微镜下的后续检查。

将衣物和生物材料放置在纸上可以让物品呼吸，而放置在塑料袋中可能滋生细菌并促进霉菌的生长。所有物品应在用纸包装之前风干。

从犯罪现场回收的有大量血染或精液黏附的物品应先放在纸上，然后用塑料袋保护，左上方打开，以使其呼吸。但是，必须在到达法庭科学实验室后将物品从包装材料中取出并彻底风干。

含有挥发物的物品应放在尼龙袋或新的、干净的油漆罐中。普通聚乙烯袋不适合保存挥发物。

滋生虫害的材料

在某些情况下，从犯罪现场或殓房中回收的检材，如要送回法庭科学实验室或长期作为财物储存，可能会遭受跳蚤、虱子、蛆虫或甲虫等虫害。在穿着防护服检查这种材料时必须小心。防护服包括工作服或实验室外套、面罩、手套和护目镜。如果可能，一定要使用大型开放式搜索工作台。

如果物品中存在昆虫，至少有两种方法可以杀死它们：

● 将材料和容器放入一个大塑料袋中并密封。将袋子深度冷冻约 3 小时，直到昆虫死亡。

● 在装有物品及其容器的塑料袋中加入几滴甲酸乙酯。密封袋子并离开约 1 小时，直到昆虫死亡。

如果存在血迹或精斑，则必须在冷冻前收集斑痕样本。还应考虑昆虫学方面的问题：可能需要检查活的和死的昆虫标本。

收集物品

最好收集一些多余的检材，因为可能会没有足够的检材进行检查和分析。在收集微量物质痕迹时可能会遇到困难，这时应采用专业收集技术。但是，如果有少量证据存在于小件物品上并且有可能丢失，则应回收痕迹子样本并将其放入单独的包装中；如果情况不允许，应尽快包装和保管整个物品。如果痕迹是污渍，则污渍应保留在该物品上，以便在法庭科学实验室进行评估和检查。在整个物品与案件关联度大的情况下，这一点尤为重要，例如一把血迹斑斑的刀。

在许多涉及沾有污渍的材料的情况下，例如火灾残留物，必须提交未沾有污渍的材料用于分析，以确定材料本身是否干扰分析程序。

在对两种物质的成分进行比较时，应提供足够的参考样本。例如，如果衣物上的灰尘被怀疑是特定货币保险箱的压载物，则应从货币保险箱本身收集足够的灰尘，与衣物一起打包并提交，以便进行令人满意的比较。参考样本应代表测试样本的来源。例如，试图将在犯罪现场发现的体毛与嫌疑人的头发进行比较是没有用的；一种类型的材料只能和同类型的材料进行比较。类似地，如果两个样本的来源相隔几米，则来自鞋的土壤与来自犯罪现场的土壤的比较可能是不成功的。

标签

添加标签的目的有两个：识别物品的性质和来源并建立保管链。

在理想情况下，标签上应记录以下信息：

- 内容的性质
- 来源（从哪里被发现的或从谁那里找到的）
- 日期和时间
- 收集者（或启动保管链的人）的签名和印刷名称
- 收集顺序号码
- 唯一的案例识别号码

此外，标签上应有空间来记录物品的移动情况（几经转手时的姓名和签名，日期和时间）。

标签应在收集或收到物品时填写。如果从某人手中收集某个物品，请使用其姓名，例如"约翰·史密斯的裤子"。不要将该物品标记为"可疑"，因为标签上的这一措辞可能或者已经导致该物品被排除在庭审证据之外。一些法院认为，以这种方式标记物品是"不必要的"和"令人反感的"，因为无论在审判期间的什么时间节点提到这样的物品，陪审团都会被告知被告人是"嫌疑人"。这也许会给人以下印象：他在调查初期是一名嫌疑人，调查人员及其代表可能有一个固定的观点或关于被告人的先入为主的想法，而这可能不是调查小组中的所有人都持有的观点。法院也可能错误地认为需要更多地了解被告人，这可能是有害的，特别是在仍然有陪审团审判制度的司法辖区。显然，不应该使用"罪犯"和/或"犯罪者"，因为这是一种有罪推定。

使用的编号应该与容器物品清单相关，可以是 JH1、JH2、JH3 等，也可以是物品1、2、3 等。当对收集的物品进行后续检查时，任何被移除的物品都应该有与原始物品相关的编号。例如，一条裤子被标上 JH1，从裤子上收集的毛应该被标记为 JH1.1。或者，如果裤子是 31 号，那么毛发将是 31.1；如果从毛发中提取 DNA，那么这些衍生物将是 31.1.1、31.1.2 等。这样，每个子样本可以很容易地追溯到来源物品。

如果物品是实体性的，例如刀子或衣服，那么物品本身应该和容器一样被标记。用一根绳子把标签绑在物品上可能是合适的。如果这样做了，那么以后如果从容器中分离出来，就可以毫无疑问地识别证人席中的物品。

当使用塑料罐或小瓶时，应确保在盖子和容器上都有相应的标记，以避免容器混淆。编号和唯一的大小写标识号通常用于此目的。

收集

正确收集物品和痕量材料对于从检测中获得价值最大的证据至关重要。在所有现场和实验室检查中都应穿着特殊的衣服。应始终穿着现场套装、白色棉质工作服或实验室外套，因为白色棉线作为纤维具有最低的证据价值，适用于防止犯罪现场或衣物被检查人员服装中的纤维污染。一次性防护服是最佳的，因为它保护穿着者并且防止重复使用污染。使用合适的衣服也存在职业健康和安全方面的问题。

收集箱

收集箱必须保持清洁，并有秩序地存放设备。主要收集设备及其用途可见表 1。

表 1　主要收集设备及其用途

设备	用途
手术刀	油漆涂片、可见纤维、植物和干燥的血液
探针	油漆、纤维、残留物、油脂、润滑脂、微粒子的操纵
刷子	痕迹颗粒：油漆、金属、植物、玻璃
拭子（干）	将小颗粒捕捉到拭子粗糙的纤维上
油漆刷	清扫局部和狭窄的区域
铲子	土壤样本，整体或部分凝结的血液，混合浇铸化合物
镊子（金属）	微量物质，如纤维、头发和植物

设备	用途
镊子（塑料）	用于收集使用金属镊子时可能损坏的物品；在尸体检查期间收集弹丸和碎片，并在用小块湿润的棉花回收血迹时使用；每对镊子都很便宜，因此，每次使用后都可以销毁它们
棉	用蒸馏水润湿亚麻布，回收干燥的血渍
磁铁	用塑料覆盖磁铁后回收钢铁颗粒

收集技术

已经开发了多种用于收集痕量材料和其他潜在证据材料的技术。每种技术都旨在防止材料受到损坏和污染。主要的收集技术可以描述为：

- 手工摘取
- 胶带粘取
- 擦拭
- 清扫
- 真空吸取

手工摘取

检查犯罪现场、服装、身体或其他物品时，首要重点应该是收集可以用手或镊子摘取的大块和宏观的物品。应该通过手工采集大到足以用肉眼观察的物品。在应用其他收集技术（如胶带粘取、清扫和真空吸取）之前，应收集毛发、大块油漆、玻璃碎片以及植物碎片等材料。

手工摘取具有确定物品上检材位置的优点，并且不需要更多的时间进行搜索，而胶带粘取、清扫和真空吸取必须进一步搜索，以分离出相关的小颗粒物质。

手工收集物品时，应在不同物品或不同位置之间存在污染可能性时佩戴和更换一次性手套。各种类型的镊子可用于收集小颗粒物质，而湿润的细刷可以收集油漆颗粒。必须在各次收集行为之间清洁收集设备。

胶带粘取

胶带粘取是从各种表面收集痕量材料的可靠方法，特别是衣物和机动车座椅。将长度不超过 7.5 厘米的透明胶带粘贴到物品表面，粘取完成后，将胶带放在干净的玻璃或硬塑料上，然后放入有标签的干净塑料袋中。衣物和其他较大的物品应分段检查，例如，衬衫的前部和后部作为两个独立的区域。使用胶带时应确保其有良好的黏性。

不应将太多材料放在一条胶带上。以这种方式收集材料有助于在宏观范围内检查痕量材料，特别是有助于从无数的无关紧要的材料中分选相关的材料。当使用来自胶带切割器的胶带时，应丢弃前 5 厘米，以防止污染。胶带粘取法在法庭科学实验室中被更广泛使用，尽管它在某些领域也有用途，例如收集车辆内部材料。

清扫

这种方法特别适用于从各种区域收集材料，包括难以接近的区域或有大量材料的区域。清扫也是用于检查车辆的有用收集技术，其中车辆地板表面或后备厢中存在大量碎屑。

重要的是刷子是干净的。考虑到污染或交叉转移的风险，检查现场和嫌疑人的车辆时，应使用单独的刷子。在每次清扫时，应使用带有无涂漆手柄的大约 25 毫米宽的新油漆刷，以及带有簸箕和扫帚套件的新的盘状器皿。

真空吸取

通过抽真空收集来自衣物、车辆和其他大型物体的微观材料是收集痕量材料的另一种方法。但是，应该谨慎地考虑使用它的情况，因为所收集的尘土很难处理，需要花费大量时间在实验室中进行搜索。真空吸取可能很有效，因为它可能导致收集大量的"过去的历史"。

这种方法需要专门的吸尘器吸嘴。吸嘴由塑料制成，你可以在收集器内放一张滤纸来捕获和保留吸出的物质。在早些年，吸嘴是不锈钢材质的，并连接到重型真空吸尘器上。图 1 展示了两个便携式真空吸尘器，适用于犯罪现场和法庭科学实验室吸尘。

该方法通过抽吸将材料收集到放置在收集器内的干净的滤纸上。在对单独的物品、车辆或现场的特定区域抽真空之前必须清洁滤尘袋。整个吸嘴应在温肥皂水中清洗，并用清水冲洗干净。瓶刷是清洁吸嘴管道和滤尘袋的理想选择。当不能清洁吸嘴时，必须在两次使用间隙将其刷干净，在没有过滤纸的情况下运行，然后使用过滤纸"空白"运行，以确保滤尘袋及吸嘴干净。

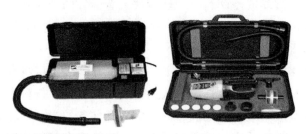

图1 两个用于痕量材料收集的便携式真空吸尘器（"3M"痕量证据真空吸尘器、"Sirchie"痕量证据真空吸尘器）

每次采样运行前应收集空白样本或对照样本：在滤尘袋内使用干净的过滤纸，然后将其取出并单独装袋，以备后续检查。每次采样运行还必须有一块干净的过滤纸。一旦安装好并准备好试运行，吸嘴就会被放到物品表面，例如被多次打击的衣服。衣服的每个区域都是一个独立的搜索区域，例如口袋、背部和前部。不使用时，应彻底清洁吸嘴、滤尘袋并将其存放在密封的塑料袋中。

保存

物品必须被妥善保存，以便尽可能使它们保持原始的状态，并且在法庭上提交的时候依然是它们被发现时的状态。在某些情况下，不可能完整地保留实物，例如，在分析过程中，可能必须改变物品或者完全消耗物品。

犯罪现场调查员应采取一切必要措施防止已收集的物品遭受以下损害：

丢失：未正确密封的包装可能会丢失毛发、纤维和油漆等小样本。信封本身不适用于小样本，因为颗粒物质可能会通过信封的角落丢失。来自火灾现场的挥发性液体可能从不密封且不防渗的容器中蒸发。

变质或损坏：生物材料（如血迹或精斑）可能会迅速变质。在风雨来临之前，必须保护和/或收集室外现场中宝贵的鞋印和血迹。

污染：未正确包装的物品可能会因将异物引入包装而受到污染。

篡改：物品应被妥善包装和密封，而且在犯罪现场不应无人看管。犯罪现场调查员应该防止免罪的篡改以及旨在摧毁潜在证据的篡改，例如，如果枪支的包装和固定不当，枪膛内有一个发射残留的弹壳却无人看管的枪支可能会带着几个印记到达法庭科学实验室。

密封容器

容器的密封对于防止物品丢失、污染或被篡改是必要的。容器应用封箱胶带密封，然后用证据胶带密封。证据胶带应由犯罪现场调查员、采集人签字。

保管链

保管链是指物品从收集到作为潜在证据提交法庭的记录。这使有关各方能够追查在某一时间保管过该物品的人，以及物品在被个人或组织保管期间的位置。

容器和（如果适用的话）物品应标有移动记录，并且案件档案和/或证据移动日志也应记录移动情况。

危险标签

有必要使用适当的危险标签标记容器。沾染体液的物品应标有生物危害标签，经化学处理以增强指印的物品应标有化学危险标签。在将物品作为证据提交法庭之前，应该在一定程度上鼓励法院工作人员抵制诱惑，避免打开所有包裹并去除容器。

总结

本节讨论了包装材料、如何处理被污染的材料、所采用的技术和收集物品的顺序。

本节还讨论了保管链以及使用适当的标签和密封容器。附录 1 概述了犯罪现场调查中常遇到的物品，指出了最合适的包装和收集技术，以及每个特定物品的重要性。

附录 1：收集和包装

以下内容是常见物品的收集和包装指南。

弹药

包括弹丸、实弹、空弹壳、猎枪子弹、填料。

1. 未损坏的材料可以用薄纸包裹并放入硬质塑料容器中。如果是变形弹丸碎片，应将其放入一个小塑料袋中，并将每个物品放在单独的塑料或纸板容器中。不要标记弹药，而要标记容器。

2. 如果在尸体解剖过程中从死者体内取出弹丸，则应将其清洗干净并风干。

包装：将物品放入塑料袋中，然后放入硬质塑料容器中。收集碎裂和变形的弹丸时不要用药棉或纸巾。

重点：确定弹药的类型及其来源。

咬痕

在皮肤上

1. 使用数码相机拍照，并使用多波段光源，以获得最佳对比度。

2. 用无菌干棉签或棉布擦拭咬痕周围区域，然后放入容器中，贴好标签。

3. 如果可能，对咬痕铸模。

包装：将拭子放入单独的小的硬质塑料容器中。

重点：在与牙科医生协商后，可将咬痕与任何可疑牙齿进行比较，并进行可能的 DNA 分析。

在易变质物品上

1. 在工作室拍照以获得最佳效果。

2. 铸模。

包装：将铸件放入硬质塑料容器中。

重点：在与牙科医生协商后，可将咬痕与任何可疑牙齿进行比较，并进行可能的 DNA 分析。

嫌疑人

1. 从各种位置拍摄牙齿的照片。

2. 使用无菌棉纱布获取唾液样本，并风干和包装。

3. 对嫌疑人的牙齿铸模。铸件要带到牙科医生那里。

包装：将 2 风干后放入一个小的硬质塑料容器中。将 3 放入一个小纸箱中。

重点：1 和 3 用于咨询牙科医生，对咬痕和嫌疑人的牙齿进行比较；2 用于 DNA 分析。

血液

在吸收性材料上

1. 分别切割材料、风干和包装。

2. 切出对照样本。

包装：大型血染物品应用纸包装；已经干燥过的小样本应放在硬质塑料容器中，或用 A4 纸包好并放入纸质信封中。

重点：DNA 分析。与参考样本比较。

在非吸收性材料上

湿润：对于大量液态血，用勺子或一次性移液器吸取并用小玻璃容器包装。对于较小的血渍，用一块棉花擦拭、风干，然后用小的硬质塑料容器包装。

干燥：对于大面积血迹，用手术刀把干燥的"剥落的表皮"刮到一个小的硬质塑料容器中。对于小面积血迹，用一块（用蒸馏水）预先湿润的棉花擦拭血迹并将血液转移到棉花上，风干并放到硬质塑料容器中。

包装：塑料和玻璃材料。

重点：DNA 分析。与参考样本比较。

全血

1. 由医生或护理人员获得。在采集人体样本时，可能必须考虑当地相关的法律法规。需要三个样本。

2. 一个样本没有任何额外的材料。

3. 一个样本有抗凝血剂。

4. 一个样本有防腐剂。

包装：一个样本放入带乙二胺四乙酸（EDTA）的粉红色顶盖小硬质塑料容器中，一个样本置于含有草酸钠的棕色顶盖小硬质塑料容器中，一个样本放在普通的小硬质塑料容器中。

重点：对棕色顶盖容器的内容物进行血液酒精测定。对其余样本进行DNA 分析，然后将结果与犯罪现场血迹进行比较。

血迹形态的解读

1. 使用数码设备对整个现场照相。

2. 以 90°的角度从每个染色部分拍摄血迹的概览照片。

3. 近距离观察，包括使用卷尺。

4. 从不同类型的血迹中采集血液样本，因为血迹可能有不同的来源。

包装：如上所述。

重点：帮助重建事件过程并使用 DNA 分析可能有助于识别血迹的供体。

烟头

用塑料镊子收集（如果潮湿则风干）并包装。

包装：将每个烟头放在单独的硬质塑料容器或玻璃瓶中。

重点：识别卷烟。吸烟的人不止一个吗？对残留唾液进行 DNA 分析，并检查指印和口红。

服装

1. 拍摄、记录和描述。

2. 分别去除任何明显的痕量材料和包装。

3. 脱掉嫌疑人的衣服，放在干净的白纸上，将湿衣服风干，分开包装。

包装：将每件物品分别放入纸袋中。

重点：搜索任何痕量材料，以便与任何参考材料进行比较。对不同血迹进行 DNA 分析，以确定嫌疑人和接触证据。

文件

戴上白色棉手套，用镊子收集并单独包装。

包装：放入预先标记好的塑料文件袋或已包含一块纸板的信封中。

重点：缩进书写，删除或添加，签名验证，墨水比较和分析，影印机识别，原始或复写字母，笔迹分析中用来识别作者的比较材料。

纤维

1. 用镊子收集纤维或提交包含纤维的整个物品。

2. 使用胶带粘取法，即用透明胶带粘贴相关的区域，并将胶带（粘面朝下）放在透明塑料片上。

包装：松散纤维用小塑料瓶包装，塑料片用塑料袋包装。

重点：确定可能的来源。与暴力犯罪中转移的其他已知纤维相比较。

燃烧残渣

从可疑点或火源点收集碎片。收集木炭或烧焦的木材，因为这种材料吸收微小的可燃液体残留物。

包装：清洁新的油漆罐、尼龙袋或聚偏二氯乙烯袋。使用袋子时，要小心可能会穿透袋子的尖锐碎屑。

重点：确定是否存在可燃液体残留物及其类型。

枪支射击残留物

在手上

1. 拍摄可见证据。

2. 使用多波段光源拍摄照片。

3. 使用准备好的胶粘剂从嫌疑人手上收集射击残留物。

4. 从未沉积枪支射击残留物的其他皮肤区域采集对照样本。

包装：使用商业性的或实验室制造的胶粘剂–枪支射击残留物收集套件。

重点：确定被测试人是否已实施射击。

在服装上

1. 拍摄明显的证据。

2. 使用多波段光源拍摄照片。

3. 包装。

包装：纸袋。

重点：确定被怀疑穿着衣服的人是否实施射击。

衣服上的弹孔

1. 用卷尺拍摄可见证据、位置、特写照片。

2. 通过将纸钉在衣服上面来保护弹丸。

3. 将纸板放在弹孔后面，以防止弯曲。

4. 避免在弹孔处使衣服弯曲。

5. 包装。

6. 在实验室检查期间，使用多波段光源拍摄照片。

包装：纸袋。

重点：确定射击距离、角度以及弹药特性。

尸体皮肤上的弹孔

1. 用卷尺拍摄可见证据、位置、特写照片。

2. 在围绕弹孔的发黑区域以外开刀，并用缝线确定"12点钟位置"。

3. 如果是新鲜尸体，则要对弹孔进行实验室检查。

4. 用卷尺拍摄可见证据、位置、特写照片。

5. 在实验室检查期间，使用多波段光源拍摄照片。

6. 擦拭弹孔周围，保持干燥，并放入硬质塑料容器中进行扫描电镜能谱分析。

包装：如果是新鲜尸体，则要使用硬质塑料容器包装。实验室检查后，放入装有10%福尔马林的小玻璃瓶中。

重点：通过化学分析，确定射击距离、角度以及弹药特性。

玻璃

在一般区域的现场

1. 在将玻璃从框架上取下之前拍摄玻璃的两面。

2. 首先收集脆弱的碎片。

3. 分别包裹以保护边缘。

4. 将碎片放入合适的硬质塑料容器或纸箱中。

5. 如果可能，收集所有碎片。

包装：对于小碎片，为了分析，使用硬质塑料小瓶。对于较大的碎片

(断裂方向和机械整合检查），请使用自制的纸箱或市售的纸箱。

重点：作为折射率测量的对照样本或参考样本的小块；通过机械整合检查确定玻璃来源，并通过检查碎玻璃边缘的锯齿痕迹确定受力方向。

在衣服上
1. 首先收集脆弱的碎片。
2. 分别收集衣服和包装。
包装：塑料药瓶、较大的塑料容器和纸箱。

重点：通过物理和/或化学分析确定可能的来源；通过机械整合检查确定可能的来源；通过检查玻璃边缘确定受力方向。

毛发

在可移动物品上
1. 收集并保护整个物品。
2. 如果在搬运和包装衣服之前需要收集毛发，请进行收集。

在固定物体上
使用一对塑料镊子收集毛发和包装。

嫌疑人的毛发
在破坏性案件中（例如武装抢劫和强奸），嫌疑人头上戴着头套或其他遮盖物，其可能离被打碎的玻璃很近，此时应采集头发中可能存在的样本。这是使用湿润的种子梳子进行的。梳子用白色棉绒制作，用蒸馏水润湿，然后梳理嫌疑人的头发。这一步必须在发现犯罪后迅速完成，因为头发中的异物可能会很快丢失。这不是直接进行的，可能是在嫌疑人同意后进行的，或在某些司法辖区由一名高级警察同意后完成的。

在强奸案件中，如果嫌疑人被迅速发现，也应该用种子梳子收集样本。头部和阴阜区域都应该梳理。

在医生进行的私人体检期间（熟悉当地的法律要求）进行。

对照样本

头部：从各个区域拔出 30～40 根头发。

阴阜：拔 20～30 根毛发。

其他：拔 10~20 根毛发。

包装：将折叠的白纸插入信封或塑料袋中。

重点：人类或动物；确定人的肤色、性别和种族；识别毛发来源于身体的哪个部位；毛发被拉或脱落；通过线粒体 DNA 来确定脱毛的人。

昆虫：苍蝇

苍蝇的生命周期有四个阶段：卵、蛆、蛹和成虫（苍蝇）。在整个生命周期中收集样本。

1. 从腐败的尸体之上、之下的每个位置收集 60~80 个个体，总长 90 厘米至 150 厘米。

2. 从隐藏区域、叶子和地板下面收集样本。

注意：蛹可以在身体下面或身体下的土壤中以棕色囊的形式存在。

包装：玻璃容器。将样本置于 70%V/V 的酒精与 10% 的福尔马林混合的溶液中。将等量的样本放入塑料小瓶中并冷冻。将等量的样本放入塑料容器中，并放入一些肉类。

重点：估计死亡时间。

蛆

包装：玻璃容器。将样本置于 70%V/V 的酒精与 10% 的福尔马林混合的溶液中。将等量的样本放入塑料小瓶中并冷冻。将等量的样本放入塑料容器中，并放入一些肉类。

重点：估计死亡时间。

及时提交给昆虫学家进行检查和鉴定。

涂料

在工具或车辆上

1. 如果可能，收集含有证据的物品（工具或车辆）。

2. 分别收集油漆碎片。

3. 应注意不要破坏油漆碎片。

4. 取每种颜色的参考样本，确保它们被刮到底色。

包装：将折叠的白纸插入信封、塑料袋或硬质塑料容器中。

重点：确定可能的来源——车辆的颜色、型号和类型。识别车辆。

在衣服上

1. 首先收集易受损的证据。

2. 单独收集衣服和包装。

包装：将折叠的自纸插入信封或塑料袋中，然后将其插入硬质塑料容器中。

重点：确定可能的来源——车辆的颜色、型号和类型。在发出通知时识别车辆。

尸检样本

酒精

1. 获取 10 毫升干净动脉血。

2. 获取 10 毫升尿液。

3. 获取 10 毫升玻璃体液。

包装：装有防腐剂的塑料管（草酸盐或氟化物）。

重点：指示死亡时的醉酒状态。

用于 DNA 和/或血清学分析的血液

1. 向每个容器注入 10 毫升干净动脉血。

2. 将 10 毫升血液放入普通塑料瓶中。

3. 将 10 毫升血液放入含有 EDTA 的塑料管中。

包装：普通塑料瓶和含有 EDTA 的塑料管。

重点：用于 DNA 分析的参考样本，与在嫌疑人身上或在嫌疑人所处环境中发现的现场污渍和其他未知污渍进行比较时的血清学要求。

毒品

1. 获取 10 毫升干净动脉血。

2. 获取 10 毫升尿液。

包装：不含抗凝血剂或防腐剂的普通玻璃瓶。

重点：指示死者在死亡时是否受到毒品的影响，死者是否是一个慢性吸毒者并因过度使用毒品而死亡。

毒物

1. 获取 10 毫升干净动脉血。

2. 获取 100 克肝脏。

3. 获取所有胃内容物。

4. 获取 10 毫升玻璃体液。

包装：各种尺寸的玻璃容器。

重点：确定死者体内是否存在毒物。

硅藻

获取股骨的一部分。

包装：含有无水酒精的玻璃容器。

重点：确定可疑的溺水地点（海水或淡水）。

安全绝缘材料和安全表面涂料

来自嫌疑人的衣服和/或其所在环境

1. 分别收集衣服和包装。

2. 在嫌疑人活动的环境中使用胶带粘取和/或真空吸取装置收集物品。

包装：衣服用纸袋包装。真空吸取的残留物和胶带粘取的塑料板用塑料袋包装。

重点：比较安全绝缘材料的参考样本嫌疑人的衣服或其所在环境中的任何安全压载物和/或油漆。

来自保险柜

从入室盗窃的保险柜中收集油漆和安全绝缘材料的参考样本。

包装：用于安全绝缘材料的小型硬质塑料容器和用于油漆的小型塑料袋。

重点：用于与从嫌疑人身上或其所处环境中发现的任何痕迹材料进行比较，从而将嫌疑人与现场联系起来。

唾液

收集唾液，确保它是唾液而不是黏液。在干净的白色纱布上收集或使用 DNA 数据库收集套件。

风干和包装。

包装：硬质塑料容器或 DNA 数据库收集套件（管辖区的特殊要求）。

重点：DNA 分析。

精斑

对精斑的位置和分布情况拍照。

使用多波段光源拍摄照片。戴手套收集有斑痕的物品。

风干和包装。

包装：纸袋。

重点：通过 DNA 分析鉴定供体。

现场的土壤和嫌疑人的衣服和/或环境

从可疑车辆或鞋中收集样本。

从嫌疑人那里收集衣服。

从现场和周围区域收集 50 克土壤作为参考样本。

包装：土壤样本使用硬质塑料容器包装，衣服使用纸袋包装。

重点：样本的地理来源，以及嫌疑人与现场之间可能存在的联系。

工具

对工具所处的位置拍照。

保护工作端。

包装：塑料袋。

重点：切削端的油漆可能与现场的油漆匹配，并将工具联系到特定的工具痕迹。

工具痕迹

拍照（概貌、中等距离和细目）。

制模。

如果相关区域被涂漆，请收集油漆样本。

如果可能，回收完整的物品以供进一步检查。

包装：硬质塑料容器或塑料袋。信封中的普通白纸用于收集油漆样本。

重点：将工具痕迹联系到特定工具。

植物

拍摄各种植物。

收集由完整植物和根部组成的样本。

包装：纸袋加硬纸板，防止物品损坏。

重点：识别植物种类和生长模式，并与在嫌疑人身上或其所处环境中发现的痕量物质进行比较。

电线

对电线的位置拍照。

保护电线末端。

将在现场切割的末端贴上标签。

包装：塑料袋。

重点：识别工具类型，并与提交的工具进行比较，以便对工具进行可能的识别。

注意事项

应尽快收回潜在证据并提交法庭科学实验室，同时应减少在现场对个别物品的检查。不要在现场做可以在实验室做的事情！

以上是一般指导原则。不同的司法辖区可能会根据其相关质量体系内的标准操作规程以及当地法律法规进行一些变更。

另见：调查：收集和证据链；污染；保存。

扩展阅读

Fisher, B. A. J. , 2000. *Techniques of Crime Scene Investigation*, sixth ed. CRC Press, Boca Raton, FL.

Horswell, J. （Ed. ）, 2004. *The Practice of Crime Scene Investigation*. CRC Press, Boca Raton, FL.

Houck, M. M. , Siegel, J. A. , 2010. *Fundamentals of Forensic Science*, second ed. Elsevier, Amsterdam.

Kim, W. (Ed.), 2007. Handbook of Forensic Services. Federal Bureau of Investigation Laboratory Division, Quantico, VA.

Lee Henry, C., Palmbach Timothy, M., Miller, M. T., 2001. *Henry Lee's Crime Scene Handbook*. Academic Press, London.

Saferstein, R., 2001. *Criminalistics: An Introduction to Forensic Science*, seventh ed. Prentice-Hall, Upper Saddle River, NJ.

White, P. C., 2010. *Crime Scene to Court the Essentials of Forensic Science*, third ed. Royal Society of Chemistry, Cambridge.

保　存

F. 克里斯皮诺，加拿大，魁北克省，三河市，魁北克大学三河校区

法庭科学证据的定义为过去行为或存在的痕迹，其通常是脆弱的并且可以由各种材料组成。证据最好被理解为标本，而不是样本，因为成为证据的材料不仅是来源于被研究的所谓犯罪人群的随机代表性样本。证据在审判中的价值取决于一套复杂的推论，其中之一就是可采性。可采性有两个要求：痕迹应当被合法地采纳为证据，而且该证据应当是充分可靠的。是否满足这两个要求很大程度上取决于证据是否被妥善保存。

保存：时间过程

证据保存需要尽可能抑制或消除证据的潜在改变、衰变或破坏，因此它包含两项活动：犯罪现场管理和证据管理。正确的犯罪现场管理要求确保现场的安全、保护和记录，而适当的证据管理要求使用正确的取样和储存程序。这两项活动将为保护证据提供必要条件，并为证据分析和司法保管链提供关于证据保存的文件。反过来，这将有助于证明证据在法庭上的可采性。

本部分主要研究犯罪现场的环境在犯罪发生后的最初几分钟内会如何阻碍犯罪现场管理、工作人员如何记录犯罪现场以及如何识别和处理可能危及证据收集的条件，并对此提出对策。在整个过程中按时间顺序记录（准备犯罪现场和证据记录手册）是安全的。这一关键任务可以由一个专门的工作人员来完成，他可以借助录音设备记录所有犯罪现场检查人员的评论。犯罪现

场管理结束后应立即出示书面记录。

犯罪现场的保护

洛卡德说过，随着时间的流逝，真理避开了我们。事实上，一旦犯罪发生，犯罪现场就已经因为犯罪者的行动、受害者的反应、一些人［例如证人、特殊武器和战术（SWAT）人员、医务人员、巡逻人员以及警探］的活动或自然条件（如雨、雪、风、热、冷等天气条件，以及时间、失温、蒸发等的影响）而改变了。

在到达时用照片和视频记录现场情况，登记进入或离开现场的任何人员，并记录第一发现者的观察结果，建立相关数据库。这些数据可以用来理解后来发现的或者被修改过的痕迹。此记录还可提供当前案件的相关信息。例如，在纵火案中，火焰的颜色和气味可以向犯罪现场调查人员和检查人员提供有关犯罪现场内证据保存的相关信息。

由于痕迹和证据是脆弱的、容易被改变和破坏，巡逻人员应该使用上述程序立即"撒网"或"冻结"犯罪现场。这点稍后可以由犯罪现场检查人员重新评估。所有人应该被禁止进入这个区域，任何在现场或现场周围的人员（或汽车），包括特警和救援队成员，都应该被识别。这项任务一般由巡逻人员执行，所以犯罪现场检查人员应核实其是否已正确完成。

犯罪现场检查人员到达现场后，应当向现场所有人员确认本人身份，并制作人员日志，记录其身份信息。这将使调查人员能够从在犯罪现场的警察、消防员、目击者等那里获得相关的信息，如鞋印、指印和 DNA 拭子。在证据搜索和收集期间，人员日志将允许立即排除合法人员留下的痕迹（例如医护人员鞋上的血迹）。人员日志应载有巡逻人员、第一发现者、消防员、护理人员、验尸官、警探、负责人、证人的姓名，这些人员在处理犯罪现场之前或期间在犯罪现场。尽管这些人的照片应当在犯罪现场拍摄，以建立他们在现场穿着的衣服或鞋子的记录，但从这些人身上获得 DNA 拭子、指印、鞋印或其他比较材料的工具可以稍后进行。

犯罪现场检查人员应当咨询第一发现者，他们通常能够了解现场的性质（公共、私人、商业，活动类型，大小，进出点等），以更好地评估犯罪现场的规模。这些知识对于确定要保护的区域的规模是必要的。如果犯罪现场检查人员发现巡逻人员保护的区域太大或太小，必须立即纠正，以缩小或扩大

犯罪现场的规模。与第一发现者交谈还可以使犯罪现场检查人员更好地理解
第一发现者采取的行动（他们涉足的房间、触摸的物体以及提供何种医疗援
助等），以便更好地评估相关区域并更有效地寻找证据。应尽可能地识别第一
发现者的路径，并在必要时建立新的路径，以避免进一步污染现场。阻隔带
或路障应该被定位，以表示这些路径并保护现场。

一旦确定了这一主要相关区域，在其管理开始之前，应当确保通往该主
要相关区域的道路的安全，以确定第二相关区域，其中需要以相同的方式进
行局部"冻结"和证据搜索。随着犯罪现场的扩大，可能需要额外的警察来
确保现场以外的每个独立区域的周边安全。一旦确定了犯罪现场的这些外加
区域，包括旁观者、巡逻人员和第一发现者在内的所有人员都应该从这些区
域撤离。现在，只有少数被授权在犯罪现场工作的检查人员能留在犯罪现场，
而且他们应该穿着全套防护服。

证据的保护

临时的证据，如雪中的鞋印、晴天混凝土上的鲜血、雨中的泥印、尸体
所在的水温，在收集或保存其他证据之前应该被保护。保护这些证据可以通
过任何可用的手段完成，包括但不限于覆盖和保护现场，拍照或记录，或测
量温度。虽然到达现场的巡逻人员经常执行这些任务，但是犯罪现场检查人
员有责任确保所有证据都得到妥善保管。然后，犯罪现场检查人员可以按照
已知的、标准化的、不经过认证的程序开始物理和化学证据收集。

在犯罪现场收集证据，应当预见需要通过使用减少证据改变的程序来保
存证据。这些方法包括肉眼观察、使用法医光源，偶尔还有化学或物理处理；
这些方法都应该用在证据收集的每个阶段所拍摄的照片以及文字说明来记录。
应当使用适当的包装来防止证据损坏，包括物品本身和物品上的痕迹（如待
处理的指印和生物材料）。设定证据收集程序时还应注意保护检查人员和专家
的健康和安全，他们在处理犯罪现场时可能遇到危险材料，包括被污染的材
料和锐器。

为了确保在犯罪现场提供适当的包装材料，犯罪现场检查人员不仅要事
先评估可能需要分析的物品，还要评估包装好的证据所处的环境。生物证据
（如血液、精液、DNA 材料和植物材料）应该被储存在能抑制腐烂的包装中，
以允许空气流通。这些材料不应该储存于可能在物品移动时擦掉潜在痕迹的包

装中。纸信封是储存生物证据极好的容器；如果可能的话，棕色纸袋更适合湿衣服——可能会更好地让它们变干——及被污染的衣服。化学活性产品（如非法药物或催化剂）应储存在密闭容器中，如尼龙-66包装袋或密封油漆罐。

当从尸体上收集证据时，可以用指纹提取胶带甚至普通透明胶带从暴露的皮肤和衣服上粘取证据，以便在移动尸体之前保护痕迹。然后将每个指纹提取胶带压在一个透明的、贴有适当标签的醋酸透明塑料片上。应该用经蒸馏水润湿的棉拭子轻轻地擦过身体上任何可见的污渍或擦伤。手和脚应密封在纸袋中。

进一步的证据收集可以在尸体移除后进行，如蛹或蛆取样。其中一半浸泡在50%的酒精溶液中，另一半则装入装有少量营养素的盒子中，然后立即送往昆虫学实验室。

证据的运输方式也应当保证其安全。生物或腐烂的证据应在控制温度的（4℃）容器或车辆中运输。水下证据最好在装有发现证据的水的容器中运输，以避免进一步的破坏（如物理拆卸）或在外部空气中生锈。

对证据可采性的司法要求可以通过用防篡改胶带密封证据容器并识别包装它的人（在胶带上有包装者的签名、姓名首字母或右手拇指印）来满足。

证据威胁

保存证据的另外一种方法是分析证据从其检测到最终存储的风险，例如物理损坏、变质、污染、侵染、分解、丢失和篡改，然后提出保存证据的方案。

物理损坏

物理损坏主要是由于人为操作不当造成的，其可以通过以下措施加以应对：

- 指明进入犯罪现场和在犯罪现场移动的路径，以及带有旗帜、标志、保护罩的证据的位置。一发现证据，就应当标明其位置。
- 保护检测到的任何痕迹和污渍，特别是当其位于户外时。风、雨、太阳会破坏痕迹的完整性。
- 以防止破损和避免摩擦的方式运输证据。这可以通过使容器适应物品的形状和固定物品（例如，用塑料黏合剂）来完成。

变质

在炎热、潮湿的大气中，生物材料是非常脆弱的。在这些条件下，化学材料也会失去一些性能，并且如果包装不密封，也会污染环境。保护这些类型的材料时，加速收集和提交是有帮助的。

被质疑的文件或比较文件不应该被标记、污损或更改。文件不应该折叠，除非沿着原来的折痕折叠。文件不应暴露于黏性材料中。

水下证据在提交到实验室时应浸泡在发现时所处的水中。运输水和证据的容器应密封并送到实验室，在取回证据之前，将进行稳定处理（如低气压、渗透平衡）。

污染

证据的污染在保管后立即开始。犯罪现场检查人员在收集证据时，通过遵循犯罪现场的保护措施，如穿白色一次性外套，戴手套、口罩、护目镜等防护设备，来降低接触证据的风险。痕迹越是潜在的、微观的和不可见的，污染的风险就越大。证据分析越敏感，必须采取的注意和防护措施就越多。对证据的解释应该考虑污染。

不幸的是，证据的适当收集、包装和密封不能完全防止污染：证据保管处或实验室附近货架上存放的未经适当处理的证据，可能会污染经过适当处理的证据。因此，记录员还应评估其负责的证据和对比材料存放处的附近区域，安排不同的车辆运送证据和嫌疑人，并采取措施防止嫌疑人污染犯罪现场（或通过犯罪现场扩散的痕量物质污染嫌疑人）。这可以通过要求被确认的嫌疑人穿上犯罪现场检查人员穿的白色一次性外套来实现，而且应该在嫌疑人被确认后立即进行。当嫌疑人需要进入犯罪现场时，其必须穿犯罪现场检查人员穿的防护服。

侵染

从犯罪现场收集的生物材料可能受到昆虫、真菌、寄生虫等的侵染。犯罪现场检查人员在处理这些证据（如穿防护服）时应采取措施保护自己，并限制可能造成的损害。用于收集生物材料的工具应该每月用漂白剂清洗一次。

除了昆虫学目的的采样（见前文），在通过两种技术收集证据之后，昆虫可以被杀死：将材料深度冷冻；将几滴甲酸乙酯放入密封的容器中，与材料一起放置，直到所有昆虫都死亡。使用冷冻技术需要事先收集生物污迹（血液、精液、唾液等）。移除其他侵染需要专门的知识。完全侵染的衣服可能需要尽快检查（没有结束侵染），然后丢弃。

分解

生物材料可以在高温下分解。在潮湿条件下，细菌的作用支持霉菌的生长，并且当生物材料被储存在塑料容器中时，这个过程被加速。因此，这些证据在包装前应先风干，最好用气泡纸或信封包装。

生物材料需要在 4℃ 下冷藏（但不是冷冻）。在法国，−18℃ 冷冻机用于长期保存身份不明的污渍和入狱嫌疑人的比较拭子。

应该把烧焦的文件放在一个专用的纸板容器中松软的棉花上面，以防止分解。在运输过程中应小心。

丢失

在选择容器时，必须考虑到许多材料的尺寸较小。尺寸小的材料，如毛发、纤维、油漆碎片、土壤、花粉和蛹，很容易通过信封的角落丢失，而这些角落通常是不密封的。同样，蒸气也会从非密封容器中泄漏出来。

篡改

一旦收集到证据，犯罪现场工作人员就有责任维护其完整性，防止无意或故意篡改。证据被密封在适当的容器中之前，应该被清楚地标记并且不能无人看管。如果需要很多天的时间来管理犯罪现场的证据，可以指派一名警察来守卫。

一旦收集并密封，证据通常可由专家在调查和审判期间代表控诉和辩护双方进行审查。这种反推是可能的，因为法庭科学分析通常是无损的。应当注意证据的毁灭或者证据完整性的破坏，并通知有关司法机关。

只有两种技术能够保存从犯罪现场运送到实验室和其他地方的证据：包装和标签。

包装

如前所述，纸是包装固体和实物证据的主要材料，可用于干污拭子、单一痕迹、粉末、宏观物体（如枪支和工具）和无机物证的包装。纸容器有多种形式，如信封、袋子和纸板箱，并且有多种尺寸。如果证据不适合预先准备的容器（如有摩擦），或者会受到容器的损害，则可要求犯罪现场检查人员用现有的纸质材料制作相关容器。

所有痕迹（标记、污渍等）的载体都应该被特别保护，如用纸包裹。例如，枪管应该用纸覆盖，用胶带或橡皮带固定在适当的位置，以防止枪管中有机残留物（多环芳烃，表明武器最近被使用过）的损失。

纸容器将允许潮湿织物和生物材料干燥和呼吸，减少恶化和分解的风险。建议在包装之前进行空气干燥。如果证据和支撑物太湿，不能用纸包装，在离开现场之前不可能进行空气干燥，则可以暂时使用塑料袋、罐或桶将其运送到安全的地方（如实验室），在那里可以干燥。释放蒸气的材料不应该放在纸容器里。为了保存用于分析的蒸气，这些材料（包括低碳酸盐化合物，如油漆、炸药和催化剂中的溶剂）应该包装在密封的尼龙袋或新的油漆罐中。

折叠的纸片可以用来收集刮过的或镊子上的微量痕迹，如油漆碎片、纤维、头发、玻璃碎片和土壤。一旦纸张以这样的方式折叠，即收集的物品不能逸出，就应该被存放在密封的信封内。这种收集方式使得在实验室的放大镜或显微镜下检查收集到的证据更加容易。

无论用于收集证据的容器类型如何，容器上的密封措施都必须确保证据不会丢失、污染或被篡改。可以使用密封胶带，并用证据胶带覆盖，以标记容器的司法性质。在法国，印有警务印章的蜡封防止了篡改，并清楚地表明这些材料处于司法控制中。

标签

恰当的标签对于证据管理和保管链至关重要。每个证据的标签应在收集之前准备好。当证据可能由几个执法机构、储存设施和法庭科学实验室的工作人员处理时，标签应包括指定空间，以便稍后用于跟踪法庭科学分析期间的保管链。犯罪现场检查人员还应了解这种标签所附带的司法要求，以避免法官在审判中做出有偏见的判决或不认可证据。在给壶、罐、瓶和小瓶贴标签时，应同时给盖子和容器贴标签，以防止盖子和容器不经意地混合，从而增加污染的风险。应该包含在每个标签上的相关信息包括：

- 证据的性质和被发现的地点
- 收集者身份
- 证据所涉及的危害（如化学、生物危害），可通过容器或盖子的标准危害标签来标记
- 收集日期和时间
- 证据涉及的案件
- 证据的序列号

标注序列号是为了识别每个证据。序列号记录在犯罪现场检查人员的日志中。例如，一件夹克和武器，已经被确认属于 F. 克里斯皮诺，可以用序列号 FC1 和 FC2 表示"F. 克里斯皮诺的夹克"和"F. 克里斯皮诺的武器"。序列号可用于识别来自这些载体的证据。例如，使用上面的示例，可以从夹克中收集和比较纤维，并分别标记为 FC1.1 和 FC1.2。以同样的方式，在武器上发现的指印将被标记为 FC2.1。在确保指印安全之后，可以提取最后的拭子（标记为 FC2.1.1），用于制作 DNA 图谱。因此，这些数字表明，FC2.1.1来源于指印（FC2.1），而指印又来源于 F. 克里斯皮诺的武器（FC2）。

参见

调查：收集和证据链；污染；包装；记录。

扩展阅读

Baldwin, H. B. , Puskarich, M. C. , 2000. Preservation. In：Siegel, J. , Knupfer, G. , Saukko, P. （Eds. ）, *Encyclopedia of Forensic Sciences*, 3 vols, pp. 440-443.

Green, M. A. , 2000. Preservation of evidence. In：Siegel, J. , Knupfer, G. , Saukko, P. （Eds. ）, *Encyclopedia of Forensic Sciences*, 3vols, pp. 1172-1177.

Horswell, J. , 2000. Packaging. In：Siegel, J. , Knupfer, G. , Saukko, P. （Eds. ）, *Encyclopedia of Forensic Sciences*, 3vols, pp. 432-440.

Horswell, J. , 2004. Crime scene investigation. In：Robertson, J. （Ed. ）, *The Practice of Crime Scene Investigation*, pp. 2-45. Boca Raton, FL. CRC0-748- 40609-3.

记 录

J. 霍斯韦尔，马来西亚，雪兰莪州，获批准的法庭科学有限公司

背景

准确记录犯罪现场、事故现场的详细信息或随后对潜在证据材料的检查非常重要，原因有以下几点：首先，这对于犯罪现场调查员很重要，因为它将为犯罪现场调查员必须在晚些时候准备的陈述和报告提供依据，并且提供他们可能不知道的信息。其次，它将协助法院重建犯罪现场，并可提供有关潜在证据、关键测量及其在现场的位置的最可靠事实。最后，它可以向法院提供可获得的最佳证据。

记录

经验表明，犯罪现场调查员在调查和随后对潜在证据材料的检查过程中不可能做太多的记录。在调查过程中，无论在现场还是在稍后检查潜在的物证时，都应该编写记录。记录不应在晚些时候编写；但是，如果不能立即编写记录，则应在检查后尽快记录细节。

我们有充分的理由编写同时期的、准确的记录：

- 检查时做的记录可能比检查后做的记录更可靠和准确。
- 犯罪现场调查员在进行检查时做记录，不太可能忽略记忆中的细节。
- 准确的时间和日期记录将被保存。这将避免与参与调查的其他调查人员的记录不一致。
- 在调查期间和编写报告时，有准确的记录可供参考。
- 在调查的最后阶段整理证词时，有准确的记录可供参考。
- 犯罪现场调查员出庭作证时，法院可允许其参考调查期间和进行具体检查时所做的记录，以恢复其记忆。

显然，如果在调查和检查潜在证据的每个阶段都做了记录，那么它们的准确性应该没有争议。

因此，综合笔记的主要作用是提供对事件和观察的准确和全面的记录，这些记录在几个月后将是有意义的。由于这个原因，最好在当时进行详细记录，而不是试图通过使用缩写来节省时间。虽然在写作时容易理解，但在几个月之后，这些缩写可能不足以唤醒犯罪现场调查员的记忆。

在到达现场时，应注意以下事项：

- 到达的日期和时间
- 到场人员姓名
- 天气条件
- 夜间照明条件
- 发生了什么事——事件
- 初始事件发生以后的各项活动
- 案件的主管人员
- 现场保护
- 在现场提供的协助
- 已经请求的其他资源

犯罪现场调查员到达现场后的行动顺序将随其面临的情况而变化。如果没有要求立即开始特定的检查，最好花一些时间研究犯罪现场，记录所有的观察结果。在犯罪现场的任何活动及其记录，只有在没有污染或破坏潜在证据的风险的情况下才能进行。应当确定一条进入和离开犯罪现场的关键区域的共同途径。

摄影

照片可以提供现场的详细记录，说明存在的物品及其相对位置。由于这个原因，应该在物品被移动或被影响之前拍照，并且应该从多个角度拍照。

照片可能会显示出当时的书面记录中未提及的物品，这些照片可能有助于唤起犯罪现场调查员对现场调查或检查的某些方面的记忆。在庭审期间，辩护律师可以就照片中所示的物品对犯罪现场调查员进行询问。如果没有关于正在审查的问题的记录，则可能会令人尴尬。因此，在没有记录支持的情况下，不要过于依赖照片本身。

在拍照之前对现场进行一般性调查，将有助于确定需要拍摄哪些照片以及拍摄的顺序。一般来说，在一般性调查之后和进一步检查之前，应该对现场拍照，而不是重建现场。犯罪现场调查员应该能够在调查开始之前通过照片展示现场的情况。

本部分的目的不在于提供关于摄影的简短课程，然而，本部分所提出的要点将确保犯罪现场调查员的工作全面覆盖犯罪现场。

在开始犯罪现场调查的拍照之前，必须记住，照片不应该包括犯罪现场调查员及其他调查人员携带的物品。公文包、剪贴板、摄影器材袋、犯罪现场工具包或摄影师的脚不应该出现在任何照片中。

每个犯罪现场各不相同，但应考虑以下几点：

- 摄影记录应该是全面的，并应包括建筑物的总体布局或地区的特点。
- 摄影记录应当说明与犯罪现场有关的房间的相对位置、这些房间的状态以及街上房屋的位置。
- 脚印、轮胎痕迹和工具痕迹在铸模前应该用比例尺拍照。还应该拍一张特写和带方位的照片。
- 照片应该从多个角度或位置拍摄，包括证人所描述的角度或位置（如已知）。如果这些信息，则可以稍后进行这些操作。
- 从进入点到离开点要拍一系列照片。
- 对潜在的证据材料，如尸体、身体损伤、武器、痕迹材料、弹壳、物品损坏情况和其他相关物品，应拍下详细的照片。
- 随着犯罪现场调查的进行，进一步拍摄的照片应包括发现新的潜在证据材料或先前隐藏的重要区域。

在拍摄照片之前，犯罪现场调查员必须考虑：

- 我要拍什么照片？
- 为什么要拍照？
- 我想用照片来展示什么？
- 我怎么才能把它记录下来呢？

在回答这些问题之后，有必要拍摄所有相关的材料。拍太多照片比拍太少更明智。但是，必须记住，不必打印所有的照片。只要调查人员知道这一情况，而且在某些司法辖区可能有必要就这一情况的存在进行辩护，这就不应在法庭上造成任何问题。解决这一点的一个方法是让调查人员参与挑选在法庭陈述中展示的照片。如果被告人被法官命令"出示所有记录",这一问题肯定会得到解决。犯罪现场调查员应该准备为挑选证据照片的过程辩护。

数码摄影

数码摄影现在被广泛应用于警务工作中,包括在犯罪现场和事故现场拍摄图像。我并不打算详细介绍这种媒介,只是想说,可用内存的增加使这种媒介的能力远远超过了卤化银摄影或传统摄影。犯罪现场调查员现在可以:

- 查看即时结果,知道他们想要记录什么就记录什么。
- 使用放大组件查看图像中的细节。
- 将图像作为电子邮件的附件在调查人员之间传输。
- 在调查过程中,长距离即时传输图像。

图像很容易被修改,但如果需要的话,也很容易检查其是否被编辑,这使得数码摄影非常适合用于记录犯罪现场和事故现场。犯罪现场调查员必须记住,当他提供证据时,他应该准备说,这张照片清楚地反映了他在拍照时看到的情况。这就应该消除对图像的干扰,毕竟其会成为证人的可信度问题。

视频记录

对犯罪现场进行录像是有用的;视频记录可能是调查人员和其他人以后查看犯罪现场情况的工具,并有可能作为潜在证据在法庭上介绍。

每个严重和重大的犯罪发生后,都要通过视频记录犯罪现场。经验表明,任何犯罪现场的视频都应该无声地拍摄。随后观看视频的观众应该由犯罪现场调查员或其他调查人员亲自或通过"旁白"的方式引导。

所谓"再现"的录像,应当在犯罪嫌疑人被讯问、犯罪现场被处理完毕后,在犯罪嫌疑人接受参与邀请后进行,并且应告知犯罪嫌疑人其法律权利,用全音拍摄视频。这些视频是在法庭上成功展示案件的工具。审判人员还能够看到嫌疑人在视频中是否受到压力或胁迫、其一般行为以及审讯人员的行为。经验表明,这种记录技术可以获得强有力的证据。

拍摄犯罪现场视频和随后重新拍摄视频应当在犯罪现场调查员或犯罪现场管理人员的直接控制和指导下进行,因为只有这些人知道处理、记录、搜索以及收集的潜在证据材料当前的位置。

平面图

有两种类型的平面图：由犯罪现场调查员绘制的草图和比例尺图。可以由经验丰富的犯罪现场调查员或绘图员绘制平面图。平面图可以对现场记录和照片进行补充，并对现场检查进行记录。它们可以提供透视图及提供现场中物体之间的距离。计算机程序和摄影测量是帮助制作专业比例尺图的工具。

计算机辅助设计

计算机辅助设计（CAD），又称计算机辅助设计和绘图（CADD），将计算机技术用于设计过程和设计文档中。计算机辅助绘图描述了用计算机绘图的过程。计算机辅助设计软件或环境为用户提供了一种输入工具用于简化设计流程、绘制草图、存档和制造。结果通常以电子文件的形式用于打印或加工操作。计算机辅助设计环境通常不仅涉及形状。计算机辅助设计用于犯罪现场绘图，产生专业成果。

摄影测量

摄影测量，顾名思义，是一种三维坐标测量技术，它以照片作为计量或测量的基本介质。摄影测量的基本原理是三角测量。通过从至少两个不同的位置拍摄照片，所谓的"视线"可以从每个照相机延伸到物体上的点。这些"视线"，有时由于它们的光学性质而被称为光线，在数学上相交以产生目标点的三维坐标。

经纬仪用于坐标测量时遵循的原理也是三角测量。熟悉这些仪器的犯罪现场调查员会发现摄影测量和经纬仪之间有许多相似点和一些差异。三角测量也是两只眼睛一起测量距离的方法，被称为深度感知。

选择设备进行犯罪现场绘图是犯罪现场调查员在特定管辖范围内的"实践"和"程序"之一。

然而，我现在要回到犯罪现场绘图的基础知识。

草图

草图使犯罪现场调查员能够展示物品的位置及其与其他物品的关系。草图只需要手绘，且必须足够整齐，以便犯罪现场调查员或绘图员日后准确解释数据，制作比例尺图。

在描绘犯罪现场时，通常会遇到几种基本类型的绘图。平面图是最常见的，也是最容易完成的，它描绘了从上面向下看的物品的位置。这应该用于室内和室外场景。爆炸视图或交叉投影类似于平面图，不同之处仅在于墙体折叠以显示在墙上或墙里发现的证据。墙的等距投影作为独立的图纸可以指示证据物品，例如在犯罪现场的墙上发现的血迹形态，其可以记录极端的暴力。三维绘图、虚拟现实和动画计算机程序正越来越多地用于犯罪现场调查。

犯罪现场测量的坐标法和三角测量法

以下两种基本方法适用于犯罪现场的测量：

● 坐标法。这种方法利用从两个固定点测量物体（如尸体的距离）的原理。坐标法的一种形式涉及基线，该基线在两个已知点之间绘制。基线也可以是墙壁或者房间的数学中心，其确切尺寸是已知的。然后从左到右沿着基线对给定物品进行测量，直到与要描绘的物品成直角的点。

● 三角测量法。三角测量法需要三个测量值：
　○ 底边
　○ 三角形最短边
　○ 三角形最长边

一个已有的底边可以被使用，例如房子的一边。然后进行两次测量，从房子另一边的角落到要描绘的物品。当犯罪现场在开阔的地区时，如海滩、围场或公园，通常采用三角测量法，但必须建立一条基线。可以借助磁罗盘来确定真正的北方，使用全球定位系统读取器获取坐标，在地面放置桩子、类似电极的东西，其上可能有固定的序列号。

测量犯罪现场的程序

● 用指南针确定北方，并将其置于平面图的顶部。
● 使用全球定位系统读取器确定犯罪现场位置坐标。
● 确定平面图中包含的内容和记录方法。

- 画一个粗略的草图，在草图上标出物品并记录测量值。
- 在整个现场中系统地工作，记录房间的尺寸以及重要物品的位置。
- 理想的情况是，负责草图和比例尺图绘制的人员也是记录草图上的测量值的人员。
- 尽可能使用渐进式测量系统，例如房间的角落与窗户最近的点到窗框另一侧的距离是 0.3 米至 3.5 米。
- 为了在房间或开阔区域内定位物品，可以使用坐标法、三角测量法或两者的组合。
- 尸体和重要物品的位置应在移走或收集之前绘制；"固定"物体的位置可以在之后记录下来，从而能够更快地检查现场。
- 如果物体必须在绘图之前移动，在移动它们之前用粉笔、毛毡标记笔、蜡笔或喷漆等标记它们的位置。请记住：拍照必须在任何东西移动之前进行。
- 添加犯罪现场调查员的姓名、案件、日期、时间和地点。如果有人帮助，其姓名也应该标注在草图上。

比例尺图

比例尺图被用来准确描述重要潜在证据的大小、形状、位置以及犯罪现场的其他特征。它们是现场照片的有价值的附件。比例尺图也有助于调查人员审查犯罪现场。

在现场使用现代测量设备解决了在绘制犯罪现场平面图时遇到的许多问题。这些工具以及上面提到的工具现在正被许多实践者很好地应用。

计算机

计算机技术的使用改善和记录了以硬拷贝的形式提供给法院的材料，这些材料现在可以通过连接的计算机同时向法官、陪审团、检察官和辩护人展示。无纸化办公终于来到了法庭！

总结

记录犯罪现场的根本原因在于以犯罪现场为依据，再现已经发生的事情，以供调查小组和法院参考。

参见

现场勘查：重大事件现场管理；包装；
数字证据：数字成像：增强和认证。

延伸阅读

Fisher, B. A. J., 2004. *Techniques of Crime Scene Investigation*, seventh ed. CRC Press, Boca Raton, FL.

Horswell, J. （Ed.）, 2004. *The Practice of Crime Scene Investigation*. CRC Press, Boca Raton, FL.

标准方法

J. 布兰迪和 L. 威尔逊-王尔德，澳大利亚，维多利亚州，墨尔本，澳大利亚和新西兰警察咨询局，国家法庭科学研究所

术语表

ANZPAA 澳大利亚和新西兰警察咨询局
ASCLD 美国犯罪实验室主任协会
DIS 国际标准草案
DNA 脱氧核糖核酸
ENFSI 欧洲法庭科学研究所联盟
EU 欧盟
FAD 现场应用文档
IEC 国际电工委员会
ISO 国际标准化组织
NATA 澳大利亚国家检验机构协会
NIFS 澳大利亚国家法庭科学研究所
PAS 公共可用规范
SMANZFL 澳大利亚和新西兰法庭科学实验室高级管理人员学会
UKAS 英国认可委员会

引 言

法庭科学对犯罪调查和司法行政做出了重大贡献，并在此过程中得到很好的发展。此外，近年来，大众媒体大大提高了该领域的知名度。在大规模灾难和恐怖袭击之后，全球对用于鉴定目的的法庭科学的依赖也凸显出来。法庭科学技术被广泛应用于识别受害者，在恐怖袭击的情况下也广泛用于鉴定身份、识别肇事者。

尽管法庭科学对可靠的司法结果做出的贡献是不可否认的，但是在应用过程中需要对其规则及潜在的缺陷有透彻的理解。与调查人员工具包中的工具类似，在缺少必要的专门知识和相关支持系统的情况下，法庭科学研究结果可能被误用或被误解。

为了最大限度地减少错误，法庭科学机构已经为所有法庭科学研究过程规定了质量保证程序。法庭科学研究过程（在实验室中应用科学方法）和质量保证程序（认可、认证和标准）之间的关系如图 1 所示。

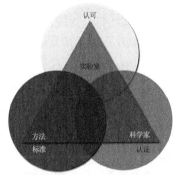

图 1　法庭科学研究过程与质量保证程序之间的关系，概述了标准的作用

法庭科学实验室通过权威测试机构的认可，以确保符合国家或国际实验室实践标准。实验室有文件化的实践和程序（方法），这些实践和程序详细说明了应用、实施、解释和报告实验的条件。这些方法应基于已发表的同行评审研究，并经内部验证。

法庭科学从业者本身需要某种形式的认证，如通过他们所在的机构授权进行特定类别的检查和分析（方法），或者通过加入一个团体或协会获得认证资格。认证方案通常需要对从业者在其专业领域内的表现进行持续评估。

虽然每个实验室都有质量保证计划，但是实践和程序的变化并不少见。此外，在经过认可的法庭科学机构无法获得特定专门知识来协助调查的情况下，调查人员可向其他服务提供者，如大学、博物馆或私人法庭科学服务机构，寻求专家的服务。此类服务可能超出法庭科学机构现有的质量控制范围，因此可能不会被认可或认证覆盖。这也可能导致实践中的变化。

这种变化可能影响从检查中获得的结果，或者影响向调查人员和法庭解释、报告结果的方式。这些变化的后果可能很严重：犯罪者可能逃脱司法审判，或者无辜者可能受到不公正的惩罚。

州与州之间及国家与国家之间法庭科学证据和信息交流的增加突出了法庭科学服务提供者的共同标准的作用，以避免物品处理方式、使用方法和结果的不确定性。标准的使用确保法庭科学在国际范围内持续可靠。

为什么需要标准？

不可靠的司法结果损害公众对法律制度的信心，也可能导致对法庭科学证据准确性的法律挑战。以下案例：是涉及 DNA 证据的案件，由于缺乏国家或国际标准，其启示更普遍地适用于法庭科学实践和程序。对这些案例的回顾表明，这些失败通常源于过程或程序的障碍，而不是科学技术的失败。

案例 1：在 7 年的时间里，花了数百万欧元和数十万警时在欧洲搜寻一名女性连环杀手嫌疑人。这名嫌疑人通过德国、奥地利和法国的 40 个犯罪现场的 DNA 图谱匹配被联系起来。DNA 图谱与 1993 年一名教堂女看守被谋杀、2007 年一名 22 岁的女警察被谋杀以及三名格鲁吉亚汽车商被处决式谋杀有关。当相关犯罪的数量和多样性增加时，污染的可能性引起了怀疑。许多案例都解决了，但是没有找到具有匹配 DNA 图谱的女性嫌疑人。在对法国一具烧毁的尸体的身份进行调查时发现了相同的 DNA 图谱，证实了最初的疑虑，这具尸体被认为属于一名在 2002 年失踪的寻求庇护者。利用收集到的失踪者的指纹样本，提取 DNA，生成一个与关联案件中女性嫌疑人的 DNA 相匹配的 DNA 图谱。调查人员开始怀疑成批的棉签在制造过程中被未知来源的 DNA 污染。从那以后，更多的产品被发现在制造过程中有污染。一些欧洲国家的警察使用了据说没有受到污染的无菌棉签。

案例 2：2006 年，一位 48 岁的妇女在墨尔本（澳大利亚）的一家夜总会中昏迷。虽然她没有受到性侵的记忆，但有人担心她可能被麻醉和殴打。医生在一家医院的指定设施中使用阴道拭子从据称受害者身上收集证据。在实验室分析时，据称受害者样本上的生物材料与涉及一名 19 岁男性的早期事件的参考 DNA 图谱联系起来（尽管早些时候的事件被确定为没有犯罪）。调查此事的警察开始担心没有证据将男性嫌疑人与据称受害者联系起来，并询问实验室这两起案件之间交叉污染的可能性。实验室根据不同的技术人员在不同时间、不同区域检验两个样本以及它们以不同批次被处理的可能性，来排除这种交叉污染。在审判中，这名年轻男子被认定实施了性侵行为，并被判处 6 年监禁。此案已上诉。为了准备再审，检方调查显示，与先前案件有关的 DNA 样本是在收集据称受害者的阴道拭子之前约 28 小时收集的，并且由同一医生在同一指定设施的同一检查室中收集。此时，据称受害者的阴道拭子被污染的可能性很高。随后的调查发现，在医院采集样本时被污染是最可能的解释。2009 年，当案件提交法院审理时，法院承认发生了误判，并做出了无罪判决。

上述案例提供了遵守国家或国际法庭科学标准的例子，这些标准可在减少不必要的调查资源浪费和司法结果不佳方面发挥作用。虽然基于法律环境和技术应用，不同法域的实践可能有所不同，但是所使用的方法和程序的科学基础是普遍的。这种普遍的方法应该适用于整个法庭科学研究过程：从物品和样本的识别和收集，包括包装和样本完整性，到分析、解释和报告结果。在这方面，确定的法庭科学标准可以为科学家提供可接受的实践指导，并提升他们在司法程序中提供专家意见的信心。

美国国家科学院 2009 年的报告

美国国家科学院（在美国国会的指导下）2009 年发布的报告《美国法庭科学的加强之路》，强调了美国法庭科学领域存在的问题，并呼吁建立国家法庭科学研究所，以制定法庭科学标准，解决鉴定中存在的问题。

虽然美国国家科学院报告着重于美国法庭科学实践的情况，但显然其所确定的问题和提供的建议适用于全球，并对所有法庭科学从业者都有影响。

美国国家科学院报告特别指出，法庭科学的许多操作原则和程序没有标准化，无论是在管辖区之间还是在管辖区内。此外，虽然已经有了科学工作组标准等旨在促进达成共识的议定书，但这些议定书并不具有可执行性。这被认为对法庭科学实践的质量构成了威胁，突出了系统变化的需要，包括建立可执行的标准以促进最佳实践，确保法庭科学作为一个整体的一致性和可靠性。许多学科已经采取步骤确定在哪些领域可以做出改进。

标准的目的

标准提供指导、规范和程序，以确保产品、服务和系统是可靠的，并且始终如一地执行到预期的水平，其结果具有可信性。标准被定期审查，以确保其能跟上新技术的步伐。

自愿协商一致说明可以选择标准，除非它们的使用是由政府授权或由合同规定的。标准也可以通过自愿的行业规范或准则来实施，如政府认可的标准。

制定标准的目的是实施。虽然它们可能超出对性能或实践的最低期望，但是它们并不难遵守，因为它们基于合理的科学原则、实践者的经验和最终用户的期望。

标准定义了对优质服务的期望水平。就法庭科学标准而言，最终用户通常是执法机构和司法系统，但是任何调查或审判的结果对社会（无论是整体还是个人）都会产生影响。社会期望服务和产品符合国家或国际标准，法庭科学实验室不应该免于同样的期望。

公认的法庭科学标准的优势

法庭科学标准有以下好处：

- 确保实验室内实践的一致性；
- 确保实验室和机构之间程序的一致性；
- 确保所有法庭科学从业者的可靠性和质量标准；
- 个体从业者、较小的机构和研究所将能够参考标准做法，以确保他们的工作符合司法环境的要求；
- 保障法庭科学实验室产生的司法公信力。

遵守法庭科学相关标准确保了方法的可靠性、可重复性和有效性，并且确保了跨实验室的培训和经验是一致的。这直接关系到在法庭上提交的科学证据的质量，并降低了司法结果不佳的风险，正如前面提到的案例中所举例说明的。一致和被接受的法庭科学标准将使司法系统的所有使用者受益，包括公众、调查人员、法律从业人员和法庭科学家。

公认的标准促进了专业流动，这是标准和标准化的直接结果。专业流动在需要对重大犯罪或灾难现场做出快速反应时具有许多优势，这超出了任何实验室的手段和能力（例如，对大规模灾难或恐怖袭击的多机构反应）。除了减少资源需求外，这也提高了法庭科学领域的能力，促进了个人和法庭科学的发展。

法庭科学标准的存在有利于较小的专门的司法服务提供者和个体从业者为公众和司法系统提供小规模的司法鉴定服务。这些服务提供者往往无法满足外部认可的要求，并正在寻找制定程序和协议的指导，以确保其服务的法律可接受性和消费者信心。法庭科学标准为专门服务提供者要求的实践和程序提供了指导。

法庭科学标准减少了误判的风险，因此在再审或其他诉讼程序方面，具有为社会节省大量费用的潜力。此外，标准减少了研究同质化方法所造成的重复劳动。

全球标准化环境

国际标准

认可有助于提升公众对实验室分析方法的信任度，因为认可证明了实验室按照标准和指南开展各项活动。大多数经认可的实验室是根据国际标准化组织（ISO）出版的 ISO/IEC 17025（《检测和校准实验室能力的通用要求》）进行评估的。该标准的目的是规定实验室进行测试和校准的一般要求，包括使用标准、非标准和实验室开发的方法进行采样。ISO/IEC 17025 虽然部分是具体规定，但总体上是组织层面的要求，并规定了实验室管理要求，将重点放在了政策和文档上。因此，ISO/IEC 17025 没有解决为司法系统服务的实验室进行取样和检测的要求。为了弥补这一不足，一些认可机构制定了现场应用指南，为实验室提供具体指导。然而，这些指南的重点是实验室程序，而不是犯罪现场程序。国际实验室认可合作组织（ILAC）是认可机构的国际合作组织，旨在促进和协调实验室和检验机构的认可工作。ILAC 还出版了实验室应用 ISO/IEC 17025 的指南。

由于没有任何具体的标准涵盖证据材料的收集和检验，英国认可委员会（UKAS）正在根据国际标准 ISO/IEC 17020 制定犯罪现场调查方面的认可标准，该标准适用于各类检验机构的运作。使用 ISO/IEC 17020 进行法庭科学认可需要将该标准的相关方面应用于现场调查。然而，尽管 ISO/IEC 17020 可能普遍适用于犯罪现场调查，但它不太可能扩展到实验室，因为它旨在为检验机构提供"材料、产品、装置、工厂、工艺、工作程序或服务"的认可标准。

ISO/IEC DIS 27037：《电子证据的识别、收集、获取和保存的信息技术（安全技术）指南》。

2008 年，ISO/IEC 联合技术委员会开始制定"电子证据的取证程序"标准，该标准提供关于获取电子证据和随后维护其完整性的详细指导。该标准将界定和描述证据的识别和鉴定过程、犯罪现场的文件、证据的收集和保存以及证据的包装和运输。该标准的目的是为执法和数字（计算机）法庭科学家提供指导，以保持执法机构之间的跨国引渡所需的电子证据的完整性。该标准还可为必须保存电子证据以协助执法机构进行刑事调查的私人公司提供指导。

北美

在美国，超过 385 个犯罪实验室由美国犯罪实验室主任协会/实验室认可委员会（ASCLD/LAB）认可，包括联邦实验室、州和地方机构实验室以及私人实验室。自 2004 年以来，ASCLD/LAB 根据其基于 ISO/IEC 17025 的国际认可计划提供认可，并辅之以具体法庭要求。自 2009 年以来，所有新的认可申请都根据 ISO/IEC 17025 进行评估，尽管大约一半的经认可实验室继续根据旧系统进行评估。

ASCLD/LAB 还认可美国以外的法庭科学设施，包括加拿大、中国香港、马来西亚、新西兰和新加坡的设施。

美国检验和材料协会（ASTM）出版了一系列的法庭科学标准。ASTM 目前正在与 ISO 协调它们的标准。ASTM 的法庭科学标准方法（通过委员会 E 30 的工作）已经产生了被广泛认可的文件，作为实践指南或具体的法庭科学方法。作为指导方针，ASTM 标准不一定具有与其他标准相同的权威，并且规范了特定的过程或应用。此外，ASTM 标准包括许多法庭科学程序（例如证据收集、存储、分析和报告）所共有的过程，因此，其所涵盖的范围和程序常常在很大程度上重叠。

英国

UKAS 是英国政府认可的唯一国家认可机构，其根据国际标准，评估提供认证、测试、检验和校准服务的组织。英国的法庭科学实验室由 UKAS 根据

ISO/IEC 17025 认可。

英国标准协会、英国国家标准机构在 2012 年发布了法庭试剂盒的公开可用规范（PAS）。PAS 377:《用于法庭科学分析材料的收集、保存和加工的消耗品——性能、制造和法庭科学试剂盒组装规范》。

监管部门为英格兰和威尔士的刑事司法系统使用的法庭科学程序制定质量标准。监管部门继续发布法庭科学质量指南。这些指南不是作为标准发布的，因此不具有相同的权威。

《监管手册第一部分：政策和原则》（出版供参考）：该部分列出了监管部门建议的高层次原则，以及监管部门拟设定和监控质量标准的方法。

《刑事司法系统中的法庭科学服务提供者和从业人员的实践和行为守则》：以经认可的法庭科学服务提供者被要求在 ISO/IEC 17025 下规范行事为基础。

《制定指纹检测质量标准》：阐述了指纹质量标准专家组的初步意见，指出必须制定指纹检测质量标准，以应对该领域已知的人为失误风险。

欧盟

2009 年，为了加强打击恐怖主义和跨国犯罪方面的合作，欧盟根据《欧洲联盟条约》通过了一项关于认可从事实验室活动的法庭科学服务提供者的法案，确保从事实验室活动的法庭科学服务提供者由国家认可机构进行认可，以符合 ISO/IEC 17025。该法案规定了一项具有法律约束力的文书，对从事实验室活动以分析证据的所有法庭科学服务提供者进行认可。

欧洲法庭科学研究所联盟（ENFSI）被公认为法庭科学领域的专家组，其目的是确保整个欧洲的法庭科学质量，并出版最佳实践手册和法庭科学术语表。ENFSI 鼓励实验室遵守保证质量和能力的最佳做法和国际标准。

澳大利亚

澳大利亚国家检验机构协会（NATA）根据 ISO/IEC 17025 认可所有政府实验室。为了支持 ISO/IEC 17025，NATA 为法庭科学实验室开发了现场应用文档（FAD）。FAD 为法庭科学实验室应用 ISO/IEC 17025 提供了指导，但没有涉及具体过程和程序的标准化。具体要求，例如现场的样本识别和收集、适当的样本包装和标签、法庭科学样本的运输、样本连续性、结果的检查和解释、报告事实证据或意见证据，都没有包含在 ISO/ IEC 17025 和 FAD 中。

由于对法庭科学领域的认识产生负面影响的若干司法结果不足，澳大利亚和新西兰法庭科学实验室高级管理人员学会（SMANZFL）认识到需要一套公认的国家法庭科学标准。SMANZFL 与澳大利亚国家检验机构协会（NIFS）合作，通过澳大利亚标准协会制定了法庭科学标准框架。

澳大利亚标准协会被澳大利亚政府承认为澳大利亚的最高非政府标准机构，负责制定统一的国家标准，并且是 ISO 和 IEC 的成员。

法庭科学分析委员会（CH-041）于 2009 年由澳大利亚标准协会创立，它包括来自利益相关组织的代表：来自澳大利亚各地的执法人员、法庭科学设施代表、司法代表、NIFS 代表、教育工作者和检验机构代表。

核心法庭科学标准提供了适用于大多数法庭科学学科的法庭科学标准的综合框架：

- AS 5388.1 法庭科学分析第 1 部分：材料的识别、记录、收集、运输和储存；
- AS 5388.2 法庭科学分析第 2 部分：材料的分析和检验；
- AS 5388.3 法庭科学分析第 3 部分：释义；
- AS 5388.4 法庭科学分析第 4 部分：报告。

核心法庭科学标准可由未来特定领域法庭科学标准的发展来支持，以将其应用于更大范围的法庭科学实践中，如法庭科学材料的收集、检验技术、分析结果解释和报告（见图 2）。

图 2　核心法庭科学标准涵盖了法庭科学实践的广泛内容

提高标准面临的挑战

标准并非设计用来取代程序文件、实验室方法或政策的。因此，制定标准面临的挑战并不是方法学上的习惯，而是更好地贴近实践并且对已获得或报道的实验结果可靠性与一致性给予合理界定。

在法庭科学环境中，这可以通过定义来实现：

- 保护法庭科学材料的完整性，包括在识别、收集以及随后的分析阶段；
- 可适用于法庭科学材料检验和分析的适当做法和程序；
- 分析技术所需的性能参数；
- 对各种分析和检验结果进行解释的方式；
- 报告结果、结论和意见时使用的适当措辞。

通过不指定详细的分析方法或检验程序，法庭科学标准允许从业人员根据其机构批准的实践和程序文件，确定适用于特定取证过程的适当方法，同时满足可靠性和一致性的要求。

公认的标准可确保获得稳健、可靠和一致的结果，是全球质量体系的重要组成部分。法庭科学标准的发展确保了法庭科学的持续可靠、质量稳定，保证了调查人员和法院的内心确信。

致　谢

感谢澳大利亚和新西兰警察咨询局（ANZPAA）营销和通信官员南希·巴克尔（Nancy Bakker）在创建本部分使用的图片方面提供的帮助。

参见

法律：DNA 免责；法庭科学的法律观；无罪计划；当科学发生变化时，法律如何反应；
法庭科学管理/质量：认证；质量保证的原则；风险管理。

延伸阅读

Acts adopted under the EU Treaty, December 9, 2009. Council Framework Decision 2009/905/Jha of 30 November 2009 on accreditation of forensic service providers carrying out laboratory activities. *Official Journal of the European Union* L322 52 (14-15).

Committee on Identifying the Needs of the Forensic Sciences Community, National Research Council, 2009. *Strengthening Forensic Science in the United States: A Path Forward.* The National Academies Press, Washington, DC.

Fraser, J., Buckleton, J., Gill, P., 2010. Review of DNA Reporting Practices by Victoria Police Forensic Services Division. http://www. vicpolicenews. com. au/images/stories/news/feature_story/victoria%20police%20forensic%20services%20review%20%20repor%20%20april%202010. pdf.

Gill, P., Rowlands, D., Tully, G., Bastisch, I., Staples, T., Scott, P., 2010. Letter to the editor: manufacturer contamination of disposable plastic-ware and other reagents—an agreed position statement by ENFSI, SWGDAM and BSAG. *Forensic Science International.* Genetics 4, 269-270.

ISO/IEC 17020, 2000. General Criteria for the Operation of Various Types of Bodies Performing Inspection.

ISO/IEC 17025, 2005. General Requirements for the Competence of Testing and Calibration Laboratories.

Neuhuber, F., Dunkelmann, B., Höckner, G., Kiesslich, J., Klausriegler, E., Radacher, M., 2009. Female criminals—it's not always the offender! *Forensic Science International.* Genetics 2 (1), 145-146.

Vincent, F. H. R., 2010. *Inquiry into the Circumstances that Led to the Conviction of Mr Farah Abdulkadir Jama.* Victorian Government Printer.

相关网站

www. astm. org: ASTM International, formerly known as the American Society for Testing and Materials (ASTM).

www. bsigroup. com: British Standards Institution (BSI).

www. homeoffice. gov. uk: Forensic Science Regulator (FSR)

www. iso. org: International Organization for Standardization (ISO).

www. nata. com. au: National Association of Testing Authorities (NATA).

www. nifs. com. au: National Institute of Forensic Science (NIFS).

www. standards. org. au: Standards Australia.

测量不确定度

泰德·沃斯科，美国，华盛顿州，柯克兰市，刑事辩护律师事务所

术语表

    偏差   系统误差的定量表征。

    合成不确定度   与最终测量结果相关的标准不确定度，把与每个不确定度来源相关的标准不确定度相加而确定。

    包含因子   包含因子是一个正实数，当乘以一个测量的合成不确定度时，就会产生扩展不确定度。包含因子确定与包含区间相关的置信度。

    包含区间   关于被测量的"真实"值的最佳估值区间，其将包含具有特定置信水平的测量值。

    扩展不确定度   将测量的合成不确定度乘以包含因子得到的测量不确定度。它定义了包含区间的半宽度。

    置信水平   被定义为置信度，即被测量的"真实"值处在包含区间特定范围内的概率。

    被测量   通过测量来确定其值的量。

    测量函数   描述测量值与确定它所需的量之间关系的函数。

    量   测量的物理性质，如长度、时间、重量和浓度。

    随机误差   固定条件下测量值固有的不可预测的波动。

    灵敏度系数   测量函数的偏导数，描述测量值如何随输入量的值的变化而变化。

    标准不确定度   测量不确定度表示为基于频率或置信度概率分布的标准差。

    系统误差   一组测量值一致（平均）低估或高估被测量的"真实"值的倾向，由给定值或百分比表示。

    不确定度   基于测量的信息领域，测量值的离散程度的定量表征。

缩写

    b_{ias} 偏差

    $\overline{\gamma}_c$ 偏差校正平均测量值

    Y_b "真实"测量值的最佳估值

    μ_c 合成不确定度

    k 包含因子

    U 扩展不确定度

X 　　输入量

ε_m 　　最大总误差

$\bar{\gamma}$ 　　平均测量值

$f(X_1, X_2, \cdots, X_N)$ 测量函数

ε 　　误差

γ 　　测量值

$Y_{99\%}$ 具有99%置信水平的测量值

ε_{ran} 　随机误差

μ_r 　　相对标准不确定度

$\partial f/\partial x_i$ 灵敏度系数

σ 　　标准差

μ 　　标准不确定度

ε_{sys} 　系统误差

Y 　　"真实"值

⊞ 　　组合系统误差和随机误差的不特定方法

测量

测量是科学调查的特定类别。这是一个经验过程,研究人员试图确定一些物理或现象学相关的量——被称为被测量——的数值。许多人天真地认为测量是一个机械过程,相关的量是由测量仪器感测或探测得到的,可以直接产生被测量的值。这种机械活动只是整个测量过程中的一步。只此一项,并不会告诉我们被测量的值。测量不是被动的机械探索和发现过程,它可以被理解为一个基于经验、基于信息的推断过程,需要研究人员在任何值可以归因于被测量之前的主动输入。测量不确定度以明确的、数量上严格的方式确定对基于测量结果的可归因于被测量的值的合理推断的限制。

测量的意义

测量误差和误差分析

测量结果是什么意思?换句话说,给定测量值γ,什么值实际上可以归因于被测量?外行人常常将测量报告的值解释为可归因于被测量的单个"真实"

值（图1）：

$$Y=\gamma \qquad\qquad [1]$$

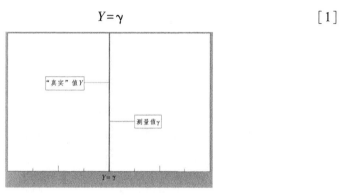

图1　单个"真实"值的测量

然而，科学早就认识到，误差是将测量值与寻求确定的"真实"值区别开的测量的固有特性（图2）。

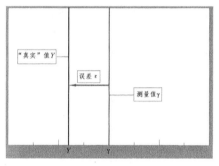

图2　实际固有误差的测量

误差分析是解释测量结果的传统方法，其基于一个前提，即如果可以确定与测量相关联的误差，则也可以确定被测量的"真实"值：

$$Y=\gamma-\varepsilon \qquad\qquad [2]$$

有两种类型的误差与每个测量相关：随机误差和系统误差。系统误差是方法或仪器产生相对于被测量的"真实"值的一致的（平均）人为增加或减少的值的趋势，其定量表征为偏差（图3）。

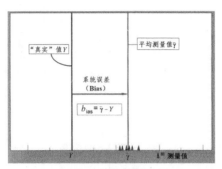

图3　系统误差和偏差

　　系统误差的识别可能是测量过程最困难的方面之一。原因是，如果测量未知量，测量值本身不提供断定它们系统地偏离被测量的"真实"值的基础。因此，人们永远不知道与测量相关的所有系统误差是否都已被识别。一些系统误差源可以通过对参考材料的测量来识别和量化。然而，即使以这种方式严格确定，也永远不能准确知道偏差的大小。

　　随机误差是固定条件下测量值的不可预测或随机波动。它在测量过程中引入了固有可变性，对测量结果的重复性设置了基本限制。对于许多常见情况，测量结果中的随机误差和变化可以近似地由高斯（正态）分布表征（图4）。

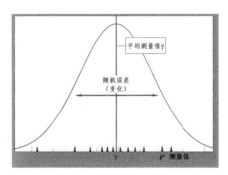

图4　随机误差和变化

随机误差由一组测量的标准差定量表征：

$$\sigma_\gamma = \sqrt{\frac{\sum_{i=1}^{n}\left(\gamma_i - \overline{\gamma}\right)^2}{n-1}} \qquad [3]$$

标准差提供了关于单独测量值相对于平均值的可变性的量度。如果存在显著的变异，标准差就会很大。如果变异很小，标准差就会很小。

系统误差和随机误差描述了测量的物理状态的各个方面。一个误差应该被归类为系统的还是随机的，并不总是清楚，可以依赖背景情况做决定。综上所述，它们构成被正式称为测量误差的东西（图 5）。

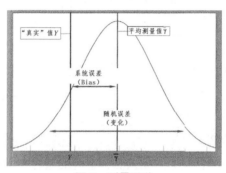

图 5 测量误差

与测量相关联的总误差永远无法绝对确定，也就是说，它是不可知的。因此，误差分析永远不可能提供被测量的"真实"值。相反，误差分析的目的是尽可能地识别、最小化和消除所有可识别的误差源，以便提供尽可能接近被测量的"真实"值的估计值（图 6）。

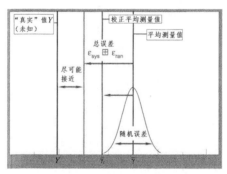

图 6 尽可能接近的误差分析

这就需要用某种方法将系统的和随机的误差成分结合起来，以获得测量总误差的特征：

$$\varepsilon = \varepsilon_{sys} \boxplus \varepsilon_{ran} \qquad\qquad [4]$$

为了理解此公式的意思，我们必须了解误差分析的数学基础。误差分析基于频率论，其以相对发生频率定义概率。这意味着一种特定情况发生的概率取决于它在由所有可能事件组成的总体中的发生频率。这种概率虽然很少被知晓，原因在于这些可能事件几乎不能被彻底了解，但其可以被"客观"估计为在样本数据集中的相对发生频率。重要的是，在误差分析中，概率的估计是客观的，完全基于根据频率论范式进行的统计抽样。

随机误差的分析很符合频率论范式。然而，除了有限的情况，对系统误差的评估不存在。因为系统误差和随机误差在本质上是不同的，每一个都需要不同的处理。频率论范式中没有严格合理的方法可以将系统误差和随机误差结合起来，从而对测量总误差进行有统计意义的估计。

由于误差分析的概率基础，它最多可以提供测量总误差的上限。这种有界误差通常表示为与测量相关的偏差和标准差的某种线性组合：

$$\varepsilon_{\mathrm{m}} = b_{\mathrm{ias}} + 3\sigma \qquad [5]$$

这限制了测量值与"真实"值之间的最大差距。但是它没有指出这两个数值预期有多接近。换言之，它告诉了我们一个测量结果可能有的最差的情况，而没有告诉我们它可能有多好的判断标准。此外，有界误差的意义是模糊的，因为它并不能告诉我们测量值有多大可能性在被测量的"真实"值的规定范围内。假设一个测量值 γ，最好的误差分析提供的是对测量值与"真实"值之间最大差距的不完整的明确预估。这不能告诉我们可归因于被测量的值。

含义的意义

有一个重要的认识论问题围绕着任何一个科学主张：科学命题是描述宇宙本身的物理状态，还是描述我们对这种物理状态的认知程度？如果是前者的话，这个命题针对的客体就是完全独立的外部现实。如果是后者的话，这个命题针对的客体就是依赖于信息的内部认知。许多人认为，如果科学命题是具有客观意义的，它们肯定会被归入第一种类别。其他人认为，不管科学命题的客观内容如何，它们都必然属于第二种类别，因为我们能真正知道的是我们的内部认知状态，而非一些独立的外部现实。

虽然看起来深奥，但这个被采纳的观点有着实际意义。它能改变的不只是科学观点的说明，还有对于哪些可以被研究的一种态度。所以它与科学的测量相伴而生。当获得测量结果时，它要被解释为关于被测量物理状态的说明吗？或者，它只是关于我们对被测量物理状态认知程度的表述吗？这个决定有哪些实际意义呢？

测量误差是测量的物理状态的一个方面。这与进行了误差分析的测量有关，旨在通过有界误差的测定传达其实际物理状态。如果准确估计被测量的实际值并不重要，有界误差可能会提供一个具有充分使用意义的结果。当被测量的"真实"值很重要时，这种意义可能是不充分的。如果可能的话，人们希望根据它如何映射到可能归因于被测量的那些值来理解测量值的含义。

测量不确定度

新的范式

测量不确定度通过从根本上重新定义解释测量的方法来弥补误差分析的不足，并提供一个定量指标，将测量值映射到那些可合理归因于被测量的值。在这个新的范式中，不确定度取代误差成为分析焦点。这不是一个单纯的语义问题。不确定度和误差是完全不同的概念。测量误差涉及被测量的真实物理状态，而测量不确定度与关于被测量的认知状态有关。

这并不意味着以前被理解为系统误差和随机误差的现象被忽略了。相反，它们完全被包含在不确定度的框架中。然而，它们所代表的东西已经被重新概念化，以克服频率论固有的局限。不确定度范式的核心是将概率作为一种置信度的变式贝叶斯概念。也就是说，概率是由一个人相信给定命题的强烈程度来定义的。这一构想允许考虑超出频率论认知的测量信息，为其分析提供了统计或非统计的共同基础。在不确定度范式中，正如在误差分析中一样，被测量的"真实"值是不可知的。但是，这不是由于不可减少误差的物理状态，而是由于我们不可能拥有关于被测量状态的完美知识。不确定度着重研究这个局限，它将测量结果解释为表征我们对被测量的值的认知状态的概率分布。然而测量误差这个物理状态和被测量的"真实"值一样是不可知的，在此状态下将结果表征为概率分布允许一个结果的不确定度被严格限定。

当进行测量时，它总是在有关要进行的测量和被测量的现有信息的背景下进行。其中一些信息可能以统计数据的形式获得，有些可能基于其他来源，如有关行为的一般知识及相关材料、方法和仪器的性质。当进行测量时，已获得的离散值会被添加到整体的信息中，更新我们关于被测量的认知。因为我们的信息是不完整的，所以我们关于被测量的认知仍有模糊之处。基于所拥有的信息，所获得的离散值代表了关于测量值的一组离散数据，这些值被认为可归因于具有相对置信度的被测量（图7）。

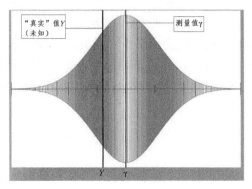

图7 测量一组值

将概率识别为置信度，是将一组值转换成概率分布。在这种情况下，测量值的意义相当于概率分布，这个概率分布表征基于现有信息的总和，可归因于被测量的值的相对可能性（图8）。

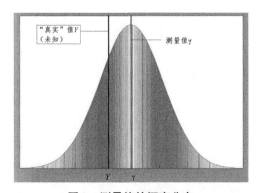

图8 测量值的概率分布

这种分布详述了我们关于与被测量相一致的值的认知状态。此外，它以数学上严谨的方式描述了一个测量值怎样映射到被认为可归因于被测量的那些值。通过这样做，它还基于测量结果对被测量的值进行推论。

例如，给出一个测量值，分布情况决定了被测量的值在给定范围内的概率。在这种情况下，人们可以认为与分布情况相关的概率等同于曲线下的面积。被测量的值在特定范围内的概率是由曲线下横跨分布范围的面积与曲线下总面积的比值决定的（图9）。

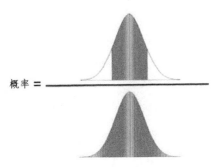

图 9　概率 = 曲线下面积的比值

给定一个测量值，哪些值可以合理归因于被测量这个问题涉及两个不同方面的考量。首先，我们希望排除那些极不可能的值。其次，我们需要包括足够的值，以便被测量的值实际上包含在被考虑的值当中。测量值的概率分布提供了一种在概念上简单明了的实现方法。简单地将概率分布的尾部分割开来，同时包含足够的中间区域，这样剩余区域的面积就代表了被测量的值位于其中的显著概率（图10）。

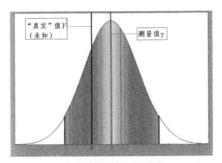

图 10　可合理归因于被测量的值

由此，我们可以得到一个可合理归因于被测量的值的范围，及被测量的值位于其中的概率。这定义了不确定度。不确定度是测量值的离散程度的定量表征，基于所有有关测量的信息，人们认为这些值可合理归因于被测量。这个值的范围宽度的一半被称为结果的扩展不确定度（图11）。

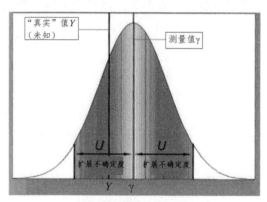

图11　扩展不确定度

扩展不确定度定义了关于测量值的所谓包含区间。包含区间表达了可合理归因于被测量的一组值，以及被测量的"真实"值实际上在这个范围内的特定概率。这个概率被称为区间相关的置信水平。通常选择置信度在95%到99.7%之间的包含区间（图12）：

$$\gamma-U<Y_{99\%}<\gamma+U \qquad [6]$$

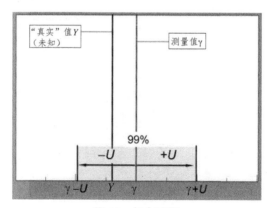

图12　包含区间

包含区间与置信区间

包含区间和置信区间是不同的概念，不应混淆。包含区间是基于贝叶斯分析的计量概念。在此框架中，增益参数可以被视为随机变量，这样它们就可以成为概率报告的主题，而不会出现逻辑上的不一致。包含区间的置信水平指的是被测量的值位于此区间内的概率，也可理解为被测量的值位于此区间内的相信度。

置信区间是基于频率论方法的统计概念。在此框架中，调查的随机性质完全在于抽样过程，而非参数值。相应的，与置信区间相关的置信水平不会将概率与被测量的值联系起来。相反，它的对象是区间本身。如果进行多组测量并且生成每组的置信区间，置信水平会告诉你预计将包含或重叠被测量的值的区间的比例（图 13）。

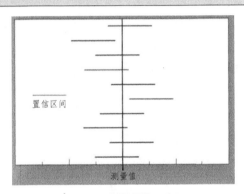

图 13　解释置信区间

不确定度有两种类型：A 型和 B 型。不像两种类型的误差，A 型和 B 型不确定度不因其来源的性质而不同。相反，它们是由确定的方式来定义的。A 型不确定度指的是由观测频率分布的统计（频率）方法决定的不确定度。B 型不确定度指的是由非统计方法决定的依赖于知识、经验和判断来创建基于信赖的先验分布的不确定度。

A 型不确定度评估通常被认为是客观的，B 型则被认为是主观的。然而，这并不意味着 B 型不确定度评估评估比 A 型更不真实或更无效。两种评估都依赖于公认的概率概念。一种方法也未必优于另一种方法。A 型或 B 型不确定度评估是否能产生更好的结果取决于环境。

　　不管采用的方法是什么，这个范式的一个基本立足点是，不确定度本身在本质上是没有不同的。一旦确定，所有的分布都以贝叶斯方式解释，代表我们根据信念度量化的知识状态模型。这就允许将 A 型和 B 型不确定度作为其基础分布的标准差进行平等对待，为使用传统分析方法将其组合成"合成不确定度"提供严格的理由。

　　这一点的重要性在于测量的不确定度通常由几个不同来源的不确定度组合而成。为了理解其意义，回想一下误差分析的不可能性，以严格合理的方式将系统误差和随机误差组合起来，以确定测量的总误差。为避免混淆，在不确定的情况下，系统误差被称为系统效应。出于教学目的，上述讨论中不包括系统效应。尽管如此，确定不确定度的前提是每个测量都已经过重大系统效应的纠正。

　　不确定度范式允许我们做的是，无论系统效应的性质如何或其如何量化，都将其视为概率分布。完成后，分布的期望值产生所需的系统校正（以下称为偏差），其标准差表征与偏差相关的不确定度。以这种方式处理，系统效应及其相关的不确定度被放置在与测量值及其相关不确定度相同的基础上，以致那些以前被理解为系统误差和随机误差的现象现在可以以逻辑一致和严格合理的方式组合。一般来说，由系统效应引起的不确定度评估可能是 A 型或 B 型。

　　回到上面的讨论，现在可以看出，不确定度范式自然地将系统效应融入被认为可归因于被测量的值的映射之中（图 14）。

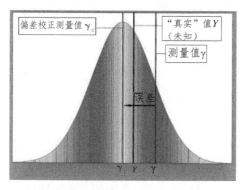

图 14　将测量值与"现实"进行映射

　　校正将概率分布的位置沿值的轴移动，而与校正相关的不确定度将改变分布的形状。正如预期的那样，这也将使包含区间向校正方向移动。

　　此时必须要考虑的是测量值的固有变化，将测量值确定在单次测量中是很少被接受的。良好的习惯做法要求获得多个测量值，以确定其平均值。被测量的"真实"值的最佳估计值由偏差校正平均测量值给出：

$$最佳估计值 = 偏差校正平均测量值$$
$$Y_b = \bar{\gamma}_c \tag{7}$$

　　测量的一个基本原则是，当被测量的"真实"值很重要时，如果结果未经过偏差校正，并伴随着对其不确定度的定量陈述，则结果是不完整且不能被正确解释的。因此，完整的测量结果包括被测量的"真实"值的最佳估计值与其不确定度：

$$测量结果 = 最佳估计值 \pm 不确定度$$
$$Y_{99\%} = Y_b \pm U \tag{8}$$

$$包含区间$$
$$Y_b - U < Y_{99\%} < Y_b + U \tag{9}$$

测量不确定度：一个法学实例

　　被测量的值对于确定某些刑事问题至关重要。例如，一些州通过个人的"真实"呼气酒精浓度（BrAC）定义了酒后驾驶罪。与任何其他科学测量一样，呼气酒精浓度的测量也伴随着不确定度。因此，呼气测试机器报告的数值本身不足以告诉我们一个人的"真实"呼气酒精浓度，以及他们是否真的犯了罪。假设在一个把呼气酒精浓度是 0.08 g/210 l 定义为酒后驾驶罪的州，两个人在不同的仪器进行了测试（图 15 和图 16）。

空白测试	.000
内标	已证实的
受试者	.084
空白测试	.000
外标	.082
空白测试	.000
受试者	.081
空白测试	.000

图 15　相同的测量结果，不同的测量意义：呼气分析

空白测试	.000
内标	已证实的
受试者	.084
空白测试	.000
外标	.079
空白测试	.000
受试者	.081
空白测试	.000

图 16   呼气分析

每个测试都报告了相同的超过州法所定限制值的呼气酒精浓度，平均值为 0.0825 g/210 l。在没有其他信息的情况下，这些"呼气试验结果单"似乎清楚地表明，有问题的呼气酒精浓度超过了法定标准。此外，考虑到外标读数都是正确的，实际上没有办法区分这两个测试。

两个测试的不确定度仍然揭示了不同的事实。尽管测量值相同，但每个测量的不确定度（表示为包含区间）是不同的（图 17 和 18）。

显然，与测试 1 相关的不确定度大于与测试 2 相关的不确定度。此外，进一步的考察显示，在测试 1 和测试 2 中，每个人的呼气酒精浓度实际上小于 0.08 g/210 l 的可能性分别为近 20% 和 10%（图 19 和 20）。

因此，这些"相同的"测试没有相同的含义，而且每个测试都表明有相当大的可能性去怀疑测试的呼气酒精浓度并没有超过相关标准。对这些结果的正确解释显然需要知道它们的不确定度。

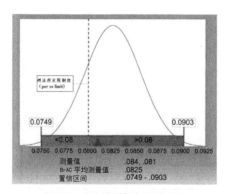

图 17   呼气酒精浓度测试 1

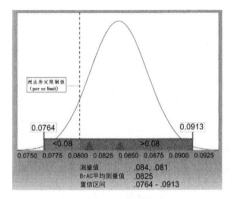

图 18　呼气酒精浓度测试 2

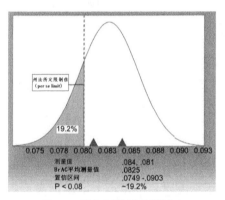

图 19　呼气酒精浓度测试 1

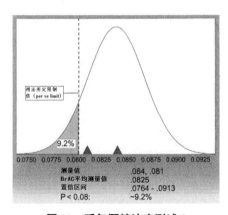

图 20　呼气酒精浓度测试 2

确定测量不确定度

确定测量不确定度有几种不同的方法。每个方法的第一步是确定和量化所有的系统效应并进行适当的校正。第二步通常是识别相关的不确定度的来源。记录这些的常见方法是因果关系图，其描绘了每个来源的不确定度及其彼此之间的关系和最终的结果（图 21）。当测量值所依赖的所有量都可以同时变化时，可以直接使用统计方法确定结果的不确定度。然而，除了简单的测量之外，这种方法通常是不实际的。

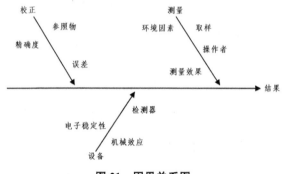

图 21　因果关系图

一般来说，下一步是确定每个相关不确定度的大小。每个相关不确定度量化为标准差，称为标准不确定度。

标准不确定度

$$\mu \equiv \sigma \qquad\qquad [\,10\,]$$

相对标准不确定度是标准不确定度与被测量的值的最佳估计值之比。它在组合或比较单独测量的不确定度时会很有用。

相对标准不确定度

$$\mu_{r_{\gamma}} = \frac{\mu_{\gamma}}{|\,Y_{b}\,|} \qquad\qquad [\,11\,]$$

对于某些测量，每个不确定度的来源可能与测量整体相关联，并且独立地表现为对最终结果的直接影响。直接测量就是这种情况。在这些情况下，结果的合成不确定度可由标准不确定度的和的平方根得出。

$$\mu_c = \sqrt{\sum_{i=1}^{n} \mu_i^2} \qquad [12]$$

大多数测量本质上是间接的，通过与其他测量的关系来确定被测量的值。"测量不确定度的表达指南"（GUM）中讨论了最常见的确定这些情况下的不确定度的方法。该指南的应用需要将测量值建模为数学函数，称为测量函数。

测量函数

$$Y = f(X_1, X_2, \cdots, X_N) \qquad [13]$$

该函数描述了被测量的值与那些用来确定被测量的值的量之间的关系。例如，如果被测量是气缸的体积，则测量函数可能为：

$$V(r, h) = \pi r^2 h \qquad [14]$$

被测量的合成不确定度是通过用"不确定度传播"的方法"添加"个别标准不确定度来确定的：

$$\mu_c = \sqrt{\sum_{i=1}^{N}\left(\frac{\partial f}{\partial x_i} \cdot \mu_{x_i}\right)^2 + 2\sum_{i=1}^{N-1}\sum_{j=i+1}^{N}\frac{\partial f}{\partial x_i} \cdot \frac{\partial f}{\partial x_i} \cdot \mu_{x_i x_j}} \qquad [15]$$

如果每个输入量是独立的，那么表达式可简化为：

$$\mu_c = \sqrt{\sum_{i=1}^{N}\left(\frac{\partial f}{\partial x_i} \cdot \mu_{x_1}\right)^2} \qquad [16]$$

对于气缸的体积，合成不确定度将由下式给出：

$$\mu_{cv} = \sqrt{(2\pi r h \mu_r)^2 + (\pi r^2 \mu_h)^2} \qquad [17]$$

不确定度传播：应用于具有独立输入量的测量函数

1. 测量函数：

$$Y = a \cdot X \tag{18}$$

$$Y_b = a \cdot x_b \tag{19}$$

$$\mu_Y = a \cdot \mu_x \tag{20}$$

2. 测量函数：

$$Y = X^n \tag{21}$$

$$Y_b = x_b^n \tag{22}$$

$$\mu_{r_Y} = \frac{\mu_Y}{|Y_b|} = |n| = \frac{\mu_x}{|x_b|} \tag{23}$$

3. 测量函数：

$$Y = X - W + \cdots + Z \tag{24}$$

$$Y_b = x_b - w_b + \cdots + z_b \tag{25}$$

$$\mu_Y = \sqrt{\mu_x^2 + \mu_w^2 + \cdots + \mu_z^2} \tag{26}$$

4. 测量函数：

$$Y = \frac{X \times \cdots \times W}{Z \times \cdots \times Q} \tag{27}$$

$$Y_b = \frac{x_b \times \cdots \times w_b}{z_b \times \cdots \times q_b} \tag{28}$$

$$\mu_{r_Y} = \frac{\mu_Y}{|Y_b|}$$

$$= \sqrt{\left(\frac{\mu_x}{x_b}\right)^2 + \left(\frac{\mu_w}{w_b}\right)^2 + \cdots + \left(\frac{\mu_z}{z_b}\right)^2 + \left(\frac{\mu_q}{q_b}\right)^2} \tag{29}$$

扩展不确定度是通过将合成不确定度乘以包含因子 k 得到的：

$$U = k\mu c \qquad [30]$$

包含因子决定了包含区间的置信度，它通常是基于 t-分布。当测量的自由度足够大时，由给定的包含因子赋予的置信度大致与高斯分布相关联（图22）。

k	:	%
1	:	68.27
1.645	:	90
1.96	:	95
2	:	95.45
2.576	:	99
3	:	99.73

图22 包含因子和置信度：高斯分布

通常选择可以产生95%或更高置信水平的包含因子。对于气缸的体积，能产生99%的置信度的扩展不确定度可由下式得出：

$$U = 2.576\sqrt{(2\pi rh\mu_r)^2 + (\pi r^2\mu_h)^2} \qquad [31]$$

为了使"测量不确定度的表达指南"适用，表征最终结果的分布不能明显远离正态性。如果不是这种情况，或者测量函数是复杂或未知的，则用来确定不确定度的更普通的方法是以分布传播为基础的。与确定每个输入量的标准不确定度并将其组合不同，此方法将表征每个输入量的值的分布直接组合，以构建表征我们对被测量的值了解状态的分布（图23）。

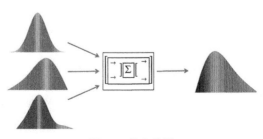

图23 分布传播

最终分布的标准差产生结果的标准不确定度。应该注意的是，所得到的分布和其相应的不确定度（包含区间）不需要对平均值是对称的。蒙特卡罗（Monte Carlo）方法（一种基于计算机的迭代模拟过程）是这种方法的一个例子。

最后用来确定不确定度的方法是自上而下的方法，这么说是因为它侧重于整个测量过程，而不是详细分解为不确定度的不同来源。它使用基于测量试验的总体再现性估计作为与测量方法相关联的不确定度的直接估计。这种方法经常用于测量函数复杂或未知的情况。尽管每个方法都有其优点，但在某些情况下，如有可能，"测量不确定度的表达指南"和自上而下的方法可以一起使用，以确定测量不确定度。

不确定度的价值

科学测量为探究物理现象提供了强大的工具。不管测量多么好，我们永远不会知道我们感兴趣的被测量的"真实"值。误差分析侧重于被测量本身，旨在提供一个尽可能接近"真实"值的值。它实际提供的是测量总误差的不明确的上限，揭示了可能最差的测量值，而没有传达它实际上有多好。不确定度分析侧重于我们对被测量的认知状态，将测量值定量映射为那些被认为实际上和合理地归因于被测量的值。这样，通过严格定义和约束从中得出的推论来传达结果的意义。因此，在被测量的"真实"值很重要的情况下，如果结果未伴随着其不确定度的定量陈述，则结果将会不完整和不能被正确解释。

参见

基础：证据的统计学解释：贝叶斯分析；法庭科学证据解释的频率论方法；

法律：法庭科学的法律观；

方法：化学计量学；

毒理学：结果解释；

毒理学/酒精：呼气酒精。

扩展阅读

Ehrlich, C. , Dybkaer, R. , Wöger, W. , 2007. Evolution of philosophy and description of measurement. *Accreditation and Quality Assurance* 12, 201-218.

Estler, W. T. , 1999. Measurement as inference: fundamental ideas. *CIRP Annals* 48（2），

611-631.

EURACHEM, 2000. Quantifying Uncertainty in Analytical Measurement. QUAM: 2000. 1.

EURACHEM, 2007. Measurement Uncertainty Arising from Sampling: A Guide to Methods and Approaches. ISO, 2004. Guidance for the Use of Repeatability, Reproducibility and Trueness Estimates in Measurement Uncertainty Estimation. ISO/TS 21748.

JCGM, 2008. Evaluation of Measurement Data - Guide to the Expression of Uncertainty in Measurement (GUM). JCGM 100: 2008.

JCGM, 2008. Evaluation of Measurement Data-Supplement 1 to the "Guide to the Expression of Uncertainty in Measurement" -Propagation of Distributions Using a Monte Carlo method. JCGM 101: 2008.

JCGM, 2008. International Vocabulary of Metrology—Basic and General Concepts and Associated Terms (VIM). JCGM 200: 2008.

JCGM, 2009. Evaluation of Measurement Data—An Introduction to the "Guide to the Expression of Uncertainty in Measurement" and Related Documents. JCGM 104: 2009.

Kacker, R., Sommer, K., Kessel, R., 2007. Evolution of modern approaches to express uncertainty in measurement. *Metrologia* 44, 513–529.

Kirkup, L., Frenkel, B., 2006. *An Introduction to Uncertainty in Measurement: Using the GUM (Guide to the Expression of Uncertainty in Measurement)*. Cambridge University Press, New York.

NIST, 1994. Guidelines for Evaluating and Expressing the Uncertainty of NIST Measurement Results. NIST 1297.

Vosk, T., 2010. Trial by numbers: uncertainty in the quest for truth and justice. *The NACDL Champion* 56, 48-56 [reprinted with permission in *The Voice for the Defense* 40 (3), 24-33 (2011)].

质量保证的原则

C. 伦纳德, 澳大利亚, 堪培拉, 堪培拉大学

质量保证

引言

鉴于法庭科学机构产生的结果可能导致被控犯罪的个人被定罪或免罪, 可能确定死因, 或者可能用来确定犯罪行为或自然灾害的受害者, 系统需要

准备就绪以确保结果的可靠性、准确性和精确性。预计所采用的科学方法将符合目的，并将按照公认的国际标准进行应用。许多因素影响法庭科学领域的质量保证，既包括如何收集和转移样本，如何进行检查和分析，工作人员的资格和培训，又包括如何在书面报告中传达结果以及在法庭上呈现的其他方面。

质量保证被定义为"一种确保满足质量标准的程序，这一程序用于对项目、服务或设施的各个方面进行系统监控和评估"（Merriam-Webster 在线词典，2011）。这项活动旨在向所有利益相关方提供证据，证明与服务提供或产品制造相关的活动正在有效地开展并达到适当的标准。质量保证确保程序的存在和有效性，这些程序试图提前确保达到预期的质量水平。现有的各种国际标准可用作建立质量保证体系的基础。ISO 9000 和 ISO 17025 是两个例子，它们规定了实验室进行测试和/或校准的能力的一般要求。外部认可机构根据 ISO 17025 等相关国际标准对设施进行正式认可，可以独立验证适当的质量保证体系是否准备就绪。

质量保证实践应用于法庭科学服务，本部分的目的是为这些实践提供一般性解读。ISO 17025 作为与法庭科学实验室最相关的国际标准，将成为所呈现信息的重点。ASCLD/LAB、UKAS 和 NATA 都是可以根据 ISO 17025 正式认可法庭科学设施的机构。

一般原则

为了确保报告结果的质量，每个法庭科学实验室都应该有一个既定的质量保证程序。严格遵守这些程序，旨在确保这些结果在科学上是有效的，并且意见是基于可信和可靠的观察和分析数据的。正确建立的质量保证计划将包含机构内所有工作人员必须遵守的一些要求，包括实验室管理人员、技术人员和个案工作分析员。这些要求通常包括：

- 适合所开展活动的组织结构
- 必要的教育和员工培训
- 适当的设施，包括实验室、办公室和存储区域（具有足够的安全和访问控制）
- 定期维护和校准的"适合用途"设备
- 案件档案和展示管理系统

- 记录的方法和程序（涵盖行政和技术活动）
- 定期审核、质量控制测试和员工熟练度测试，以持续监控和评估绩效
- 案件档案、结果和报告的例行同行评审

质量保证计划还应遵循旨在持续改进工作和满足客户需求的理念。对于法庭科学机构来说，客户可以被看作执法机构、司法机构，而且最终是普通大众。满足客户要求并不意味着致力于向警方调查人员提供他们需要的指向嫌疑人的分析结果！这意味着及时提供客观、科学、可靠的服务，并确保所产生的任何证据能够经受法庭上最严格的审查。

我们可以把质量定义为服务（或产品）满足一组限定的要求的程度。在实验室环境中，质量保证计划描述了实验室用于确保其运营质量和报告结果可靠性的总体措施。质量控制是指用于满足质量要求的操作技术和活动。它们是实验室工作人员为持续监控程序和分析结果而采取的步骤，以确定这些结果是否可靠到可以展示给客户。因此，质量控制是质量保证的关键要素，旨在确保针对单个样本或批次样本报告的测试结果的质量。

实验室可决定建立质量保证计划，以满足国际标准或相关外部认可机构规定的特定要求。一旦质量保证计划成立，实验室就可以寻求外部机构的正式认可。术语"授权"定义为"识别或证明符合标准"（Merriam-Webster 在线词典，2011）。因此，外部机构的实验室认可构成了独立的认可，即所采用的质量保证措施满足相关国际标准的所有管理和技术要求，和/或认可机构规定的其他要求。值得注意的是，正式的实验室认可并不能保证报告结果的质量；即使这样，它也为实现这一结果提供了坚实的基础。

质量保证计划的必备要件

虽然并非详尽无遗，但下文概述了法庭科学机构质量保证计划中通常认为必要的要件。

员工

首先，工作人员需要具备适当的资格和经验，以满足他们所要从事的工作的要求；其次，在授权工作人员进行无人监督的个案工作（或相关分析活动）之前，还需要进行适当的培训和能力测试；再其次，需要通过定期的能力测试或对他们制作的质量控制数据进行评估，定期监测工作人员的业

绩；最后，需要保留有关员工培训、能力测试、个案工作授权和绩效监控的记录。

场所和设施

实验室和办公场所在建设和规模上必须适合所要开展活动的范围。环境条件必须适当（例如，温度、湿度、照明、无尘、清洁和无菌实验室等）。像某些物证的储存温度等关键环境条件必须得到监控，以确保它们保持在可接受的限度内。

场所应确保分离不相容的活动（例如，DNA 扩增区域与 DNA 提取区域相分离，枪支射击残留物分析区域与枪械测试设施相分离等）。需要有安全的存储区域，以防物证和相关子样本交叉污染和变质。

实验室需要有良好的内务管理，以提供安全的工作环境，并确保样本在分析前不被污染。

设备和仪器

实验室内使用的所有设备和仪器都需要满足与预期目的相一致的要求，适当保养以确保理想的性能，并根据公认的（相关）标准进行校准。

实验室内部维护、安全和校准检查需要按照文件记载的程序及规定的时间间隔进行。对这些检查记录进行维护和监控，以监测到设备性能随时间的显著下降变化。

测量标准

我们把测量标准定义为用于校准或认可目的的化学或物理标准。实验室需要保留一系列由外部机构认可的相关标准。应对这些标准的使用和完整的标准本身进行记录。

标准操作程序

所有可能影响服务质量和分析结果的政策、程序和操作说明都需要完整记录下来。标准操作程序应足够详细，以确保一致应用。新的或修改的程序需要经过正式的批准程序来确认，员工应该知道并清楚地理解与他们在实验室中的职责相关的所有标准操作程序。工作人员应该严格遵守这些标准操作程序，除非有充分的理由不这样做，而且这些理由必须记录在相关案件档案中。

取样和样本管理

取样程序必须适合预期目的。在分析之前需要对大块材料或大量交付物（例如，大量毒品扣押）进行二次取样。需要采用有代表性的子样本，这取决于所讨论的材料的可能的均匀性。需要遵循规定的取样程序并做好记录。

提交给法庭科学实验室的物证需要保持安全并防止污染或变质。物品和相关的子样本需要进行适当的包装、密封和标记。样本鉴定方法必须确保在从接收、二次取样、样本制备、分析、保留到最终处置（返回或销毁）的过程中保持可追溯性。分析结果与样本之间必须存在明确的相关性。必须充分记录物证的连续性（保管链），以便在法庭上证明其完整性。

验证方法

必须可以通过验证或验证记录证明实验室中使用的所有分析方法都是符合目的的。将标准方法用于服务之前、新分析师使用现有方法或调试新仪器（例如）之前，都需要"验证"。至少应使用先前测试的样本或测量标准来证明预期的准确度和精确度。如果对标准操作程序进行了重大修改，或开发了内部方法，则需要完整的验证。此类验证涉及两个步骤：先限定这种方法的特定要求，然后评估相关的性能特征，以证明满足要求。验证的综合记录需要保留下来。

试剂和标准溶液

所有试剂（包括制备的溶液）的质量应符合规定的目的。试剂纯度和任何杂质的性质可能都是重要的。准备好的试剂需要清楚地做好标记，以确定试剂成分、浓度、制备日期、失效日期、储存要求、安全警告以及制备试剂的人员的姓名。

必须以保持其完整性的方式储存所有试剂（包括制备的溶液），直至其有效期届满。在应用于案件工作之前，应测试关键试剂（即具有小容差能力的试剂，否则分析结果可能受损）。

技术记录和报告

每个案件档案应包含原始观察现象、衍生数据以及在与该案件相关的测试或分析过程中收集或生成的任何其他信息，可能包括手写笔记、工作表、仪器打印输出单、照片或数字图像，以及行政文书（例如，检查请求表格、信函、相关数据库打印文件等）。案件档案中的每个页面都应该带有分配给该案件的唯一案件档案参考编号，由负责的分析师签名并注明日期。对原始记录的任何更改都需要注明，签名并注明日期。

完整的案件档案和相关报告应由不参与相关案件的、合适的、经认证的分析人员独立检查。

所有记录应清晰、易于检索并安全存储，以防止未经授权的访问、丢失、损坏或变质。每个案件档案中包含的信息应足够详细，以便日后能够由其他人进行全面审查，并在必要时在相同（或非常类似）的条件下重复分析。

必须规定程序，以确保对与每个案件相关的基于计算机的信息进行保护和定期备份。

质量控制

需要规定质量控制程序，对分析结果进行常规监测，以便证明这些结果的有效性。我们需要的质量控制的水平和性质取决于包括分析目的、技术难度、测试频率、所需的准确度和精确度以及所分析样本的性质在内的各种因素。有效的质量控制程序通常包含与实验室活动范围相关的内部和外部两个方面的质量控制措施。

内部质量控制

人们普遍认为，对于常规分析，样本中约有 5%（对于可信度高的标准方法，比例更低）应该是质量对照样本，即那种用于检查技术的性能，存在预期的分析结果的样本。合适的内部质量控制程序可包括试剂空白或底物空白分析、"加标"样本的分析、先前经过分析的样本的分析、样本的重复分析以及实验室内"未知"样本的分析。实验室需要一个成文化的程序，同时规定质量控制数据的验收标准和质量控制数据超出可接受范围时所需要的纠正措施。

外部质量控制

实验室间协作试验或样本交换，为机构提供了核查其分析结果与其他实验室对相同样本所给出的分析结果是否一致的机会。此外，还有外部供应商（参见"熟练度测试"部分）可以提供已知成分的"未知"样本，以满足质量控制测试的目的。

熟练度测试

能力测试是提交给分析师处理的"未知"测试。分析师通常会知道案件是熟练度测试，但他们不会知道预期的结果。以这种方式提交的样本需要按照实验室的标准程序进行分析并将最终报告提交给测试提供者。随后测试提供者将确定该分析是否已达到预期结果。对于任何不足，我们都需要调查并改进。熟练度测试可以是内部的（由实验室内的其他人准备）或外部的（从外部供应商购买或由另一个实验室提供作为协作练习）。熟练度测试可以用作个人（即分析师的能力）和实验室（即测试方法、设备、试剂等的有效性）的质量控制练习。

协作测试服务是与法庭科学界相关的外部能力测试的一个例子。

内部审核

有效的审核计划可以对整体质量保证起到很大作用。常规内部审核涉及对是否符合成文程序的定期检查，包括横向审核和纵向审核：横向审核涵盖了实验室质量体系的一个方面，例如物证处理或案件档案管理；纵向审核遵循案件从受理、审查、样本分析、结果解释、报告到最终确定的进程。内部审核应在指定期间（例如 12 个月）内涵盖实验室质量保证计划的所有方面。

内部审核者最好独立于被审核的活动。他们也应接受适当的培训，并具有与审核相关的资格和经验。应当对审核过程中出现的问题做出适当调查和解决。

外部审核

（例如由认可机构或其他实验室的代表进行的）外部审核为确保质量保证计划有效和高效运作提供了一种独立的方法。此类审核有助于识别质量体系中的不足和改进的机会。有些实验室认为外部审核是合作提高质量和实验室绩效的方法，这样的实验室最有可能从类似练习中获得最大收益。

持续改进

高水平的质量控制通过对系统和程序的常规监测和纠正来确定缺陷，有助于营造高标准和持续改进的氛围。实验室不仅需要对已发现的问题做出有效应对，还需要对其所在领域的技术和程序发展（例如，跟踪技术期刊和出版物，参加相关会议和专题讨论会等）保持警惕。应鼓励员工积极主动地优化实验室的运营。

ISO、ISO 17025 和 ISO 17020

ISO

ISO 是一个由各国家标准机构的代表组成的国际标准制定组织。该组织成立于 1947 年，制定全球工业和商业标准。ISO 尽管是一个非政府组织，但通过国际条约或标准，它有能力制定可以成为法律的标准。ISO 目前约有 160 个成员。ISO 经常与 IEC 合作，后者负责电气设备的标准化。通过联合技术委员会制定的标准以 ISO/IEC 为前缀。

术语 ISO 不是首字母缩略词，而是源自希腊语 *isos*，意思是"相同的"。ISO 的主要产品是国际标准，但该组织还创建了其他文件，如技术报告、技术规范、公开规范和 ISO 指南。

从 2007 年 2 月开始，ISO 中央秘书处（ISO/CS）在瑞士日内瓦的新办公地点办公。

ISO 17025

ISO/IEC 17025（通常称为"ISO 17025"）是与测试和校准实验室相关的主要标准。第一版于 1999 年发布，取代了 ISO/IEC 指南 25。ISO 17025 与 ISO 9000 系列标准有共性，但 ISO 17025 将技术能力的概念添加到其中。2005 年制作了更新版本，主要为了使术语与 2000 年版 ISO 9001 更加一致。例如，对"质量体系""客户""一致性"的引用分别改为"管理系统""客户""整合"。人们认为符合 ISO 17025 要求的测试和校准实验室也符合 ISO 9001。

ISO 17025 的管理要求（第 4 节）和技术要求（第 5 节）是两个主要部分。管理要求主要与实验室内质量体系的运行和有效性有关。技术要求涉及员工、方法、测试或校准设备的能力。

ISO 17025 对实验室和认可机构都具有不可替代的实用价值：旨在提高其持续产生有效结果的能力的实验室可以使用 ISO 17025 作为实施质量体系的基础；认可机构（例如美国的 ASCLD/LAB、澳大利亚的 NATA 和英国的 UKAS）也将 ISO 17025 作为认可的基础。标准是与能力相关的，因此认可只是对该能力的证明的正式承认而已。

以 ISO 17025 等通用标准为基础的优点是可以方便地接受不同国家的测试和校准结果。如果有关实验室获得来自这样的机构的认可，则接受测试和校准结果会更方便：它们与已确认相同标准的其他国家的同等机构签订了互认协议。在世界范围内，基于 ISO 17025 的认可在提供法庭科学服务方面取得了进展。虽然它尚未在法院系统获得备受瞩目的地位，但我们预计，随着主要机构逐渐获得认可，法庭科学实验室认可在将来会成为强制性的。

ISO 17025 描述了测试和校准实验室能力的"一般要求"。这些要求是通用的。也就是说，它们适用于所有类型的测试和校准。因此，它们通常需要根据相关校准或测试的类型以及所涉及的技术进行解释。认可机构通常提供特定认可领域（例如法医学）的"补充要求"，NATA 和 ASCLD/LAB-International 就属于这种情况。因此，寻求获得或保留认可的法庭科学实验室需要满足两项要求：ISO 17025 中的所有一般要求和认可机构提供的补充文件的具体要求。

ISO 17020

ISO 17025 专注于测试和校准实验室，但 ISO/IEC 17020（通常称为"ISO 17020"）规定了各类机构开展与检查相关活动的操作的一般标准。遵守 ISO 17020 的要求旨在确保"检查机构"进行称职、独立和公正的检查，以便为客户提供符合法规、标准或其他规范的信息。从历史上看，ISO 17020 已经涵盖了与产品设计、产品、材料和设备安装、工厂流程和服务相关的检查。由检查机构执行的测试可以是功能性的，也可以是分析性的。功能测试，例如起重机的负载测试，属于 ISO 17020 的范围。在良好控制的环境条件下，使用更复杂的设备或测试程序，在实验室内进行的分析测试，不属于 ISO 17020 的范围。因此，那些希望将实验室类型的分析测试作为检查一部分的检查机构，需要按照 ISO 17025 的相关要求进行。一般而言，ISO 17020 一方面规定检查机构必须做出合格决定，另一方面规定测试实验室必须提供测量结果。

ENFSI 一直致力于欧洲认可（EA）合作，以形成统一的方法来评估整个欧洲的犯罪现场调查学科。针对检查机构的国际质量标准 ISO 17020 是最适合犯罪现场调查的标准，这一点毫无疑问。EA 和 ENFSI 制定了指导方针，以协助该标准的应用。该指导方针已经以"EA-5/03 在犯罪现场调查领域实施 ISO/IEC 17020 指南"为题出版。与之相反，ASCLD/LAB、NATA 等机构却根据 ISO 17025（非 ISO 17020）提供犯罪现场调查规则的认可。

标准程序

如上所述，设备将根据标准操作程序运行。每个程序都需要记录和验证（如果基于广泛接受的方法，则简单地"验证"）。为了使许多法庭科学学科所做的工作标准化，国际上各种组织已经制定（或正在制定）推荐的指南和标准。以下非穷尽地对这些组织进行列举：

- ENFSI 及其相关的专家工作组
- 由美国联邦调查局实验室资助的科学工作组（SWG），例如：
  ■ SWGDE-数字证据

- ■ SWGDOC-可疑文件
- ■ SWGDRUG-缉获毒品的分析
- ■ SWGFAST-潜在指印
- ■ SWGGUN-枪支和工具痕迹
- ■ SWGMAT-材料
- ■ SWGSTAIN-血迹形态分析
- ● ASTM，通过委员会 E-30 进行法庭科学研究
- ● 澳大利亚标准协会与 NIFS 合作，通过 CH-041 进行法庭科学研究

结　论

在过去 10 年中，人们逐渐意识到需要为法庭科学服务提供者规定正式的质量保证程序。此类程序需要基于相关的国际标准，ISO 17025 可以说是法庭科学领域最适合的标准。质量保证原则应当应用于所有法庭科学学科和法庭科学服务的所有方面，包括设施和设备的适用性、工作人员的资格和培训、样本采集和样本连续性、经过验证的方法和质量控制措施的应用以及最终结果的报告。质量保证计划的重要内容还包括对法庭科学活动的持续审查、对所遇到的问题的系统性纠正和不断改进的一般理念。

现在，世界各地的许多认可机构都根据 ISO 17025 提供法庭科学机构的特定认可。正式认可提供了一项客观公正的验证：组织的质量体系既符合目的，又满足了标准的所有相关要求。无论何时在法庭上出示科学证据，认可都有助于确保其质量和完整性。

参见

法庭科学管理/质量：认可；标准方法。

扩展阅读

Bogusz, M. J. （Ed.）, 2011. *Quality Assurance in the Pathology Laboratory: Forensic, Technical, and Ethical Aspects.* CRC Press, Boca Raton, FL.

Christian Jr., D. R., Drilling, S. （Eds.）, 2010. *Implementing Quality in Laboratory Policies and Processes: Using Templates, Project Management, and Six Sigma.* CRC Press, Boca Raton, FL.

EA-5/03, 2008. Guidance for the Implementation of ISO/IEC 17020 in the Field of Crime

Scene Investigation. European Co-operation for Accreditation. www. european-accreditation. org.

ISO/IEC 17020：1998, 1998. General Criteria for the Operation of Various Types of Bodies Performing Inspection. International Organization for Standardisation. www. iso. org.

ISO/IEC 17025：2005, 2005. General Requirements for the Competence of Testing and Calibration Laboratories. International Organization for Standardisation. www. iso. org.

ISO/IEC 17025, 2006. Application Document：Supplementary Requirements for Accreditation in the Field of Forensic Science (Including Parentage Testing) . National Association of Testing Authorities, Australia. www. nata. asn. au.

Levy, S. , Bergman, P. , Frank, A. , 1999. Quality assurance in forensic science. *Accreditation and Quality Assurance* 4, 253-255.

Quality Assurance in Chemical Testing Laboratories, Technical Note 23, 2008. National Association of Testing Authorities, Australia. www. nata. asn. au.

Wenclawiak, B. W. , Koch, M. , Hadjicostas, E. （Eds. ）, 2010. *Quality Assurance in Analytical Chemistry：Training and Teaching*, second ed. Springer, Heidelberg.

相关网站

www. ascld-lab. org：American Society of Crime Laboratory Directors Laboratory Accreditation Board (ASCLD/LAB).

www. astm. org：ASTM International.

www. collaborativetesting. comd：Collaborative Testing Services.

www. european-accreditation. orgd：European co-operation for Accreditation.

www. enfsi. eu：European Network of Forensic Science Institutes (ENFSI).

www. iso. org：International Organization for Standardisation (ISO).

www. nata. asn. au：National Association of Testing Authorities (NATA), Australia.

www. nifs. com. au：National Institute of Forensic Science (NIFS), Australia.

www. standards. org. au：Standards Australia.

www. ukas. com：United Kingdom Accreditation Service (UKAS).

证据的法庭科学分类

麦克斯·M. 霍克，美国，华盛顿特区，联合法医实验室

版权© 2013 爱思唯尔公司。保留所有权利。

> **术语表**
>
> **集合**　任何一组真实的或想象的物体。
>
> **分类学**　识别和命名物种的科学，目的是将它们分类。
>
> **分类单位**　根据一组定性和定量特征进行分组和排序的一组或多个有机体；一种类型的集合。

引　言

证据是偶然的：无论物品的来源或生产方式如何，物品都会因参与犯罪而转化为证据。通过成为证据，它们的正常含义得到了增强和扩展。证据按照真实世界被归类。也就是说，基于制造商创建的分类法。为了进一步增强或澄清与本学科的目标和程序相关的证据的含义，法庭科学增加了新的分类法。

分类法

集合理论

任何真实或想象的物体聚集在一起都是一个集合，集合理论是研究这些集合的数学分支。基本集合理论涉及对象的分类和排列方式，有时使用图表，并涉及并集和交集等基本操作。包括基数在内的高级主题是本科数学课程中的标准课程。所有分类方案都或多或少地基于集合理论。

集合的概念是不明确的，构成集合的对象定义了集合的概念。集合中的对象被称为该集合的成员或元素。这些对象属于一个集合，集合由其元素组成。一个集合的成员可能是真实的，也可能是想象的；它们不需要在场就可以成为该集合的成员。集合的成员资格标准应该是明确和可说明的。"这个房间里的所有人都超过 5 英尺 5 英寸"，这个集合是明确界定的，如果当前未知，则必须测量房间内人员的身高，以准确填充该集合。如果定义模糊不清，则该集合可能不被视为集合。例如，"q"和"Q"相同吗？如果集合是 26 个英文字母，则它们是同一个元素；如果集合是"英文字母的 52 个大写和小写字母"，那么它们是两个独立的元素。

集合可以是有限的或无限的，只有一个元素的集合被称为单元素集合。当且仅当两个集合具有完全相同的元素时，它们才是相同的。集合的基数是

其中的成员数，集合 A 写作 $|A|$。当且仅当集合 X 的每个元素也是 Y 的元素时，集合 X 才是集合 Y 的子集，例如，所有十字槽螺丝刀的集合是所有螺丝刀集合的子集。法庭科学家将其称为"子类"，但这是术语而非概念上的差异。我们讨论的其他内容还需要两个概念。X 和 Y 的并集是一个集合，其元素是 X 的元素、Y 的元素或两者共同的元素。因此，假如 X 是（1，2，3），并且 Y 是（2，3，4），那么 X、Y 的并集，写作 $X \cup Y$，是（1，2，3，4）。最后，两组的交集只包含 X 和 Y 共同的的元素。在前面的例子中，X 和 Y 的交集是（2，3），写成 $X \cap Y$。

分类法

诸如动物、植物或者矿物质之类的天然物品经常作为证据出现。这些物品根据其他学科（如生物学、植物学或地质学）使用的方法进行分类。法庭科学家有责任了解自然存在的物的分类。

在生物学中，分类学，也就是分类的实践和科学，指的是一种形式化的系统，用于对事物进行排序和分组，典型方法是林奈法。分类群（分类系统的单位）是足够固定的，以便为生物分类提供一个结构。分类群通常按层次结构排列，以显示它们之间的关系（系统发育）。在这种层次关系中，根据定义，子类型具有与父类型相同的限制条件并加上一个或多个附加限制条件。例如，猕猴是猴子的子类型，因此任何猕猴都是猴子，但不是每一只猴子都是猕猴，并且动物需要满足更多的限制条件才能成为猕猴而不是猴子。在林奈法中，每个物种的学名都是由两个词的组合形成的，第一个词是属的名称（"属"名），总是大写，第二个词识别该属内的物种。物种名称（属物种）要么斜体，要么下划线（例如，*智人*[人]、*野猪*[猪]、*家犬*[驯养狗] 和 *黑鼠*[鼠]）。

术语系统学有时与分类学同义使用，并且可能与科学分类混淆。然而，分类学是对生物的恰当描述、识别、分类和命名，而分类则侧重于将生物置于能够显示其与其他生物关系的组内。只有系统学专门处理时间上的关系，在处理生物系统问题时需要识别化石标记。系统学将分类学用作理解生物的主要工具，因为如果不首先对生物进行适当的研究和描述，以便正确地识别和分类，就无法理解该生物与其他生物之间的关系。

在地质学中，岩石一般是根据其化学和矿物成分、形成过程以及颗粒的质地进行分类的。岩石可分为岩浆岩（由冷却熔融岩浆形成）、沉积岩（由物质沉积和压实形成）和变质岩（通过压力和温度的剧烈变化形成）。这三类岩石又细分为许多岩石组。通常，类别的定义不是很严格，并且岩石的性质可能会使其从一个类别被划分为另一个类别。岩石和矿物的术语不是描述状态，而是描述沿梯度的可识别点。

制造

制造证据最初按一个或多个制造商创建的内部或市场特定系统进行分类。经济商品的制造商通过产品特征或分析方法进行分类。生产方法确保产品质量适合销售；这种分类基于所涉及的市场、公司生产方法的定位和供应链。对于制造商和消费者认可的型号或品牌的类别，存在明确的规则。物料流向下游，从原材料来源到制造层面。原材料转化为中间产品，也被称为零部件。然后这些零部件在下一级组装，形成产品。产品运往配送中心，然后从那里运到零售商和顾客手中。

法庭科学分类法

原材料的供应链、中间步骤、生产方法、预期最终用途和实际最终用途，都构成了可用于法庭科学分类的特征。尽管法庭科学分类是法庭科学独有的，但它们是以制造业中使用的生产分类法为基础的。这些特征构成了重要陈述的基础（例如，在刑事案件中某一特定物品的相对丰度或稀缺性）。有些物体是常见的，它们在开始时基本上是相同的，但进入人们视野时间很短（例如iPod）；有些物体是常见的，早就存在（蓝色牛仔裤），但它们的变化很大（比如常规、砂洗、酸洗等）。理解成为证据的物品的基本制造过程，对法庭科学家最有利。这种理解可以成为法庭上统计学意义陈述的基础，并可以为采用更加量化的证词提供基础。

法庭科学分析方法创建了扩充的分类法，因为该学科使用几套不同的方法进行分类，而且法庭科学家也有不同的目标。它们的分类基于制造特性、售后质量和预期最终用途，但也基于"作为使用"特征。"作为使用"特征是指人们购买后通过正常或非法使用而赋予物品的特征。法庭科学已经发展了一套用于解释分类的规则。例如，法庭科学家对消光剂的尺寸、形状和分布很感兴趣，将金红石二氧化钛的微观颗粒融入纤维中以降低其光泽。制造商以一定的速度和百分比在纤维中加入消光剂，而不考虑形状或分布（但尺寸可能是相关的）。法庭科学分类是以制造业分类为基础的，但扩展了一些特征，帮助我们区分其他相似的对象。

自然分类、制造业分类和法庭科学分类之所以具有证据意义，是因为它们把世界划分为与犯罪行为相关的可理解的对象类别。法庭科学对相似物体之间的辨别力已经增强，但是它还需要对这些层次结构进行解释。

类级别信息

鉴别就是对一个物体的化学和物理性质进行检验，并用这些性质将其归类到某个集合。物体是由什么构成的，它的颜色、质量和大小，以及许多其他特征，被用来识别一个物体并帮助确认该物体的身份。分析一种白色粉末并得出它是可卡因的结论是鉴别的一个例子。确定一个半透明的小碎片是玻璃或黄色纤维材料是狗毛也是鉴别的例子。大多数鉴别本质上具有层次性，比如分类系统本身。在最后一个例子中，物体的纤维性质限制了以下可能的类别：

- 毛发
- 动物毛
- 外层粗毛
- 狗毛
- 德国牧羊犬毛

随着证据鉴别的过程变得越来越具体，它允许分析人员将证据依次分类为更小的对象类别。如果要寻找人的头发，则可能没有必要对狗毛以外的证据进行分类。根据提出的问题，可以对多个项目进行不同的分类。例如，图 1 中的对象可以被分为"水果"和"非水果"，"与运动有关"和"与运动无关"，或"有机"和"无机"。

图 1　根据所提出的问题，一系列物体可以以多种方式进行分类。例如，基于图中的物体，如果问题是"什么是可食用的？"而不是"什么是体育设备？"，则集合会有所不同

共享一个类标识可能指示同一来源的两个对象，因为法庭科学揭示并描述了犯罪活动中涉及的人、地点和事物之间的关系，这种关系的共性可能对成功调查至关重要。共性可以显示出相互作用、起源点的局限性以及关系的重要性。共同来源的含义取决于所讨论的材料、生产方式以及用于对物体进行分类的检查的特殊性。例如，汽车漆片的共同来源可能如下：

- 制造商（区别于其他类似油漆）
- 工厂（确定它是在哪里制造的）
- 生产批次（区别于同一工厂的其他批次）
- 所有涂有该颜色油漆的车辆，或
- 涂有某种颜色油漆的车辆，该颜色与涉嫌犯罪车辆有关

所有这些选项（并不是详尽无遗的），都可能是确定两个物体是否具有共同来源的调查目标。

唯一性和个体化

如果一个对象可以被划分为只有一个成员（本身）的集合，则可以说它是唯一的。一个个体化对象仅与一个来源有关：它就是唯一的。唯一性基于以下假设：所有事物在空间中都是唯一的，因此，它们的属性是不重叠的。由于多种原因，空间唯一性的假设被认为是公理，因此是一个本质上不可证明的命题。"所有可能是证据的事物"的规模实在太大，无法解释。此外，在典型的法庭科学调查中并不容易获得决定性的证据。因此，正如 D. A. 舒姆（D. A. Schum）所指出的，需要统计数据。

这种证据，如果存在的话，将使一个特定的假设或可能的结论被采纳。为了弥补证据的缺陷，我们常常利用大量具有附加性质的非结论性证据进行完善：在与我们的结论相关的事项上，证据是不完整的，并且由于各种原因，它的来源（包括我们自己的观察）不完全可信。因此，从这些证据得出的推论在本质上只能是概率性的（Schum，1994，p. 2）。

因此，当存在数据计算或者准确性的不确定性时，就需要进行统计分析。如果可以绝对肯定地解决问题，则不需要统计分析。大多数证据都存在于不

同层级，尽管犯罪中涉及的每个物品都被认为是独特的，但它仍属于较大的类别。实际上，大多数法庭科学工作也仅在类别上进行分辨。即使作为法庭科学的"黄金标准"的 DNA，也和类别与统计有关。

有人认为，唯一性的概念是必要的，但不足以支持个性化的主张。如果承认唯一性是公理性的，那么

重要的是，我们是否拥有必要的分析工具，来辨别使一个物体和所有其他物体区别开的特征，或者，在法庭科学背景下，将每个物体所产生的痕迹与其他物体留下的痕迹区分开来——每个物体在制造规模上都是唯一的。问题是，在检测范围内，我们是否能够将物体区分开。根据维特根斯坦的说法，由于宇宙中的所有物体在某些方面都是"相同的"，而在其他方面是"不同的"，真正重要的不是唯一性，而是我们用什么规则来确定"相同"和"不同"（Cole，2009，pp.242-243）。

尽管事物产生时在数值上可能是唯一的，但这无助于在检测或解释时区分其他类似的物体。这就是法庭科学为调查和法律程序增添价值的地方。

关系和背景

犯罪所涉人员、地点和事物之间的关系对于决定要检查哪些项目以及如何解释结果至关重要。例如，如果发生性侵犯并且犯罪者和受害者互不相识，与他们同居或是性伴侣相比，可能会留有更多证据。陌生人以前从未见过对方，因此，他们在案发前不会转移证据。住在一起的人会有机会转移某些类型的证据（例如，客厅的头发和地毯纤维），而不是其他证据（精液或阴道分泌物）。配偶或性伴侣，作为三个例子中最亲密的关系，将共享大量的信息（图2）。

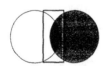

受害者和犯罪者仅在彼此都不熟悉的犯罪场景下发生接触，例如小巷里的性侵犯

受害者和犯罪者在彼此都熟悉的犯罪场景下发生接触，例如配偶杀害同居伴侣

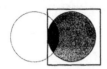
受害者和犯罪者在仅犯罪者非常熟悉的犯罪场景下发生接触，例如发生在犯罪者家中的绑架和故意伤害

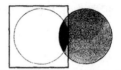
受害者和犯罪者在仅受害者非常熟悉的犯罪场景下发生接触，例如强闯民宅

图 2　犯罪者、受害者和现场三者之间的关系直接影响到证据的收集和意义

陌生人犯罪中陌生人辩称系巧合关联的问题，也就是说，以前从未相互接触过的两种东西，在某个分类层面上无法区分。交叉询问时律师可能会问："是的，但是［在此插入证据类型］真的不是来自其他任何地方吗？［类似于通用证据］是否很普遍？"各种各样的证据已经证明，由于偶然因素造成的匹配非常罕见。大量生产的商品、消费者的选择、经济因素、生物和自然多样性以及其他特性千差万别，在任何一种情况下，都创造出了几乎无限的可比较特征的组合。

参见

基础：证据／分类；证据的统计学解释：贝叶斯分析；法庭科学证据解释的频率论方法。

扩展阅读

Cole, S., 2009. Forensics without uniqueness, conclusion without individualization: the new epistemology of forensic identification. *Law, Probability, and Risk* 8 (3), 233-255.

Devlin, K., 1993. *The Joy of Sets*. Springer, Berlin.

Haq, T., Roche, G., Parker, B., 1978. Theoretical field concepts in forensic science. 1. Application to recognition and retrieval of physical evidence. *Journal of Forensic Sciences* 23 (1), 212-217.

Houck, M. M., 2006. *Production Taxonomies as the Foundation of Forensic Significance*. European Academy of Forensic Sciences, Helsinki, Finland.

Johnson, P., 1972. *A History of Set Theory*. Weber & Schmidt, New York.

Kwan Q. Y., 1977. Inference of Identity of Source (Ph. D. thesis). University of California.

Schum, D. A., 1994. *Evidential Foundations of Probabilistic Reasoning*. John Wiley & Sons, New York.

Thornton, J., 1986. Ensembles of class characteristics in physical evidence examination. *Journal of Forensic Sciences* 31 (2), 501-503.

Underhill, P., 2000. *Why We Buy: The Science of Shopping*. Simon & Schuster, New York.

解释/比较方法

麦克斯·M. 霍克，美国，华盛顿特区，联合法医实验室

术语表

　　可对齐差异　与两个或两个以上事物的等级系统相关的差异。

　　类似性状　两个事物之间相似的特征，但不存在于被比较群体最后的共同祖先或先例中。

　　类比　将信息或意义从一个主体（模拟物或信息源）转移到另一个主体（目标）的认知过程。

　　可诊断性　特征对物体进行分类的程度。

　　同源性状　共同祖先或先例共有的特征。

　　不可对齐差异　源头和目标之间完全没有对应关系的差异。

引　言

　　类比及更具体的相对比较是人类认知的核心组成部分。类比是一个识别场所、物体和人的过程，在人类的许多心理活动中起着重要作用，如解决问题、决策、感知、记忆和交流。包括 D. 霍夫施塔特（D. Hofstadter）在内的一些研究人员甚至主张认知是一种类比。同样地，类比的认知过程和比较的方法也是法庭科学的核心。比较的能力基于某种分类（更恰当地说，是一种分类法），从而产生类别、组或集合。

　　亚里士多德被认为是第一个将比较法作为对世界进行分类的方法的人。然而，他试图将这一过程编纂成法典，并提出了一个棘手的问题——生物的分类，该问题只有在以后才能解决。就其本身而言，比较法充其量是一种最简单的技术。一个分类系统（一个分类法）是更完整的比较法的先决条件。比较解剖学是该方法最早的正式应用之一，它超越了单纯的表象（即简单的比较）来解释每种动物的性质和特征。

　　法国自然科学家皮埃尔·贝隆（Pierre Belon）在他的著作《鸟类自然

史》中将鸟类骨骼结构和人类的进行了比较。与弗兰德自然主义者一样，贝隆是最早将比较法明确地应用于生物学的自然科学家之一。居维叶是第一个在研究动物和化石时将比较解剖学和分类学作为研究工具而不是目的的人。令居维叶感到沮丧的是，无法将生物现象重新配置为可以进行测试的实验条件，这是许多学科都面临的一个难题。生物体的生理学与解剖学特征的紧密结合，在梳理功能与结构之间的关系时造成了障碍：一旦一个生物体死亡，准备被解剖，它的功能就停止了，从而无法研究清楚功能与结构的关系。居维叶认为，仔细检查和标本之间结构的相互关系也可能有助于揭示观察和比较的原则。居维叶也许是最早的科学家兼侦探，他用分散的、零碎的信息来重建地球及动物的历史。在 1798 年的一篇论文中，居维叶写到了他对骨骼形态和功能的认识与动物的整体可识别的解剖结构有关，这让可以人们认识骨骼的来源。

如果人们能够意识到以下内容，则这一论断并不令人惊讶：在活着的状态下，所有骨骼都被组装在一种框架中，每个骨骼所处的位置都很容易辨认；而且，通过关节面的数量和位置可以判断附着其上的骨骼的数量和方向。这是因为构成动物身体每个部分骨骼的数量、方向和形状总是同其他部分有着必然的联系，以至于在某种程度上，人们可以从其中任何一个部分推断出整体，反之亦然（Rudwick，1998，p. 36）。

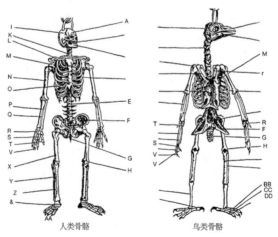

人类骨骼　　　　　鸟类骨骼

图1　皮埃尔·贝隆1555年出版的《鸟类自然史》中的草图，将鸟类骨骼与人类的进行比较。这是最早运用比较解剖学的科学著作之一

　　这被称为居维叶的相关性原理，是生物学和古生物学的中心原则。值得注意的是，居维叶声称能够从单个骨骼中辨认出动物类别，但是不能完全重建这个动物，正如上面的引语所暗示的那样。想要对所讨论的动物进行重建，必须有该动物的足够数量的骨骼。从那时起，比较法一直是科学成功的基石，新兴的学科，如生态学，从单纯的观察或描述方法发展到通过实验或分析方法进行比较。

　　对生物学术语的简短讨论将有助于阐明生物学比较中使用的概念。同源性，即在不同动物中发现各种形式的相同结构，是比较解剖学的组织基础。动物有同源性状，因为它们也具有相同或相关性状的共同祖先。相比之下，类似性状是指在生物中发现了相似性，而这种相似性在被比较群体的最后一个共同祖先中不存在，也就是说，这些性状是分开进化的。鸟类和蝙蝠的翅膀是同源和类似性状之间区别的典型例子：它们的前臂同源但翅膀相似——后者的结构分别进化出了它们的功能。同源性状被称为同源物。在生物学中，进化和自然选择形成了一个系统，在这一系统中，这些关系得以发展和维持、同质化或分化。

　　在制造业中，其他外部和内部的制约因素通过设计、功能、形式和成本形成了同源和类似性状的基础。设计是根据产品的预期最终用途、美学考虑和成本限制进行的。产品的功能和形式往往是相互关联的，并且设计中的差异围绕必要和充分的标准而聚集。例如，在图 2 中，虽然锤头、对边、手柄、材料、重量、形状和部件都有所不同，但它们仍然可以被识别为锤子。如果图 2 是雀鸟，就像达尔文乘坐小猎犬号在加拉帕戈斯群岛的历史性航行中研究的那样，分类学的基本过程将是相同的，但标准和基础（历史和原因）显然会因为锤子的生产和雀鸟的进化的巨大差异而有所不同。

　　从广义上讲，产品的供应链和分销网络就像是基于进化的系统进化树。无论这些物品是生物制品还是人工制品，都不应假设其特性是独立的。不控制历史关系，通过系统发育或供应链的比较研究可能意味着虚假关系（碰巧一致）。法庭科学的独特性在于，它使用比较法来重建过去的犯罪事件和证据来源，无论是生物证据还是人工制造的证据（本质上是逆向工程，推导出来源）。

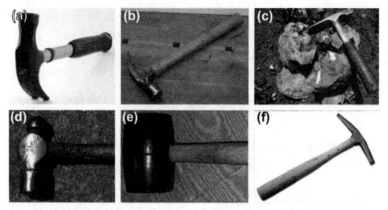

图2　锤子。 所有物体都是可识别的锤子，尽管它们的部件不同：（a）羊角锤；（b）框架锤；（c）地质锤；（d）圆头锤；（e）橡皮锤；（f）室内装潢锤

司法鉴定过程中的类比和比较

类比是一种思维过程，它将信息或含义从一个主体（类比物或来源）转移到另一主体（目标）。因此，这一过程至少意味着两件事：情境或事件。来源被认为是两者中较为完整和复杂的，因此，目标在某种程度上信息量较少且不完整。不完整性可能是由几个因素中的一个或几个造成的，例如损坏、断裂、变质或尺寸。在比较中，来源和目标之间的元素或特征（包括它们之间的关系，如进化或供应链）被映射或对齐。映射是通常更熟悉的经验领域和更完整的信息库（源）到通常更有问题的目标。

突出的要素或特征至关重要。在任何一个元素或关系中都有无数的差异可以考虑，但对眼前的问题，这些差异是无用的（"这两个物品都比帝国大厦小吗？""它们比消防车更红吗？"）。归根结底，类比是用于表达两个比较对象（来源和目标）共同关系的一个过程，尽管它们存在许多差异。为了进行比较，必须存在某种可能的或假设的联系。举一个法庭科学的例子，即从嫌疑人的衣服和受害者的尸体上除去的痕迹碎片：虽然可能没有共同的实物证据（毛发、纤维、玻璃、土壤等），但嫌疑人的衣服和受害者的身体至少表面上有共同的关系（受害者是受害者，嫌疑人是与犯罪有关的人），除非另有证据证明。因此，对于类比和比较来说，必不可少的是共同关系，而非共同对象。

　　比较作为一种方法做了几个假设。首先，我们假设比较对象映射的空间是欧几里得空间。其次，该方法基于观察到的所有显著相似性，将比较对象嵌入"最小维度空间"中。每个对象 a 都由一组元素或特征 A 详细描述。对象 a 和对象 b 之间可观察到的任何相似点记作 $s(a, b)$，表示它们具有共同显著特征的函数。比较和观察到的相似性可以表示为三个参数的函数(图 3)。

- $A \cap B$，a 和 b 共有的特征；
- $A-B$，a 具有而 b 不具有的特征；
- $B-A$，b 具有而 a 不具有的特征。

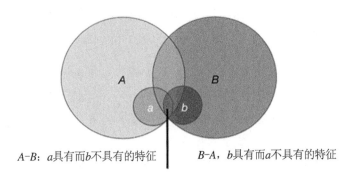

A-B：a具有而b不具有的特征　　　　B-A，b具有而a不具有的特征

$A \cap B$：a和b共有的特征

图 3　观察到的相似之处的比较可以表示为三个函数

　　心理学研究表明，人们往往更关注目标（信息较少的比较对象），而不是信息来源。在法庭科学中，这意味着分析人员会更多地关注犯罪现场或行为人的样本，而不是收集到的已知样本。即使已知样本具有更突出的特征，人们也会更关注犯罪现场和行为人的行为，因为已知样本比可疑样本有更多的信息和记录的来源。例如，玩具船与一艘真实船非常相似，因为真实船的大部分主要特征都在玩具船中展现出来了（否则它可能无法被看作其原物的模型）。然而，真实船和玩具船并没有那么相似，因为真实船的许多特性都没有在玩具船中体现（由于功能、规模或安全等因素）。对目标给予更多关注的原因，主要是要确定目标中是否有足够的重要信息，以便进行比较。

　　从比较的角度来看，特征显著性的主要决定因素是它们对一个物体的分类程度（即它们的可诊断性）。某一特征较之其他特征更为显著，基于该特征将对象从一个类别重新分配给另一个成员较少的类别。显著性是分层次的，其大小取决于一个类别里具有该特征的成员的数量；由此，目标是通过对对象的特征进行连续的比较，将对象放入成员越来越少的类别中。因此，特征显著性应该与对象所属类别的成员数目成反比；$A \cap B$ 这一集合的特征显著性增加，可以认为是一种可诊断性的表达。如果比较过程不能最大限度地提高诊断能力或使可诊断性最大化，那么它的法庭科学实用性较低。

法庭科学中的比较法

比较法涉及一个或多个目标（未知来源，缩写为 Qs）和一个或多个来源（已知来源，缩写为 Ks）之间的关系结构的对齐。作为一种方法，这种对齐有三个约束或要求：

●对齐必须在结构上保持一致，也就是说，必须在一个论证结构中观察到比较对象之间的一一对应关系（并行连接）。一个比较点最多可以与目标或来源中的另一个比较点对齐。同样，匹配关系必须有匹配的参数来支持它们（所提议的关系的原因不能基于不相关的参数）。

●比较必须涉及共同的关系，但不必涉及共同的对象描述。例如，来自犯罪现场的所有证据，不必只来自一个来源。

●最后，比较不限于在正在处理的对象之间进行，还包含它们可能共同具有的所有更高层次的"约束关系"（系统性）。在生物学中，这与进化和遗传有关；对于制造材料而言，这将是设计因素、原材料的供应链和中间工艺，三者共同造就了提供给消费者的成品。关系历史越久远，两个对象共享的类级别就越高，它们的关系就越近，它们具有共同来源的可能性就越大。这就排除了其他相似但不相关的对象之间的巧合匹配：无论它们存在多少一系列的巧合，都没有显著联系。Ⅰ型和Ⅱ型错误源于这些巧合。

比较的结果是类似特征或现象的一种交叉映射，这些特征或现象在两种情况下（例如，受害者的衣服和犯罪现场）具有不同关系角色。来源与目标之间的系统映射是区分潜在模糊关系的自然方法。这涉及目标和来源的分类，每个特征或特征的识别都将它们放置于一个或多个物品的集合（类别）中。交叉映射是类别中的这些特征。一旦来源与目标对齐，基于来源的候选推断就可以投射到目标上，例如共同的来源或历史记录。例如，带有血迹的手枪可以与从受害者身上取下的子弹（通过类似弹药的测试射击）进行比较，并确定其是子弹的来源（在某种程度上是确定的），而血液可以通过用受害者的已知样本进行 DNA 分型来证明受害者是其来源（同样，在某种程度上是确定的）；受害者的血在手枪上这一事实表明有共同的发生历史（横向同时性）。

　　比较是有选择性的。系统性的要求基于这样的观点：类别或集合既是灵活的，又是有层次的。高阶连接预测低阶关系，不属于对齐关系系统的一部分共同特征是无关紧要的：蓝色的鞋和蓝色的车除了属于相同的颜色类别之外，几乎没有共同点；同样地，来源鞋和目标鞋可能具有相同的鞋底花纹，假如鞋底没有一个独特的特征出现在鞋印中，具有相同鞋底花纹的显著性就降低了。层次结构系统相关的差异被称为可对齐差异，来源和目标之间完全没有对应关系的那些差异被称为不可对齐差异。可对齐差异比不可对齐差异更有意义和显著性，因为它们存在于同一关系系统中，从而使彼此更相关。该观察得出的奇怪结论是，非常相似的比较对象（玩具火车-真实火车）应该比不太相似的比较对象（玩具火车-玩具船）存在更有意义的差异，因为更相似的比较对象可以在更常见的关系系统中得出，并且会有更多可对齐差异。例如，汽车-卡车和鸭子-棒球之间所有可能的差异可以作为一个很好的例子。第一组比第二组有更多的可比较差异：就一些差异而言（"你不跟鸭子一起运动。你不打棒球。"），这一比较似乎毫无意义，因为两者没有可比性。然而，通过比较汽车和卡车，引出的细节可能会在一段时间内继续增加，增加到什么程度具体取决于所需的细致程度。世界上大多数比较对象的集合都是不同的（这就是法庭科学中"排除"比"认定"更容易的原因），考虑人类的认知负荷，这种"无偏倚"的启发是有意义的：凭直觉来讲，当一对物品相似的时候，它们之间的差异才更重要。心理学实验支持这种说法，它似乎是人类认知的组成部分。与此说法相关的是维特根斯坦在他的著作《逻辑哲学论》中提出的建议 5.5303："粗略地说，两件事是相同的，这种说法是无稽之谈，说一件与自身完全相同的事跟没说一样。"这表明无论是包容性的还是排他性的比较，都需要对其强度进行统计评估。

参见

基础：法庭科学情报；鉴定/个体识别的概述和意义；法庭科学家使用的符号学、启发式和推理。

扩展阅读

Diamond, J., Robinson, J. A. （Eds）, 2010. *Natural Experiments of History*. Cambridge University Press, Cambridge, MA.

Gentner, D., Markman, A. B., 1997. Structure mapping in analogy and similarity. *American Psychologist*. 52 （1）, 45–56.

Hofstadter, D., 2001. Analogy as the core of cognition. In: Gentner, D., Holyoak, K., Kokinov, B. （Eds）, *The Analogical Mind: Perspectives from Cognitive Science*. MIT Press/Bradford Book, Cambridge, MA, pp. 499–538.

Markman, A. B., Gentner, D., 2000. Structure mapping in the comparison process. *American Journal of Psychology*. 113 （4）, 501–538.

Pellegrin, P., 1986. *Aristotle's Classification of Living Things*. University of California Press, Berkeley, CA.

Rudwick, M., 1997. *Georges Cuvier, Fossil Bones, and Geological Catastrophes*. University of Chicago Press, Chicago.

Tversky, A., 1977. Features of similarity. *Psychological Review*. 84, 327–352.

Vanderkolk, J., 2009. *Forensic Comparative Science*. Academic Press, New York.

Wittgenstein, L., 1922. *Tractatus Logico - Philosophicus*. Routledge, London. Translated by C. K. Ogden （1922）, prepared with assistance from G. E. Moore, F. P. Ramsey, and Wittgenstein.

鉴定/个体识别的概述和意义

C. 尚波得，瑞士，洛桑，洛桑大学

鉴定过程：单一来源的还原过程

与科学中普遍接受的定义不同，在法庭科学中，"鉴定"这个概念仅用于描述物体归属于确定的类别。在刑事侦查中，鉴定过程最终寻求的是个体识别。对于法庭科学家来说，鉴定一个物体意味着可以将这个物体与所考虑的所有物体区分开来。不幸的是，在法庭科学文献中，对于来源的身份问题，通常通过类别特征和个体特征来处理（表1）。

在类别特征方面达成一致时（没有显著差异），会得出"群体认同"的结论。只有把相应的个体特征与类别特征联系在一起，才能得出肯定的鉴定结论或个性化结论。类别特征和个体特征的定义只是描述选择性的传统方式。

表 1 在某些鉴定领域中类别特征和个体特征的区别

领域	类别特征	个体特征
指纹	一般形态、脊线数量、脊线追踪	细节、孔结构、脊线结构
鞋印	一般图案、尺寸、制造特征	破口、意外获得特征、临时磨损特征
子弹	口径，凹槽，平面印痕的数量，凹槽、平面印模的角度，平面、凹槽的宽度	凹槽、平面印记的条纹

表 2 法庭科学证据类型在鉴定能力方面的分类

个性化	确证
指纹（更常见的是由摩擦脊线留下的痕迹）	微量痕迹（玻璃、油漆、毛发、纤维）
足迹	生物液体（现在主要是 DNA）
耳痕	药物和毒理学
工具痕迹和枪支	爆炸物和火灾残留物分析
笔迹和签名检查	土壤

然而，推断来源的身份比对物体进行类别特征和个体特征的简单二分更复杂。如表2所示，在传统上，从业者区分能够导致个性化的法庭科学领域和几乎不能（依照在现有技术水平）导致个性化的法庭科学领域，但更常见的是各种强度的确证信息。

本部分提出的论点应该让读者意识到这些对比（类别与个体，确证与个性化）没有根据。所有的鉴定学科都会产生具有不同优势的确证信息，这是被考虑的未知标记所揭示的特征的鉴别能力。

在大多数法庭科学情景中，潜在来源库并未完全进行法庭科学调查，但调查将集中在一组有限的可疑来源上。如果调查了所有其他来源，但嫌疑人被法庭科学调查排除在外，那么来源的鉴定将被宣布应用一个微不足道的演绎论证（无论考虑哪些特征）。但在典型的案件工作中，这种演绎论证是不可行的，因此，必须推断出来源的身份，并且这种演绎论证的准确性在本质上就是概率性的。我们不得不等待 Q. Y. 关（Q. Y. Kwan）在 1977 年合理地说明犯罪学家如何推断出来源的身份。鉴定过程可以被看作一个简化过程，从初始群体到有限的类别，或者最终可能达到统一的程度。根据证据的类型，初始群体构成对照物或对照人员。这种鉴定过程结合了两个因素：

●由规模（和/或其他特殊性）限定的相关对照物或对照人员的群体。换句话说，这些群体的每个成员都可以被视为可能的来源。

●由确定选择性的一致特征组合产生的减少因子。事实上，这种减少与在相关群体中观察到的特征的稀有性或相对发生率成正比。我们有时会称它为匹配概率。正如 Q. Y. 关所指出的那样，这是一个非常罕见的特征，这个特征很重要，因为这个特征在被考虑的一组可疑来源方面很罕见。重要的是要强调稀有性与当前情况有关。

关于相关群体的规模，开放式框架与封闭式框架有所不同。

●开放式框架意味着考虑到广大群体。例如，意味着地球上的所有活人或地球上的所有生产物都被视为潜在的来源。鉴于这里考虑的群体，"地球群体范式"一词有时用来描述这个框架。

●封闭式框架对应于这样一种情况：对照物或对照人员的数量仅限于指定的一组可疑来源（例如，考虑描述推定来源的调查中可获得的其他证据）。

为了以图形方式说明鉴定过程，我们将假设以下通用案例。一个痕迹被发现与犯罪有关。经过调查，潜在的来源被提交给实验室进行检查。比较过程显示，提取材料和对照材料具有一些共同的特征（在下文中称为"法庭科学发现"或"结果"），而且没有明显重要的差别。值得注意的是，当这些特征引导我们排除某一对象时，人们将继续持有这样的观点而不失一般性。鉴于这种情况，鉴定过程可以通过图 1 进行说明。鉴定过程（在开放式框架或封闭式框架中）是一个缩小的过程，这一过程减少了可能的来源或假设的数量。

特定的嫌疑人或对象是来源的假设可以通过这样的过程来"证明"：表明可以解释现有现象的所有可选的假设都被排除在外。这里使用"证明"一词是不精确的，因为决策过程本身将在下一节中介绍。

审慎地对特征进行选择十分重要，对此再怎么强调都不过分。对特征进行选择的标准分为五个方面（不考虑成本）：可区分性、资源内部高度差异、已知的时间差异、正态化（标准化）和独立性。当然，每个领域都关注不同的特征，这里很有必要给出在某些法庭科学领域筛选的特征示例（表3）。

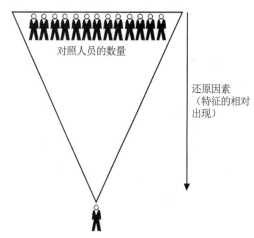

对照人员的数量

还原因素
（特征的相对
出现）

图1　鉴定过程的示意图（这里重点针对个人，但也将类比地应用于物）

表3　用于鉴定的某些法庭科学领域的特征

领域	用于表征（或最终的个体识别）的特征
指纹	一般形态、细节、毛孔和脊线结构
鞋底	制造特征（图案、尺寸、制造工艺的特点）和获得特征（磨损特征、破口）
DNA	DNA分子上的各种多态位点
微量痕迹	光学（颜色、微观特征、折射率）、物理（尺寸、长度、直径）和化学特性［傅立叶变换红外光谱（FTIR）、元素组成、热解气相色谱结合等］

推理方案

在实践中，不明原因导致个体识别过程通常在开放式框架中进行。地球群体范式占上风。这导致两种类型的推理方案：第一种方案朝向个性化决策和补充，第二种方案根据是否提供确证信息来控制从业者的准入。

个体识别的决策

对于 H. 塔特希尔（H. Tuthill）和 G. 乔治（G. George）来说：

压痕的个体识别通过这样的方式来确定：找到具备某一数量和重要性的相应个体特征的一致性，以排除它们仅通过巧合发生的可能性（或概率），并确定没有不能解释的差异。

根据这个定义，对照群体的大小确实应该系统地设置为其最大值（开放式框架）。在诸如指印、鞋印、工具痕迹或枪支等领域通常使用并隐含地要求这种做法。例如，对于鞋印、轮胎印，鞋印和轮胎印证据科学工作组（SWGTREAD）在 1996 年表示，个体识别意见意味着"特定的鞋或轮胎造成的印痕排除所有其他鞋或轮胎"。

然后，个体识别的结论是一种表达以下观点的陈述：观察到呈现相同特征的地球、另一个物体或人的机会是渺茫的。对于专家来说，在这个阶段，他无法想象任何相反的证据（例如不在犯罪现场）会动摇他的确定性。至于检查人员用来达到这种确定性的机制，D. A. 斯托尼（D. A. Stoney）描述了一个类似于"信仰的飞跃"的决定机制。

A. 比德曼（A. Biedermann）、S. 博扎（S. Bozza）和 F. 塔罗尼（F. Taroni）在贝叶斯决策理论的背景下充分描述了从给定的关联概率到个体识别决策的转变。在形式上，该决定要求在建立关联概率后，使用这样的函数：权衡与可能决策相关的收益和成本。现在，鉴定过程的示意图可以包括个体识别的决策步骤（图 2）。

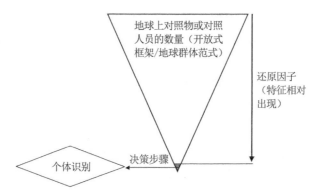

图 2　通过个体识别完成鉴定过程的示意图

总的来说，决策方案需要以下评论：

• 在所有情况下，先将相关群体的规模设定为最大值是很奇怪的。实际上，痕迹可能来源的潜在数量会受到其他可用证据的限制（证人证词、其他法庭科学证据等）。在开放式框架中提出法庭科学调查结果过于保守，应该系统地采用极端辩护律师的立场，试图让法院相信地球上的所有人或物体都可能成为相关痕迹的来源。法庭科学家或法院很少质疑这种对地球群体范式的系统性依赖。

• 决策门槛，即信仰的飞跃，实质上是专家采用的合理怀疑（通过增益/损失函数来衡量）的可接受水平的先决条件。法学家可以对这个门槛做以下解释：关于鉴定问题的"超出合理怀疑"的刑事标准。但是，法院普遍接受委派这种负担。最近提出的谨慎要求是"个性化"一词可能传达的100%事实确定性，而不是针对科学家决定来源问题的事实。只要科学家没有声称100%确定或建立一个无可争议的事实，法院就不会反对他表达的个性化意见。这导致了以下措辞的发展："他对牙齿确定性的合理程度过于苛刻"或"子弹与该枪管达到合理程度的弹道确定性"。

个体识别是一种解释概率评估的决策，这一事实开始为实践者所认识。对于皮肤摩擦脊线，摩擦脊线分析、研究和技术科学工作组（SWGFAST）在2011年将个体识别定义为："检查人员确定有足够的一致特征支撑摩擦脊线的两个区域具有相同来源的结论。对一个来源的印记的个体识别是这样一种决定，即另一个（不同的）来源造成该印记的可能性如此之小，以致被认为实际上是不可能的。"然而，框架（开放式或封闭式）和增益/损失函数（在做出决定之前承认成本收益分析）仍然是完全隐蔽的。作者将争辩说，一旦将其明确化，这样的决策方案在法庭科学中便不再成立。

提供确证信息

在一些法庭科学领域（通常是指纹），从业者自愿从他们的结论中排除排斥和个性化之外的确凿证据。这些极端之间的所有结果都被归类为"不确定的"。没有合理的理由可以拒绝这些确凿的陈述，在这些领域里，作者会支持任何提供确凿信息的举动。相关信息指的是，使得需要证明的事情更可能或更不可能出现的那些信息。因此，仅仅一条接近极端的信息就构成了相关信息，而相关信息是我们不应忽视的。专家有必要以口头或数字的方式做出概率陈述，这是一种对法庭科学结论的权重进行评估的尝试。

审查员务实地表达了确凿结论条款的含义。它们各自的含义在某种程度上与它们减少初始群体的能力有关。在某些学科中已就此类条款达成协议。例如，在鞋印领域，推荐的确凿术语是：很可能、可能、不确定（无法确定）、可能没有。另一个例子是用于文件检验的 ASTM 标准 E 1658-04，其强制执行以下术语：大概率有（极有可能、非常可能）、可能、有迹象（证据表明）、无结论（完全不确定、不确定）、有迹象表明没有、可能没有、很大概率没有。

这种鉴定过程能够提供确凿的信息，如图 3 所示。注意，这里不需要做出决定，结论只是对漏斗下方位置的口头翻译（对照总体与减少因子的组合）。

这种推理方案需要以下两条评论：

●从未对还原过程的最末端与口头陈述之间的转换做出声明或解释。在评估相同案例时，这自然会导致检查人员之间的明显差异。

●无论是使用对地球群体范式还是比德曼、塔罗尼和 P. 加布尔洛（P. Garbolino）所讨论的具有高度争议性的 0.5 先验概率来证明术语的逻辑合理性，其忠实度都没有受到质疑。采用 0.5 先验概率类似于，除了对案件情况的考虑之外，最初只考虑两个潜在来源，而被调查的来源是其中之一。法庭科学家采用的这种默认的起始位置对于调查中的来源是有偏见的。

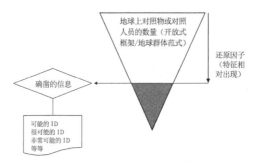

图 3 鉴定过程示意图，导致提供确证信息

与概率的关系

个体识别

从概率的角度来看，结论个性化意味着在检查了现有的法庭科学材料之后，事件的概率（Pr）等于 1，这里的事件是"鉴定"。由于鉴定过程的概率性，1 的概率是绝对无法达到的。因此，当概率接近 1 时，检查人员的个体识别意见最大化地表达了他的隐含预期效用。在检查人员决定的那一刻，考察其心中的概率（以及特征的相对发生概率）的数量级是有意义的。

就法庭科学调查结果而言，这种个性化的概率可以用 Pr（ID | E）的形式表示，其中 ID 表示事件个体化，这是不确定的，E 表示已被考虑在内的可获得的信息、法庭科学检查的结果。通过这种方式，垂直线可以看作"给定"一词的简写。

在这个阶段，我们已经看到鉴定过程与被检查的痕迹的特异性——它在相关人群中的相对发生率，以及正在考虑的相关人口的规模（N）。然后，我们研究的概率以 E 和 N 为条件，并且变为 Pr（ID | E，N）。

我们可以通过简单地使用贝叶斯定理的概率形式来推导出所要研究的概率。

$$\frac{Pr\ (ID\mid E,\ N)}{Pr\ (\overline{ID}\mid E,\ N)} = \frac{Pr\ (E\mid ID,\ N)}{Pr\ (E\mid \overline{ID},\ N)}\ \frac{Pr\ (ID\mid N)}{Pr\ (\overline{ID}\mid N)} \qquad [1]$$

让我们用 γ 表示特征的相对出现概率，即 Pr（E | $\overline{ID}$，N），注意 Pr（$\overline{ID}$ | N）= 1− Pr（ID | N）和 Pr（$\overline{ID}$ | E，N）= 1− Pr（ID | E，N），最后假设 Pr

(E | ID, N) = 1 且 Pr (ID | N) = 1/N，我们通过重新排列等式［1］得到：

$$Pr\ (ID\mid E,\ N) = \frac{1}{[1+\ (N-1)\ \gamma]} \tag{2}$$

$$\gamma = \frac{1-Pr\ (ID\mid E,\ N)}{Pr\ (ID\mid E,\ N)\ (N-1)} \tag{3}$$

在这个阶段，需要关注关于先验概率 Pr (ID | N) 等于 1/N 的假设。地球群体范式需要为该群体的每个成员分配一个高于 0 的先验概率。实际上，根据定义，要在来源池中被考虑，要求每个来源的先验概率高于 0。应采用的概率分布不是一件微不足道的小事。但是，如果法庭科学家在开放式框架内运作，在没有任何信息的情况下，为了保持所有潜在来源之间的公平，他别无选择，只能在所有成员之间采用统一的先验概率，因此建议使用 1/N。无论如何，下文将放宽该约束。

我们回过头来看一个检查人员做决定时的 Pr (ID | E, N) 和 γ 的数量级问题。如果人口被设定为 N = 70 亿（包括对照人员），如地球群体范式所示，并且在 70 亿人口中 γ = 1，那么，使用等式［1］，Pr (ID | E, N) 非常接近 0.5。这意味着如果你有一个对照对象或正在处理的罕见相对事件，那么错误的概率约为 0.5！这意味着为了使个性化的概率高于 0.5，我们需要匹配概率 γ 远低于 N（即所考虑的人口规模的大小）的倒数。这是违反直觉的，但在当前地球群体范式的背景下是正确的。

如果我们接受 Pr (ID | E, N) 必须高于某个阈值，以声明个性化（从而最大化预期效用函数），那么就有可能计算必须达到这样的预设值的匹配概率。如果 N = 70 亿，Pr (ID | E, N) 固定在 0.9998，意思是"我想确定 99.98%的个性化水平"，则使用等式［3］，我们看到 γ 必须等于 2.9E−14，代表初始人口 70 亿的约 5000 倍分之一。

如果个体识别的结论（根据这个阈值和开放式框架）必须至少表达如此小的匹配概率，以便最大化增益函数，那么从今天的系统研究开始，我们就面临着得出的概率遥不可及的前景。以指纹为例，最近公布的统计研究将使我们能够自信地引用大约 10 亿分之一的匹配概率。如果不是不可能支持的话，很难得出任何较小的数字（低至概率为 0）。

上述处理往往表明，从业者的个体识别决策不能在开放式框架中进行，但它们肯定会在一个未定义的封闭式框架中隐含地运作。对确证性信息的概率分析将强化这一观点。

确证性信息

在开放式框架中，诸如"这个痕迹是否可能（或可能或很可能）是由特定物品留下的"的结论具有什么概率意义？这样用语言表达的数量可以翻译成用 Pr（ID｜E，N）表示的数字。这些术语在法庭科学家和法学家之间通用（在数字转换中）。数字转换在表 4（第 1 列和第 2 列）中给出。根据这些概率，可以使用等式［3］导出它们相应的匹配概率（γ），此处使用开放式框架（N＝70 亿），如表 4（第 3 列）所示。

表 4　合格意见中的口头陈述与识别概率之间的关系以及相应的匹配概率

（假设相关人口为 70 亿，包括对照人口）

口头陈述	Pr（ID｜E，N）（%）	匹配概率
有利于个体识别的条款		
可能接近于个体识别的确定性	99.98	2.9×10^{-14}
高度（非常）可能	98	2.19×10^{-12}
很可能	85	2.5×10^{-11}
极有可能（可信）	75	4.8×10^{-11}
可能	60	9.5×10^{-11}
有利于排除的条款		
可能没有	40	2.1×10^{-10}
非常不可能（合理）	25	4.3×10^{-10}
不太可能	15	8.1×10^{-10}
非常不太可能	2	7.0×10^{-9}
几乎排除可能	0.1	1.4×10^{-7}

表 4 的分析引起了一个矛盾。在开放式框架中（据称是几乎所有法庭科学领域共同采用的），对应于最消极的口头陈述（几乎排除可能）的共同特征的匹配概率非常小（1.4E-7）。对于法院而言，匹配概率如此小的每条信息都将被认为具有高度指示性（例如，通过类比 DNA 发现）。因此，这里提出的口头陈述并没有使这一证据的价值非常明确。为了摆脱这种悖论，法庭科学家可能会试图调整相关人口的规模，从而从一个开放式框架转变为一个封

闭式框架。如上所述，有些人甚至建议采用 0.5 的默认先验概率，他们认为在每种情况下 0.5 都具有公平性和中立性！

这两种推理方案的结果既违反直觉，又自相矛盾。对这两种结果的分析表明，迫切需要找到一个共同、连贯和协调的框架来评估这类信息。下面的建议提倡使用贝叶斯框架来正确定位和传递身份信息的价值。

评估鉴定发现的贝叶斯框架

在贝叶斯框架中，闭合设置和开放设置都能被处理，开放设置构成每一个具体的情形。通过使用正常调查所收集的信息或通过使用数据库，有限数量的人或物体，或单个的人或物体，在普通或有限的群体中都能被精确地找到。沿着时间轴返回或推演鉴定过程根本就不可能。对鉴定发现的要点进行分析的唯一方式就是从两个角度考虑：被指定的人或物是或不是来源。贝叶斯框架允许在新信息的基础上修正关于某一问题（此处为个性化 ID）的真实性的不确定性度量。它显示了数据如何与现有信息或背景信息相结合，这些信息被用于分析特定事件的后验概率。如下事件可以通过之前的例子定义。

I	在法庭科学鉴定之前，一些背景信息会被收集，比如，警察局调查的数据、证人证言或者犯罪嫌疑人的历史记录将有助于 I。这些信息将会减少作为标记来源的潜在嫌疑人或物的数量。
E	被报告的留在现场的痕迹与鉴定结果的特征匹配（没有重大区别），并且人或物处于检查之中。
ID	这个痕迹是由被检查的人或物产生的。
$\overline{\text{ID}}$	这个痕迹不是由被检查的人或物产生的，另外一个未知的人或物才是痕迹的来源。这两个独有的假定（ID 和 $\overline{\text{ID}}$）要求考虑案件发生的背景（比如防御策略），它们并不一直像从我们的例子中推演出来的那样直截了当或详尽无遗。

贝叶斯公式（等式［4］——类似于等式［1］）显示先验比是如何被结果修改以取得后先验比的：

$$O\ (ID\mid E,\ I)\ =\ \frac{Pr\ (E\mid ID,\ I)}{Pr\ (E\mid \overline{ID},\ I)}O\ (ID\mid I) \qquad [4]$$

如果 O（ID｜I）＝在检查之前的个性化比率，ID 的先验比等于 Pr（ID｜I）／ Pr（$\overline{\text{ID}}$｜I）；O（ID｜E，I）＝给定结果 E 的个体识别可能性。ID 的后验比等于 Pr（ID｜E，I）／ Pr（$\overline{\text{ID}}$｜E，I）。Pr（E｜ID，I）＝痕迹与对照物之间共有特征的可能性，假设痕迹已经留在嫌疑人身上或在被检查的物上（ID 是真的）———一般而言这个值是接近于 1 的，但这并不是硬性要求。Pr（E｜$\overline{\text{ID}}$，I）＝痕迹与对照物之间的共有特征的可能性，假设痕迹并没有留在人或物之上（ID 是真的）。这个可能性始终用 γ 来表示。

从贝叶斯定理的角度看，开放式框架包含了如下情形：先验比根据可能的总体能得到预估（I 根本不代表先验知识）。任何估计先验比的其他情形都可以被认为是封闭式的。

和等式［1］相比，仅有的区别是 I 被使用，而不是 *N*。前文说，先验概率和 *N* 严格相关。这里，*N* 可被 I 排除和替代，以强调一个事实，即先验概率依赖更多的因素，而不只依赖 *N*，也就是说，调查、目击证人陈述、嫌疑人的犯罪记录等也是影响因素。实际上，每个案子在这一点上都具有特殊性。但是这些数据不为法庭科学家所知，也超出了他们的领域。因此，先验比分析仍然是事实发现者的任务（法官、陪审员等）。在呈现专家结果之前，由事实发现者而非法庭科学家来分析个性化先验比。结果是，它由事实发现者来做最终的决定（适用他们的增益/损失函数）。

框架本身并不属于任何法庭科学家，而是属于事实发现者。法庭科学家在法庭上所做的陈述（数量或主观）应仅仅是应用于先验比的减少因子的表达（法院的观点并不包含法庭科学领域的知识）。没有先验比的信息，法庭科学家是不可能陈述事实本身的（特定的人或物产生了痕迹的可能性）。他只能基于假设与其他可能的对比陈述支持程度。法庭科学发现的优势可表述为在两种可选择的建议之下观察它们的可能性，这个比例被称为似然比。

依据科学家单独给出的陈述是不足以做出决定的，科学家的陈述和事实分析完全不同。被分配给鉴定结果的权重因此是相对的，它表明如何将观察解释为对 ID 的支持，但没有提到如何将这些观察解释为与 ID 有关的证据。因此，相同的信息作为证据对某一背景下的事实发现者来说是不足够的，但可能是关联案件的关键因素。支持个性化的比率是一项基于似然比与结果的判断，这一比率意味着被检查的人或物在案件环境中产生了痕迹，并导致了法庭科学家的发现。个体识别决定的本质仍然属于事实发现者的领域。逻辑工具允许我们理解事件在数学上如何互动。它澄清了科学家以及法官的位置，并定义他们之间的关系。科学家只关心似然比，而事实发现者处理个体识别可能性问题（图4），并且最终得出相关结论。

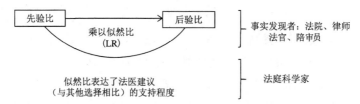

图4　定位司法系统的主体的贝叶斯框架的示意图

贝叶斯框架帮助我们理解事实发现者与法庭科学家的相关职责（图5）。可以用贝叶斯的观点对我们的鉴定过程示意图进行改进。

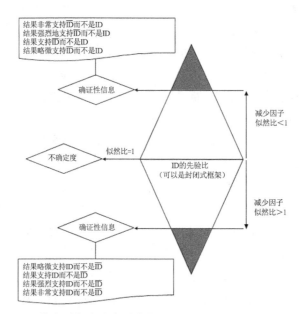

图5　鉴定过程中法庭科学发现（或结果）价值的示意图

结　论

确定来源的传统推理方案被提出，它们导致个体识别/排斥的决定或提供确证意见（可能、很可能、非常可能等）。这些方案都参照在所谓的开放式框架中设置为其最大值的相关群体大小来操作（或地球群体范式）。

这些方案使法庭科学家可以应对做出决定时的先验概率或后验概率问题以及增益/损失函数。此外，语言意见和共享特征的发生概率之间的概率性关系展现了违反直觉和矛盾的后果。

这似乎会引起对这些做法应用于法庭案件是否合理的正当质疑。贝叶斯框架克服了大多数的困难，特别是放松了采用开放式框架的必要性，避免了最后决定步骤。它提供了一种连贯的方式来评估和提供识别证据。从逻辑的角度来看，赋予法庭科学发现的证明力必须是相对于案件来说的，其值最好使用似然比表示。影响先验概率的相关群体规模和决策门槛最终处于法庭科学家的领域之外，但属于事实发现者的领域。

参见

行为：解释；

基础：证据的统计学解释：贝叶斯分析；

形态证据/指纹（指纹分析）：摩擦脊线形态证据——证明标准。

扩展阅读

Biedermann, A., Bozza, S., Taroni, F., 2008. Decision theoretic properties of forensic identi-fication: underlying logic and argumentative implications. *Forensic Science International* 177 (2-3), 120-132.

Biedermann, A., Taroni, F., Garbolino, P., 2007. Equal prior probabilities: can one do any better? *Forensic Science International* 172 (2-3), 85-93.

Champod, C., 2008. Fingerprint examination: towards more transparency. *Law, Probability and Risk* 7 (2), 111-118.

Champod, C., Evett, I. W., 2001. A probabilistic approach to fingerprint evidence. *Journal of Forensic Identification* 51 (2), 101-122.

Cole, S. A., 2009. Forensics without uniqueness, conclusions without individualization: the new epistemology of forensic identification. *Law, Probability and Risk* 8 (3), 233-255.

Kaye, D. H., 2011. Probability, individualization, and uniqueness in forensic science evi-dence: listening to the academies. *Brooklyn Law Review* 75 (4), 1163-1185.

Kaye, D. H., Bernstein, D. E., Mnookin, J. L. (Eds.), 2011. *The New Wigmore, a Trea-*

tise on Evidence：*Expert Evidence*, second ed. Aspen Publishers Inc, New York, pp. 665 – 697 (Chapter 15).

Kirk, P. L. , 1963. The ontogeny of criminalistics. *Journal of Criminal Law*, *Criminology and Police Science* 54, 235–238.

Kwan, Q. Y. , 1977. Inference of Identity of Source (Ph. D. thesis). University of California, Berkeley.

Stoney, D. A. , 1991. What made us ever think we could individualize using statistics? *Journal of the Forensic Science Society* 31 (2), 197–199.

Tuthill, H. , George, G. , 2002. *Individualization*：*Principles and Procedures in Criminalistics*. Lightning Powder Co. , Jacksonville.

法庭科学家使用的符号学、启发式和推理

Y. 舒利亚尔，法国，罗尼苏布瓦市，法国国家警察法庭科学研究所

F. 克里斯皮诺，加拿大，魁北克省，三河市，魁北克大学三河校区

术语表

启发式 基于经验技术来解决问题、学习和发现。启发式用于加速确定令人满意的解决方案的过程，而穷尽式的检索是不现实的。启发式的示例包括"经验法则"、有根据的猜测、直观判断或常识。

推理 从已知或假定为真实的前提得出逻辑结论的行为或过程。得出的结论也称为推理。有效推理的规律是通过逻辑来研究的。

符号学 关于符号的理论和研究。

一般考虑和符号学

法庭科学是刑事调查的核心。从犯罪现场到法庭，法庭科学人员在法庭科学调查中扮演了各种角色：犯罪现场调查员、科学家、病理学家、调查人员，甚至包括纠问式司法体系中的调查法官。因为每个法庭科学学科使用不同的技术，每个法庭科学家的角色有不同的优先级，他们之间存在紧张关系，

科学的地位仍然不清楚。这些专业人员在刑事案件的科学调查中使用的推理方法是复杂的,对所涉及的各种推论的理解可以改进这一过程。

犯罪以及犯罪现场是法庭科学的核心:案件从犯罪开始,大多数证据是从犯罪现场收集的或与犯罪现场有关。关于收集证据的主要问题包括:犯罪现场调查员如何确定应收集哪些痕迹?痕迹如何成为证据?如何将痕迹链接到其来源,即一项证据?各种推理过程通过鉴定做出类似的决定。在犯罪现场收集证据的犯罪现场调查员是如何决定哪些痕迹应该被采纳的?无论是无罪还是犯罪的痕迹,都存在于调查开始之前,并有助于犯罪现场调查员对事件和人物互动的理解及描述。洛卡德和柯克的原理坚持了痕迹的基本价值,引发了搜索的需要。在犯罪现场对痕迹的搜寻可以按照如下三个不同的分析水平进行:

● 物理水平:该层面解决材料与促进转移及持续的物质之间的关系。例如,哪些基底最便于检测各种类型的痕迹?

● 情境水平:这一层面处理关于犯罪情况的知识及其对证据交换的影响。也就是说,什么样的证据在案件(例如性侵犯)中最有可能存在且有用?

● 情报水平:该层面考虑到经常性现象、已知系列、具体问题和当地犯罪情况。这是一个战略层面的信息。

根据柯克的理论,分析物理痕迹的目标是在痕迹和它们的潜在来源之间建立联系,这在本质上是或然的,因为这个分析活动具有过程和追踪上的各种不确定性。由于痕迹的多样性和特定性,需要特定的知识来充分利用和比较它们。因此,法庭科学不同领域的专家必须共同努力进行比较。寻找和识别痕迹作为相关数据或证据是犯罪现场的科学研究者面临的第一个挑战。法庭科学研究显然是一个历史过程,而证据是必要的,以确定在犯罪期间可能发生了什么。因此,重要的是理解用于确定哪些痕迹对于调查过程具有证据价值的不同类型的推断。

推理

J. B. 保拉齐(J. B. Paolaggi)和 J. 科斯特(J. Coste)认为,思维方式根据所涉及的意识水平发挥作用,并将它们示意性地分开。第一类是明确使用的思维方式，这是明确的心理建构，其中推理被具体表达。这个类别包括以下类型的推理：演绎推理、归纳推理、溯因（也称为反译）推理、假设—演绎推理、描述性推理、因果推理、概率推理、类比推理以及语用算法辅助的推理。除了假设—演绎推理之外，本部分不会讨论其他的心理建构。第二类不涉及形式推理，而是采用一种被称为启发式的思维方式。这个类别包括启发式（代表性、可用性、调整和锚定效应）、个别严格的思维类型和开明的判断。

启发式

启发式是基于经验的推理技术，例如不依赖于形式推理。它可以类比为一种人类推理技能，这是一种"捷径"，而不是严格的分析推理过程，它使复杂的判断更容易。一个例子是熟悉启发式：如果询问人们慕尼黑还是杜塞尔多夫有更多的人口，那些不知道实际人口数值的人将回答是慕尼黑，因为他们经常听说慕尼黑；他们的回答是正确的（慕尼黑有大约 130 万人，而杜塞尔多夫有大约 60 万人）。A. I. 戈德曼（A. I. Goldman）研究了启发式对证据评价的影响，他指出，陪审员通常使用启发式来评估向他们提供的证据要素。戈德曼认为启发式是贝叶斯推理的替代方法。

假设—演绎推理

假设—演绎推理已被法庭科学领域的许多作者接受。这种推理方法包括通过感应实验（公布或模拟）的意向假设（犯罪事件或来源的）可接受性。正如 S. 凯特琳（S. Catellin）观察到的，假设—演绎推理是一种探索性的逻辑，它在构思过程中最大限度地减少意外，并需要想象力：它结合溯因推理、演绎推理和经验（弱或强感应）。假设—演绎推理对于医学理论的推理是非常好的，它可以用于在观察到患者的症状之后形成和验证可靠的假说。克里斯皮诺参引皮尔斯的理论，总结了演绎推理、归纳推理和溯因推理之间的关系，图 1 通过前提来定义主要逻辑推理。

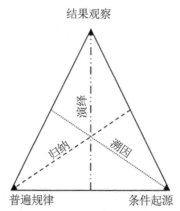

图 1　主要逻辑推理是通过它们的前提定义的（Crispino，F.，2008），沿其轴线平移每个箭头的基础会削弱或加强推理效果

在病理学和医学领域使用的两个假设—演绎推理过程可能是法庭科学感兴趣的。对于熟悉的情况，从业者的个人（教育和经验）知识库导致他会对他的患者进行预先假设。对于不熟悉的情况，如果熟悉的治疗不起作用或面临未知的情况，则病理学家会采取新的假设—演绎推理。

调查和评价

根据 G. 杰克逊（G. Jackson）及其同事的观点，关于刑事案件的科学研究可以分为两个阶段：调查和评估。评估阶段可以进一步分为两个阶段：预估和后评价。案件的预估过程根据必须明确的事实、调查或司法当局的明确需要、为案件分配的预算和时限来确定优先级。后评价用于复杂情况，以便协调专家对特定证据的意见，并且就证据的相对强度向事实审理者提供建议，包括在法庭中介绍和理解证据的方式。

在第一阶段现场调查过程中发展系统的方法是很重要的。清单、协议、研究计划和取样、草图、影像和照片在这个阶段都是很有帮助的。划定犯罪现场的物理界限将有助于保护证据，并将现场划分为可管理的部分，最终有助于检测和收集现场的痕迹。草图、影像和照片提供一系列关于保管情况的记录，并直观地保存犯罪现场记录，供今后参考。这些犯罪现场的视觉记录将使那些不亲历犯罪现场的人从重建的目的出发了解那些痕迹是在哪里收集的。这些视觉工具应被视为工作辅助手段，而不能代替批判性思维。

通过观察犯罪现场和已有的事实可以在初始调查阶段形成某种假设。在预估阶段，我们面临的是一个新的但普遍的情形。以盗窃为例，在进一步的调查过程中，盗窃罪可或多或少被定义得更加简洁和清晰。推理过程中形成的假设可以帮助犯罪现场调查员确定从哪里寻找痕迹，例如，可能进入的地点、潜在的逃生路线和罪犯可能躲藏的地点。痕迹的发现（或缺少发现）将确认或否认这些假设。当这些假设被证实或证伪时，犯罪事件将更清晰，更多的假设将会产生并反过来使事件更清晰。

复杂的调查通过演绎推理得到最好的测试。因为这个模型必须建立在独特的刑事调查基础上且不能独立构建，在刑事案件调查领域输入和输出的模式需要确定下来。犯罪现场调查员和科学家们可以通过观测和物理数据来生成假设。表达这些假设应该谨慎，因为它们有明显的局限性，特别是当与侦探谈论这些假设时。

贝叶斯推理

杰克逊和他的同事们提出了在犯罪现场使用贝叶斯推理来促成犯罪现场管理。尽管他们承认在这一调查阶段将获得相对较少的调查事实，但他们建议通过以下程序生成可能的假设：观察、检测、生成合理的假设、分配与本案有关的先验概率和评估每一个假设的可能性。这些程序都完成后，犯罪现场调查员应该开始第二阶段的观察，了解补充性的研究、检测和观察。最后，在调查结果被呈递到负责检测的人或事实审判者之前得出一个有关所有假设的后验概率。

综合推理

图 2 展示了 Y. 舒利亚（Y. Schuliar）总结的各种和刑事调查相关的推理模型。

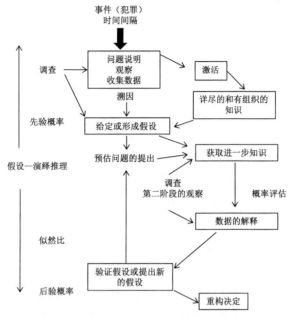

图 2 从犯罪现场到法院的推理模型

法庭科学家和调查人员维持稳定的伙伴关系将有益于调查的进行。全面参与这种伙伴关系，法庭科学家必须：

- 从科学的角度来审查证据；
- 确定使用技术措施的优先顺序；
- 与不同实验室的科学家进行合作；
- 及时将科学结果和其重要意义告诉侦探和当局；
- 向调查人员报告正在进行的调查的新的科学机会；
- 在上下文中分析和解释结果。

证据应该在调查过程的不同阶段重新进行解释，以确保证据和新发现的事实的关联性。这种方式承认了 P. R. 德福雷斯特（P. R. De Forest）、R. E. 甘斯伦（R. E. Gaensslen）、R. 萨菲尔斯坦（R. Saferstein）、霍克、J. 西格尔（J. Siegel）等重构主义者关于相关性的观点。可以根据事件发生的顺序、时间、地点和现场的痕检证据进行重构。这种技术需要法庭科学家和调查人员之间的协调。

协调各方的利益

在整个调查过程中通力协作对正确地获取证据是十分重要的。这种协作在重大犯罪案件中更为重要，因为有大量的证据需要复杂的分析。

几个层次的协作要求：

● 犯罪现场管理协作：在现场寻找痕迹必须达到一定的体力、环境和智力方面的要求。在犯罪现场收集到的痕迹证据会影响调查进程，并确定调查人员后续对证据和信息收集的需求。

● 形成假设：假设应由一个对案件具有系统知识并具有批判性思维的人提出。

● 验证假设：可能的假设将被检验、评估、评价。

● 法庭科学家和调查人员之间的合作：科学合作不仅在重建和准备试验阶段是至关重要的，在评估阶段也是如此。

结　论

比较分析和识别往往依赖于法庭科学家的经验，而不是使用精确的逻辑推理、实证研究或公开发表的研究。法庭科学家能够做出解释显然是根据科学的方法，但实际上是基于他们认为或相信什么。对推理方式的完整理解需要科学调查、评估和合作。这种理解应该包括通过对谬误推理机制的了解所进行的启发式过程。

参见

生物学/DNA：意义；

化学/痕迹/胶粘带：胶带；

化学/痕迹/环境分析：环境法庭科学证据概述、分析和解释；

化学/痕迹/枪支射击残留物：概述、分析和解释；

化学/痕迹/法医地球科学：犯罪现场思考；

化学/痕迹/各种未知因素：未知化学物的法庭科学分析；

基础：证据的统计学解释：贝叶斯分析；

调查：犯罪现场分析和重建；

毒理学/酒精：酒精：解释。

扩展阅读

Catellin, S. , 2004. L'abduction, une pratique de la découverte scientifique et littéraire. *Hermès* 39, 179-185.

Chisum, J. , Turvey, B. , 2006. *Crime Reconstruction*. Elsevier, Amsterdam.

Crispino, F. , 2006. Le principe de Locard est-il scientifique? Ou analyse de la scientificité des principes fondamentaux de la criminalistique. Thèse de doctorat, Ecole des Sciences Criminelles, Université de Lausanne.

Crispino, F. , 2008. Nature and place of crime scene management within forensic sciences. *Science and Justice* 48 (1), 24-28.

De Forest, P. R. , Gaensslen, R. E. , Lee, H. C. , 1983. *Forensic Science: An Introduction to Criminalistics*. McGrow-Hill Companies, College Edition, New York.

Goldman, A. I. , 2003. Simple heuristics and legal evidence. *Law, Probability and Risks* 2, 215-226.

Houck, M. , Siegel, J. , 2010. *Fundamentals of Forensic Science*, second ed. Elsevier, Amsterdam.

Inman, K. , Rudin, N. , 2001. *Principles and Practice of Criminalistics, the Profession of Forensic Sciences*. CRC Press, Boca Raton, FL.

Jackson, G. , 2000. The scientist and the scales of justice. *Science and Justice* 40 (2), 81-85.

Jackson, G. , Jones, S. , Booth, G. , Champod, C. , Evett, I. W. , 2006. The nature of forensic opinion—a possible framework to guide thinking and practice in investigations and in court proceedings. *Science and Justice* 46 (1), 33-44.

Jamieson, A. , 2004. A rational approach to the principles and practice of crime scene investigation: I. Principles. *Science and Justice* 44 (1), 3-7.

Kahneman, D. , Slovic, P. , Tverski, A. , 1974. Judgment under uncertainty: heuristics and biases. *Science* 198, 1124-1131.

Kirk, P. , 1953. *Crime Investigation: Physical Evidence and the Police Laboratory*. Interscience, New York.

Kirk, P. , 1974. *Crime Investigation*, second ed. Wiley, New York.

Kwan, K. Y. , 1977. Inference of Identity of Source (Ph. D. thesis) . University of California, Berkeley.

Margot, P. , 2000. Fingerprint sciences. In: Siegel, J. A. , Saukko, P. J. , Knupfer, G. C. (Eds.), *Encyclopedia of Forensic Sciences*. Academic Press, London, pp. 1054-1058.

Margot, P. , 2011. La trace comme vecteur fondamental de la police scientifique. In: Montauban, X. (Ed.), *L'expertise en police scientifique*. Editions Scientifiques et Techniques, Paris.

O'Connor, S. , 1995. The supreme court's philosophy of sciences: will the real popper please stand up? *Jurimetrics* 35, 263–276.

Paolaggi, J. B. , Coste, J. , 2001. *Le raisonnement médical*, *de la science à la pratique clinique*. Editions Estem, Paris.

Ribaux, O. , Margot, P. , 2007. La trace matérielle, vecteur d'information au service du renseignement. In: Cusson, M. , Dupont, B. , Lemieux, F. (Eds.), *Traité de sécurité intérieure*. Cahiers du Québec, HMH, Collection Droit et Criminologie, Montréal, pp. 300–320.

Ribaux, O. , Walsh, S. J. , Margot, P. , 2006. The contribution for forensic science to crime analysis and investigation: forensic intelligence. *Forensic Science International* 156, 171–181.

Saferstein, R. , 2006. *Criminalistics*: *An Introduction to Forensic Science*, ninth ed. Prentice Hall, College Edition, USA.

Schuliar, Y. , 2009. Scientific Coordination in Criminal Investigation. Proposition of Organisation, Ethical Consideration or the Necessity of a New Role (Ph. D. thesis), University of Lausanne, School of Criminal Sciences, Criminalistic Serie XLIV, ISBN: 2-940098-48-4.

法庭科学证据解释的频率论方法

J. M. 柯伦，新西兰，奥克兰，奥克兰大学

术语表

概率 一个介于0和1之间的数值，表示一个事件发生的可能性。概率有时可以表示为百分比或比率，而不会丢失信息。概率也可以用来表达对某事件将会发生的确信程度。这样的概率通常被称为"主观的"。

概率密度函数 描述与离散随机变量的值相关的概率。若随机变量是连续的度量，例如时间或长度，则概率密度函数描述与特定结果相关联的密度。密度是指曲线的高度。对于连续随机变量，事件的概率是由概率密度曲线下的面积得出的。

随机试验 事先不知道结果的一种情况。人们也许知道可能的结果是什么，但确切的结果直到实验进行仍是未知的。

随机变量 测量随机实验结果的变量。人们也许知道一个随机变量可能的取值范围，但需到实验完成才知道实际值。

样本　　统计意义上的样本是指从较大的总体中抽取的一套或一组物体或测量值。在本部分，样本是指从犯罪现场获取或从嫌疑人身上提取的一组（有代表性的）物品。

检材　　检材用于避免与样本相混淆。本部分的检材是指证据来源的较小部分或子样本，例如现场油漆检材。这体现了一个事实，即在提取检材时人们没有选择的余地，因此，无法确定检材是否能代表来源。

法庭科学中常见的问题是"这个证据来自犯罪现场吗？"或"这些血痕来自那个人吗？"当情况变得不那么确定时，这些问题的答案就变得概率化了。统计推断提供了确定概率的工具和框架。上述问题通常被称为"共同来源的问题"，并且已通过各种统计频率方法加以解决。这些方法最好通过一个例子来说明。

示例

下面的例子来自法庭科学玻璃证据解释领域。

在犯罪过程中，一扇窗户被打破了。几个小时后，一名嫌疑人被捕。在搜查嫌疑人衣服、鞋子和帽子时发现了 6 块玻璃碎片。从犯罪现场的窗户中随机抽取了 6 块玻璃碎片。从嫌疑人身上采集的玻璃称为提取（或有疑问）样本（或检材），从现场取得的玻璃称为对照样本。测定每个样本中每个片段的折射率（RI），如表 1 所示。

表 1　对照样本和提取样本的折射率

对照样本	提取样本
1. 529077	1. 529049
1. 529085	1. 529108
1. 52912	1. 529118
1. 529133	1. 529141
1. 529135	1. 529146
1. 529189	1. 529153

在随后的几部分，从表 1 数据推导出的统计数据将很有用。

范围测试

范围测试广泛地描述了将从嫌疑人处获得的证据的测量值与控制源的范围进行比较的一类方法。一组测量值的范围是指从最小值到最大值的区间。例如，范围可以表示为一个间隔，或由最大值和最小值之差（例如，0.000112）所给出的长度。此条目中使用了区间定义。

最简单的范围测试是将提取样本的测量值按顺序与控制范围进行比较。如果提取样本的测量值超出控制范围，则认为其不是来自控制源。在玻璃一例中，6 块玻璃碎片中最小一块的折射率测量值（1.529049）低于最小的对照样本测量值，因此可以认定此碎片不是来自现场。余下提取样本的测量值都位于对照样本最小值到最大值的区间内，因此，这些碎片被认为来自控制源。也就是说，在这个例子中，在嫌疑人上发现的 6 个被提取碎片中的 5 个被认为来自犯罪现场。在这个例子中，使用简单的语言来说明该方法，而不提供有关证据强度的全面说明。一个较弱的说法可能是，对照样本和现场提取的玻璃碎片具有共同的物理特性。

这种类型的范围测试很容易扩展到多变量的情况。在对同一对象的不同属性进行多次测量的情况下，需要进行这种扩展。例如，元素分析技术常用于法庭科学中。这些技术同时测量检材中多种化学元素的浓度。认定具有同一来源或类似特征的标准是，提取样本的所有测量值必须落在对照样本中观察到的范围内。表 2 给出了一个示例。提取的锆（99）样本测量值超出了对照样本中观察到的范围，因此，可以说该提取样本并非来自控制源。

表 2　使用元素浓度数据进行范围测试的示例

	铁	锰	钡	锶	锆	铬
对照样本最小值	1978	53	166	143	70	1494
对照样本最大值	2322	62	200	169	90	1771
提取样本测量值	2320	62	192	166	99	1766

上文所描述的范围测试实施起来非常简单，不需要任何形式的复杂计算。然而，它们非常容易受到离群值的影响。在统计意义上，离群值与大部分测量值有很大不同。离群值可能产生于测量误差、分类错误、污染，或是偶然。

除了简单的描述外，大多数统计学家不会使用这个范围来估计一组测量值的分布或变异性。大多数需要测量变异性的正规统计程序都使用样本标准差。这种想法催生了一套改进的范围测试，有时被称为 2σ 或 3σ 规则。

在简单范围测试中，将现场提取样本的测量值与由对照样本中最小值和最大值定义的区间进行比较。2σ 规则将对照区间修改为对照样本均值加上或减去其标准差的 2 倍这一区间，即 $(\bar{x}_c - 2s_c,\ \bar{x}_c + 2s_c)$，$\bar{x}_c$ 和 s_c 分别是对照样本的均值和标准差。如果使用 3σ 规则，那么区间由 $\bar{x}_c \pm 3s_c$ 决定。使用表 3 中的汇总统计数据，2σ 对照区间表示为：

$$\bar{x}_c \pm 2s_c = (1.529123 - 2\times 4.04\times 10^{-5},\ 1.529123 + 2\times 4.04\times 10^{-5})$$
$$= (1.529042,\ 1.529204)$$

表 3　对照样本和提取样本测量的汇总统计数据

统计数值	对照样本	提取样本
最小值	1.529077	1.529049
均值	1.529123	1.529119
最大值	1.529189	1.529153
标准差	4.04×10^{-5}	3.84×10^{-5}

选择 2σ 或 3σ 规则取决于在统计中什么是可知的，如 68-95-99.7，σ-2σ-3σ，或经验法则，该法则规定，对于正态分布的数据，大约 68% 的测量值位于均值的 1 个标准差范围内，大约 95% 的测量值位于均值的 2 个标准差范围内，而大约 99.7% 的测量值位于均值的 3 个标准差范围内。在玻璃取证示例中，所有的测量值都在均值的 2 个标准差范围内，即 2σ 区间内。尽管 2σ 规则具有很好的统计特性，但是将提取样本的测量值与对照区间相比有一个高得令人无法接受的错误排除率。在一组 n_r 测量值中至少有一个测量值被判断有不同来源，但实际上有相同来源的概率是

$$P = 1 - (1 - \alpha)^{n_r}$$

α 的值是 0.05 或 0.003，取决于使用了 2σ 还是 3σ 规则。这个问题被称

为多重比较的问题，在统计中的许多情况下都会出现。一些业内人士声称错误包含比起错误排除问题更严重。也就是说，如果一个提取样本被认为与对照样本有共同来源，但实际上来源并不相同，那么该证据可能使得被告人卷入其没有犯过的罪行之中。理论上，对照样本和提取样本的测量值越不同，得出错误包含结论的可能性越小。但法庭科学实践中普遍存在的小样本量问题会严重影响各种方法的统计特性。从统计学的角度来说，这种测试被认为是低效能的。这意味着，当存在一个差异时，它们检测到真正差异的概率很低。这两个观点都有一定的道理，但都不重要，因为频率论方法不考虑与替代假设相关的证据。

2σ 规则可以用于多变量数据。通过为对照样本测量每一个变量来计算 2σ 或 3σ 区间，可以很容易地扩展这一想法。如果提取样本的测量值落在对照区间之外，则不做共同来源陈述。对每个项目进行额外的测量而导致的额外比较，使多重比较问题复杂化。从理论上讲，这可以通过计算对照样本的置信椭圆（即区间的多元等价）来克服。然而，在实践中，几乎从未实现过。

范围测试的缺点可以通过使用样本的汇总统计数据来解决，如样本均值，而不是使用单独的测量值。这种方法的优点是不容易受到离群值影响，不容易受到（但不是不受）多个比较问题的影响，并且它在一个步骤中使用尽可能多的数据信息。这种方法通常属于统计假设检验框架。

假设检验

频率论假设检验框架在科学文献中经常使用，它已被应用于法庭科学，从统计上解决共同来源的问题。该方法通常围绕两个样本均值与样本中观察到的变化进行比较。

然而，大多数统计假设检验一般遵循相同的步骤：

1. 提出一个问题。

2. 从统计学上阐述你的问题，也就是说，找到一个你认为可以回答你问题的统计数据。

3. 提出一种零假设。

4. 提出替代假设。

5. 计算你的检验统计量。

6. 计算 P 值。

7. 解释 P 值。

这些步骤使用的术语需要一个简短的定义。零假设通常是指没有差异或没有变化的假设。这意味着任何差异或变化都可以很容易地用随机机会来解释。这是一个假设，代表"这些测量结果（在统计上）难以区分"或"这些测量数据来自同一来源"。值得注意的是，零假设不能准确地反映第二个陈述。虽然没有被正式纳入计算，但替代假设是关于差异或变化的假设。检验统计量是可以根据观察数据计算的汇总数字。P 值的定义是"观察到的检验统计量等于或大于零假设成立时所观察到的统计量的概率"。如果 X 是任何检验统计量，而 X_0 是某一特定情况下所观察到的统计量的值，则 P 值可以在统计上表示为：

$$P = \Pr\ (X \geqslant X_0 \mid H_0 \text{true})$$

如果 P 值很小，则正确的解释是：如果零假设成立，则检验统计量不太可能是随机发生的。在这种情况下，通常会说"零假设被拒绝"。如果 P 值很小，则"若替代假设为真的话，则结果更有可能出现"的假设是不正确的。做出这种假设是不正确的，因为计算的任何部分都没有提到替代假设；在替代假设下，结果可能同样不太可能。如果 P 值很大，则正确的解释是：如果零假设为真，那么检验统计量很可能只是随机发生的。同样，在替代假设下，任何推断出结果不太可能的解释都是不正确的。P 值不是零假设成立的概率。

显著性水平与大小值

显著性水平的大小值的定义是随意的，但是当零假设为真时，它与拒绝零假设的可接受风险有关。这种类型的错误被称作 I 型错误。在实践中，如果 P 值小于 0.05 或 0.01，则认为它很小。这些数字的选择是任意的，但可以粗略地解释为做出错误决定的"概率小于 1/20（或 1/100）"（平均而言，如果零假设成立）。前一句括号中的注意事项非常重要，但常常被忽略。

在内曼-皮尔逊（Neyman-Pearson）的正统理论中，临界值 0.05、0.01 等被称为检验显著性，通常表示为 α。具体而言，显著性是指用户愿意接受发生 I 型错误的概率。这个概率不是由试验决定的，而是由做出错误决定的相关成本决定的。在科学中，通常使用 $\alpha = 0.05$。然而，在法律情景中，最好使用 $\alpha \leqslant 0.01$。这通常被视为符合布莱克斯通比率（Blackstone's ratio）。英国法学家威廉·布莱克斯通（William Blackstone）说过：“10 个有罪的人逃脱比一个无辜的人受苦好。”尽管如果 $\alpha = 0.01$，那么两者的比率是 100∶1，而不是布莱克斯通比率的 10∶1，但是，减小 α 值并不是没有后果的。在零假设为假的情况下，α 值越小，就越难拒绝零假设。同样，当差异确实存在时，也就更难检测出差异。也就是说，检验显著性与产生 II 型错误的概率（β）具有互补关系。β 是指接受错误的概率，或者是当替代假设实际上是真的情况下判定零假设为真的概率。1-β 的值被称为检验力。当 α 减小时，β 增大，检验力降低。

检验显著性通常以多种不同的方式表述，人们可以选择使用 α、$1-\alpha$、$100 \times \alpha\%$ 和 $100 \times (1-\alpha)\%$。也就是说，在科学文献中，诸如“在 0.05、0.95、5% 和 95% 水平上是显著的”的表述都是常见的。最初的内曼-皮尔逊框架将 α 定义为显著性水平，但是，通常可以理解上文给出的替代假设的意图。如果 P 值小于显著性水平，那么检验常常被认为在 α 水平上是显著的。相应地，如果 P 值大于显著性水平，那么检验常常被认为在 α 水平上是不显著的。

当涉及特定的检验而不是一般的检验时，假设检验更容易理解。双样本 t 检验在科学文献中有着悠久的传统，并在法庭科学中得到了广泛应用。下一部分将讨论这一问题。

双样本 t 检验

通常使用双样本 t 检验来检验对照样本和提取样本来自均值和方差相同的分布的假设。这种情况下的推论是，如果碎片确实来自具有相同均值和方差的分布，那么它们无法区分，因此可能有共同的来源。这经常被错误地解释为“从犯罪现场找到的碎片”。

双样本 t 检验将样本均值的差异与随机变化或偶然性差异进行比较，其目的是对样本来源的真实但未知的均值差异做出概率陈述。如果均值相同，则可以说“无法将提取样本与对照样本区分开”。

将对照样本的 n_c 测量值表示为 x_i，$i = 1, \ldots, n_c$；将提取样本的 n_r 测量值表示为 y_j，$j = 1, \ldots, n_r$。假定对照样本来自均值 μ_c 和标准差 σ_c 的正态分

布。同样，假定提取样本来自于均值 μ_r 和标准差 σ_r 的正态分布。这被表示为 $x_i \sim N (\mu_c, \sigma_c)$ 和 $y_j \sim N (\mu_r, \sigma_r)$。传统的（合并）双样本 t 检验通常检验 "当 $\sigma_c = \sigma_r = \sigma$（因此样本标准差均为公共标准差 σ 的估计值）时，均值分布是相同的" 的零假设：

$$H_0 : \mu_c = \mu_r \text{ 或 } H_0 : \mu_c - \mu_r = 0$$

另一个假设是均值分布不同：

$$H_1 : \mu_c \neq \mu_r \text{ 或 } H_0 : \mu_c - \mu_r \neq 0$$

为了检验零假设，将检验统计量与零假设为真的情况下人们期待观察到的分布值相比较。对于双样本 t 检验，检验统计量为

$$T_0 = \frac{\bar{x} - \bar{y}}{\sqrt{\left(\frac{1}{n_c} + \frac{1}{n_r}\right)\frac{(n_c - 1) s_c^2 + (n_r - 1) s_r^2}{n_c + n_r - 2}}}$$

其中 $\bar{x}$、$\bar{y}$、s_c 和 s_r 分别是对照样本和提取样本的均值和标准差。通过将 T_0 测量值与零假设为真时测量值的分布进行比较来评价检验显著性。对于双样本 t 检验，这是学生氏 t 分布，通过其自由度进行参数化。自由度 $df = n_c + n_r - 2$，反映了样本量，并且在某种意义上反映了可用的信息量。P 值总结了观测到的检验统计量与零分布的比较。

对于双样本 t 检验，这将变成

$$P = \Pr (T \geq T_0 \mid H_0 \text{ true})$$

之所以使用检验统计量的绝对值，是因为提取样本的均值小于或大于对照样本的均值没有区别，只是事实上它是不同的。需注意的是，等方差假设可以放宽。在某些情况下，这是一个明智的选择。这种 t 检验被称为韦尔奇（Welch's）t 检验。检验统计量的公式有一个不同的分母，而且自由度的公式要复杂得多，但是以最小值 $(n_c, n_r) - 1$ 和 $n_c + n_r - 2$ 为界。

合并的双样本 t 检验可以用玻璃的例子来说明。所观察到的检验统计

量为：

$$T_0 = \cfrac{\bar{x}-\bar{y}}{\sqrt{\left(\cfrac{1}{n_c}+\cfrac{1}{n_r}\right)\cfrac{(n_c-1)\ s_c^2 + (n_r-1)\ s_r^2}{n_c+n_r-2}}}$$

$$= \cfrac{1.529123-1.529119}{\sqrt{\left(\cfrac{1}{6}+\cfrac{1}{6}\right)\cfrac{(6-1)\ (4.04\times10^{-5})^2 + (6-1)\ (3.84\times10^{-5})^2}{6+6-2}}}$$

$$= \cfrac{4\times10^{-6}}{2.278\times10^{-5}}$$

$$= 0.1756$$

H_0，即 P 值，使用 $n_c+n_r-2=6+6-2=10$ 自由度的 t 分布来计算。在微软 Excel 中使用 TDIST 函数或在 R 语言中使用 PT 函数很容易做到这一点。P 值是 0.86。这是一个很大的 P 值，"平均而言，100 次中大约有 86 次是随机得到这样的结果"。也就是说，这个结果极有可能是偶然发生的，因此 H_0 不能被拒绝。注意，与范围测试不同，这个过程不会忽略提取样本的最小折射率。这些信息都包含在提取样本均值中，更重要的是，包含在提取样本标准差中。包含此碎片会增加提取样本的可变性，并使其（稍微）更难拒绝零假设。一些业内人士对此感到不安，他们使用类似范围测试将观察结果排除在证据评估范围之外。如果不考虑省略的信息，这种做法可能导致危险的误导性结论。

在此示例中，并不需要计算 P 值，因为这个检验统计量可以解释为："当零假设成立时，观察到的差异与均值之差约为 0.18 个标准差。如果观察到的差异大于 2 个标准差，我们就会开始怀疑，它不可能是偶然发生的。鉴于 0.18 远小于 2，我们凭直觉认为观察到的差异可以归因于随机变化。"

双样本 t 检验有一种被称为霍特林（Hotelling）T^2 的多元模拟运算。这个检验已经在法庭科学中使用，但相对较少见。更常见的是对每个变量进行检验，这种方法容易遇到前面讨论的多个检验问题。霍特林 T^2 不仅避免了这样的问题，还考虑到了测量之间的潜在相关性。然而，它需要很大的样本量，很难在传统法庭科学样本中实现。

置信区间

假设检验具有非常严格的解释，用户可以根据 *P* 值做出接受或拒绝零假设的决定。这种方法导致了肯·斯莫尔登（Ken Smalldon）所称的"跌落悬崖效应"。考虑这样一种情况，即 *P* 值是 0.049 时，拒绝的标准是 0.05。在这种情况下，科学家会拒绝零假设。然而，如果 *P* 值是 0.051，那么科学家会接受零假设。也就是说，数量的微小变化会导致完全逆转的决定。很难向法庭证明这种逻辑是正当的。在某些情况下，另一种方法是提供一个置信区间。

为了形成一个置信区间，科学家必须选择一个置信水平。置信水平类似于（双尾）假设检验的显著性水平。置信水平通常以百分数的形式呈现，即 $100 \times (1-\alpha)\%$。例如，如果 $\alpha = 0.05$，那么置信水平为 95%，并由此产生 95% 的置信区间。置信区间还附有一个置信声明，也就是说，科学家可能表示他们 $100 \times (1-\alpha)\%$ 相信这个区间包含了真实值。注意，这不是概率陈述。置信指的是反复抽样或无限群体的观念，这是统计学的频率主义哲学基础。置信水平是指区间的随机性，而不是特定区间的行为。

一般来说，置信区间表示为：

$$\hat{\theta} \pm z_\alpha^* \, \mathrm{se}\, (\hat{\theta})$$

数量 θ 是指相关的数值。它可以是均值、均值差、比例、比例差、概率比或似然比。它不是一个限制性列表，是根据具体情况而定的。量 $\mathrm{se}\,(\hat{\theta})$ 被称为估计的标准误差，是相关量的估计标准差。z_α^* 是从特定应用的统计分布中选择的乘数，它反映了置信度。一般来说，α 值越小，z_α^* 值越大。许多标准情况下的置信区间可以在大多数本科生统计教材中找到。

此处以玻璃例子的置信区间来说明。一般来说，两种均值差的 $100(1-\alpha)\%$ 置信区间是由以下公式给出的：

$$\bar{x} - \bar{y} \pm t_{df}^* \, (1-\alpha/2) \ \mathrm{se}\, (\bar{x} - \bar{y})$$

假设样本来自方差相同的总体，则均值差的标准误差由以下公式给出：

$$\mathrm{se}\ (\overline{x} - \overline{y})\ =\ \sqrt{\left(\frac{1}{n_c} + \frac{1}{n_r}\right)\frac{(n_c - 1)\ s_c^2 + (n_r - 1)\ s_r^2}{n_c + n_r - 2}}$$

这是双样本 t 检验中检验统计量的分母。当考虑到该假设实质上是将观察到的差异与差异的估计变异性进行比较时，这就说得通了。当去掉等方差假设时，这个公式更为简单：

$$\mathrm{se}\ (\overline{x} - \overline{y})\ =\ \sqrt{\frac{s_c^2}{n_c} + \frac{s_r^2}{n_r}}$$

然而，由韦尔奇近似给出的自由度公式更为复杂（此处没有给出）。临界值是具有 $n_c + n_r - 2$ 自由度的学生氏 t 分布的 100 $(1-a/2)$% 百分位数（假设两个群体的方差相等）。这可以通过使用统计表手册、微软 Excel 中的函数 TINV 或 R 预言中的函数 QT 计算得出。

因此，玻璃一例中 95% 的置信区间由下式给出：

$4 \times 10^{-6} \pm 2.228 \times 2.277 \times 10^{-5} = (-4.7 \times 10^{-5}, 5.5 \times 10^{-5})$

置信区间包含 0，即假设的差异 $(H_0: \mu_c - \mu = 0)$。这意味着如果计算出一个 P 值，那么它将大于 0.05。一般来说，如果 $100 \times (1-\alpha)$% 的置信区间包含相关的假设值，那么假设检验相关的 P 值将大于 α（双尾检验），如果置信区间不包含相关的假设值，那么 P 值要小于 α（双尾检验）。

争议和问题

在过去的 30 年里，针对证据解释的频率论方法的适当性，以及频率论方法在法律程序中的相关性，法庭科学和法律文献提出了相当多的批评。这样的讨论似乎与过去 100 年左右在许多科学领域的争论是不一致的，在这些领域中，通常频率论方法是判断实验是否成功的公认标准。

B. 罗伯逊（B. Robertson）和 G. A. 维尼奥（G. A. Vignaux）发表的一份声明总结了大多数争议，即一个显著性的假设检验并不能回答法院感兴趣的问题。法院想知道"这一证据证明被告人有罪的可能性增加了（或减少了）多少？"显著性检验告诉法院"我仅靠偶然机会观察到这个结果（匹配）的概率是多少?"罗伯逊和维尼奥简洁地称之为"错误问题的正确答案"。贝叶斯方法(也被称为似然比方法或逻辑方法)的支持者认为,必须针对至少两个相互竞争的假设对证据进行评价。这种观点实际上与内曼-皮尔逊假设检验并不矛盾,但在贝叶斯方法中,替代假设明确地进入了概率计算。

还有一些针对概率如何定义的更基本的批评。在统计学领域,有两个推理学派,即贝叶斯学派和频率论学派。这些学派的名字通常与贝叶斯和频率论对概率的定义有关。

顾名思义,概率的频率论定义取决于事件的长期频率。

在频率论推理中,推理依赖于无限的群体或反复抽样的概念。此外,一个模型的参数,或科学家希望进行推断的值,通常被认为是固定但未知的。这些数据被认为是随机的。这意味着声明是就数据的随机性质做出的,而不是关于未知参数的。这样做的实际结果是,它防止科学家对假设为真的概率或包含具有一定概率的真实值的置信区间进行陈述。但是在实践中,这样的陈述仍然存在。

相比之下,概率的贝叶斯定义是:它是对信念的一种度量。

在贝叶斯推理中,相关的参数被视为随机的、不可知的,并且数据是固定的。在贝叶斯框架中,关于未知参数的假设由先验概率或信念表示,并用其他信息(数据生成后验概率)进行更新。这意味着科学家使用贝叶斯方法可以对假设的概率或包含真实值的可信区间的概率做出陈述。可信区间是置信区间的贝叶斯等效形式。

可能有人感兴趣的是,使用贝叶斯方法并不完全有必要接受概率的贝叶斯定义。

参见

基础:证据的统计学解释:贝叶斯分析。

扩展阅读

Aitken, C. G. G., Taroni, F., 2004. *Statistics and the Evaluation of Evidence for Forensic Scientists*, second ed. Wiley, Chichester.

Balding, D. J., 2005. *Weight-of-Evidence for Forensic DNA Profiles*. Wiley, Hoboken, NJ.

Curran, J. M., 2010. *Introduction to Data Analysis with R for Forensic Scientists*. CRC Press,

Boca Raton, FL.

Curran, J. M. , Hicks, T. N. , Buckleton, J. S. , 2000. *Forensic Interpretation of Glass Evidence*. CRC Press, Boca Raton, FL.

Evett, I. W. , Weir, B. S. , 1998. *Interpreting DNA Evidence: Statistical Genetics for Forensic Scientists*. Sinauer Associates, Sunderland, MA.

Hair, J. F. , Black, W. C. , Babin, B. J. , Anderson, R. E. , 2009. *Multivariate Data Analysis*, seventh ed. Pearson Prentice Hall, Upper Saddle River, NJ.

Lucy, D. , 2005. *Introduction to Statistics for Forensic Scientists*. Wiley, Chichester.

Moore, D. S. , McCabe, G. P. , 2006. *Introduction to the Practice of Statistics*, fifth ed. W. H. Freeman, New York.

Robertson, B. , Vignaux, G. A. , 1995. *Interpreting Evidence: Evaluating Forensic Science in the Court Room*. Wiley, Chichester.

Wild, C. J. , Seber, G. A. F. , 2000. *Chance Encounters: A First Course in Data Analysis and Inference*. Wiley, New York.

证据的统计学解释：贝叶斯分析

C. G. G. 艾特肯，英国，爱丁堡，爱丁堡大学

F. 塔罗尼和 A. 比德尔曼，瑞士，洛桑德里格，洛桑大学

术语表

　　贝叶斯定理　贝叶斯定理是概率基本定律的体现，可以根据新的证据修正不确定命题。在司法环境中，根据贝叶斯定理进行推理，以检验特定证据是否增强或削弱了案件。更普遍地说，贝叶斯定理为不确定条件下的正确逻辑推理提供了标准。

　　似然比　似然比由两个条件概率之比定义：两个相互排斥、相互竞争的命题中每一个给出证据的概率。在法庭科学应用中，似然比被用来表示科学证据的意义，并被用来衡量其证明价值。

　　概率　概率是测量不确定度的一种手段。一个最广泛的解释是，它的目的是表达一个人对不确定命题的信任程度。概率受几项公理定律支配，而这些公理定律构成归纳推理的基本框架。

引 言

布鲁诺·德·芬内蒂 (Bruno de Finite) 是一位主观概率论的开创者，他认为概率论在归纳推理中的作用是根据观察到的事件来评估未来事件的发生概率，在归纳的数学公式中，这句话的意思是 "从经验中学习"。举一个说明性的例子：当法庭科学家试图评价和解释科学证据的意义时，通常会面对归纳推理。这导致人们把注意力转向了贝叶斯定理，后者在本质上使归纳形式化。

在贝叶斯分析中，使用所有可用信息以减少与推理问题相关的不确定性。当获得新信息时，它将与任何先前的信息结合起来，这构成了统计的基础。将新信息与先前可用信息相结合的形式化机制通常被称为贝叶斯定理。贝叶斯定理涉及概率的使用，因为概率可以被认为是连续的不确定性。在任何给定的时间点，科学家拥有的关于某些不确定事件（或数量）的信息的状态都可以用一组概率来表示。当获得新信息时，这些概率会被修改，以便它们可以代表所有可用的信息。"修正" 概率的概念不应该被解释为校正。更新的概率不是对初始概率的校正或更好的评估，而是完全不同的概率，因为它受新的（扩展的）信息状态的约束。

因此，证据的统计评价和解释依赖于一个规则，该规则通过条件概率将不确定事件之间的依赖性联系起来。这一规则使人们能够根据证据对关于某一问题的信念（例如被告人有罪或无罪）的影响来明确证据的价值，其基本思想可以应用于分类和连续数据。它们也可以用于没有数据或具有有限数据但存在主观意见的情况。它们被用来确保对证据的评价具有一个合乎逻辑和连贯的结构。

贝叶斯规则

贝叶斯规则是以 18 世纪一位不墨守成规的牧师托马斯·贝叶斯 (Thomas Bayes) 的名字命名的。他提出了一个重要规则，这个规则显示了某个事件（如 R）的不确定性是如何被另一个事件（如 S）改变的：

$$\Pr(R \mid S) = \Pr(S \mid R) \Pr(R) / \Pr(S)$$

其中 Pr 表示概率，| 表示条件。因此，假定 S 已经发生，Pr（R | S）是 R 发生的概率。概率是介于 0 和 1 之间的值。0 对应于不可能发生的事件，1 对应于肯定会发生的事件。概率最恰当的解释是主观的——在"个人的"意义上——个人确信程度的表达。因此，它们反映了个人知识的不完善程度。这种确信是渐进的：随着证据的积累，人们可以比以前或多或少地相信某一事件的真相；相比于另一事件的真相，人们更多地相信给定事件的真相等。这个解释的基本原则是，理性个体的确信程度服从概率规则。因此，概率代表了一个特定个体的量化判断。因为概率是一种确信程度的度量，而不是一个长期频率的度量（正如其他概率解释所建议的那样），所以将概率分配给一个涉及非重复性情况的事件是完全合理的。这使得基于确信程度的概率解释对司法环境特别有用。

贝叶斯规则的另一个版本是它的概率形式，其中 $\overline{R}$ 表示 R 的补数，所以 Pr（$\overline{R}$）= 1−Pr（R）。那么支持 R 的概率为 Pr（R）／ Pr（$\overline{R}$），表示为 O（R），在 S 发生的条件下支持 R 的概率被表示为 O（R | S）。贝叶斯规则的概率形式是：

$$O\ (R\mid S)\ =\ \frac{\Pr(S\mid R)}{\Pr(S\mid \overline{R})}\times O\ (R)$$

在法庭科学中，S、R 和 $\overline{R}$ 通常被贝叶斯规则的概率形式替换为 E、H_p 和 H_d，其中 E 是科学证据，H_p 是控方假设，H_d 是辩方假设。因此，

$$O\ (H_p\mid E)\ =\ \frac{\Pr(E\mid H_p)}{\Pr(E\mid H_d)}\times O\ (H_p)$$

等式的左侧是在提出科学证据后，支持控方假设的概率。这被称为后验概率。比率 O（H_p）是先验概率（也就是在证据呈现之前的概率）。将先验概率转换为后验概率的系数是贝叶斯因子：

$$\frac{\Pr(E\mid H_p)}{\Pr(E\mid H_d)}$$

在法庭上，它通常被称为似然比并且缩写为 V（是 value 的缩写）。它可以取 0 和 ∞ 之间的值。如果这个值超过 1，那么控方假设 H_p 会得到支持。如果小于 1，那么辩方假设 H_d 会得到支持。似然比为 1 的证据是中性的，因为证据与区分两个相关假设无关。注意，如果使用对数，则关系变成了加法。这对于在正义的天平上衡量证据有一个令人非常愉快的直观解释。在统计学家 I. J. 古德（I. J. Good）的著作之后，贝叶斯因子的对数被称为"证据的权重"。上面提到的 O（R）和 O（$R \mid S$）项中的命题不一定是互补的，这条规则仍然适用。因此，控方假设和辩方假设不需要互补。

通过确定贝叶斯因子的值来评估科学证据的证明价值。法庭科学家真正的任务是确定这个值。法官和陪审团的作用是评估先验概率和后验概率。法庭科学家可以告诉专家信息的接收者，他们的先验概率是如何被证据改变的，但是法庭科学家不能自己给先验概率或后验概率赋值。为了赋予这个值，必须考虑案件中的所有其他证据。

评价和解释两词有时被认为是同义词，但区分两者是有帮助的。评价是确定贝叶斯因子的一个值。解释是指其值所附加的含义。

证据价值

对科学证据的评价可以被看作对比较的评价。这种比较是在犯罪相关（提取）材料和对照（潜在来源）材料的质量（如遗传特性）或测量结果（如玻璃碎片的折射率）之间进行的。为了评价科学证据，人们普遍认为，在通常所指的 H_p 和 H_d 背景下，法庭科学家至少应考虑两个相互竞争的假设，来说明它们对所检查事实的描述。这些假设是环境框架的形式化表现。它们的表述是评价证据的逻辑方法的重要基础。一种主要由英国研究人员在 20 世纪 90 年代后期发展起来的分类，被称为"命题的层次结构"，考虑了三个主要范畴或层面，即所谓的来源、活动和犯罪层面。

分类数据和离散假设

来源层面评价

来源层面评价取决于对提取（未知来源）样本和对照（已知来源）样本的分析和测量。在来源层面命题下的痕迹（或斑迹）的似然比，例如"X 先生的套头衫是提取纤维的来源"，"X 先生的套头衫不是提取纤维的来源"

（纤维来源于另一件衣服），不需要考虑在实验室检验中获得的分析信息之外的任何东西。假设两个样本有同一来源，则可以通过比较两个样本（提取样本和对照样本）来考虑第一个假设（贝叶斯因子的分子）下证据的概率。通过比较在相关替代来源中对照样本和提取样本的特征，可以考虑第二假设（贝叶斯因子的分母）下的证据概率。可能被认定为源头的群体称为相关群体。

设想这样一个场景：罪犯在犯罪现场遗留了 n 条织物纤维。嫌疑人已被逮捕，调查人员希望能在嫌疑人与犯罪之间建立强有力的联系。一位法庭科学家对被怀疑的纤维的物理和化学特征的测量结果与从嫌疑人的套头衫上提取的样本的测量结果进行了比较。两个相关的假设分别是：H_p，纤维来自嫌疑人套头衫；H_d，纤维来源于嫌疑人以外的人的衣服。证据 E 具有两部分：y 是提取纤维的特征 Γ，x 是嫌疑人套头衫的特征 Γ。如果提取纤维和嫌疑人套头衫具有不同的（矛盾的）特征，那么对嫌疑人套头衫将不会进一步详细调查。

用 I 表示背景信息。这可以包括（目击者）关于罪犯穿着的衣服类型的证据。那么证据价值就是：

$$\frac{\Pr(E\mid H_p, I)}{\Pr(E\mid H_d, I)} = \frac{\Pr(x, y\mid H_p, I)}{\Pr(x, y\mid H_d, I)} = \frac{\Pr(y\mid x, H_p, I)}{\Pr(y\mid x, H_d, I)} \times \frac{\Pr(x\mid H_p, I)}{\Pr(x\mid H_d, I)}$$

考虑两个假设：

如果嫌疑人套头衫的特征是独立的，与他的套头衫是否为提取纤维来源的假设（H_p 或 H_d）无关，则 $\Pr(x\mid H_p, I) = \Pr(x\mid H_d, I)$。

如果嫌疑人套头衫不是提取纤维的来源（H_d），那么关于犯罪现场（y）的纤维的证据与关于嫌疑人套头衫特征的证据（x）无关，因此 $\Pr(y\mid x, H_p, I) = \Pr(y\mid H_d, I)$。

因此

$$V = \frac{\Pr(y\mid x, H_p, I)}{\Pr(y\mid H_d, I)}$$

此外，根据以前收集的数据（群体研究），科学家知道，纤维特征 Γ 出现在一些相关群体中的概率为 $100\gamma\%$，记为 Ψ。

假设嫌疑人套头衫是提取纤维的来源，并且具有特征 Γ，则提取纤维具有特征 Γ 的概率是 1。因此，V 的分子是 1。或者，假设嫌疑人套头衫不是提取纤维的来源。相关群体被认为是 Ψ，提取纤维来自相关群体 Ψ 的某个未知成员。γ 表示与犯罪有关的提取纤维具有特征 Γ。这就是说，Ψ 的未知成员具有特征 Γ。Ψ 随机抽取的纤维供体具有特征 Γ 的概率为 γ。从而

$$V = \frac{1}{\gamma}$$

该值表示当衣服供体是 Ψ 的成员时，提取纤维特征的证据价值。给定 γ 是 0 和 1 之间的值，贝叶斯因子大于 1；因此，如果嫌疑人套头衫是提取纤维的来源，那么其证据价值就比不是该来源的证据价值高 $1/\gamma$ 倍。有人已经提出了定性量表，其目的是更容易地传达证据价值的意义。但是，目前正在讨论这一目标的实现程度。

活动层面评价

这一层面与活动相关。它要求对相关假设的定义包括一个行为。这种假设可以是"X 先生坐在汽车驾驶员座位上"，也可以是"X 先生从未坐在汽车驾驶员座位上"。这种行为（即坐在驾驶座上）的结果是驾驶员和座椅之间存在接触。因此，可以预见物质的转移（即本例中的纤维）。法庭科学家需要考虑关于审查中案件的更详细的信息，它涉及纤维在汽车驾驶员座位上的转移和持久性。这表明，如果没有一个环境框架，活动层面假设就无法被解决。

为了便于说明，请考虑以下场景。在犯罪过程中，受害者的血已经流了出来。一名嫌疑人已被逮捕。在嫌疑人的一件衣服上发现了基因型为 Γ 的血迹。嫌疑人的基因型不是 Γ。受害者的基因型是 Γ。有两种可能性：

T_0：血迹来自某种背景来源；

T_1：血迹是在犯罪期间转移的。

如前所述，有两个假设要考虑：

H_p：嫌疑人攻击了受害者；

H_d：嫌疑人没有攻击受害者（举例，但是被理解为他与受害者没有任何关系）。

证据 E 是在嫌疑人的衣服上发现的单一血迹，并且基因型是 Γ。受害者的基因型为 Γ 的信息被认为是相关背景信息的一部分。证据价值一般表达为

$V = \Pr (E \mid H_p, I) / \Pr (E \mid H_d, I)$。

首先，考虑分子和事件 T_0。这意味着嫌疑人和受害者之间存在"接触"，但没有血迹转移到嫌疑人身上。这是一个概率为 $\Pr (T_0 \mid H_p, I)$ 的事件。同时，一个基因型为 Γ 的血迹必须是通过其他方式转移的，这样的事件具有概率 $\Pr (B, \Gamma)$，其中 B 指从犯罪现场以外的来源（即背景来源）而不是从犯罪现场（这里是受害者）转移血迹。

接下来，考虑 T_1，即血迹转移到嫌疑人的事件，具有概率 $\Pr (T_1 \mid H_p, I)$。给定 T_1、H_p 和受害者的基因型 Γ，那么可以肯定转移的血迹具有基因型 Γ。这还假设没有血迹从背景来源转移。

用 $t_0 = \Pr (T_0 \mid H_p, I)$ 和 $t_1 = \Pr (T_1 \mid H_p, I)$ 分别表示在犯罪过程中没有血迹和有一个血迹转移的概率。令 b_0 和 b_1 分别表示来自相关人群的人衣服上没有血迹和有一个血迹的概率。令 γ 表示来自相关人群的人衣服上无辜获得基因型为 Γ 的血迹的概率。该概率可以不同于一般群体中具有基因型 Γ 的个体的比例。然后 $\Pr (B, \Gamma) = \gamma b_1$，分子可以写为 $t_0 \gamma b_1 + t_1 b_0$。这表示基因型为 Γ 的血迹的存在取决于没有转移的概率 (t_0)，乘以事先有这样一个血迹作为背景的概率 (γb_1)，再加上这种血迹的转移概率 (t_1) 乘以事先没有这种血迹的概率 (b_0)。

现在，考虑一下假定嫌疑人和受害者没有接触的分母。那么，血迹的存在纯粹是偶然。分母取值 $\Pr (B, \Gamma)$，等于 γb_1。总之，证据的似然比是这样的：

$$V = \frac{t_0 \gamma b_1 + t_1 b_0}{\gamma b_1}$$

涉及其他方向转移的案件（例如，从罪犯向现场或受害者转移，而不是从现场或受害者转移给罪犯），或涉及 n 个痕迹和 k 个群体的归纳，都可以在关于该主题的专门文献中找到。

犯罪层面评价

犯罪层面假设与陪审团感兴趣的假设最接近。犯罪层面假设下似然比的形式发展表明，还需要关注另外两个参数：一个与可能"相关"的材料有关，这意味着它来自罪犯（相关嫌疑人可能成为罪犯）。另一个与以下认识有关，即如果材料与案件无关，那么它可能是由于无关的原因从嫌疑人转移到现场的。

考虑以下两个相关的假设：

H_p：嫌疑人是罪犯；

H_d：嫌疑人不是罪犯。

请注意，这些假设与前面关于来源或活动层面的假设不同。在来源层面，假设指的是嫌疑人是否为从犯罪现场提取的样本的供体。现在，假设变得更有说服力了，因为它们把嫌疑人指定为可能的罪犯。

在似然比的形式发展过程中，需要在所观察到的（即犯罪现场的痕迹）与嫌疑人是或不是罪犯的假设之间建立联系。联系分两步进行。第一步，考虑犯罪现场的痕迹来自罪犯的假设以及犯罪现场的痕迹不是来自罪犯的替代假设。如果假设犯罪现场的痕迹来自罪犯，则第二步是考虑犯罪现场的痕迹来自嫌疑人的假设以及犯罪现场的痕迹不是来自嫌疑人的替代假设。

鉴于这两对假设，展开似然比引入了"关联概率"（通常表示为 r）、"无辜获取概率"（通常表示为 a）。证据价值的结果表达形式如下：

$$V = \frac{r + \gamma'(1 - r)}{\gamma r [a + (1 - a) \gamma'](1 - r)}$$

注意对应特征的稀有性的两个可能表达 γ 和 γ' 之间的差异。事实上，γ' 是指犯罪现场的痕迹由与犯罪无关的未知人员留下的概率。可能留下痕迹的人群不一定与假定罪犯来自的人群相同。然而，对于 DNA 证据，假设 $\gamma = \gamma'$ 是可以接受的。

连续数据和离散假设

丹尼斯·林德利（Dennis Lindley）于 1977 年发表了一篇开创性论文，该论文展示了如何利用贝叶斯因子来评估以测量形式的连续性数据给出的证据。林德利用玻璃折射率的测量作为例证，在这种测量中存在两个来源的变量，即一个窗户内的变化和不同窗户之间的变量。林德利展示了如何在一个统计数据中解释这两个变量来源。他还能够解释对法庭科学家来说很重要的两个因素：提取样本和对照样本之间的相似性；任何相似性的典型性。当数据采用连续测量的形式时，贝叶斯因子是概率密度函数的比值，而不是概率的比值。

考虑特定特性（例如玻璃折射率）的一组对照样本测量值 x 和一组提取样本测量值 y。在这个例子中，x 是犯罪现场的窗户玻璃碎片的折射率的一组测量值，而 y 则是在嫌疑人身上发现的玻璃碎片的折射率的一组测量值。如果嫌疑人在犯罪现场，那么在他身上发现的碎片可能来自犯罪现场的窗户。如果他不在那里，那么碎片来自其他未知来源。

在这种情况下，关于玻璃碎片的证据的定量部分可以表示为 $E = (x, y)$。然后贝叶斯因子写成：

$$V = \frac{f(x, y \mid H_p, I)}{(x, y \mid H_d, I)}$$

贝叶斯定理和条件概率规则适用于概率密度函数和概率。证据价值 V 可以按照在离散假设部分提出的观点改写为：

$$V = \frac{f(y \mid x, H_p, I)}{f(y \mid H_d, I)}$$

V 的这个表达式表明，对于分子，考虑了以对照样本测量值和 I 为条件的提取样本测量值的分布；对于分母，提取样本测量值的分布在整个相关总体的分布上被考虑。分母被称为在相关群体中提取样本测量值的"边际分布"。

在贝叶斯方法中，相关特征是参数化的，例如，通过均值。用 θ 表示参数。此参数可能在源（窗户）和源（另一扇窗户）之间有所不同。

考虑要比较的两个命题：

H_p：提取样本与对照样本来自同一来源；

H_d：提取样本与对照样本有不同的来源。

例如，测量值 x 来自参数为 θ_1 的分布，测量值 y 来自参数为 θ_2 的分布。如果 x 和 y 来自同一来源，则 $\theta_1 = \theta_2$，否则 $\theta_1 \neq \theta_2$。实践中，参数 θ 是未知的，并且用 x 和 y 的边际概率密度来进行分析。上述 V 的等式可以修改为：

$$V = \frac{\int f(y \mid \theta) f(x \mid \theta) \pi(\theta) \mathrm{d}\theta}{\int f(x \mid \theta) \pi(\theta) \mathrm{d}\theta \int f(y \mid \theta) \pi(\theta) \mathrm{d}\theta}$$

对于那些不熟悉这些操作的人来说，可以将应用于条件概率分布的贝叶斯定理 $f(\theta \mid x)$ 写成 $f(x \mid \theta)\pi(\theta)/f(x)$。用积分替代求和的总概率公式把 $f(x)$ 写为 $\int f(x \mid \theta)\pi(\theta)\mathrm{d}\theta$。注意 $\pi(\theta)$ 表示未知参数的先验分布。因此，贝叶斯因子并不仅仅依赖于样本数据，它是两个加权概率的比值。

通常，$(x \mid \theta)$ 和 $(y \mid \theta)$ 的分布被假定为正态的，用 θ 表示均值，可因来源不同而不同，假设不同来源的方差是恒定的。这些假设可以放宽，可以为 $(x \mid \theta)$、$(y \mid \theta)$ 和 θ 的分布假设各种可能性，并且可以考虑三级层面模型（假设方差不恒定）。此外，多元数据的开发也是可能的。

证据评价原则

到目前为止，从以上概述的思想的应用中产生了三个原则。

第一个原则是，只有在至少提出一个替代假设时，评价才有意义。因此，必须根据（至少）两个假设来考虑数据的分布，通常是控方假设和辩方假设。

第二个原则是，评价基于对证据概率的考虑，假设一个特定的问题是真实的，既 $\mathrm{Pr}\,(E \mid H_p)$ 和 $\mathrm{Pr}\,(E \mid H_d)$。

第三个原则是，对证据的评价和解释是在特定情况下进行的。必须以背景信息 I 为条件。

这些原则的应用保证了法庭科学家在评价和提供证据时的一些要求，如平衡、透明度、稳健性和附加价值。法庭科学家达到这些要求的程度主要取决于所选择的推理框架，该框架可以通过灵活性和逻辑性标准来判断。

解释

连续数据和连续假设

到目前为止，分析主要集中在分类（或连续）数据和离散假设，但贝叶斯分析也处理涉及连续假设的情况。特别是，科学家可能会遇到连续的命题。这方面的典型例子是需要估计参数（例如均值）的情况。举一个例子：假设有一个随机样本 $x = (x_1, \ldots, x_n)$。在这种情况下，科学家可能对一个被交警逮捕的人的血液酒精浓度感兴趣，而这个人的血液酒精浓度是基于对其进行的 n 次测量得出的。

进一步假设数据遵循正态分布，具有未知均值 θ 和已知方差 σ^2。还假设有一些背景信息可用，使得 θ 的一些值似乎更可能是先验的。然后，假设相关参数存在共轭正态先验分布（均值 θ 以 μ 为均值，以 τ^2 为方差），那么后验密度仍然是正态分布的 $N(\mu(x), \tau^2(x))$，其中

$$均值\ \mu(x) = \frac{\dfrac{\sigma^2}{n}}{\dfrac{\sigma^2}{n} + \tau^2} \mu + \frac{\tau^2}{\dfrac{\sigma^2}{n} + \tau^2} \bar{x}$$

$$方差\ \tau^2(x) = \frac{\dfrac{\sigma^2}{n} \tau^2}{\dfrac{\sigma^2}{n} + \tau^2}$$

后验均值是先验均值 μ 和样本均值 $\bar{x}$ 的加权均值，其权重与先验分布和抽样分布相对应的方差成正比。可以调用可比较的推理方法来处理涉及未知方差、替代分布和数据分布的情况。

直觉的陷阱

贝叶斯的证据解释方法使得各种错误和谬误暴露出来，其中最著名的是检察官和辩护人的谬误。举个例子，假设在犯罪现场发现血迹，并确定其来自罪犯。仅出于说明目的，假定该血迹的分型在相关群体中出现的比率是 1%。假定相关群体的规模是 20 万人。通过其他方式认定了嫌疑人，发现他的血液与在犯罪现场发现的血迹具有相同分型。

检察官认为，由于只有 1% 的人具有这种血型，犯罪嫌疑人无罪的概率只有 1%。他有 99% 的可能是有罪的。辩护人认为，由于 20 万的 1% 是 2000，嫌疑人只是 2000 人中的一个，他有罪的可能性是 1/2000。因此，这被用来辩称血型在本案中几乎没有证据价值，也没有多大帮助。

贝叶斯规则的概率形式解释了这些谬误。用 E 来表示血迹证据，用 H_p 表示嫌疑人有罪的假设，而 H_d 表示嫌疑人无辜的假设。那么贝叶斯规则的概率形式是（从符号中省略 I）：

$$\frac{\Pr(H_p \mid E)}{\Pr(H_d \mid E)} = \frac{\Pr(E \mid H_p)}{\Pr(E \mid H_d)} \times \frac{\Pr(H_p)}{\Pr(H_d)}$$

贝叶斯因子是 $\Pr(E \mid H_p) / \Pr(E \mid H_d) = 1/0.01 = 100$。后验概率增

加了 100 倍。

考虑一下检察官的陈述：出示证据后，嫌疑人有罪的可能性是 0.99。在形式上，这对应于 $Pr(H_p \mid E) = 0.99$，因此，$Pr(H_d \mid E) = 0.01$。后验概率是 99，接近 100。似然比也是 100。因此，先验概率是 1，$Pr(H_p) = Pr(H_d) = 0.5$。如果检察官的谬误是正确的，那么先前的看法就是嫌疑人有罪或者无罪的可能性是相等的。

辩护人认为有罪的后验概率 $Pr(H_p \mid E)$ 等于 1/2000，因此 $Pr(H_d \mid E)$ 等于 1999/2000。后验概率是 1/1999，约为 1/2000。由于后验概率比先验概率大 100 倍，先验概率是 1/200 000，或者是群体大小的倒数。辩护人辩称，先前认为嫌疑人有罪的概率是 1/200 000。这可以表达为一种信念，即嫌疑人与相关群体中的其他人一样有可能有罪。谬误之所以出现，是因为辩护人认为证据是不相关的。然而，在证据被发现之前，嫌疑人是 20 万人中的一个，在证据被发现之后，他只是 2000 人中的一个。将潜在嫌疑人的人数减少 100 倍的证据无疑是相关的。

人们还发现了其他错误。"最终问题错误"是检察官谬误的另一个名称，它混淆了嫌疑人无罪时证据出现的概率和在目前给定证据下，嫌疑人无罪的概率。最终的问题是检察官提出的，其要求法院做出支持其假设的判决。所谓"来源概率误差"，就是主张嫌疑人是证据的来源。这将把嫌疑人置于犯罪现场，但其本身不足以证明嫌疑人有罪。"概率（另一匹配）错误"包括将特征的稀有性等同于另一个人具有该特征的概率。"数字转换错误"将相应特征的稀有性的倒数等同于在找到具有相同特征的另一个人之前必须检查的人数。

一般而言，较高的证据价值为案件公诉提供了有力的支持。然而，它们本身还不足以宣布嫌疑人有罪。之前的可能性也必须考虑。非常高的证据价值，当与非常小的先验概率结合时，可能会产生很小的后验概率。当通过数据库搜索出嫌疑人，或者针对嫌疑人的证据很少或没有其他证据时，则可能出现这种情况。

参见

生物学/DNA：贝叶斯网络；DNA——统计概率；
基础：鉴定/个体识别的概述和意义。

扩展阅读

Aitken, C. G. G., Lucy, D., 2004. Evaluation of trace evidence in the form of multivariate data. *Journal of the Royal Statistical Society: Series C (Applied Statistics)* 53, 109–122.

Aitken, C. G. G., Taroni, F., 2004. *Statistics and the Evaluation of Evidence for Forensic Scientists*. John Wiley & Sons, Chichester.

Bozza, S., Taroni, F., Raymond, R., Schmittbuhl, M., 2008. Probabilistic evaluation of handwriting evidence: likelihood ratio for authorship. *Journal of the Royal Statistical Society: Series C (Applied Statistics)* 57 (3), 329–341.

Evett, I. W., 1984. A quantitative theory for interpreting transfer evidence in criminal cases. *Journal of the Royal Statistical Society: Series C (Applied Statistics)* 33, 25–32.

Evett, I. W., 1987. Bayesian inference and forensic science: problems and perspectives. *The Statistician* 36, 99–105.

Evett, I. W., Lambert, J. A., Buckleton, J. S., 1998. A Bayesian approach to interpreting footwear marks in forensic casework. *Science & Justice* 38, 241–247.

Evett, I. W., Weir, B. S., 1998. *Interpreting DNA Evidence*. Sinauer, Sunderland, MA.

Good, I. J., 1991. Weight of evidence and the Bayesian likelihood ratio. In: Aitken, C. G. G., Stoney, D. A. (Eds.), *The Use of Statistics in Forensic Science*. John Wiley & Sons, Chichester, pp. 85–106.

Koehler, J. J., Chia, A., Lindsey, S., 1995. The random match probability in DNA evidence: irrelevant and prejudicial? *Jurimetrics Journal* 35, 201–219.

Lindley, D. V., 1997. A problem in forensic science. *Biometrika* 64, 207–213.

Robertson, B., Vignaux, G. A., 1995. *Interpreting Evidence: Evaluating Forensic Science in the Courtroom*. John Wiley & Sons, Chichester.

Schum, D. A., 2001. *Evidential Foundations of Probabilistic Reasoning*. Northwestern University Press, Evanston.

Taroni, F., Bozza, S., Biedermann, A., Garbolino, P., Aitken, C. G. G., 2010. *Data Analysis in Forensic Science: A Bayesian Decision Perspective*. John Wiley & Sons, Chichester.

Taroni, F., Champod, C., Margot, P., 1998. Forerunners of Bayesianism in early forensic science. *Jurimetrics Journal* 38, 183–200.

Thompson, W. C., Schumann, E. L., 1987. Interpretation of statistical evidence in criminal trials: the prosecutor's fallacy and the defence attorney's fallacy. *Law and Human Behaviour* 11, 167–187.

Thompson, W. C., Taroni, F., Aitken, C. G. G., 2003. How the probability of a false positive affects the value of DNA evidence. *Journal of Forensic Sciences* 38, 47–54.

法庭科学情报

O. 里波和 P. 玛戈特，瑞士，洛桑，洛桑大学

R. 朱利安和 S. F. 凯尔蒂，澳大利亚，塔斯马尼亚州，塔斯马尼亚大学

术语表

　　法庭科学情报　对法庭科学案件数据进行逻辑处理的准确、及时、有用的产品，其以犯罪调查和犯罪分析为目的。

　　痕迹　一个存在或行为的残迹。模式、信号或物体，"痕迹"是一个明显的标志，有时也是潜在的。

引 言

　　法庭科学在司法系统中起着日益重要和关键的作用。法庭科学通常会在刑事和民事调查中提供专家意见和"科学"信息来协助法院做出决定。

　　法庭科学情报包含但不局限于在协助调查和法庭做出决定时发挥作用。它在司法案例的数据解读方面（例如一个人或其共犯在进行不法行为时做的记号或遗留的痕迹）以各种方式影响着最终决策的形成。当法庭科学被运用于办案过程时，它可以作为一个沉默的证人支持战略决策、警方行动、预防犯罪，从而不涉及诉讼程序。例如，法庭科学经常在一个人被逮捕前向调查人员提供线索（主要是犯罪调查）。它还可以在更加积极主动的警务过程中发挥作用（如情报引导警务），分析出潜在的犯罪分子、犯罪类型和犯罪场所。法庭科学情报十分具有潜力，至今仍在许多方面继续发展。

　　目前，围绕法庭科学有一个争论，即法庭科学应该扮演什么样的角色，做出怎样的贡献。在这场争论的背景下，关于法庭科学的概念已经产生了一些分歧。一些实务工作者关于法庭科学的定位认为其应该属于传统模式下的严格司法导向的范畴，然而许多在警务环境下的实务工作者强调法庭科学在安全系统中的作用。两个系统重叠，没有明确结合。因此，为了澄清其实际

贡献，法庭科学并不逃避关于正义和安全如何配置的争论。

作为法庭科学案件数据、符号、信息、证据和情报的痕迹

法庭科学是一门研究和分析痕迹的科学。痕迹可以被看作存在（一个人或物在某个时间位于某个特定的地点）或行为的遗存。无论是一个模式、一个信号还是一个物体，痕迹都是存在或行为的一个明显的迹象。痕迹有时候也可能是潜在的。

痕迹有几种基本的特征，下面列出：

- 痕迹现实存在，独立于可能归属于它的任何含义。
- 它来自过去，不能复制。
- 可以是断断续续的、不完整的、不完美的（残余）。
- 在给定的环境中不常见；它是一个不寻常的活动的后果，这个活动在一个既定的时间和地点打破通常的环境平衡。
- 相关痕迹通常被行为实施人在不知情的情况下进行转移（伪造的痕迹可能证明存在欺诈）。
- 它包含信息源头的相关内容（谁，用什么）。
- 它包含产生了这种痕迹的行为的信息（如何发生、时间、地点、事件、原因）。

这些基本特征的结果之一是痕迹能够帮助测量事物的物理、化学和生物方面的信息。这些测量数据与其他数据或信息相比具有独立的意义。只有在一定的条件下对结果进行分析后，痕迹才有意义，例如，当痕迹与某个重要事件相关时。在法庭科学中，一个事件变得至关重要，原因在于其违反刑事或民事法律，和其他法律或规则。

具有重要性的是痕迹作为一种材料成为它的存在环境的解释因素的过程，这会影响其后续使用。痕迹成为一个传递已经发生事件信息的标志。痕迹只有在法院考虑其与案件的相关性后才能被认定为证据以协助法院判决。就是在这一点上，法庭科学情报通过许多其他的方式解释痕迹从而拓宽了法庭科学的领域。在这里，"证据"被概括为"情报"。情报可以被定义为对司法案例的数据进行的解读，从而为穿越每个警务系统的互联网络的不同决策提供支持。

在法庭科学情报中，有人认为，与产生痕迹的非法事件相关的任何学科都应考虑将案件数据整合为一项主要信息。难道我们可以现实地谈论暴力犯罪而不考虑肢体冲突的发生？或者谈论非法贩毒而不研究有毒物质、其制造过程及其对人的影响？或者谈论火灾和纵火却没有考虑到燃烧的机制？查处假冒产品而不了解其生产流程和它们的标志？处理环境问题而不考虑可疑标本的化学成分分析？从这个角度看，法庭科学情报结合了犯罪学和法庭科学中特定的方法。

在当代警务模式下，法庭科学情报的潜在价值是明确的，它可以被连贯地整合到警务战略、运营和/或战术中去。

情报引导警务

法庭科学情报在警务环境中运作。法庭科学警务模式多种类型，这些模式的关键在于确定信息的流动性和严格的信息处理导致的有效性和效率。

情报引导警务是这些模式中的一个。该模式促进系统地分析可用信息，在战略、运营和/或战术水平方面提高决策质量。这种警务模式使分析能力得到开发和利用，提供了一种机制来更深入地理解安全挑战并以积极的方式应对它们。犯罪和犯罪情报分析是指对组织收集的数据的整理和分析。然后这些知识开始传播，成为"情报"，供决策者使用。

一个关键挑战是确定如何处理案例数据并整合到情报引导警务中。至少，在这样的模式中，决策过程立基于逻辑地处理过的信息，这些信息源自有组织的痕迹记忆，并根据要做的决策以及时有用的形式呈现出来。这种形式的情报对于做出明智决定的价值是不可估量的。

情报引导警务和法庭科学情报活动的例子

在情报引导警务中，法庭科学情报所能采取的各种形式尚未得到充分探索或正式化。为了说明它的贡献，图1展现了一些系统的组件及其交互的简化模型。

重要的是刑事司法和安全系统之间的重叠。往往这种重叠没有清晰的定义。我们现在描述法庭科学情报涵盖的四个主要类别或功能。

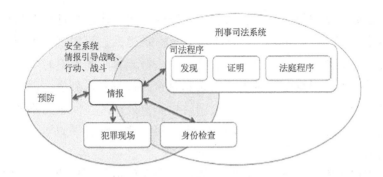

图1 一个非常简化和有限的模式，显示了刑事司法与安全系统之间的重叠。它们在一定程度上或很大程度上依赖于法庭科学情报。根据 S. 金德（S. Kind）的观点，调查在司法程序中分为三部分，与警务环境重叠。这是进一步缓解紧张局势的动力

战术情报和调查线索

根据 S. 金德的观点，司法程序运行分为三个层次：第一，发现问题；第二，做出指控的决定；第三，审判。每一层次都有自己的逻辑，从事实开始，解释事实，然后尽可能调查清楚这个人的活动和其他资料。这导致了信息的结构化，使得过程更具有推理性，涉及这个人是否参加了行动的评估结果。审判本身更普遍关注正义和法庭科学。流程的实现在很大程度上依赖于司法环境和程序：在不同的司法辖区，决策能力差别很大。然而，无论是什么组织，在许多时候，案件数据所提供的解释和情报都支持决策。例如，法庭科学情报可以发生在战术环境下。

- 指向一个嫌疑人（如通过数据库）或一组人（当部分 DNA 同数据库相比较时），以指引调查方向。
- 通过 DNA 分析排除先前怀疑的人。
- 分析搜查到的嫌疑人的物品（如证实一种违禁物质或确定数量）。进一步检查，如果这种物品可以与其他扣押品相联系，将说明案件应被视为一个单独的或是一个有组织的走私案件。此外，展示这些信息情报有助于做出拘留某人的决定。
- 通过犯罪现场的联系发现由同一个人实施的连环犯罪（足迹的比较、DNA 和耳朵标记）。在此基础上，分析该系列证据，并提出调查或主动行动

程序（例如监视或诱捕）建议。

● 通过对犯罪现场的分析来了解作案手法、罪犯的特征，从而有助于后续的调查。

通过持续的犯罪分析得出情报

持续收集、整理和分析具体的法庭案件数据可以改进许多犯罪分析过程并支持随后各种各样的决策。

警察最基本的和系统性的任务之一是检查并确认相关人员的身份。这在街上或在特定的检查点经常发生。有许多检查身份的方法，何种方法最适合很大程度上取决于不同的环境（时间、技术的可获得性、光线）。许多国家要求的一个基本的任务是仔细检查身份证件。现场人员执行这个任务，必须被告知并经过培训，了解相关检查要求。然而，一系列不断发展着的技术正被造假者用来欺骗证件检查人员。必须系统地更新这一知识和实时确定检查证件的最佳方法，并将其分发给现场人员。

为此，可以描述法庭科学情报产生过程。它包括现场人员收集的伪造证件和观察结果。然后对这些证件和观察结果进行整理、比较和分析，以确定罪犯目前使用的制造工艺所产生的相关特征。应确定如何尽可能简单地检测这些特征，传递这一信息，从而为在现场检查证件的人员做出决策提供情报支持。

这个过程可以推广到解决当局所面临的各种伪造问题。对潜在的仿冒手表、药物、其他对象和材料的连续分析和监测可以受益于这种特定的法庭科学情报产生过程。

法庭科学情报不限于这一具体案件，其还可针对不同类型的犯罪活动或问题加以概括。大金额犯罪、暴力犯罪、枪支的使用、其他重复的问题，如纵火、火灾甚至涂鸦，都可能受益于法庭科学案例数据的集成与其他用于此目的的更传统的数据（地理信息、年表、惯用作案手法）。这个列表可以扩展到其他与恐怖主义有关的国家安全主题。

目前，这些问题管理的着重点在于传统的信息来源，除非处理具体案件，否则不会利用法庭科学情报。这些传统方法没有充分利用通过法庭科学获得的信息的优势和潜在价值。目前的方法不连贯，它错过了最丰富的信息来源之一，因为法庭科学与直觉或心理侧写这样更脆弱的方法相比能够建立重复犯罪之间更牢固的联系。构建用于持续分析犯罪的最好架构（简单、灵活、适应性强、性价比高、尊重隐私、快速、具有选择性）是一个真正的挑战，也是深入研究的基础。

通过整合和分析法庭科学联系得到的战略情报

通过法庭科学案件数据将犯罪联系起来提供关于犯罪现象的规模、程度和演变的信息。这一归纳过程产生了一种模式，可以增加通过其他犯罪学研究获得的知识的价值。例如，通过非法药物剖析系统发现联系，提供情报，最终影响到政治级别的战略决定或为制定预防方案提供信息（例如，发现对人体健康构成威胁的产品或检测贩运非法物质的路线）。DNA 串并产生了关于某些犯罪的结构（如何重复）、罪犯的流动性（每个罪犯如何逃窜）甚至犯罪职业的潜在相关信息。

法庭科学的性能

情报引导警务有一个基本观点，即每一项法庭科学情报的效能都应得到系统评价。这导致了对活动的成本/效益比的关注，而该活动取决于与各种目标有关的战略。在这种模式下，绩效指标往往集中于犯罪侦查或定罪，以便观察法庭科学如何为司法系统提供帮助。当以一种传统的视角来审视法庭科学时，这些可能是有效指示。然而，法庭科学情报不可能以这种方式评估，因为它的附加价值在于支持警务决策，而不是直接处理犯罪问题。

法庭科学情报和要求的限制

痕迹的性质限制了可以做出的推断的范围和类型。痕迹来自过去，而时间是不可逆的。偶发事件不能再现，人们必须充分发挥想象力（是什么可能及合理的原因造成了观察到的现象）。此外，痕迹可以是碎片化的和不完整的，并且它们的相关性不能确定。不完整性是犯罪现场处理的一个特征：没有建立健全的程序来保证与案件相关的材料在调查活动中被发现；没有痕迹并不意味着不存在痕迹。

这些想法突出了一些超越技术和方法的逻辑上的困难。下面是一些重大成果：

● 信息永久丢失。犯罪现场检查的目的在于优化所收集的材料的数量和质量。这意味着犯罪现场检查不能限于标准操作程序和技术的系统应用。它需要采取科学的态度（广义上）通过逻辑的程序处理在现场观察到的事物。

● 依赖于痕迹的推理类型被称为"近似"和"非单调的"，即每条新的信息可能会引起对之前推论的修订。

● 痕迹不能"讲述"案件的全部经过，它或许只有一部分与当前问题或复原的材料有关。痕迹单独使用时通常是无用的。痕迹必须整合到多种可用资源的框架内，才能减少单一原则下的臆断导致的推理中断。

挑战和冲突

这些基本限制解释了为什么传统的法庭科学组织在处理和整合情报方面遇到了许多困难。

首先，根据客户和客户之间的正式关系提供法庭科学情报"服务"并评估它们的有效性，这即使不是不可能完成的任务，也可以说是非常困难的任务。例如，在一个重大案件调查过程中，相关业务的决策很大程度上依赖于案件本身以及团队负责人的推理能力；它们不能在常规术语中定义。一个调查要求横向、流动和难以形式化地推理，运用法庭科学和其他方面的知识，例如，犯罪调查专家、行为科学家、病理学家、调查人员和法庭科学家经常需要以综合的方式完成重大案件调查。然而，大多数法庭科学实验室并非如此，那里的活动根据传统的分支分为传统科学（例如化学、生物学、物理学）或新兴学科（例如计算机科学、生命科学）。例如，颇具影响力的美国国家科学院报告（2009 年）就未能识别通过整合和常规分析可能获得的丰富的信息内容。需要发展专业知识；然而，众所周知，专业的（独立的）组织根据它们的垂直的结构优先考虑自己的目标。他们对跨机构的知识共享过程往往持消极的观点，部分是由于对问责制的关注；至少，他们不优先考虑这些程序。因此专家组织对法庭科学情报的发展具有负面影响。

前面的论证应该引导从警务的角度重新阐述进程。在许多警务组织中，为了更好地整合法庭科学案例数据，需要改变原有的文化。犯罪分析单位也需要意识到整合法庭科学情报的好处。

最后，法庭科学政策及其效率不能完全根据正义的标准进行评估。一个更好的通俗的问题是：法庭科学如何减少犯罪？当然，这是一个复杂的问题，难以通过有效的实验方法来解决。但是，其他不困难却相关的问题可以得到回答，例如，法庭科学案例数据（及其组合）在联系不同的犯罪从而支持犯罪分析方面发挥什么功能？收集的痕迹的质量和数量如何，以及它们是否有助于情报收集？法庭科学如何推动其他活动？但是，解决这些问题的评估框架仍在初步发展阶段。

解决法庭科学情报中固有问题的综合形式对于调查具体案件和更一般的犯罪演变是有用的。然而，重要的是，它与最近的命题是不一致的，它们要求更多的标准操作程序以及法庭科学活动与执法环境相分离。其实，这种紧张关系的背后是一个由来已久的困境，它与解释痕迹所需的信息有关。我们赞成使用前后关联的信息来驱动推理模式并选择相关行为，还是应该因为它可能影响判断并可能导致司法不当而避免它？又或者我们可以结合两者？

法庭科学受到一些困扰。它往往被限制在由一些警察组织、司法系统内的其他机构或市场逻辑产生的任意障碍内。这是法庭科学发展的环境作用的结果，它在历史上控制着法庭科学的增长和活动。现在是否可以实现安全和正义范式的共存，以完成法庭科学情报的使命，仍有待观察。这一点可以通过增加犯罪现场调查员在大规模犯罪案件中所占比例的决定来说明。这个决定可能由两个意图驱动：一个是对公众需求的回应，受害者担心当没有犯罪现场调查员参与案件处理时，警察会不认真对待他们的案件；另一个与为众多调查、情报和司法过程提供更多信息的战略在逻辑上是相符的。在第一种情况下，警务战略的目标是改善警察工作的形象，而不管收集的信息的质量和数量及其对减少犯罪问题的贡献。这种战略通常用于实现政治利益或社区警务目标，即保证公众安全，而不是对犯罪现象的反应。第二个选择可能更加困难并需要更多智慧，但也是唯一符合逻辑和伦理的政策。

在这种不确定的环境中，矛盾使得法庭科学家处于一种不利地位，而这又导致应以常规方式遵循程序。这避免了他们在解决鉴定问题时不受限制，随心所欲，独自得出结论。

结 论

法庭科学情报要求追溯到法庭科学研究的基本对象：痕迹。它包括方法、技术和推断活动，所有这些结合起来，为系统和综合框架内的所有层面（战略、操作和战术）的决策者提供信息。

因此，法庭科学应该被看作一种自主的学科，其主要贡献应是支持各种环境下的决定，而不是专门为司法系统和法庭程序服务。

然而，由于传统对创新的抵制和司法机构对警察组织及法庭科学实验室成果的影响，法庭科学进展缓慢。情报引导战略缓慢而困难地发展着，这反过来阻碍了法庭科学情报的进展。此外，即使在组织内部发展情报文化，认识到痕迹对决策的支持潜力的人依然很少。理念亟待转变：作案人留下的痕迹是揭开犯罪谜题的基本要素，就像构成完整图画的边和角。

参见

行为：作案方式；连环杀人；

生物学/DNA：DNA 数据库；意义；

化学/痕迹/法医地球科学：犯罪现场思考；

基础：法庭科学的历史；法庭科学的基本原则；法庭科学家使用的符号学、启发式和推理；

调查：犯罪现场到法庭；法庭科学情报分析。

扩展阅读

Barclay, D. , 2009. Using forensic science in major crime inquiries. In: Fraser, J. , Williams, R. (Eds.), *Handbook of Forensic Science*. Cullompton: Willan, pp. 337−358.

Birkett, J. , 1989. Scientific scene linking. *Journal of the Forensic Science Society* 29, 271−284.

Bradbury, S.-A. , Feist, A. , 2005. *The Use of Forensic Science in Volume Crime Investigations: A Review of the Research Literature*. Home Office, London.

Braga, A. A. , Pierce, G. L. , 2004. Linking crime guns: the impact of ballistics imaging technology on the productivity of the Boston Police Department's Ballistics Units. *Journal of Forensic Sciences* 49 (4), 1−6.

Brodeur, J.-P. , Shearing, C. , 2005. Configuring security and justice. *European Journal of Criminology* 2 (4), 379−406.

Buzzini, P. , Massonnet, G. , 2004. A market study of green spray by Fourier transform infrared (FTIR) and Raman spectroscopy. *Science & Justice* 44 (3), 123−131.

Cole, S. , 2011. Acculturating forensic science: what is scientific culture and how can forensic science adopt it? *Fordham Urban Law Journal* 38, 435−472.

Crispino, F. , 2008. Nature and place of crime scene management within forensic sciences. *Science & Justice* 1, 24−28.

Crispino, F. , Ribaux, O. , Houck, M. , Margot, P. , 2011. Forensic science—a true science? *Australian Journal of Forensic Sciences* 43, 157–176.

Kind, S. S. , 1987. *The Scientific Investigation of Crime.* Forensic Science Services, Harrogate.

Kind, S. S. , 1994. Crime investigation and the criminal trial: a three chapter paradigm of evidence. *Journal of Forensic Science Society* 34 (3), 155–164.

Lawless, C. , 2010. A Curious Reconstruction? the Shaping of "Marketized" Forensic Science. The London School of Economics and Political Science, Centre for Analysis of Risk and Regulation, London.

Margot, P. , 2011. Forensic science on trial—what is the law of the land? *Australian Journal of Forensic Sciences* 43, 83–97.

Milne, R. , 2001. Operation Bigfoot, a volume crime database project. *Science & Justice* 41 (3), 215–217.

Napier, T. J. , 2002. Scene linking using footwear mark database. *Science & Justice* 42 (1), 39–43.

National Academy of Sciences, 2009. *Strengthening Forensic Science in the United States: A Path Forward.* National Academy of Sciences/National Academies Press, Washington, DC.

Papilloud, J. , 2004. L'incendie volontaire, méthodes et outils d'investigation—Analyses stratégiques et opérationnelles. Doctoral thesis. University of Lausanne.

Ratcliffe, J. , 2008. *Intelligence-led Policing.* Willan, Cullompton, UK.

Ribaux, O. , Baylon, A. , Roux, C. , et al. , 2010a. Intelligence-led crime scene processing. Part I: forensic intelligence. *Forensic Science International* 195 (1), 10–16.

Ribaux, O. , Baylon, A. , Lock, E. , et al. , 2010b. Intelligence-led crime scene processing. Part II: Intelligence and crime scene examination. *Forensic Science International* 199, 63–71.

Ribaux, O. , Girod, A. , Walsh, S. , Margot, P. , Mizrahi, S. , Clivaz, V. , 2003. Forensic intelligence and crime analysis. *Law, Probability and Risk* 2 (2), 47–60.

Ribaux, O. , Margot, P. , 1999. Inference structures for crime analysis and intelligence using forensic science data: the example of burglary. *Forensic Science International* 100, 193–210.

Ribaux, O. , Margot, P. , 2003. Case-based reasoning in criminal intelligence using forensic case data. *Science & Justice* 43 (3), 135–143.

Ribaux, O. , Walsh, S. J. , Margot, P. , 2006. The contribution of forensic science to crime analysis and investigation: forensic intelligence. *Forensic Science International* 156, 171–181.

Roman, J. K. , Reid, S. , Reid, J. , Chalfin, A. , Adams, W. , Knight, C. , 2008. The DNA Field Experiment: Cost-effectiveness Analysis of the Use of DNA in the Investigation of High-Volume Crimes. Urban Institute, Justice Policy Center NCJ 222318, Washington, DC.

Saks, M. J. , 1994. Implications of the Daubert test for forensic identification science. *Shepard's Expert & Scientific Evidence* 1 (3), 427-434.

Schuliar, Y. , 2009. La coordination scientifique dans les investigations criminelles. Proposition d'organisation, aspects éthiques ou de la nécessité d'un nouveau métier (Ph. D. thesis). Université Paris 5d Descartes and University of Lausanne.

Sheptycki, J. , 2004. Organizational pathologies in police intelligence: some contributions to the lexicon of intelligence-led policing. *European Journal of Criminology* 1 (3), 307-332.

Tilley, N. , Townsley, M. , 2009. Forensic science in UK policing: strategies, tactics and effectiveness. In: Fraser, J. , Williams, R. (Eds.), *Handbook of Forensic Science*. Cullompton: Willan, pp. 359-379.

相关网站

http://www. ceps. edu. au/-ARC Centre of Excellence in Policing and Security, last access May 6, 2012.

http://www. iaca. net/- International Association of Crime Analysts, last access, May 6, 2012.

http://jratcliffe. net/-Jerry Ratcliffe's Home Page, last access, May 6, 2012.

http://www. popcenter. org/- Center for Problem Oriented Policing, last access, May 6, 2012.

http://www. ucl. ac. uk/jdi/-Jill Dando Institute of Security and Crime Science, last access, May 6, 2012.

法庭科学情报分析

L. R. 罗克韦尔,美国,弗吉尼亚州,亚历山大市,法庭科学和情报服务有限责任公司

术语表

法庭科学情报分析 以尽可能准确的方式分析法庭科学问题,以便对过去可能发生的事件进行逻辑、公正的分析。

情报分析 是以尽可能准确的方式分析国家安全和情报问题的过程。

心理模型 人类大脑固有的简化信息处理策略。

结构化分析技术 逻辑的、被证实的批判性思维结构。

情报分析和法庭科学

法庭科学家和情报分析人员是相似的职业：从业人员几乎每天都必须回答问题，探索未知。对于情报分析人员，探索未知帮助其预见未来可能影响国家安全的事件。对于法庭科学家，探索未知帮助他们更好地了解过去、查明犯罪。法庭科学家和情报分析人员有效履行其重要职责所需要的信息之所以是不可知的，有许多方面的原因。犯罪，如对国家安全的威胁，发生在复杂的社会环境下，使法庭科学家和情报分析人员难以辨别。必要的信息通常无法获得，有时因为它被罪犯隐藏了起来，或由于情报目标保密。此外，从业人员将逻辑、批判性思维应用于这些问题的能力受到人类思维中固有偏见的不利影响。情报机构已经开发了分析工具和技术，帮助情报分析人员更有效地回答有关国家安全的问题；本质上，帮助他们更好地"知道不可知的"。法庭科学家也可以使用相同的批判性思维和推理工具更有效和准确地回答关于犯罪的问题。

什么是法庭科学情报分析？

情报分析人员与法庭科学实务工作者使用的已证实的过程有很多相似之处，应该是定义法庭科学情报分析或法庭科学分析的基础。情报界开发和使用的分析程序首先被检查并可以为法庭科学实务工作者提供实质性好处。

情报分析可以定义为以最准确的方式分析国家安全和情报问题的过程。这个过程的结果是关于潜在未来事件和可能的过去事件的逻辑的、无偏差的情报。该过程需要适当使用结构化分析工具和技术，分析通过传统研究过程知道的事实。考虑到项目的时间和信息限制，分析项目中使用的事实应该从尽可能多的数据源中获取，这是可行且合适的。这种分析对于情报消费者特别有价值，因为它有助于产生基于研究过程中收集的事实的判断和评估。这些判断和评估通常是智力产品最重要的部分，并被称为最终产品的"增值"。因此，分析产品的价值远远超过它所基于的事实。正因为如此，在向那些不熟悉这个行业的人进行介绍时，情报分析过程经常被描述为"二加二大于四"。

使用结构化分析技术产生的分析可能比没有这种技术的情况下产生的分析更准确；然而，即使通过上述分析过程产生的情报也不能总是准确地预测未来事件或重建过去事件。情报分析有局限性，即它不能像故事中的算命先生、灵媒或巫师那样准确地揭示未来或过去的事件。相反，从这个过程产生的情报包括基于分析人员在分析时可用的信息的质量和数量而在置信水平（所感知的准确性的可能性）上变化的预测和判断。无论使用结构化分析技术产生的情报的置信水平如何，这种情报几乎总是比没有情报分析过程及其伴随工具、技术和实践时所产生的情报更准确。

　　虽然法庭科学情报和法庭科学情报分析是不可分割的，但法庭科学情报已经受到了法庭科学群体的关注。法庭科学情报是法庭科学情报分析过程的最终结果，可以自己使用或与其他证据结合进行重新分析，以开发更多新的法庭科学情报。法庭科学情报的例子包括但不限于分析性意见，如指纹"匹配"，基于 DNA 证据排除嫌疑人，或确定作为证据的刀具符合刺伤受害者的工具特征。法庭科学情报可用于开发调查线索，显示犯罪和司法辖区内部及二者之间的趋势和模式，帮助战略决策者确定实验室或警察部门使用资源或行动的最佳可行方案，并通知进行国家安全分析。每个后续分析都有可能在原始取证分析中产生复合错误，因此需要更加关注法庭科学情报分析，以确保初始和后续法庭科学情报尽可能准确。

　　在法庭科学中建立分析过程将改进法庭科学家为公民、调查人员、检察官和辩护律师提供的产品，如报告或证词。借用情报界已经使用的分析过程，可以确保法庭科学情报分析合乎逻辑且公正。使用这些现有技术不会提高法庭科学情报分析的质量，但它将允许法庭科学避免重复研究，这已经在心理和情报分析领域进行，与提高分析的质量相关。在这个相对年轻的学科中，显然没有提高法庭科学情报分析质量所必需的工具，可以使用来自情报界的预先形成的概念。情报界使用的结构化分析技术应该是最常用的法庭科学社群工具之一。经常使用这些工具可以解决分析准确性的许多问题，这些问题引起了关于法庭科学和法庭科学界的有效性的问题。

　　因此，法庭科学情报分析可以被定义为以可能的方式分析问题，以便创建关于可能的过去事件的逻辑的、无偏见的分析。该过程需要适当使用结构化分析工具和技术，同时在可行和适当的情况下使用多个数据源。法庭科学情报分析还通过获取原始事实（如弹壳、血液或指纹）、分析这些事实并向法庭科学客户提供最终判断和评估，为其客户提供"增值"信息。如果调查人员、检察官和辩护律师缺乏对证据的分析解读，那么他们将很难实现证据的价值。

法庭科学与情报分析的相似性

情报分析人员使用的工具和方法可以应用于法庭科学，因为情报分析人员的工作和法庭科学从业人员的工作非常相似。如前所述，这两个群体的从业人员都必须知道不可知的情况。这项任务是困难的，无论是由一个通常需要了解未来事件如何展开的情报分析人员执行，还是由需要了解过去事件如何展开的法庭科学家执行。情报分析人员通常会回答可能影响国家安全的问题，例如"未来6个月华盛顿会发生恐怖袭击吗？""独裁者 X 会在两周内对 Y 国宣战时？""国家 M 爆发的疫情会蔓延到美国吗？"法庭科学从业人员通常会询问关注过去事件的犯罪相关问题，例如"受害者 A 身上的 DNA 是否与嫌疑人 B 的 DNA 一致？""犯罪现场发现的纤维来自嫌疑人 C 的衬衫吗？""这把刀是用来刺伤受害者 D 的刀吗？"

当回答这些问题时，情报分析人员和法庭科学从业人员必须向他们的顾客提供可能的分析。要实现这一目标，两组从业人员必须做到以下几点：

- 对可能的过去或未来事件做出健全、公正的判断。
- 运用逻辑论证。
- 提供客观的判断和见解。
- 使用批判性思维技能和结构化分析技术。这有助于防止偏见并确保逻辑推理，从而增加做出客观、合理且公正判断的可能性。
- 发现趋势并说明相关事件、人物、地点等之间的明确联系。
- 解释信息，而不是简单地描述信息。
- 在适当的时机，结合替代分析（关于事件将如何展开或可能已经如何展开的额外解释）。
- 随着时间的推移，表现出分析的一致性，或者强调分析中的变化，并解释这些变化的原因（新信息变得可用等）。
- 评估可能用于分析的信息的质量和可靠性，以确保每一条信息在分析中得到适当考虑。来自更可靠来源的高质量信息在分析过程中应当比低质量信息或来自不可靠来源的信息更重要。
- 区分基本事实和从业者的假设和判断。这样做是必需的，其使得客户可以清楚而容易地区分什么是真实的和什么可能是真实的，以防止基于分析假设——这随后可能被证明是错误的——而非事实所做的分析预测造成未来分析的错误。

- 提供最好的分析。

两组人员必须在不利条件的限制下执行这些任务。具体来说，情报分析人员和法庭科学从业人员将经常发现，他们没有足够的时间和足够的信息如他们想要的那样妥善地执行这些任务。法庭科学从业人员和情报分析人员都必须

- 处理有限或不完整的信息。犯罪现场很少包含处理犯罪问题所需的所有信息。研究特定问题的情报分析人员知道，大多数情况太复杂，难以完全理解。在几乎所有情况下，100%的有关该主题的信息根本无法获取。从事与未来潜在事件相关主题的情报分析人员知道，未预料到的事态发展可能会扭曲分析。
- 处理不可靠、冲突或模糊的信息。
- 应付否认和欺骗。嫌疑人、证人和情报目标可能故意或无意隐瞒重要信息或撒谎，以误导调查人员和情报分析人员。
- 在不稳定和不可知的社会环境下处理信息。情报分析人员不会总是知道对情报目标、受害者、证人或犯罪者产生影响的文化和社会力量。在没有意识到这些因素的情况下，情报分析人员很难理解这些主体的动机，这可能导致出现分析偏差。
- 在有限的时间框架内工作。处理犯罪现场或研究问题的时间有限。一些类型的证据随时间而退化。其他类型的证据，例如物体的温度，具有时间敏感性。
- 收集适当的信息。情报分析人员和法庭科学从业人员可能因收集信息太多而收集到无关的信息，从而使分析变得更加困难。一个问题的研究者可能发现，他们的调查跑偏了，或者收集到的是情报目标提供的欺骗性信息。
- 识别信息差距。找出未知的东西对于两个群体是至关重要的，这让他们能够尽最大努力找到缺失的信息，以最完整的图片做分析。犯罪现场很少包含解决犯罪问题所需的所有信息。一旦确定了差距，就必须通过其他方式

填补，如访谈和传统调查。

情报失败

当情报分析人员不能满足上一部分所述的标准，从而适当地预测未来事件时，结果就是情报界所说的情报失败。臭名昭著的情报失败案例包括情报界未能预测 1941 年珍珠港袭击，1973 年赎罪日战争，1990 年入侵科威特，1998 年印度核试验，2001 年在纽约市、弗吉尼亚州和宾夕法尼亚州发生的基地组织袭击，及 2003 年宣布伊拉克拥有大规模杀伤性武器。

法庭科学有自己的情报失败，本部分将其称为法庭科学失败。其中一些已经被媒体广泛宣传，例如 2002 年的华盛顿特区狙击手案，根据该案的法庭科学技术预测，狙击手是一名经过军事训练的中年白人，他驾驶一辆白色货车单独行动。狙击手实际上是两名合谋的黑人男子，他们驾驶一辆蓝色的雪佛兰卡普里斯牌汽车（Caprice）；其中只有一名中年人，他在军队受过训练，另一个是少年。马德里火车爆炸案中美国联邦调查局积极追踪错误的线索，是法庭科学失败的另一个例子。在该案中，美国联邦调查局对在一个装有雷管的袋子上发现的指纹进行匹配，结果指向了美国公民布兰登·梅菲尔德（Brandan Mayfield），他随后被逮捕。美国联邦调查局声称指纹"100% 验证"属于梅菲尔德先生，拒绝承认指纹可能不属于梅菲尔德先生，虽然西班牙警方早就提出了令人信服的证据，即指纹实际上是被一名有西班牙居住许可和犯罪记录的阿尔及利亚人留下的。研究还表明，指纹分析也会发生法庭科学失败：当被告知调查人员相信嫌疑人"绝对"有罪，嫌疑犯人了暴力犯罪，或者指纹和嫌疑人以前匹配成功时，指纹分析者更有可能声称存在匹配，即使实际并不匹配。

情报失败和法庭科学失败的根源几乎总是追溯到简化且常常出错的人类大脑固有的信息处理策略。这些简化的信息处理策略导致思维错误，称为认知偏见。在法庭科学和情报分析中通常会出现其他因素，如缺乏信息，存在虚假信息，没有时间进行额外的分析或进一步研究，等等。这些偏见纯粹是人类信息处理策略的功能，并不是由对某些判断的情感或智力倾向激发的。

这些简化的信息处理策略被称为心理模型。从心理模型产生的思维过程是一致的、可预测的、潜意识的，并且对人类非常有帮助，尽管上一段证明恰恰相反。心理模型是进化过程的一部分，允许人类处理其他不可理解的大量信息。通过帮助人们更有效地处理歧义和复杂问题，这些心理模型也帮助了物种生存和繁荣。

从这些心理模型产生的认知偏见也是有害的：它们通常导致人类跳到结论，错过明显的信息，简单地得出不准确的结论。认知偏见以多种方式干扰逻辑思维。这些偏见使人们察觉到他们期望感知到什么，即使在一开始就存在使人的感知不可信的证据，这也常常发生。除此之外，这些思维模式，无论是否基于准确地感知信息，都形成得非常快，但往往长期固执己见。当出现新信息时，它最常被同化到现有的心态中。如果新信息与这种思维模式相冲突或反驳了这种思维模式，那么它经常被认为是不可靠的或者被简单地忽略。简单地说，在这种情况下，人类最初的思维系统会被认为是假设，即使在获得更好、更完整的信息之后，这些假设也会经常干扰准确分析。

与美国联邦调查局处理马德里火车爆炸案有关的法庭科学失败是一个很好的例子，其说明心理模型如何干扰逻辑思维并因此影响正确的法庭科学判断。在火车爆炸之前，美国联邦调查局确定了梅菲尔德是一名潜在的伊斯兰极端主义者。根据对梅菲尔德及其家人的大量监视，特工们可能已经相信，梅菲尔德实际上是一名恐怖分子。当梅菲尔德的指纹成为可能与装有雷管的袋子上的指纹相匹配的 20 个指纹之一时，这一信息本应受到谨慎对待，却被用来宣布指纹已被"100%验证"属于梅菲尔德，这一信息因此被同化到特工现有的心态中。当西班牙警方检查指纹，发现与梅菲尔德的指纹不一致时，这一证据被忽略。直到西班牙警方将指纹匹配到那名阿尔及利亚犯罪分子，并签发逮捕令，美国联邦调查局才承认其错误。在之后的诉讼中，主审的美国法院法官认定，美国联邦调查局"制造和炮制"针对梅菲尔德的证据，这与其将新证据纳入其现有思维模式相一致，并驳回了不符合这种心态的证据。

认知偏见极难克服。即使一个人意识到它们的存在，也不太可能停止或减弱它们的效果，因为导致它们的心理模型被"硬连接"到人的大脑中。调查马德里火车爆炸案的美国联邦调查局分析师可能至少听说过它们，而且可以确定的是，那些导致伊拉克拥有大规模杀伤性武器这一情报失灵事件的美国中央情报局（CIA）分析人员在基础分析训练期间曾学习过关于认知偏见的知识以及克服其影响的技术。

结构化分析技术的结果

结构化分析技术是批判性思维的合理结构，可以帮助情报分析人员和法庭科学从业人员克服认知偏见，更有效地处理坏的、有限的或虚假的信息。有许多结构化分析技术，每个都可以在分析问题的不同阶段使用，以确保分析的逻辑。虽然不是每种技术都适用于每个分析问题，但是每个分析问题都将从使用适当的结构化分析技术中获益。结构化分析技术通常用于商业活动，以确保公司和其他组织做出最好的决策。

结构化分析技术帮助批判性思维者以多种方式克服认知偏见。这些技术有助于将分析意志和逻辑强加于潜意识的头脑，从而克服错误的心理模型的影响。它们还帮助思考者集中精力分析，并提高人类思维过程的准确性和效率。在这个过程中，它们帮助人们理解复杂的问题，让人们一次只关注问题的一个元素，并将这些元素相互比较。这与试图解决"头脑中"的复杂问题有很大不同，后者往往难以清楚地看到问题的范围，更不用说确定、隔离和比较问题的每个元素。结构化分析技术还便于视觉分析，除了执行上述所有操作，还利用更有效的脑力。

结构化分析与直观分析非常不同。直观分析通常被人们用来写作大学论文以及推理日常事件。进行直观分析的人得到不正确的结论是很常见的。这个过程由前文描述的心理模型驱动。直观分析开始于个体对事件的一个潜在的假设或解释。心理模型的影响使得个体很难考虑替代假设或解释。所选择的假设通常似乎与个体所有的证据相吻合，即使个人已做的研究很少，对现有问题的理解也不清楚。当个体积累新证据并将其与假设进行比较，以查看证据是否支持或符合所选择的假设时，心理模型再次发挥作用，并且不支持假设的证据可能被否定或忽略。额外的支持证据将被识别并用于为所选择的假设建立强有力的论证，即使已经发现了应该抹杀假设的证据。

结构化分析比直观分析更可能产生准确的结论。这个广泛的过程通过多种结构化分析技术来补充，这些技术被设计用于确保过程的逐步完整性。与直观分析不同，这个过程开始于对被观察活动的最广泛的解释的识别，通常称为"全套替代假设"。在这个阶段，结构化分析技术将用于帮助识别这一范围的假设，并识别潜在的（可能不正确的）假设。接下来，研究将开始，分析人员将识别具有诊断价值的证据。在这一阶段将使用旨在确定证据的质量和可靠性的结构化分析技术。然后将收集和分析的证据与可用假设进行比较，并用于反驳而不是支持假设。在这个过程中使用的结构化分析技术防止分析人员受到直观分析过程中发生的心理模型的影响。

结构化分析技术可以为法庭科学从业人员带来巨大的好处。这些技术不仅帮助法庭科学从业人员克服认知偏见，还阐明了其思维过程，帮助识别缺陷、信息缺口和逻辑错误。法庭科学从业人员可以有效地利用有限的时间和资源，以及有限或模糊的信息。结构化分析技术的使用也改善了小组工作，提高了工作人员之间的一致性，提供了分析过程的记录，并且使得工作人员能够继续另一个暂停的分析过程。通过强迫法庭科学从业人员以符合逻辑的方式整理他们的想法，结构化分析技术有助于更有效地沟通并且清楚地表达事实。总而言之，使用这些技术提高了法庭科学从业人员的分析和沟通的准确性，使得最终产品对于依赖法庭科学服务的调查人员、检察官和辩护律师更有用。

参见

行为：调查心理学；

基础：法庭科学情报；法庭科学；

专业：法庭科学的教育与认证；伦理。

扩展阅读

Central Intelligence Agency, 2009. A Tradecraft Primer. Central Intelligence Agency, McLean, VA. https://www.cia.gov/library/center-for-the-study-of-intelligence/csipublications/books-and-monographs/Tradecraft%20Primer-apr 09. pdf.

Heuer, R., 1999. *The Psychology of Intelligence Analysis.* Central Intelligence Agency, McLean, VA. https://www.cia.gov/library/center-for-the-study-of-intelligence/csipublications/books-and-monographs/psychology-of-intelligence-analysis/ PsychofIntelNew. pdf.

Heuer, R., Pherson, R., 2011. *Structured Analytic Techniques for Intelligence Analysis.* CQ Press, Washington, DC.

关键词

认可，可接受性，类比，分析，贝叶斯因子，贝叶斯规则，贝叶斯框架，贝叶斯推理，贝叶斯，偏差，空白样本，铸模，分类数据，保管链，证据链，分类，认知偏见，常见物品的收集和包装，证据收集，收集技术，比较，置信区间，共识，污染，连续性，连续数据，对照样本，控制，协调，包含区间，犯罪分析，犯罪调查，犯罪现场调查，犯罪现场，犯罪，决策，置信度，DNA，评估，证据评估，证据，考试，谬误，法庭科学分析，法庭科学情报，频率论，指南，口香糖，手册，危险标签，启发式，假设检验，假设—演绎推理，识别，个体识别，溯因推理，推理，被污染的材料，诚信，情报分析，情报引导警务，国际标准化组织，国际标准，解释，调查，ISO/IEC 17020，ISO/IEC 17025，标签，似然比，测量，测量误差，心理模型，方法，国家安全，包装，纸作为包装媒介，摄影，占有，后验概率，实践，保存，先验比，概率，概率分布，概率论，程序，分布传播，不确定性，质量，质量保证，质量控制，随机误差，范围测试，记录，样本，绘图，密封容器，符号学，序列，连续犯罪，设置，标志，侧写，规范，标准操作程序，标准，结构化分析技术，主观概率，系统误差，胶带粘取器，分类，分类学，跟踪，运输，A型不确定度，B型不确定度，不确定性，视频。

问题回顾

1. 使用保管链验证证词需要回答的三个问题是什么？

2. 什么是污染？在什么时候可以避免污染？

3. 为什么纸是一种良好的包装介质？犯罪现场调查员应该防止证据发生哪四件事？

4. 保存的两个范围是什么? 为什么时间是每个范围的一个因素?

5. 为什么犯罪现场或证据的文件如此重要? 文件应包含哪些内容?

6. 标准方法和从业者认证如何相关联? 标准方法的目的是什么?

7. 不确定性和错误之间有什么区别?

8. 测量结果何时完成?

9. 什么是质量? 什么是质量保证? 实验室如何"保证"质量?

10. 什么是 ISO 17025? 为什么它适用于法庭科学实验室?

11. 证据分类与集合的关系? 分类学怎么样? 这三者有什么关系?

12. 类别信息如何在调查中发挥作用?

13. 为什么在比较过程中花费更多的时间检查目标(犯罪现场样本)比检查已知物体更重要?

14. 为了进行法庭科学比较, 必须协调哪三项要求?

15. 为什么法庭科学的排除能力比包含能力更强?

16. 法庭科学中使用的两种推理方案是什么? 它们的优点和缺点是什么?

17. 法庭科学和情报分析有什么相似之处? 有什么区别?

18. 什么是结构化分析技术? 它们如何为法庭科学调查增加价值?

19. 三种启发式分析水平是什么? 它们如何协调调查和实验室分析?

20. 频率论方法和贝叶斯方法有什么区别? 有什么相似之处?

讨论问题

1. 目前法庭科学分析的缺点是什么? 它与其他学科相比如何? 其他学科是如何对待其分析的?

2. 质量和调查之间的紧张关系是什么? 实验室如何缓解这种紧张关系?

3. 鉴于处理犯罪现场是与时间赛跑, 如何才能最好地运用这一章中的想法来保存和包装现场的证据和信息?

4. 法庭科学是否具有"情报"思维? 质量和认可要求如何与为紧急调查增加价值(情报)的即时信息相协调?

5. 如果方法类似于烹饪, 那么标准方法和标准操作程序与这个类比有什么关系?

补充阅读

Christensen, A. M., Crowder, C. M., Ousley, S. D., Houck, M. M., 2014. Error and its meaning in forensic science. *Journal of Forensic Sciences* 59 (1), 123-126.

Crispino, F., Rossy, Q., Ribaux, O., Roux, C., 2014. Education and training in forensic intelligence: a new challenge. *Australian Journal of Forensic Sciences*. http://dx. doi. org/10. 1080/00450618. 2014. 906655.

Martyna, A. , Zadora, G. , Stanimirova, I. , Ramos, D. , 2014. Wine authenticity verification as a forensic problem: an application of likelihood ratio test to label verification. *Food Chemistry* 150, 287–295.

Ross, A. , 2014. Elements of a forensic intelligence model. *Australian Journal of Forensic Sciences*, 1–8 (ahead-of-print).

Vosk, T. , Emery, A. F. , 2014. *Forensic Metrology: Scientific Measurement and Inference for Lawyers, Judges, and Criminalists*. CRC Press.

Vosk, T. , Forrest, A. R. W. , Emery, A. , McLane, L. D. , 2014. The measurand problem in breath alcohol testing. *Journal of Forensic Sciences* 59 (3), 811–815.

Ferrero, A. , Scotti, V. , 2014. Forensic metrology: when measurement science meets ethics. In: Ethics in Science, Technology and Engineering, 2014 IEEE International Symposium on (pp. 1–6) . IEEE.

第 3 章

管理问题

　　一个科学专业的课程内容，在任何层面上，很少包括管理技能。科学家们似乎认为，任何管理技能都将在工作中学到；毕竟，科学家们很聪明，能学会像时间管理与项目管理这样"更软"的技能。这就像给一名 MBA 研究生一台气相色谱仪和 100 个海洛因样本，因为他受过教育，就理所当然能在工作中学会这些"非必需"技能。那些在管理岗位上的科学家们（如果有的话）将自己首先看作科学家，其次才是管理者，因此他们贬低或忽视工作的管理方面。正如《高等教育纪事》（*Chronicle of Higher Eduation*）所说的那样，这就像是移居到另一个具有不同文化的国家，期望当地人说你的语

> 　　科学界提供了一个令人困惑的职业轨迹：科学家们花了近十年的时间学习如何做伟大的、干净的实验，准确地解释数据，创造性思考和独立思考。然后，他们获得了教授职位，承担着监督自己实验室的责任。他们突然被推入一个从未受过培训的新型工作中：管理。和任何行业一样，经过管理的实验室也许会蓬勃发展，也许会跟跄难行。
>
> 　　　　　　　　　　　　　　——贝克曼（Beckman，2003）

言，吃你吃的东西。科学是一个完全不同的领域，有着不同的动机、激励和目标；在管理中，金钱和人是关键资源，教

育和培训与科学有很大的不同。如果你让一个科学家解一个微分方程，他可以做到，但是如果把美元符号放在数字前面，他们就会惊慌。

法庭科学实验室的管理人员也不例外；问题是，鉴于质量科学对于刑事司法系统的重要性，其风险更高。

作为高可靠性的组织，法庭科学实验室需要用有限的预算，接近零失败率地完成每次运行。对于有管理培训经历的人来说，这都是重大的管理挑战，更别说那些没有接受过管理培训的人。管理工作就是"处理凌乱、棘手和有着复杂联系的问题"，信息应该用于判断而不是命令；循证与数据驱动不同。个人、单位和实验室的性能指标必须用于做出理性而非政治或感性的选择。管理是对资源的有效配置，以实现共同的目标，并需要制定出客观标准来判断是否成功。管理不善和明显的错误很容易被识别出来。然而，日常表现更难判断。除非一些规范措施作为关于进程、方法和解决方案的对话平台落实到位，否则，法庭科学职业将无法分辨好坏。

法庭科学组织原则

J. 罗伯逊，澳大利亚，堪培拉，堪培拉大学

法庭科学支持范围

"法庭科学"这个词可以包括任何可能在民事法庭或刑事法庭上终结的东西。因此，法庭科学支持的潜在范围是巨大的。从个人水平一直到庞大的组织，都能得到法庭科学的支持。组织可能存在于私营部门或政府部门。它们可以将法庭科学作为主要业务或者将法庭科学工作仅仅看作某一特定组织活动的一小部分。

就本部分而言，其范围侧重于法庭科学组成框架，包括以现场和实验室为基础的自然科学、医学或技术应用，以实现法庭科学的最终目的。

理想的组织模式？

在国际层面，法庭科学支持通常至少包括由警察机构或执法机构提供的"现场"法庭科学支持。"现场"法庭科学支持将始终包括犯罪现场检查，但

通常是指指纹检查（常指指纹识别）、火器和弹道学、摄影或成像等的某些（或所有）方面。

在一些国家，法医学和病理学支持也可以是执法机构的一项工作。

法庭科学实验室可以是或者不是执法机构内的一个单位。实验室可以是独立的单位，或者，更为典型的是上级政府部门的一部分。在一些国家，法庭科学实验室甚至可以是学术机构的一部分。

因此，法庭科学支持组织没有统一或理想的组织模式。法庭科学支持组织一般反映了它在某个特定的国家是如何演变的，其受历史、文化、政治因素的影响，偶尔仅受运气和机会的影响。在法庭科学支持的演变中，将会出现深思熟虑的战略决策的例子，但更常见的也许是特定模型的演化。

组织理论

对法庭科学组织原则的审议需要对一些更广泛的组织理论进行讨论，特别是关于提供法庭科学支持的上级组织类型可能有什么不同。

组织理论包括管理和领导的许多方面，在深度上，它已经超出了本部分能解决的范围。

近期组织理论的一个重要焦点是变革管理及更加强调展示责任和有效性，通过更高的效率实现"用更少的精力做更多的事"。众所周知，现代组织需要适应并做到相对快速的改变，以满足未来挑战。

学术的和经典的组织观点强调它们的多学科性质，主要影响组织的三个方面。它们是社会系统或社会学、人格系统或心理学、文化系统或人类学。不论组织本身的"行为"特征如何，所有组织都受到经济和政治环境的影响。

行为科学的目标是去理解组织对最大化生产力的需求和个人及其发展的需求之间有时会出现的冲突。行为科学也尝试对个人的动机提供更多的解释。但是，个人通常是一个更大团队或者工作组的一部分，因此会受到周边环境的影响。有时，会根据年龄组连同对每代人主要动机的有点陈词滥调和粗枝大叶的分析来定义个人和群体，比如所谓的婴儿潮一代、"X 一代"和"Y 一代"。就这些高层次动机而言，有些道理对员工的领导和管理以及如何激励有上进心的员工有一定的启示。例如，在过去的 20 年里，法庭科学行业已从男性占主导地位转变为女性占主导地位，特别是在实验室。在法庭科学工作的某些方面，人员配备水平的快速增长也带来了更年轻、更独立的中年管理人员。

管理可以被定义为通过协调和指导个人工作而实现组织目的和目标的一个过程。管理作为整合活动的作用可以概括为图1。

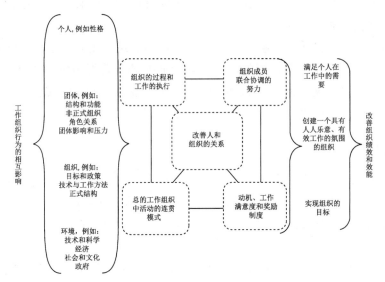

图1 管理在整合组织行为中的作用

随着时间的推移，管理实践当然发生了改变，从几乎所有层次的组织服从于高级管理层的决定，发展到知识与信息被更广泛地获取和传播，以及管理阶层化程度低、实现管理权共享的"现代"组织。

后者是通过将权力平稳下放给组织机构并增加对团队和个人的授权而实现的。这种方法要想成功，控制的范围仍需进行明确。平衡的方法是大多数组织仍然保留某种程度的官僚机构。特别是在一些政府和公共部门组织里，需要去平衡日益增长的论证问责的需要、公平和统一的个人待遇以及用于制定规范和遵守规则和程序的制度成本。

法庭科学组织——一个特例？

在组织理论这个非常简明的背景下，需要问的问题是，法庭科学组织是否有任何特殊或者独特的方面需要特殊考虑？

显然，所有的组织都非常希望以伦理、有效的方式来提供法庭科学支持，以达到符合适当实践标准的目的。鉴于这样的组织必须达到最高水平的诚信和伦理要求，许多法庭科学团队已经发布了特定的法庭科学伦理准则。对于许多法庭科学服务供应商而言，在某种程度上，这可以用来衡量和寻找满足相关 ISO 标准的机构。然后，法庭科学服务供应商可以对这些标准的遵守情况进行检验。对于检测和校准的实验室，相关标准是 ISO/IEC 17025。

就管理而言，这个标准要求如下：

管理要求

4.1. 组织

4.1.1. 实验室或者其所属的组织应是可以对其负责的实体。

4.1.2. 实验室有责任以符合国际标准的方式进行检测和校准活动，以满足客户、监管当局和认可组织的要求。

4.1.3. 管理体系应包括在实验室永久设施、远离永久设施的地点或相关临时或移动设施内开展的工作。

4.1.4. 如果实验室是某个组织的一部分，而该组织除了检测和/或校准之外还执行其他活动，那么那些组织中参与或影响实验室检测和/或校准活动的关键人员的责任应当明确，以识别潜在的利益冲突。

4.1.5. 实验室应当

    a. 有具备某些权限和资源的管理和技术人员（不论其他职责）承担以下职责：实施、维护和改进管理制度，从管理制度或者执行检测和/或校准的程序中确定偏离的发生，并采取行动预防或减少这种偏离；

    b. 确保其管理人员和全体员工不受任何可能对其工作质量产生不利影响的不适当的内外部商业、财务和其他方面的压力和影响；

    c. 制定政策和程序以保护客户的机密信息和专有权利，包括保护电子存储和结果传输的程序；

    d. 制定政策和程序，避免参与任何可能会削弱其能力、公正性、判断力或诚信经营的活动；

    e. 明确实验室的组织和管理结构，其在任何上级组织中的地位，以及质量管理、技术操作和支持服务之间的关系；

    f. 详述那些从事影响检测和/或校准质量的管理、执行或者验证工作的所有人员的责任、权限和相互关系；

    g. 让熟悉方法和程序、每项检测和/或校准的目的及结果的人员对检测和校准人员（包括学员）进行足够的监督；

    h. 设有技术管理岗位，全面负责技术操作和提供必要的资源，以确保实验室运行的质量；

    i. 指定一名工作人员作为质量主管（无论如何命名），不论其他职责，应明确其职责和权限，以确保与质量有关的管理制度始终得到执行和遵守；质量主

> 管应直接进入决定实验室政策或资源的最高管理层;
>
> j. 任命关键管理人员代表（见注）;
>
> k. 确保其员工意识到他们活动的相关性和重要性，以及他们如何才能实现管
> 理制度的目标。
>
> 注：个人可能有一个以上的职能，为每个职能都任命代表可能是不切实际的。
>
> 4.1.6. 最高管理层应确保在实验室内建立适当的沟通程序，并就有效性或管理制度
> 进行沟通。
>
> 4.2. 管理制度
>
> 4.2.1. 实验室应建立、实施和维护与其活动范围相适应的管理制度。实验室应记录
> 其政策、制度、项目、程序和指令，以在必要的范围内确保检测和/或校准结
> 果的质量。制度文件应传达给适当的人员，并由其理解、获取和执行。
>
> 4.2.2. 与质量有关的实验室管理政策（包括质量政策声明）应在质量手册（无论如
> 何命名）中明确。应建立总体目标，并在管理评审过程中进行审查。质量政
> 策声明由最高管理层授权发布。

ISO/IEC 17025 标准关于组织管理的一个关键要素就是强调公正以及员工不受任何压力的影响，这些可能会影响他们的技术判断。

如果实验室是一个更大组织的一部分，则组织安排上应是这样的：利益冲突的部门不得对实验室的合规性产生不利影响（见管理要求）。

潜在利益冲突的一个例子可能存在于警方调查人员对需要什么样的法庭科学支持的看法以及法庭科学服务提供者在决策过程中的作用之间。

最后，管理要求也强调管理和技术人员有"权限"和"能力"去履行职责。

除了这些总体要求，澳大利亚（国家检验机构协会，NATA）应用文件中还有针对法庭科学认可的补充要求。

这些要求再次强调必须明确实验室主任的权限，其有与其职责相称的足够的权限。管理/监督人员必须有与其职责相称的足够的授权，每个下属都应只对一个职能上的直接上级负责，实验室人员必须确立和理解绩效期望。

管理层必须制定业务规划和预算，以提供满足客户需求的服务，实验室必须拥有并使用管理信息系统，该系统提供有助于实现其目标的信息。

这份文件比一般的 ISO/IEC 要求更具体，它更详细地阐明了实验室主任的权限和责任。它还明确指出，实验室应有一个业务规划和预算，以实现其目标。

一个有趣的要求是："组织结构必须以一种考虑到运行效率的方式将工作和人员进行分组，同时考虑到各种法庭科学学科的相互关系。"

补充要求意识到对于法庭科学实验室而言，没有唯一完美的组织。

补充要求也规定了监督人员的职责、沟通渠道、员工输入（包括人力资源政策）。

因此，尽管在法庭科学某些具体方面可能会有一些细微差别，但从组织管理的角度来看，与业务性质无关，它们的指导原则大体相同。法庭科学服务供应商应当力求符合如 ISO/IEC 17025 所描述的服务水平以及其他特征。

对于非实验室供应商，不论有没有替代技术标准，例如 ISO/IEC 17020（它被某些地区提出作为犯罪现场操作人员的适用标准），都应该遵循相同的管理原则。

公共和私营供应商

由于许多法庭科学团队在执法机构内部，法庭科学管理的适当权限、足够预算的控制以及表明不受不当影响的具有适当独立性的管理结构等是提高公众对法庭科学的公正感知的关键。尽管不论上级组织如何，同样的结果同样适用，但是当上级组织是执法机构时，公众将会更倾向于认为其法庭科学决策是受到不适当影响的。

法庭科学支持主要基于公共部门。如前所述，这并不意味着改良的和更有效的服务是不可期待的。然而，有人认为，作为一个政府职能部门，组织大量活动的需要以及迎合政治倡议都会导致巨大的成本，这会影响对私营部门技术如何应用的评估。在英国和新西兰，已经引入了私营部门模式以获得实验室法庭科学支持。在这些地方，商业压力导致法庭科学服务中心（FSS）被取缔，因为政府的目标是法庭科学服务供应商中没有国家利益。然而，政府当然会通过"拥有"警察服务和"内部"法庭科学支持来维护重大利益。在新西兰，该模式被描述为最好的"伪商业"。在这种模式下，法庭科学服务供应商是皇冠研究所（CRI），其需要

- 从事研究；
- 在一切活动中追求卓越；
- 遵守适当的伦理标准；

- 提升和促进研究成果和技术发展的应用；
- 成为一个好的雇主；
- 考虑到社会的利益，表现出社会责任感。

不同于国有企业，皇冠研究所不需要"提高政府的商业回报率。"

本部分的目的不是推广一种服务传递模式，而是阐明，无论何种供应商模式，当今任何组织都不可回避地要担负责任并证明它是以一种符合成本收益的方式在运行。任何组织面临的挑战都是如何表现出效果（并明确这意味着什么）和效益（单位服务成本的最低可接受的交易量）之间的平衡。

人才是我们最宝贵的财富！

在法庭科学环境中，科学家和技术人员的管理有什么特殊的方面吗？员工的变动会对组织产生影响吗？

从一般意义上说，分层管理架构已经转向扁平结构，经典团队组织已经转向专家团队组织或者跨职能团队组织。参见图 2 和图 3。

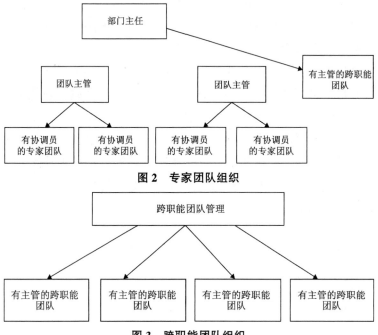

图 2　专家团队组织

图 3　跨职能团队组织

由于它们下放决策权并鼓励自营团队元素，这些模式可能适合"现代"的员工；然而，他们对具有传统管理结构的组织也有影响。无论采用何种团队环境模式，成功的关键因素都是员工激励。有许多著名的激励理论，包括马斯洛需求理论和这种理论的修改（简化），如阿尔德弗尔的 ERG 理论，E 代表"生存"，R 代表"相互关系"，G 代表"成长"。其他的理论分析表明，专家需要更高程度的独立性、具有挑战性的工作、公开诚实的沟通和对工作状况的认可。

最后，需要考虑这些激励因素以应对个人年龄矩阵，因为随着年龄变化，动机也会发生变化。由于法庭科学需要工作和生活经验以及知识，法庭科学家可能会因为能力和自我形象提高而获得更大的动力。

然而，对于年纪较大的员工，动力可能会下降，因为他们认为自己已经进入一个生理和认知能力衰退的时期。最初，他们可能会通过简单地延长工作时间来弥补这一点。

总而言之，人力资源管理是复杂的，没有简单的易于遵循的准则。法庭科学家像许多专业人士一样，仅仅在相同意义上是"不同的"。良好的管理措施应该认识到那些可能激励专家的因素。迄今为止，在组织结构可以修改的情况下，当管理知识型员工时，一个赋权更多的模式可能会达到最好的效果。

结　论

从组织管理的角度来看，法庭科学"行业"并不是唯一的，但它有一些独特的因素需要被认真考虑和管理。占主导地位的"劳动力"是知识工作者或专家。虽然整个行业的学历水平仍然存在显著差异，但是专业发展被认为是必不可少的。通常情况下，法庭科学服务供应商将成为拥有混合人员的较大母体组织的一部分，这可能会为法庭科学部门的管理人员带来一些文化问题。

如果寻求 ISO 水平的正式认可的话，组织层面的重点是适当水平的公正服务和一些相当具体的要求。

最后，法庭科学服务供应商不受更广泛管理问题的影响，包括文化和环境的变化，以及更多的责任感和效率的期待。

扩展阅读

Becker, W. S., Dall, W. M., Pavur, E. J., 2010. Forensic science in transition: critical leadership challenges. *Forensic Science Policy and Management* 1, 214-223.

Bedford, K., 2012. Forensic science service modelsdis there a "best" option? *Australian Journal of Forensic Sciences* 43, 147-156.

Heames, J. T., Heames, J. T., 2010. Forensic science staffing: creating a working formula. *Forensic Science Policy & Management* 2 (1), 5-10.

Houck, M. M., 2009. Is forensic science a gateway for women into science? *Forensic Science Policy and Management* 1 (1), 65-69.

Kobus, H., Houck, M., Speaker, P., Riley, R., Witt, T., 2011. Managing performance in the forensic sciences: expectations in light of limited budgets. *Forensic Science Policy & Management* 2 (1), 36-43.

Laegaard, J., Bindslev, M., 2011. *Organisational Theory*. Ventus Publishing ApS. (Available as a free book on Bookboon. com).

Mullins, L. J., 2010. *Management and Organisational Behaviour*, ninth ed. Pearson Education Ltd, Essex.

Speaker, P. J., 2009. Key performance indicators and managerial analysis for forensic laboratories. *Forensic Science Policy and Management* 1, 32-42.

相关网站

www. ascld-lab. org: American Society of Crime Laboratory Directors Laboratory Accreditation Board (ASCLD/LAB).

www. european-accreditation. org: European Co-operation for Accreditation.

www. iso. org: rganization for Standardisation (ISO).

www. nata. asn. au: National Association of Testing Authorities (NATA).

www. ukas. com: United Kingdom Accreditation Service (UKAS).

实验室自动化和法庭科学实验室信息管理系统

M. 斯坦加德，A. J. 汉森，N. 莫林，丹麦，哥本哈根，哥本哈根大学

术语表

准确度　在本部分用来定义测量值与实际或真实值的接近程度。准确的过程将显示接近实际或真实值的结果。

自动液体处理器（ALH）　一种自动化的移液机器人，它利用预编程脚本来执行实验程序。

校准曲线　ALH 可以使用校准曲线来弥补物理泵和液体处理系统之间的差异。通过测量每个移液器移送的液体实际体积，可以生成校准曲线，使 ALH 能够在规定的体积范围内获得精确的移液。

支架　设计安装在 ALH 工作台上，用于摆放实验室器具。一个支架可以摆放几件实验室器具。通常，不同的支架用于摆放不同种类的实验室器具。

固件　直接存储在例如仪器的电子电路中的一小部分软件。通常，用户无法访问该软件。在 ALH 中，可以使用固件来控制各个机械部件。

仪器软件　用于编写 ALH 脚本的专用软件。仪器软件通常随 ALH 一起提供。供应商之间的软件、可选择的方法、选项和术语差别很大。

实验室器具　可摆放在 ALH 工作台上的微孔板、试管、吸嘴、槽等物品，统称为实验室器具。

液体等级　在本部分使用了液体等级这个术语。液体等级是脚本的一部分，包含控制移液操作的详细参数的集合。液体等级通常包含 ALH 的关于移液速度、气隙大小以及一些仪器软件中校准曲线的说明。ALH 在单个脚本中可以用许多不同的液体等级，以实现精确的液体处理。在一些仪器软件中，液体等级被视为"液体类型"或"液体处理参数"。

移液技术　移液技术像液体等级，但包含更多的调节选项。移液技术这个术语用在贝克曼·库尔特（Beckman Conlter）公司的仪器软件中，其结合底层移模板，用于控制吸嘴在管中移动，完成每个抽吸—分配工作。

精密度　在本部分用于定义可重复或再现的程度。精密过程将显示不变条件下相同的结果。精密过程不能以此推断过程是准确的。

脚本　本部分出现"脚本"这个术语。脚本是指导 ALH 执行所需功能的一系列软件说明，如抽吸—分配液体、记录条形码、移送实验室器具等。在一些仪器软件中，脚本被视为"方法"或"例程"。

工作台　本部分出现术语"工作台"。工作台是 ALH 处理样本使用的图示区域。在一些仪器软件中，工作台被视为"仪表板"或"平台布局"。

引　言

20 世纪 70 年代，随着汉密尔顿公司引进自动稀释器，手动移液器开始自动化。第一台自动化液体处理器于 1983 年上市。术语"实验室自动化"，或简称"自动化"，通常是指使用自动化液体处理器。目前，在市面上可以买到许多供应商的 ALH。有些作为独立的（开放平台）系统销售，另一些是根据客户的详细规格要求而进行设计和制造。离心机、天平、加热/振荡仪、磁净化装置、输送带、封口机、PCR 循环仪等一体化设备存在许多选项的。因此，这些组合可以独自完成实验，而无须人工干预。在实验室里，每次都用自动化系统并不是最经济的解决方案，它取决于自动化系统的能力和实验室的样本吞吐量。然而，对于法庭科学实验室，自动化解决方案的实施有一些其他重要的优势。ALH 运行或执行包含详细说明的脚本，这些指令使得移液能够补偿液体在物理特性方面的变化，如黏度、挥发性等，类似于实验室技术人员的手动吸液。每次运行时，ALH 将执行相同的移液操作，减少了内部和不同操作者引起的变化。ALH 不能执行它们未被编程的动作，样本错位或非预期移液的风险接近于零，因为 ALH 在被设计和编程时就考虑到了这一点，样本和试剂能被正确地加载。最后，更复杂的实验过程通过自动化通常会缩短处理时间并提高处理能力。本部分讨论了液体处理器的选择、液体处理器在法庭科学和认可环境中的验证以及液体处理器的操作和维护。

什么是实验室信息管理系统？

实验室信息管理系统（LIMS）是一个管理样本相关信息、分析结果、手动和自动的实验室流程、用户配置文件、用户访问等的计算机系统。一些 LIMS 也包括管理案件报告信息的选项。不同系统和供应商之间的 LIMS，样本管理水平和添加实验结果的选项是不同的。存在许多不同的"商业成品（COTS）系统"。然而，法庭科学实验室可以选择修改 COTS 系统，以适应当地的具体要求，或者自己开发 LIMS。LIMS 要求输入的信息是可靠的。因此，在 LIMS 中，必须花更多的工夫确保样本数据和登记结果的有效性，并在可能的情况下采用电子数据和自动结果录入。如果手动数据录入是唯一的选择，那么数据应独立录入两次或至少由第二操作员核准。

实验室自动化和 LIMS 的一般优势

实验室自动化和 LIMS 在法庭科学环境中的实施资源的优先处理和管理有关。实验室自动化和 LIMS 的实施和验证，既不简单，也不便宜。此外，应分配专职人员对自动化仪器和 LIMS 进行日常维护和支持，确保系统是最新的并实现预期的性能。实验室自动化减少了手动处理样本的数量，LIMS 则消除了手动采样跟踪。实验室自动化和 LIMS 联合，减少了样本到样本的处理变化，如果正确使用，则会降低样本的错位风险。实验室自动化和 LIMS 的实施可以确保实验室更好地处理日常波动和缩短作业时间。最重要的是，实验室自动化联合 LIMS 使实验室生产量超过使用手动处理可达到的水平。此外，万一生产量要求增加，运行相同的 ALH 亦非难事，还能为实验室提供可扩展的解决方案。

选择 ALH

目前市场上有多款 ALH 在售，一般来说，它们都能够执行任务，即自动处理液体。ALH 之间的一般差异主要是由以下原因造成的：（1）ALH 抽吸和分配液体的方式；（2）编程和控制仪器所用的软件；（3）辅助设备同仪器和软件的整合程度。

ALH 之间的一般差异

大多数 ALH 通过负压或虹吸效应发挥作用。原理上，和常规手持移液器一样，ALH 使用空气位移起作用。依靠系统液体的 ALH 通常以蒸馏水作为系统液体。相较于空气，水的可压缩性对温度和压力变化的依赖小，所以有些人认为液体驱动的 ALH 在温度或压力波动较大的情况下更好。一些 ALH 能够监测移液处理，例如用导电头跟踪液体或将移液中遇到的压力差与预定义的液体特异性参数进行比较。这减少了气泡和凝块的影响，并提高了对结果的整体信心。

不同供应商用于生成脚本的仪器软件差异很大。一些程序可以通过将功能框拖放至垂直或水平来实现脚本编程，类似于乐高的原理。其他的依赖线线编程。不同类型软件的 ALH 功能控制水平差异也很大。例如，在移液时直接控制吸嘴在管内运动的细节，也许在一种软件中是可行的，而在另一种软件中是不可行的。诸如锁定脚本以防意外修改、用户控制等功能在各种仪器软件解决方案中也千差万别。对于具有集成设备的较大的 ALH，仪器软件可以通过调度 ALH 资源来协助程序员，从而更快地完成脚本。仪器软件还可以包括在脚本完成并进行充分测试后锁定或验证脚本的工具。一般来说，不同的供应商有不同的工具来保护经过验证的方法，其中一些更有效率。

基于其大小和灵活性，ALH 主要可以分成三类。小型 ALH 可以是具有专用功能的封闭系统，例如小型 DNA 提取器或具有有限灵活性和集成选项的小型 ALH。中型 ALH 通常更加开放和灵活，能够实现更高程度的定制功能以及各种组件和设备的整合。大型 ALH 通常包含多个组件，例如处理臂、封口机、封盖/分解器、离心机、照相机等，并且能够执行复杂的程序而无须手动干预，从而使大型 ALH 成为生产线。一个经验法则是，解决方案越复杂，验证方案也会越复杂和广泛。因此，解决方案的选择应符合实验室的需求——大型、复杂和昂贵的 ALH 并不总是比简单的解决方案更好。

实验过程自动化

对特定实验过程选择最佳 ALH 的关键是对 ALH 计划执行的实验过程进行仔细评估。评估最好通过列出过程的每个单独操作进行准备，即样本/试剂的所有转移、样本的移动等。评估应该列出要求清单，并详细说明。要求清单应说明过程中每个液体转移步骤的准确度和精密度要求。这些要求还应指定要使用哪种类型的吸嘴。由于一次性导电过滤嘴价格昂贵，在没要求过滤嘴的情况下，给 ALH 配备可重复清洗使用的吸嘴可能是有益的。要求清单还应包括所有潜在集成设备（如磁力单元、加热/振荡仪等）的相关评估要求。这些要求应和预期的过程要求一样严格。如果使用的 LIMS 与仪器连接，还应规定输入/输出文件的格式。根据要求清单，可以确定适用于该实验过程的最佳 ALH。对于具有有限的自动化经验的实验室，应优先考虑具有本地/区域支持的供应商。

在 ALH 的实施和验证之前，应考虑备份解决方案。与所有技术设备一样，ALH 可能由于其中一个组件的碰撞或故障而失灵。集成在 ALH 上的设备越多，其中一个组件发生故障的风险就越大，从而导致整个自动化系统停止运行。要避免一组样本在单个仪器（一种关键仪器）上进行处理的情况。一种解决方案是，在验证一台 ALH 之后，购买和验证第二台相同的 ALH。然后贯穿实验室的样本流可以被引导到两台液体处理器中的任何一台。在任何情况下，关键仪器的使用不应超过其负荷的 70%，以防止 ALH 停止服务时的样本积压量增长太快。用关键仪器的实验操作应该有可替代的样本处理方案。

将各种组件整合到一台 ALH 中的一个重要考虑是成本收益评估。通常，来自同一供应商的设备集成是明确的，仪器软件是为设备准备的。必须更彻底地考虑第三方设备的集成。一般来说，这是麻烦和耗时的，必须比较集成与手动干预以完成单机操作的过程。根据实验室工作人员的技术能力，第三方设备集成可能在经济上是不合理的。因此，在实验过程中需要手动干预的解决方案可能是最好的，也是经济上可行的。

LIMS 支持/集成

LIMS 集成需要通过共享数据库或文件传输来交换信息。可用的 LIMS 支持水平可能对最佳 ALH 的选择有重大影响。没有或非常有限的 LIMS 支持的实验室可能会受益于选择简单的独立 ALH。最简单的 ALH 可以由简单的控制面板而不是计算机控制。这降低了仪器的成本以及对验证和操作员在计算机技能方面的要求。这些仪器可能无法实现 LIMS 集成。小型 ALH 的灵活性和集成选项可能显著低于中型 ALH，或者根本没有。然而，简单的、有限的灵活性确保了必须测试和验证的选项较少，从而实现更快的验证和实施。

中型 ALH 通常具有更大的灵活性、集成选项和 LIMS 系统通信。机械臂可自动调节（跨度），使 ALH 将样本从管有效转移到板，反之亦然。工作台允许支架上摆放多个试管以及微量滴定板，因此可以进行更复杂的过程。这使得中型 ALH 可以用于利用各种实验器具的更复杂的实验过程。控制大多数大型 ALH 的仪器软件可以根据简单输入文件中包含的信息进行样本处理，例如由 LIMS 生成的信息。中型 ALH 可以在没有 LIMS 集成的情况下使用，但它们通常受益于 LIMS 集成。

多个组件或设备的集成可以使较大的 ALH 执行几个通常分离的实验过程，而无须手动干预。这样的 ALH 可以被称为生产线。这些系统可能具有使用手动处理难以获得的样本处理能力。这样的系统一般没有相关性，除非它们得到指导样本流的有效 LIMS 的支持和集成。

条形码

条形码有许多形式和市售字体。条形码中包含的信息取决于使用的条形码类型。一些条形码是一维的，与二维码相比，每单位区域的信息不会保持一样多。一些一维条形码还包含保存在条形码中的人为可读文本，而二维码不是人为可读的。许多市售的试管和微量滴定板可以采用唯一的数字预条码。使用预条码试管通常需要 LIMS 集成，以将样本标识与条形码管的数字相连。

在样本登记过程中，定制条形码可以手动应用于试管和微量滴定板。用条形码标记样本管/板使配备有条形码扫描仪的 ALH 可以像控制微量滴定板的方向一样对照样本的位置、记录管/板上的标签以及将被处理的样本管/板报告给 LIMS 或形成报告文件。通过集成 LIMS 可以更高效地用条形码进行样本追踪。LIMS 可以被编程，以更新被处理样本的状态，其中包含批号、仪器详细信息等。这要求 ALH 自动生成包含此信息的输出文件，并将文件传输给 LIMS。

最近，人们对用于标记和追踪证据的射频识别技术（RFID）的兴趣可能表明了 LIMS、保管链和仓储的新方向。

试管与微量滴定板

选择 ALH 之前的一个重要判断因素是实验过程是否要求样本在试管中或微量滴定板中进行处理。如果不能有效地使用诸如条形码之类的适当控制方法，则试管中样本的处理会增加错位风险。然而，样本在单独试管中使重新处理变得容易。

在微量滴定板中处理样本可以降低样本错位的风险，并可以手动控制每个样本的数量。然而，微量滴定板中样本的重新排列难以手动进行，通常需要能够处理少数预选样本（选出最有利的）的 ALH。用于常规翻盖试管（如常规的 EP 管）的支架和用于微量滴定板的支撑底座，市场上有几个供应商。

自动化系统和实验过程的验证

安装 ALH 时，供应商应执行仪器认证测试，以根据用户要求或实验室提出的"设计认证"来验证所有组件是否存在和运行。仪器认证测试的结果应由实验室记录和存储。在 ALH 开始实际验证之前，实验室可以根据使用目的进行额外的"操作认证"测试，以确保 ALH 功能正常。

什么是验证？

根据 ISO／IEC 17025，验证被定义为"……通过审查确认并提供客观证据表明特定预期用途的特定要求被满足"。换句话说，验证证明一个过程或方法在实验室技术人员手中是稳健的、可靠的和可重复的。

验证过程

使用项目管理工具能最有效地进行 ALH 的实施和验证。因此，应组建一个包含专职人员的项目组，并由实验室管理层确定该项目的优先级。实际上，这样可以确保 ALH 能够以更快、更稳健的方式实施和验证。在 ALH 验证之后，项目组应协助接收实验室培训和维护 ALH。

在开始验证项目之前，应对仪器进行测试，以确保其符合预期过程的要求。该测试可以被称为仪器认证或用户验收测试。仪器认证应提供书面证据，证明预期过程可以在特定仪器上令人满意地执行。

脚本设计

对于诸如 ALH 和 LIMS 的计算机化系统，验证可以解释为使得脚本的每个可能的相关结果都应该被测试。在 ALH 的脚本开发之前，应该考虑这一点。大多数脚本需要在某个时间点更改，使初始验证无效，因此在使用前需要重新验证。如果脚本中的流程如图 1（a）所示，验证和重新验证可能会非常昂贵和耗时。然而，通过使用如图 1（b）所示的流程，验证和重新验证可能是一个简单的操作，只需要执行一个完整的脚本和处理 4 块板。相比之下，图 1（a）中的脚本设计将需要 4 次运行，总共需要 10 块板。

完成初始脚本版本后，测试应在实际验证实验之前开始。用水替代试剂可用于验证脚本性能以及在输入和输出方面 LIMS 的整合度。可以使用不同颜色的水来验证样本定位、试剂添加等。为了验证，应测试代表数量的样本，以确保系统提供可重复和可靠的结果。明确要使用的样本数量需要做出权衡。对于一些过程，通常会提到一个魔术数字 50。通过自动化处理可以在 96 孔、384 孔甚至 1536 孔的微量滴定板上工作，这个数字似乎是无关紧要的。运行 50 个样本可能看起来太少，因为这不足一块全板。运行 50 块板的话，试剂价格太昂贵，数据分析也耗时。因此，确定待测样本的相关数量非常依赖过程特定条件。在验证过程之前或经实验室管理层同意，样本的相关数量和其他相关验收测试标准应当明确。

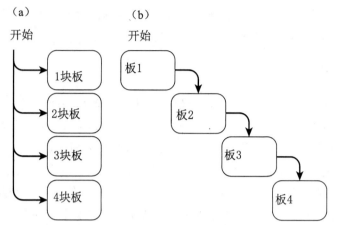

图1　脚本设计。设计用于处理 1 到 4 块板的脚本可能在结构上有不同的编程。（a）该脚本旨在根据初始用户输入来处理 1 块、2 块、3 块或 4 块板。（b）脚本的设计从板 1 开始，接着板 2、3 和 4，直到所有的板都被处理

工作台布局

对支架进行小的修改可以防止操作员错误定向或摆放实验器具。对于一个侧面有条形码的微量滴定板来说，其位置、定向和识别可以在样本处理前通过 ALH 与 LIMS 最初的脚本结合来控制和验证。对于简单的 ALH，可以通过使用不同类型的来源和目的微量滴定板来辅助定位。板的定位可以通过在工作台上添加元件来控制，例如用小的不锈钢尖钉通过微量滴定板上的明确特征来定位（图 2）。

图2　微量滴定板定向。用箭头表示的位于右下角的不锈钢尖钉用于固定贝克曼·库尔特公司 **Biomek 3000** 机器人上的微量滴定板的方向。微量滴定板除了最接近 A1 的位置有边角，其他缺少边角。微量滴定板的正确定向是 A1 在左上角完好放置。（a）微量滴定板的正确定向。位置 A1 位于左上角。（b）微量滴定板的不正确定向。A1 位置位于右下角。尖钉防止板被错误放置在支撑底座上

体积验证

必须对 ALH 转移液体的体积进行验证。应使用与要验证的脚本中使用的相同或替代的代表性体积和抽吸—分配周期来执行 ALH 分配液体体积的验证。抽吸—分配周期应使用相同的液体等级以及其他移液参数，如使用移液技术和/或移液模板作为实际脚本。为每个 ALH 编写专用体积验证脚本可能最为实际。可以使用体积验证来优化液体等级或移液技术，以满足对移液准确度和精密度的要求。

体积验证可以使用荧光、吸光度、重量测定或放射性同位素技术。放射性同位素技术由于生化和放射性材料的诸多限制而不切实际，此处不讨论。

荧光

通过荧光进行体积验证需要用与实际脚本相同的体积和抽吸—分配周期对混合了荧光染料的液体进行抽吸和分配。目的板应与荧光读取器兼容，并具有平底管，以确保最大的信号记录。重复抽吸—分配循环将提供所需的统计数据。在分配和信号记录之后，可以使用记录在每个孔中的信号强度来计算分配的液体体积。这需要使用横跨所使用的体积的标准曲线。该标准曲线应包含在与测量体积相同的板中，以消除板的可能影响。大量的荧光染料可以从市场上买到。然而，光漂白的荧光染料降低了测量精密度。此外，荧光染料信号强度受酸碱度和离子强度等因素的强烈影响。

吸光度

使用吸光度的体积验证原理类似于基于荧光的技术。与荧光不同，通过吸光度的体积验证利用了一些染料的物理性能来阻止光通过。因此，和荧光染料不同，用于吸光度的染料对光分解不敏感，也不易受到酸碱度和离子强度的影响。此外，能够记录荧光的读板器比更简单的吸光度读板器明显更加复杂和昂贵。使用标准曲线和待测体积重复抽吸—分配周期，可以获得移液操作的准确测量。

重量测定

重量测定技术与用于称量通过手动柱塞移液管分配的液体的常规方法基

于相同的原理。该技术通常需要在 ALH 中集成高精度的天平。重量测定可以定制为使用相同的液体,例如抗凝血液、尸体血液、其他体液、PCR 主混合物和挥发性试剂等,可以精确检测完整的抽吸—分配周期以及液体参数。需要知道液体的密度来计算分配的体积。然而,集成天平可能是耗时的,并且限于 ALH 提供的可能性。而且,天平不易在 ALH 之间快速移动,因此相同的解决方案可能并不适用于实验室中所有的 ALH。重量测定也可以在不集成天平的 ALH 上进行。然后通过在每次移液操作之前和之后手动称量管/板来进行该过程。这个程序既费力又耗时。

为了处理板中的样本,重量测定仅提供整个板的重量,但在每次单独的分配操作之后记录重量的变化。因此,获得的结果是整个板上的平均值,移液中的个别差异可能难以记录。可以在 ALH 中集成天平,以便记录单独的移液操作,但这可能受到软件中可用选项的限制。

输入/输出文件

大多数中型或更大的 ALH 可以选择接受和生成文件。通常,这些文件是具有预定义结构和格式的简单文本文件。如果 ALH 与 LIMS 集成在一起,则可以确保只处理在 ALH 上执行的进程队列中的样本。还可以指示 ALH 使用输入文件,以通过对照样本管/板上的条形码来确保样本被处理前在工作台上的正确定位,从而防止样本错位。来自 ALH 的输出文件可以在样本处理后生成。可以将 LIMS 编程为接受此文件并更新处理过的样本的状态,同时可选择包含任何获得的结果。对这些文件的使用的验证应该侧重于确保生成可接受的文件,它们包含预期的信息,处于预期的位置,并且能够在 ALH 和 LIMS 中产生所要求的响应。

验证策略

ALH 自动化过程的验证应尽可能全面。一个常见的问题是没有与实验室管理层就验证的程度和可以接受的结果达成协议。因此,在开始实际的验证实验之前,实验室管理层和项目主管之间应该达成协议。该协议应描述实验的范围,包括样本的类型和数量以及测试验收标准。测试验收标准应为实验室管理层对系统的最低要求。

模块化测试

可以在模块化的基础上验证集成系统的单个组件、更大脚本下的单个附属脚本或特定 LIMS 交互。模块化测试的例子包括 ALH 上的移液器的体积验证，从槽中到微量滴定板中的预选孔的分配，输出文件的生成或文件的导入和处理。模块化测试的相关结果可以包含在最终验证报告中，用于确认各个组件和交互的功能。但是，验证不应仅仅基于相关组件的多个模块化测试。

整体测试

在整体测试中，整个系统被视为一个黑盒子，最后的输出结果被记录和评估。在样本处理中的个别子步骤被忽略。只有在使用模块化测试对各个组件或子步骤进行了充分的测试时，才应进行整体测试。自动化系统的最终验证应该意味着整体测试，以证明系统作为一个整体发挥作用，并且子步骤之间的相互作用是预期的。

污染检测

ALH 的工作表往往受到空间限制。在执行脚本期间，填充样本或试剂的吸嘴可能会通过开放管。如果液体等级没有适当优化，可能会滴水。可以通过运行一系列已知样本来识别交叉污染，例如棋盘格式，其中每个管中的样本被水替代。

准确度和精密度

为了确保系统稳定可靠并且产生准确和精确的结果，应在几天内使用相同的一组下游仪器多次处理相同的一组已知样本。比较结果和潜在的日志或报告文件应提供证据，以支持系统提供准确和精确的结果。使用已知浓度的 DNA、抑制剂或其他效应物的样本能提供有关结果准确性的信息。

灵敏度和随机性研究

使用已知样本的稀释系列可以发现和确定系统的较低操作范围。可以为此购买已知浓度的样本。稀释系列应超出系统预期的上限和下限检测阈值。重复灵敏度测试可以检测指数酶促反应（如 PCR）的潜在随机效应。操作浓度阈值应根据系统的灵敏度和随机效应的缺失而确定 。

法庭科学环境中自动化仪器的操作与维护

在法庭科学和认可环境中操作自动化仪器意味着必须防止对系统进行那些使验证失效的修改或调整。虽然这似乎是显而易见的，但由于缺乏对仪器软件和相关设备的详细了解，这点很容易被忽视。不同的供应商已经开发出不同的解决方案来保护他们的系统。一些解决方案比其他方案更实用。此外，仪器必须以预定义的间隔进行测试，以验证性能是否在说明书范围内。

验证脚本的共享组件

用于控制 ALH 或 LIMS 的仪器软件通常提供各种级别的用户权限。典型的操作员只有在 LIMS 中执行验证脚本或执行简单的例行步骤的权限。因此，这个危险很少发生于日常用户身上，但会发生在有超级用户权限的人身上。以下将讨论 ALH 的详细信息。

仪器软件可能会使用多个共享组件，示例包括液体等级、移液技术、实验室器具信息和工作台布局等。组件是共享的，这表明它们在不同脚本之间是共享的。因此，如果在一个脚本中修改了液体等级，则这些修改将转移到使用该液体等级的所有其他脚本。由于液体等级包含移液参数和某些软件的校准曲线，液体等级的变化应至少伴随着所有相关体积的验证。在某些仪器软件中，这也包括验证和锁定的脚本。可能还有许多其他方式来保护经过验证的脚本。

开发在日常工作中使用的仪器上进行测试的新脚本应该尽量使用共享组件。例如，对用于日常工作且正在开发的脚本中的液体等级的修改可能导致液体抽吸或分配方式的改变。为了防止这种情况，液体等级和其他可定制的组件应该有特定脚本，例如，使用脚本名称作为组件名称的一部分。

仪器软件和脚本升级

与其他软件解决方案一样，ALH 软件的新版本偶尔会被发布。通常，新版本除了修复报告的错误之外，还会增加扩展功能。新软件版本的实施只有在需要时才能进行，并伴随着系统和脚本的重新验证。

变更策略

在更改常规或认证使用的仪器和软件之前，应建立变更策略。变更策略是对计划变更的评估和对结果的风险评估。在完成变更策略后，应将其记录在案，并使其被包含在重新验证中。

软件更新

更新 ALH 软件并允许在重新验证期间持续使用 ALH 的最简单的方案是将更新的软件安装在新的电脑上，且在验证期间仅使用新的电脑。应该对电脑进行正确标记，以确保不使用未经验证的软件更新版本对样本进行处理。一些 ALH（TECAN 等）可能需要固件（见"固件升级"部分）升级与软件升级相结合。新旧电脑之间的切换也应分别进行固件升级或降级。

脚本更新

替换一种实验室器具，例如板式，可能需要修改脚本。通过添加校准曲线修改液体等级以校准仪器是修改脚本的另一种方式。在 ALH 上集成附加设备或 LIMS 系统也可能需要更新脚本。

所有脚本更新应以结构化和计划的方式执行，以确保仅进行所需的更改。这里也可以使用变更策略。脚本的重新验证应着重于验证引入更改的结果。记录此文件所需的样本量或运行次数应取决于系统和更改。

固件升级

在 ALH 的常规预防性维护（PM）期间，ALH 的各种组件的固件可由服务工程师升级。很少有实验室知道这一点，除非实验室已经与供应商做出安排。升级控制液体处理或温度的仪器部件的固件有可能改变 ALH 的功能，并使仪器无效。为了防止服务工程师执行升级操作，应该在 PM 之前就如何执行此升级确定程序或签署协议。固件升级应像其他仪器升级一样处理。应该对升级的效果进行估计，并且在仪器再次用于日常工作之前，应进行能够验证仪器在升级之后表现良好或更好的适当实验并做出评估。

维护

必须定期检查 ALH，确保性能一直符合 ALH 所有部分的要求。这些要求可以在用户要求或这些要求的修改中规定。大多数供应商提供系统的和详细的 PM 检查服务协议。服务协议可以包括在仪器故障以及不同级别的 PM 中规定明确的公司最长响应时间。实验室应选择服务协议，其中包含每台仪器所需的服务平衡和支持选项。在 PM 期间，经过培训和认证的服务工程师会根据检查清单检查并验证仪器是否正常运行。磨损部件，如传动皮带、系统液管等，都会被更换。PM 的具体细节均包含在服务协议中。在 PM 之后，服务工程师应完成指定仪器性能的服务文档。本文档应作为证明仪器性能状态的文件。在 PM 之后，实验室应用已知样本对仪器执行性能进行检查，以确保仪器在处理任何样本之前根据用户要求正常运行。应该验证移液性能，确保预期体积也是移液体积。用相关的体积控制在实际验证的脚本中使用的抽吸—分配周期是至关重要的。如果服务工程师不能在 PM 中执行此操作，实验室应实施自己的体积验证策略。对于磁选机、加热/振荡仪等集成设备，应进行规定和设计测试，确保设备运行如验证脚本所要求的一样好。

总结

包括 ALH 和 LIMS 在内的实验室自动化正在经历重大的改变。目前的自动化、集成、数据传输和数据管理的选择似乎是无止境的，并且在生产流程中自动化和集成是没什么不可能的。即使简单的实验室设备也可以提供将数据传输到 LIMS 的选项。对于法庭科学环境，挑战是确保自动化过程的质量与手动处理相当或更好。实验室自动化的实施不仅应增加样本生产量，还应提高实验过程所获结果的质量。此外，自动化解决方案应具有一定的质量，使其可以根据 ISO/IEC 17025 或类似的国际标准进行验证和认可。为了确保实验室结果的数据管理质量符合自动化实验过程的质量，需要有效的 LIMS。LIMS 应能够通过所有实验步骤确保样本的有效处理，并且不仅可以存储得到的结果，还可以存储每个步骤的足够信息，实现可追踪和连续监管。

参见

生物学/DNA：认可法庭 DNA 分析；DNA 提取和量化；短串联重复序列；单核苷酸多态性；

生物学/DNA/方法/分析技术：法医遗传学中的毛细管电泳。

扩展阅读

Bartels, H. , Walser, P. , 1983. Automation of wet chemical analysis with AMICA. *Fresenius' Journal of Analytical Chemistry* 315, 6−11.

Bradshaw, J. T. , Knaide, T. , Rogers, A. , Curtis, R. , 2005. Multichannel verification system (MVS)：a dual-dye ratiometric photometry system for performance verification of multichannel liquid delivery devices. *Journal of the Association for Laboratory Automation* 10, 35−42.

Brevnov, M. , Mundt, J. , Benfield, J. , et al. , 2009. Automated extraction of DNA from forensic sample types using the Prep Filer automated forensic DNA extraction kit. *Journal of the Association for Laboratory Automation* 14, 294−302.

Butler, J. M. , Tomsey, C. S. , Kline, M. C. , 2004. *Can the Validation Process in Forensic DNA Typing Be Standardized? 15th International Symposium on Human Identification.* Promega Corporation, Phoenex, AZ.

Fregeau, C. J. , Lett, C. M. , Elliott, J. , Yensen, C. , Fourney, R. M. , 2008. Automated processing of forensic casework samples using robotic workstations equipped with nondisposable tips：contamination prevention. *Journal of Forensic Sciences* 53, 632−651.

Fregeau, C. J. , Lett, C. M. , Fourney, R. M. , 2010. Validation of a DNA IQ-based extraction method for TECAN robotic liquid handling workstations for processing casework. *Forensic Science International Genetics* 4, 292−304.

Gurevitch, D. , 2004. Economic justification of laboratory automation. *Journal of the Association for Laboratory Automation* 9, 33−43.

Hansson, O. , Albinsson, L. , 2008. Automatic data processing of reference DNA-profiles from FTA and non-FTA samples. *Forensic Science International：Genetics Supplement Series* 1, 29−31.

Houck, M. M. , Daugherty, E. , 2009. Radio frequency identification devices (RFID) as a means of evidence tracking. *Forensic Science Policy and Management* 1, 135−143.

Olsen, A. N. , Christiansen, L. C. , Nielsen, S. J. , etal. , 2009. Customizing a commercial laboratory information management system for a forensic genetic laboratory. *Forensic Science Interna-*

tional：*Genetics Supplement Series* 2，77–79.

Stangegaard, M., Frøslev, T. G., Frank-Hansen, R., Hansen, A. J., Morling, N., 2011. Automated extraction of DNA from blood and PCR setup using a Tecan freedom EVOW liquid handler for forensic genetic STR typing of reference sample. *Journal of Laboratory Automation* 16, 134.

Stangegaard, M., Hansen, A. J., Frøslev, T. G., Morling, N., 2011. A simple method for validation and verification of pipettes mounted on automated liquid handlers. *Journal of Laboratory Automation* 16 (5), 381–386.

Stangegaard, M., Jørgensen, M., Hansen, A. J., Morling, N., 2009. Automated extraction of DNA from reference samples from various types of biological materials on the Qiagen BioRobot EZ1 Workstation. *Forensic Science International*：*Genetics Supplement Series* 2, 69–70.

Stangegaard, M., Tomas, C., Hansen, A. J., Frank-Hansen, R., Børsting, C., Morling, N., 2008. Biomek-3000 and GenPlex SNP genotyping in forensic genetics. *Journal of the Association for Laboratory Automation* 13, 297–303.

Tack, L. C., Thomas, M., Reich, K., 2005. Automated forensic DNA purification optimized for FTA card punches and identifiler STR-based PCR analysis. *Journal of the Association for Laboratory Automation* 10, 231–236.

TECAN genesis liquid handling workstation utilizing an online balance and density meter. Assay and Drug Development Technologies 2, 71–80.

相关网站

http://www. ecaconsortium. net：European Consortium for Accreditation.

http://www. labautopedia. com：Lab Autopedia：the Society for Laboratory Automation and Screening (SLAS) Network.

http://limsource. com：LIMS and ELNS：The Online Scientific Community.

DNA 数据库

P. M. 施耐德，德国，科隆，科隆大学

术语表

　　偶然匹配　由于使用鉴别能力低的部分配置文件进行搜索而导致的模糊结果（例如，当随机匹配概率等于或小于数据库的大小时），在这种情况下，必须考虑与数据库中的记录相匹配的现象可能与犯罪无关。

　　CODIS　美国国家 DNA 索引系统（NDIS）在运行过程中所使用的软件系统，这一系统包含美国所有州的 DNA 数据库的综合数据。

　　冷命中　通过犯罪污点档案在 DNA 数据库搜索中发现的一个人，此人在本案中基于传统的警方调查而未被怀疑。

　　EDNAP　欧洲 DNA 分析小组，于 1989 年由来自学术界和政府实验室的科学家主持成立，开展协作实验，旨在协调整个欧洲的法庭科学 DNA 分析方法。

　　ESS 基因座　用于数据库分型的欧洲标准 STR 基因座组。

　　家族搜索　一种数据库搜索策略，旨在识别来自未知犯罪者的一级亲属。

　　NDNAD　英国（英格兰、威尔士）的 DNA 数据库。

引　言

　　尽管储存刑事犯罪者和未决刑事案件的 DNA 图谱的国家数据库的历史仍然相当短暂，但它是现代刑事调查策略中最伟大的成就，至少与指纹鉴定的引入相当。在欧洲，1995 年英国（英格兰、威尔士）成立了第一个国家 DNA 数据库。在美国，自 1989 年以来，联邦调查局逐步引入 CODIS，并在 1994 年正式创建 DNA 鉴定法，自 1998 年起在全国范围内实施。此后，欧洲大多数国家都从刑事案件中引进了 DNA 图谱。然而，必须指出的是，一些数据库仅存储未决刑事案件的数据，因为存储罪犯档案通常需要具体立法。由于刑事司法制度存在重大差异，国家 DNA 数据库是根据现在可以找到的各种国家规定所反映的特定法律史和文化背景而创建的。在仅收集犯罪现场样本的国家，数据库通常是根据现行法引入的，用于从常规案件中获取样本。

　　但是，进行数据库立法时，有几个重要的问题需要解决，这些问题包括将罪犯的 DNA 图谱添加到数据库中的标准，是否同样纳入未经法庭审判的嫌疑人（或被逮捕人，取决于法律规定）以及在数据库引入时被监禁的已定罪的罪犯，将个人档案存储在数据库中的时间段，已经被检测过的个人参考样本（即血液样本、口腔拭子和/或从血液或口腔细胞中提取的 DNA 样本）的处理（即保留或销毁它）。

在 DNA 数据库中纳入 DNA 图谱的标准

欧洲各国的法律制度存在多种差异，因此这些将作为实例指出在引入和运用犯罪 DNA 数据库方面的相关问题。在大多数立法中，从生物斑迹中获取的 DNA 图谱的具体存储标准取决于犯罪类型或犯罪严重程度。大多数 DNA 数据库通常包括死罪、暴力犯罪以及所有类型的性犯罪。一些国家根据各自的刑法典（例如法国和挪威）列出了刑事犯罪的详细清单，而在其他国家，则考虑被定罪的罪犯被关押的时间长短，这一时间段可能是 1 年至 5 年。此外，为了将 DNA 图谱存储在数据库中，需要法官或调查官的正式决定。在一些国家，没有具体的选择标准（例如奥地利和瑞士，见下文）。

有两组人被纳入数据库：（1）刑事调查中的嫌疑人和/或被逮捕人；（2）被定罪的罪犯。在奥地利、克罗地亚、斯洛文尼亚、瑞士、德国、芬兰、丹麦、荷兰和挪威，数据库都有可能纳入嫌疑人，但嫌疑人的选择标准相当多样。奥地利、克罗地亚、斯洛文尼亚和瑞士已经实施了最严格的战略，其中"有任何罪行记录"的嫌疑人都有资格进入数据库。然而，被普遍采纳的进入标准是犯罪的类型（挪威）以及刑期的时间或类型，例如监禁 1 年以上（德国、芬兰）、1 年半（丹麦）、4 年（荷兰）甚至 5 年（匈牙利）。比利时、挪威和葡萄牙不允许纳入嫌疑人。

在调查的早期阶段纳入嫌疑人，可能会导致其 DNA 图谱进入数据库并与另一未决刑事案件的 DNA 图谱相匹配的情况发生。即使初步调查的指控已经被撤销，这种冷命中也可能导致新的调查。虽然如果一个人被无罪释放，大多数数据库都必须消除嫌疑人的记录，但是当然会进行与冷命中有关的新调查。显然，当这种数据库中的潜在罪犯的"人口"增长较多时，这种方法将会产生更多的冷命中。数据库的统计数据支持了这一假设，这里列举了几个国家的统计数据（见表1）。例如，在比利时，只有47%的数据库记录来自罪犯，因此，只有38%的数据库匹配是人—斑迹匹配。在超过70%的记录来自行为人的国家，至少有70%的数据库匹配是人—斑迹匹配。在英国（英格兰、威尔士），约有10%的人口已经在数据库中。超过90%的数据库记录来自行为人，超过85%的数据库匹配是人—斑迹匹配。还必须考虑到，与罪犯匹配的 DNA 图谱已经被删除，而罪犯的 DNA 将保留在数据库中。在数据库里的前科人员越多，物证命中率就越高。

表 1　经过选择的欧洲国家的 DNA 数据库统计数据

| 国家 | 人口总数（百万） | 数据库 | | 数据库中的人口（%） | 人（%） | 斑迹（%） | 总命中数（千） | 个人命中数（千） | 个人命中率（%） | 是否包括嫌疑人 | 最后更新日期 |
		人（千）	斑迹（千）								
奥地利	8.1	145.5	44.8	1.8	76	24	19.9	13.9	70	是	2011 年 6 月
比利时	10.4	21.8	24.6	0.21	47	53	4.5	1.7	38	否	2011 年 6 月
丹麦	5.5	73.9	40.2	1.34	65	35	19.6			是	2011 年 9 月
芬兰	5.4	111.9	12.4	2.07	90	10	15.6	14	90	是	2011 年 6 月
法国	59.3	1698.1	103.7	2.86	94	6	52.4	45.7	87	是[a]	2011 年 6 月
德国	82.4	746.9	201.9	0.91	79	21	126.9	100	79	是	2011 年 12 月
荷兰	16.1	118.9	47.1	0.74	72	28	32	27.1	85	是[a]	2011 年 6 月
挪威	4.5	22.1	6.2	0.49	78	22	2.8	2.1	75	否	2010 年 6 月
瑞典	9	99.4	33.1	1.1	75	25	42.3	30	71	是	2011 年 6 月
瑞士	7.8	126.6	33.1	1.62	79	21	36	29	81	是	2011 年 6 月
英国（英格兰、威尔士）	53.7	5369	387.5	10	93	7	1659	1423	86	是	2011 年 6 月
总计	300	8589		3.28			2056	1679	82		

a：经过几年的运作，这项法律被修改，将嫌疑人包括在内。

对于被定罪的罪犯，所有将嫌疑人纳入数据库的国家的标准都是一样的。

在挪威和比利时，需要法院裁决。在德国也是如此，必须对未来犯罪的风险做出判断。在瑞典，需要至少被判入狱 2 年，才能将被告人的 DNA 图谱纳入数据库。在荷兰，被定罪的罪犯可自愿提供数据库样本，即使刑期不到 4 年。这表明，一旦罪犯被释放并决定遵守法律，进入数据库将有助于保护其隐私。如果在 DNA 数据库中包含这样一个自愿样本，并添加了新的犯罪现场样本而没有匹配，则在未破案件中，该个体被自动排除在外。在法国，所有的性犯罪以及所有严重的罪行都有资格进入数据库。但是，罪犯必须自愿捐赠样本，因为他受法律保护，他的身体完整性不被胁迫。不过，大多数罪犯显然同意提供样本，否则他们会因拒绝提供样本而被罚款。这个困境的另一个解决方案是收集那些能承受罚款的罪犯的烟头、头发或刷子，因为对"废弃"样本的基因分析是不被法律禁止的。然而，这种做法似乎是有问题的，因为确认"废弃"样本的身份这一过程可能是令人生疑的，容易出错或被操纵。

在英国，即使是无罪释放的嫌疑人，数据库记录仍然没有受到限制。然而，这个规则的合法性受到两个人的质疑，他们要求删除其 DNA 样本和数据库记录。其中一名男性嫌疑人在被提取样本时仅 11 岁，最终被无罪释放。在涉及成年男子的第二起案件中，由于庭前和解而没有提出任何指控。这项要求最终被上议院否决，因此案件提交给欧洲人权法院。欧洲人权法院裁定赞成这一请求并指出，无限制地保留无罪释放者或无罪者的样本是侵犯《欧洲人权公约》规定的隐私权的行为。其后，英国政府提出修改法律，以适应欧洲人权法院的裁定。

那些无限制地保留数据库记录的国家已经有了消除这些记录的机制。在嫌疑人被纳入数据库的国家，这些记录必须在放弃指控后或嫌疑人在法庭上被无罪释放时予以消除。有趣的是，丹麦在这两种情况下有不同做法：当控方放弃指控时，立即消除记录（假设警方明确认定嫌疑人是无辜者），但是被宣告无罪者的记录仍要在数据库中保留 10 年（因为犯罪可能已经发生，只是缺乏证据）。被定罪的罪犯的记录将永远留在英国、奥地利、芬兰、挪威和克罗地亚的数据库中（即使在死亡之后的一段时间，因为当这些 DNA 图谱保留在数据库中时仍然可以解决一些旧案）。在其他国家，记录可能保留 10 年到 40 年。该决定还可能取决于罪犯的年龄、个人预后（如在德国）或犯罪的严重性（如在斯洛文尼亚）。

要考虑的第三个方面是收集和存储来自嫌疑人和罪犯的参考样本的程序。所有国家目前采用口腔拭子，因为可以在没有医生帮助的情况下收集。一些国家已经开发了条形码采样套件，这也使得程序简单且匿名。因此，DNA 图谱可以与个人信息分开存储。大多数国家的情况就是这样，除了德国——样本仅在分型实验室匿名，但与完整的个人信息一起存储在警察数据库中。关于经过分型的参考样本如何处理（保留或销毁）的规定存在重大差异。在英国、奥地利、芬兰、丹麦、匈牙利、斯洛文尼亚和克罗地亚，参考样本应保留，因此，当发生匹配时或在匹配报告被交给检察官之前，可以再次检测参考样本以确认数据。此外，如果数据库基因座的数量增加，参考样本将可用于重新分型。有人认为，在获得分型结果后，应销毁参考样本。销毁能有效防止对参考样本未经授权的使用，从而保护基因隐私。此外，销毁样本不会导致为储存足够的样本而产生额外的长期费用。在不保存参考样本的国家，当匹配报告表明该人可能涉及另一犯罪时，通常要求嫌疑人提供新样本，因此，调查不依赖于从数据库获取的信息，而是依赖于新样本。如有必要，该新样本可在法庭上用作证据。

为了确保分型结果尽可能准确地存储在数据库中，大多数国家都有对所有参考样本测试两次的机制。另外，为确定技术质量，也可以要求为国家 DNA 数据库工作的实验室引入质量管理体系，定期参加能力测试工作，并按照国际标准如 ISO/IEC 17025 进行认可。在 2009 年欧盟理事会框架决定后，从 2013 年 11 月起对欧盟所有法庭科学 DNA 实验室进行强制认可。

基因分型系统

自 1995 年以来，科学界已经做出了重大努力，在基因分型系统方面实现了高水平的标准化。STR 基因座逐渐成为所有 DNA 数据库的核心。在欧洲，对于常见 STR 基因座已经达成协议，即包含 THO1、VWA、FGA、D21S11、D3S1358、D8S1179 和 D18S51 的 ESS 基因座。除了包括牙釉质蛋白基因座，国际刑警组织标准基因座与 ESS 基因座相同。国际刑警组织也引入了一个 DNA 数据交换国际平台。在美国，管理 CODIS 系统的联邦调查局实验室实施了一套共 13 个常见 STR 基因座，其中 7 个是 ESS 基因座，另外 6 个是 CSF1PO、TPOX、D5S818、D7S820、D13S317 和 D16S539。在德国，1998 年数据库操作开始时，已经包括了 STR 基因座 SE33（humACTBP2），因为其具有较大的鉴别能力。

2005 年，EDNAP 和欧洲法庭科学研究联盟的 DNA 工作组召集会议讨论 ESS 基因座的扩展。这是一个由政治进程引发的会议，旨在使欧盟成员国之间进行数据交换。2005 年，《普鲁姆条约》签署，旨在加强跨界合作，特别是打击恐怖主义、跨国犯罪和非法移民。在执行《普鲁姆条约》之后，国家数据库之间进行大规模的 DNA 图谱交换时，7 个 ESS 基因座没有足够的鉴别能力来避免偶然匹配。当所讨论的 DNA 图谱的鉴别能力不足时（例如，随机匹配概率等于或小于数据库中的人数），可能发生这些情况，因此必须认为匹配数据库记录可能与犯罪无关。

此外，由于 STR 分型试剂盒的灵敏度增加，越来越多 DNA 含量低或由于 DNA 降解而质量下降的犯罪斑迹样本被提交用于分析，这种样本的分型通常产生具有更低鉴别能力的部分图谱。在这种情况下，短扩增的稳定的 STR 系统是非常有用的，因为它们对于降解 DNA 样本的分型更有用。欧洲法庭科学研究所联盟和 EDNAP 的建议被采纳，5 个新的基因座 D1S1656、D2S441、D10S1248、D12S391 和 D22S1045 被添加到 ESS 基因座中，其中包括三个短扩增子 STR 基因座（D2、D10 和 D22）以及两个鉴别能力高的基因座（D1 和 D12）。此外，在多个法庭科学 DNA 实验室中常规分型使用的 3 个 STR 基因座 D2S1338、D16S539 和 D19S433 也用于 DNA 数据交换。至此，标记物的总数增加到 15 个 STR 基因座。美国联邦调查局 CODIS 核心基因座工作组在 2011 年提出建议，从 ESS 基因座或从法庭科学领域已经使用多年的分型试剂盒中挑选基因座，用于扩展 STR 标记集。选择标准是鉴别能力、与疾病缺乏关联以及低突变率等，以使确定失踪人员身份成为可能。

隐私权、伦理考量和新方向

DNA 数据库的引入伴随着一个激烈而有争议的辩论：保护隐私、应对 DNA 作为信息来源以及衍生的 DNA 图谱进行调查的程度。对刑事 DNA 数据库的伦理背景的审查已经恰当地表达了这样的观点："在 DNA 认定罪犯的神奇能力和其损害公民自由和人权的恐怖能力之间，存在一种横贯整个 DNA 话语领域的紧张关系。"一个主要的问题是收集一个人的基因样本，其中包含整个基因组。虽然 DNA 样本不构成"个人数据"，因此不被数据保护条款直接涵盖，但是使用适当的方法可以重建个体所有基因信息，例如使用新的下一代测序技术可以在几天内完成完整的人类基因组测序。因此，即使目前的立法将基因信息限制在数据库中的 STR 分型结果上，人们对无限存储的 DNA 样本在不公开揭露的情况下可能被"滥用"或者在不可预知的情况下发生政治制度巨变仍有着一种强烈的担忧。因此，如上所述，大多数国家已经决定销毁个人参考样本。在瑞士，最初决定在国家 DNA 数据库评估期间保留参考样本，但是，当最终通过立法时，出于保护隐私和节省安全储存样本所需的大额开支的目的，删除了这项规定。

必须指出，来自不明罪犯的犯罪斑迹不一定构成"私人"样本。它已被丢弃在犯罪现场，因此即使面对任何对个人信息隐私保护的呼吁，也不可能认为其是值得保护的。人们正在研究提取诸如预测生物地理学祖先（即人类具有遗传根源的地理区域）的附加信息。此外，科学家正在努力调查编码的 DNA 序列，希望根据外部可见特征（EVC，如头发、眼睛和皮肤颜色，身高或面部特征）获得认定罪犯的额外线索，这也被称为法庭科学 DNA 表型分析。在荷兰，2004 年引入了 DNA 立法，明确允许这种类型的遗传调查。可以认为，编码的 DNA 序列的分析是公然侵犯隐私权的，并将为所有其他类型的有关遗传性状的刑事调查打开闸门。然而，除色素沉着标记之外的其他外部可见特征是非常复杂的遗传性状，即使整个基因组被测序也不会变得容易预测，因此，详细的"遗传模拟拼绘"画像将不可能成为现实。来自犯罪现场的外部可见特征的遗传预测必须基于在相当大的误差范围内的似然估计，因此仅在基于 STR 的 DNA 图谱在数据库中没有匹配的情况下才适用。那时它仅能帮助缩小嫌疑人的范围，并与目击者的陈述相比具有相同或较差的质量。一旦确定了特定嫌疑人或一组嫌疑人，将使用"常规" STR 分型与犯罪现场样本进行认定或排除。因此，必须了解的是，将有关外部可见特征的遗传数据存储在 DNA 数据库中没有任何意义。这些信息只能用于为不明斑迹供体提供有限的情报，一旦通过 STR 分析鉴定出真正的罪犯，就会被丢弃。

在部分国家存在争议的另一个策略是根据现有 DNA 数据库中的 STR 档案进行遗传相关性搜索。这已经在美国的一些州以及英国施行，在那里，罪犯的 DNA 图谱已经事先录入数据库，家族搜索通过将犯罪现场情况与罪犯的一等亲属联系起来帮助识别不明罪犯。虽然这种做法在美国的许多州和英国都是允许的，但许多欧洲国家如德国和法国都不允许，因为它不但侵犯隐私，而且被认为非法使用来自 STR 分析的遗传信息。在法庭上，如果亲属被指控，证人可以拒绝作证。然而，通过进行家族搜索而被怀疑的数据库中的个人，例如不明罪犯的兄弟，则被用作他的亲属的一个"不情愿的告密者"。还应该考虑到，DNA 数据库的 STR 基因座的数量通常足以进行直接比较，但可能不足以建立强大的证据来证明遗传相关性。显然，在全球范围内相当多元化的刑事司法体系框架下，运作 DNA 数据库时，DNA 证据作为刑事调查中情报来源的前景和局限性仍有争议。

参见：

生物学/DNA：法医 DNA 分析的认可；祖先信息标记；

法庭科学 DNA 咨询组：DAB、SWGDAM、ENFSI 和 BSAG

法庭科学 DNA 分型：外部可见特征的 DNA 检测；短串联重复序列。

扩展阅读

Bieber, F. R., Brenner, C. H., Lazer, D., 2006. Human genetics. Finding criminals Through DNA of the irrelatives. *Science* 312, 1315−1316.

Butler, J. M., 2012. *DNA Databases: Uses and Issues. Advanced Topics in Forensic DNATyping: Methodology*. Elsevier Academic Press, NewYork.

Gamero, J. J., Romero, J. L., Peralta, J. L., Corte-Real, F., Guillén, M., Anjos, M. J., 2008. A study of Spanish attitudes regarding the custody and use of forensic DNA databases. *Forensic Science International: Genetics* 2, 138−149.

Gill, P., Fereday, L., Morling, N., Schneider, P. M., 2006. The evolution of DNA databases-recommendations for new European STR loci. *Forensic Science International* 156, 242−244.

Hares, D. R., 2012. Expanding the CODIS core loci in the United States. *Forensic Science International: Genetics* 6, e52−e54.

Hindmarsh, R., Prainsack, B. (Eds.), 2010. *Genetic Suspects: Global Governance of Forensic DNA Profiling and Databasing*. Cambridge University Press, Cambridge.

Kayser, M., Schneider, P. M., 2009. DNA based prediction of human externally visible characteristics in forensics: motivations, scientific challenges, and ethical considerations. *Forensic Science International: Genetics* 3, 154−161.

Martin, P. D., Schmitter, H., Schneider, P. M., 2001. A brief history of the formation of DNA databases in forensic science within Europe. *Forensic Science International* 119, 225−231.

Myers, S. P., Timken, M. D., Piucci, M. L., et al., 2011. Searching for first - degree familial relationships in California's offender DNA database: Validation of a likelihood ratio based approach. *Forensic Science International*：*Genetics* 5，493-500.

Storvik，G.，Egeland，T.，2007. The DNA database search controversy revisited：bridging the Bayesian-frequentist gap. *Biometrics* 63，922-925.

Williams，R.，Johnson，P.，2004. "Wonderment and dread"：representations of DNA in ethical disputes about forensic DNA databases. *New Genetics and Society* 23，205-223.

相关网站

http：//www. fbi. gov/about-us/lab/codis：Combined DNA Index System（USA）.

http：//www. enfsi. eu/page. php？uid1/454：ENFSI DNA Working Group.

http：//www. isfg. org/EDNAP：European DNA Profiling Group.

http：//www. dnaresource. com/：Forensic DNA Database Policy.

http：//www. npia. police. uk/en/8934. htm：National DNA Database in England and Wales.

http：//www. nuffieldbioethics. org/bioinformation：Nuffield Council on Bioethics：The forensicuseofbioinformation.

效　用

麦克斯·M. 霍克，美国，华盛顿特区，联合法医实验室

术语表

　　基准测试　企业内部实体间价值的比较。

　　有效性　产生结果的能力，通常是具体的预期效果。

　　效率　通过具体的或定量的努力来产生特定的结果。

　　企业　业务实体的统称，这些组件的外部可见属性，以及它们之间的关系；这包括人员、信息、技术和业务运营或流程。

　　知识型员工　一个工作需要大量的教育、理论和分析知识的应用以及不断学习的人。

引　言

　　法庭科学服务提供者本质上是非营利性生产导向型组织，主要由知识型

员工组成。法庭科学家作为知识型员工提取证据和数据，并以报告和证词的形式将其转化为知识。他们专门从事这些事务，因此简化了它们以利于刑事司法系统；调查人员或律师不需要找到许多人来进行案件所需的具体检查。只要在外部提供这些服务的费用并不超过内部规定的费用，例如政府实验室，该机构就可以蓬勃发展起来。如果政府实验室费用大于找私人实验室提供服务的费用，那么该组织可能会被重新评估（图1）。出于财政和政治原因（也在很大程度上是历史原因），许多（如果不是大多数）法庭科学服务提供者在行政上是执法机构的一部分。在准军事组织中设置了法庭科学服务提供者与其上级机构（正式层级）及其他相关机构（正式或非正式的等级，例如法医或检察官）的关系。

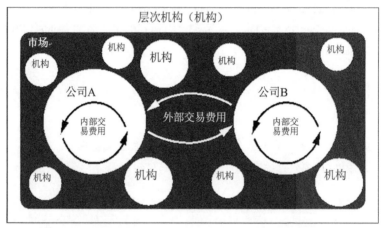

图1　该模型将机构和市场作为协调经济交易的一种可能的组织形式，当外部交易费用高于内部交易费用时，公司将会成长；如果内部交易费用高于外部交易费用，那么公司将通过外包来缩小规模

相比之下，非营利性组织和营利性组织在某些方面是相似的（金钱是两者的输入），但也存在不同（金钱作为利润的一种形式，只是私营部门的产出）。因此，非营利性组织必须以其他方式衡量业绩，例如"低成本"或"成本效益"。法庭科学服务提供者及其上级组织使用诸如"成本效益"等术语，而不涉及其他使用这些定义明确的评价短语或公式中的技术术语的学科。尽管人们对法庭科学服务提供者的"绩效"和"能力"表示了极大的关注和行政上的焦虑，但这些指标未被界定为行业标准。法庭科学服务提供者的驱动力尚未明了，但已有研究开始表明其与其他行业的相似和不同之处（例如演讲者的工作）。或许由于缺乏深刻的理解，法庭科学服务提供者因为无标准、标准不明确或不存在的标准而表现出的性能，被一个或多个机构追究责任。成功和改进得不到认可，推动组织使命和目标的机会被浪费。

知识型员工

知识型员工一词由彼得·德鲁克（Peter Drucker）在 1959 年创造出来，用于描述当时正在崛起的工作群体，他们的工作需要大量的教育、理论和分析知识的应用以及不断学习。由德鲁克定义的知识工作并不是基于经验的，因为很多工作都是在那之前完成的，而不是基于学习的。知识工作均具有较高的成本，包括教育、培训和资格认证。流离失所的手工劳工，如流水线上的工厂工人，不能简单地进入知识工作或服务工作，因为流离失所的农民和流离失所的家庭佣工在这个年龄的时候就进入了工业性工作。至少他们必须在基本态度、价值观念和信仰上进行重大的改变，此外，必须获得开展和推进该职业所需的知识。

知识的专业化，而不是泛化，使得它在知识型员工的手中变得有用，专业知识越多，它就越有用。专业化增强并不意味着知识将变得更加"应用化"，然而，具有高度专业知识的许多知识型员工进行非常基础的研究，如高能粒子物理学。知识型员工专业化有两个共存的特征：首先，他们在团队中运作；其次，他们必须能够访问组织。团队平衡了必要的专业知识，以得到适当的应用，组织提供了基本的连续性，使知识型员工的努力能够转化为绩效。对于法庭科学家而言，各种调查人员、实验室同事和其他相关组织构成了一个或多个参与团队。组织的连续性转化为"记忆"，不仅是机械的过程，还是"企业文化"，应该反映组织的愿景、目标（使命）以及其成员与他人合作的方式（价值观）。

虽然最近这句话已经适用于所有员工，但知识型员工传统上是以 6 个标准来定义的：

1. 他们必须知道任务是什么，以及如何与组织的总体目标相关联。

2. 知识型员工必须自我管理，对自己的生产力负责。

3. 持续改进和创新是他们的努力所固有的，他们是自己的"变革的代理人"。

4. 持续学习和教学是必要的。

5. 生产数量至少和生产质量一样重要。

6. 组织必须把知识型员工视为"资产"或"投资"，而不是"成本"；存在其他工作机会时，知识型员工必须更想为他们的组织工作。

由于上述标准，管理知识型员工比管理典型的工业或制造业工人复杂得多。要妥善管理知识型员工，必须强调协作和专业精神。请注意，这些直接关系到前面提到的团队和组织的两个要求。相反，应该强调奖励措施和绩效措施；为了自身，知识型员工应该致力于自己的工作和组织的愿景。管理者和知识型员工之间的关系应以专业精神和相互尊重为基础，而不是具有激励计划或生产配额的结构化层级。所有这些因素都与法庭科学服务提供者的工作有关。

有效性和效率

有效性（effectiveness）是产生结果的能力，通常是产生特定的预期效果，例如阿司匹林能有效缓解头痛，或者跑车作为一种运输方式是有效的（effective）。它可能是一个模糊的概念或非量化评估。在阿司匹林的例子中，什么是"缓解"？不头痛还是头痛减轻？而且，如果评估的是"头痛减轻"，减轻的程度又是多少？实际产生所需效果称为功效（efficacy），比如说325毫克阿司匹林对缓解头痛有功效（efficacious）。功效纯粹是效果的实现，不论所耗费的资源是多少，如时间或金钱。这就引出了效率（efficiency）的概念，这种效率是以最经济的方式产生功效：最小的输入产生最小（如果不是大于）的所需的输出。因此，有效的东西（阿司匹林）不一定能产生功效（剂量可能太小），能产生功效的（一辆跑车从 A 点到 B 点）未必有效率（例如跑车是一种昂贵的旅行方式）。

组织的有效性比个人的更复杂、更具有动态性。一个组织的有效性是将所有个人实践和流程的有效性与可能和金钱、人员或时间无关的外部估值（如社会责任、专业伦理和企业管理）相结合。沟通和领导与组织效能密切相关。除非将本组织的愿景和目标向所有相关的受众阐明，否则该组织将不会有效。对于组织的价值观来说，伦理显然是核心的，因为它们描绘了一个组织如何在追求目标的同时实现目标。目标和愿景之间的关系是同步的、动态的和不断发展的。没有这些定性方面，一个组织似乎就不值得尊敬，不具备诚信。

效率是对个人或组织有效性的有用评估。效率可以表示为实现特定的结果而做出的特定或定量的努力，例如汽车每加仑汽油的里程数。每输入量（汽油）的输出值（里程）更高，效率就更高；更少就是更高，可以这么说。通常，效率表示为输入与最大可能输出的比例，如英里每加仑（英里/加仑），这允许比较其他类似的输出源（例如其他车辆）或理想化目标（100 英里/加仑或公司车队的平均等级）。因此，效率可以说对应于比率，其中，e 是效率，O 是产生的量（输出），I 是过程中消耗的资源量（输入）。

$$e = \frac{O}{I}$$

实体价值之间的比较称为基准测试。（基准测试这个术语来源于鞋匠测量客户脚型或鞋型时在工作台上所做的标记。）可以在企业内部、企业之间、理想化或行业标准之间进行比较。最有效和最有效率的执行者通常根据时间、成本或质量来设定行业的最佳做法。所谓的最佳实践基准可以为组织的过程改进和战略规划提供助益。基准测试可以是单一事件，但通常是组织持续提升质量的周期（季度或每年）的一部分。

前瞻性研究

法庭科学服务提供者的最佳实践基准项目已由美国国家司法研究所通过西弗吉尼亚大学的法庭科学计划和商业与经济学院（www.be.wvu.edu/forensic/foresight）资助了几年。该项目基于一项名为 QUADRUPOL 的欧洲研究，该研究评估了四个欧洲警方法庭科学实验室的各种指标。QUADRUPOL 报告是该类型的第一份报告，要求基准测试必须有一个中心：标准指标。所有参与 QUADRUPOL 的实验室都必须按照标准化定义提交数据；没有这个要求，任何数据都将是不可比较的，也许是误导性的。例如，如果实验室 A 报告了从首次提交证据之日起至报告发出之日（指示开始个案工作）的周期时间（或周转时间，完成案件所需的时间），但实验室 B 报告了他们的周期时间为上次提交证据之日到报告发出之日（提示除非提交了所有证据，否则无法完成个案工作），这两个数字将是非常不同的，不可能比较。前瞻性研究采用 QUADRUPOL 报告，在国际实验室认可合作组织规定的基础上进行完善并增加了新的规定，创建了一个实验室报告和分析工具电子表格，以便于数据输入。

在前瞻性研究中对参与实验室的任务、愿景和价值进行初步审查后，出现了几个共同的主题，并列出目标清单。与这些目标相关的关键绩效指标（KPI）允许个别实验室对绩效的评估采取一系列明确的措施。西弗吉尼亚大学商业与经济学院的教师与参与实验室合作进行分析。横跨美国和加拿大的法庭科学组织参加了前瞻性研究项目，该项目对提交数据的任何法庭科学服务提供者都是免费的。参与实验室已经看到了基准测试的好处，并且可以计算出附加数据、时间序列和趋势。发言人很好地说明了如何采用这些措施来形成法庭科学实验室的关键绩效指标，以衡量和评估有效性和效率。

参见

法庭科学管理/质量：风险管理；标准方法。

扩展阅读

Argote, L., Epple, D., 1990. Learning curves in manufacturing. *Science* 247, 920–924.

Collins, J., 2001. *Good to Great*. Harper Business, NewYork.

Collins, J., 2005. *Good to Great and the Social Sectors*. Harper Collins, NewYork.

Deming, W. E., 1986. Out of the Crisis. MIT Center for Advanced Engineering Study, Boston, MA.

Drucker, P., 1999. *Management Challenges of the 21st Century*. Harper Business, NewYork.

Drucker, P., 2006. *The Effective Executive: The Definitive Guide to Getting the Right Things Done*. Collins, NewYork.

European Network of Forensic Science Institutes, 2003. QUADRUPOL. European Network of Forensic Science Institutes, The Hague.

Mintzberg, H., 2005. *Managers Not MBAs*. Berrett-Koehler, SanFrancisco.

Shewhart, W., 1939. *Statistical Method from the Viewpoint of Quality Control*. Dover, NewYork.

Speaker, P. J., 2009a. Key performance indicators and manageri alanalysis for forensic laboratories. *Forensic Science Policy and Management* 1 (1), 32–42.

Speaker, P. J., 2009b. The decomposition of return on investment for forensic laboratories. *Forensic Science Policy and Management* 1 (2), 96–102.

Turner, M., March 25, 2011. Construction set to begin on new Denver crime lab. *Denver Post*.

相关网站

www. enfsi. eu：ENFSI.

www. be. wvu. edu/forensic：West Virginia University College of Business and Economics.

风险管理

J. 罗伯逊，澳大利亚，堪培拉，堪培拉大学

引言——我们为什么需要风险管理？

21 世纪第一个十年里的事件，包括全球恐怖主义、流行病、全球银行系统和大公司的失败，甚至政府都强化了一个无法逃避的事实，即世界是无法预测的，无法控制生活的方方面面。在地方一级同样难以预测全球事件的结果。例如，全球信贷紧缩的结果之一是许多国家的房地产价值大幅下降，部分原因是潜在买家由于贷款人采取了更谨慎的态度而无法获得资金。如果用风险管理的术语，则是部分贷款机构的"风险态度或欲望"降低了。但是，在地方一级还没有对这一影响产生统一的认知，在一些地方几乎没有或根本没有影响，而在其他地方则产生重大影响。

因此，风险是不可避免的生活事实，与税收和死亡一样！风险存在于全球、地方和个人层面。需要管理风险，这种管理需要既系统又全面。考虑到风险管理的三个基本原则——可能性、结果和影响，也需要适当地加以调整。因此，虽然可能性很大，但如果结果微不足道，那么风险就会很低。如果可能性很小，那么即使有严重的结果，风险也会很低。然而，2011 年地震后日本核反应堆熔毁等事件表明，当一个罕见的事件发生时，结果可能是严重的。如果结果是严重的，而且可能性几乎是确定的，那么必须立即处理风险。图 1 显示了结果和可能性之间的关系的有用矩阵。

	几乎确定	危急	高	重大	中等	低
	或许	高	高	重大	中等	低
可能性	可能	重大	重大	中等	中等	低
	不太可能	中等	中等	低	低	低
	极少	低	低	中等	低	低
		严重	重要	中等	轻微	微小的
				结果		

图1　法新社风险管理框架（基于 AS/NZS 4360，2004）

有时可以将风险管理仅看作对业务的审计和合规要求，这通常意味着组织要付出高额成本，但同样重要的是要明白有效的风险管理可能带来的好处。风险管理研究所（IRM）将风险组成部分归纳为合规、保证、决策和效率/有效性/功效，或 CADE3。如果风险是比例的、对齐的、全面的、嵌入式的和动态的，则可以制定适当和符合成本收益的风险管理计划。后者的一个非常重要的方面是，风险管理需要与风险水平相称，换句话说就是适当的。风险管理作为组织承诺的一个整体，需要以整体和战略性的方式进行排列。风险管理是全面性的。最后，风险并不是静态的。在不断变化的世界中，风险管理必须是动态的，能够灵活应对快速发生的变化。

风险的定义

《牛津英语词典》将风险定义为"危险、损失、伤害或其他不利结果的机会或可能性"。国际风险指南（ISO Guide 73）将风险定义为"目标不确定性的影响"，IRM 将风险定义为"事件概率与其结果的结合"，而结果可能是正面的，也可能是负面的。其他审计机构发布的风险定义进一步强调"结果"和"可能性"的概念。

因此，风险的共同因素包括机会概念、不确定性、概率、结果、可能性以及对结果或目标的影响。风险可能具有负面和正面的结果，或者在某些情况下可能导致不确定性。那些只能产生负面结果的风险被称为危险风险；可能产生正面结果的风险被称为机会风险和结果不确定的风险，即控制风险。

为了理解风险，首先需要描述风险。表1显示了一个信息类型的例子，应该对其进行分析以描述风险。

一旦风险被描述出来，那么对风险进行分类以便考虑适当的风险处理是很有用的。有许多风险分类的方案，其中一个如图 1 所示。在这个方案中，风险按照可能性、结果、影响或严重性列为矩阵。

表 1　风险描述

- 风险名称或标题
- 风险陈述，包括风险范围以及可能事件和依赖关系的细节
- 风险性质，包括风险分类的细节和潜在影响的时间尺度
- 风险利益相关者，包括内部和外部风险
- 风险态度、偏好、容忍或风险的限度
- 事件和结果的可能性和严重性应该在当前/剩余水平上实现
- 控制风险的标准要求或目标等级
- 事件和损失经验
- 现有的控制机制和活动
- 制定风险策略和政策的责任
- 潜在的风险提升和现有控制的信心水平
- 风险改进建议和灌输期限
- 实施改进的责任
- 审计风险合规的责任

资料来源：Hopkin，P.，2010. *Fundamentals of Risk Management*：*Understanding*，*Evaluating and Implementing Effective Risk Management*. KoganPage，London.

风险偏好或态度

风险态度在 ISO Guide 73 中被定义为"组织评估并最终追求、保持、接受或摆脱风险的方法"。风险偏好或态度往往反映企业的性质，在一定程度上也可能受到企业成熟度的影响。基于预期的机会风险的正面回报，极具创业精神的企业将会比成熟企业有更大的风险需求，成熟企业的潜在负面影响可能超过潜在的正面回报。对于"法庭科学企业"，任何错误都有非常严重的负面影响，风险偏好一般会很低。然而，创新通常只来自接受风险的意愿。因此，即使在规避风险的行业，每一个风险都要考虑到它独自具有的优点和整个组织的战略地位。这引入了风险或危险容忍的概念。例如，组织对与健康和安全相关的风险的容忍度通常低至零。由于很少有可能消除所有风险，人们寻求的平衡是将风险管理到符合法律的最低水平，并符合成本收益。

风险管理原则、流程和框架

ISO 31000 列出了一系列与风险管理总体框架相关的原则和流程。这些如图 2 所示。

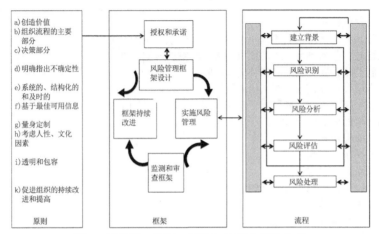

图 2　风险管理原则、框架与流程之间的关系

霍普金和 IRM 提供了一种类似但可替代的方式来描述风险管理，其被称为 7R 模型和 4T 模型。

表 2　7R 模型

7R 模型
1. 识别或鉴定风险，确定风险的性质及其可实现的情况。
2. 根据风险登记册中记录的"风险情况"的严重性和可能性对风险进行排名或评价。
3. 应对重大风险，包括就下列选项采取适当行动的决定：
A. 容忍
B. 处理
C. 转移
D. 终止
4. 资源控制以确保做出适当安排，引进和维持必要的控制活动。
5. 反应计划和/或事件管理。对于危险风险，这将包括灾后恢复或业务连续性计划。
6. 通过组织的风险结构，报告和监测风险绩效、行动和事件以及风险问题沟通。
7. 审查风险管理体系，包括内部审计程序以及安排审查和更新风险结构、战略和协议。

资料来源：Hopkin, P., 2010. *Fundamentals of Risk Management: Understanding, Evaluating and Implementing Effective Risk Management*. Kogan Page, London

容忍、处理、转移和终止的 4T 模型如下表所述。

表 3 4T 模型

1. 容忍 接受/保留	即使不采取任何进一步的行动，风险暴露也是可以容忍的。即使不能容忍，对某些风险采取行动的能力也可能受到限制，或者采取行动的代价可能与获得的潜在利益不成比例。
2. 处理 控制/减少	到目前为止，更多的风险将以这种方式加以解决。处理的目的是，在组织内继续发生风险活动时，采取行动（控制）将风险限制在可接受的水平。
3. 转移 保险/合同	对于某些风险，最好的反应可能是转移它们。这可能通过常规保险来完成，或者由第三方以另一种方式承担风险。此选项特别适用于减轻金融风险或资产风险。
4. 终止 避免/消除	一些风险只能通过终止活动来处理，或者控制到可接受的水平。应当指出，与私营部门相比，政府终止活动的选择可能受到严格限制。

一些组织会制定一个具体的风险登记册，ISO Guide 73 将此定义为"用于记录所识别风险的管理过程的文件"。风险登记的目的是确保每个风险都有责任人和对每个风险进行管理。风险登记册的使用有助于成功的风险管理，只要它仍然是一个积极的和动态的过程。危险在于这样的文件过于详细，没有响应性或动态性。

如前所述，风险管理具有潜在的积极意义。其中一些优点是：

● 减少正常运营的干扰，提高运营效率，减少风险的负面影响。

● 有能力抓住拒绝竞争对手的机会，因为对采取风险管理有更明智的观点。

● 在风险评估过程中有意识别积极的事件，并决定如何管理这些事件。

● 机会管理，在决定抓住机会之前，对新的商机进行详细评估。

● 从一种情况中获得积极的结果；如果没有风险管理，这种情况可能会出现错误。

● 在困难的情况下实现合规或风险保证，是良好风险管理的无意的或自动的结果。

最后，由于风险几乎不可避免地涉及外部利益相关者，在制定风险框架和处理方法时应该从关键利益相关者寻求投入。大多数组织考虑的关键因素是维持业务连续性，这当然适用于法庭科学组织。

法庭科学行业的风险考虑

ISO/IEC 17025 在指定风险管理或交叉参考 ISO/IEC 31000 方面没有要求。然而，通过遵守 ISO/IEC 17025，风险管理的许多要素将得到解决。但是，这是不够的，各组织还应考虑遵守 ISO/IEC 31000。由于许多法庭科学组织受到较大的母公司管理，风险管理框架可能存在于更高的层面。在没有更高风险计划或法庭科学组织是独立机构的情况下，应制定风险管理计划。法庭科学组织只是为了服务于更大的司法系统，因此应寻求外部利益相关者的意见，并实施风险管理战略，以满足利益相关者的需要。

结　论

关于风险，唯一确定的是它是不可避免的。风险存在于各个层次，从个人的行为到组织及其之外。管理风险的起点是理解风险，这需要全面而结构化的分析。风险也不会保持固定或不变，所以这种分析需要是动态的。

风险往往被看作负面的，管理风险的潜在优点没有得到承认，因此也没有实现。当风险得到管理时，创新的机会更容易得到承认和实现。然而，风险管理不是免费的，成本需要纳入预算。成功的风险管理的关键在于实现一种平衡，来承认影响和可能的结果。遵循广泛的质量原则和 ISO/IEC 17025 应该有助于满足等效风险标准、ISO/IEC 31000 的要求，但这并不足够。法庭科学实践本身就具有特殊的风险，有时需要非常具体的处理，例如有害物质和/或实验室的法庭科学调查。然而，法庭科学领域的风险管理应该是整体性的，并设法应对法庭科学组织运作的所有方面。

参见

法庭科学管理/管理：国际组织与合作；法庭科学组织原则；

法庭科学管理/质量：认证；认可；有效性；健康与安全；质量保证的原则；

顺序揭露：将观察效果降至法庭科学的最低限度；标准方法。

扩展阅读

AS/NZS ISO/IEC 31000，2009. Risk Management‐Principles and Guidelines. http://www. saiglobal. com.

Hopkin, P. , 2010. Fundamentals of Risk Management：Understanding, Evaluating and Implementing Effective Risk Management. KoganPage, London.

Robertson, J. , Metz, H. , Scudder, N. , Hodgson, V. , 2010. A quality system review：australian federal police forensic and data centres. Forensic Policy and Management 1, 209−213.

伦　理

R. 温斯托克，美国，加利福尼亚州，洛杉矶，加利福尼亚大学、西洛杉矶退役军人医疗事务中心

G. B. 梁，美国，华盛顿州，塔科马，西部州立医院，法庭科学服务中心

J. A. 席尔瓦，美国，加利福尼亚州，圣何塞，法医门诊

版权所有© 2013 爱思唯尔公司。保留所有权利。

引　言

　　法庭科学的伦理是复杂和具有挑战性的，这是法庭科学和法律两个拥有不同的方法、价值观和目标的重要学科之间相互作用的结果。法律需要获得明确的答案，以便及时解决纠纷并伸张正义。相比之下，法庭科学得出了初步的结论，而且随着进一步的证据而发展。法庭科学将科学应用于法律问题，但法律伦理与科学和专业伦理之间存在许多差异。每当科学技能应用于法律事务时，每个具有附加的伦理要求的科学学科都有具体的伦理要求。通常，两种伦理要求相辅相成。许多科学学科通过解决法律问题中的伦理问题来促进法庭科学伦理，但并不是所有学科都这样做。每当这些要求出现冲突时，就会产生伦理困境。虽然法庭科学有许多潜在的伦理问题，但大多数问题可以通过遵循伦理规范或良好的司法实践标准来解决。

法庭科学伦理与个人伦理

法庭科学伦理是将科学应用于法律的伦理。法庭科学中许多伦理方面都存在争议。一些法庭科学家试图通过对伦理和道德的任意区分来解决伦理争议，然而，这些术语多年来在哲学中交替使用。伦理和道德的任意区分，使法庭科学家可以通过将某些伦理问题仅仅看作个人道德问题来避免许多伦理困境。这样的伦理问题和困境被排除在科学和专业伦理的话语和考虑范围之外。更恰当的区别是个人伦理或道德、当前科学和专业伦理以及从业者对科学和专业伦理行为的看法。大多数问题都可以从个人或科学和专业伦理的角度考虑，即使在复杂的道德问题上可能不能达成共识。

在个人领域，伦理或道德是指法庭科学家所关注的问题，这些问题基于个人伦理（道德）或宗教考虑，而不是来自他们的科学和专业角色。在科学和专业领域，伦理是传统上使用的术语。在这方面，伦理是指规范科学和专业学科或法庭科学组织行为的基本规则或准则。相反，行为准则或礼仪问题是不那么根本的问题，应与伦理相区别。

组织法庭科学伦理学

由于种种原因，并非所有科学和专业组织都有强制执行的伦理标准或方法。当一个组织强制执行其伦理标准时，在伦理和法律上都需要适当的过程或程序，被指控的会员有机会听取指控并提出抗辩。法庭科学组织执行伦理标准可以使知识渊博的同行互相监督。否则，这种监督可能会被局外人实施，他们可能对具体专业不够熟悉，不能公平和有效地进行监督。

理想的伦理标准应该是可执行的，它们应该处理最低限度可接受的科学和专业行为。低于这些标准的行为会违反伦理要求，并被采取适当的惩罚性制裁。制裁的范围可以从警告和惩戒，到暂停职务和从组织中开除。对组织执行伦理标准的能力的限制是，他们不能对非会员或退出会员的个人执行伦理标准。然而，一些组织披露了一个事实：即使一个成员在接受伦理调查期间从该组织辞职，授权委员会仍然有权暂停或吊销其执照。

虽然必须满足最低限度的伦理要求，但达到伦理操守的最低限度并不一定意味着良好的法庭科学实践。没有发现伦理违反行为并不意味着专业人士或科学家一定会表现出无懈可击的伦理行为。像法律程序中的"无罪"判决一样，这可能仅仅意味着没有足够的依据来证明从业人员违反了法庭科学伦理。

基本的最低限度的伦理与理想伦理

一些组织对基本的最低限度的伦理标准与理想标准或良好法庭科学实践标准进行区分。虽然许多组织混淆了这两种类型的伦理标准，但明确的区分是重要的，这样法庭科学家可以确定哪些条款代表了绝对不能违反的最低标准，哪些代表了理想和示范行为的更高理想阈值。理想条款是法庭科学从业人员应该努力达到的理想标准。"好的"法庭科学家会这么做的。与未达到最低标准相反，未达到理想标准不应导致制裁。有时，不符合良好法庭科学实践标准可能是出于一个可以接受的理由。

有时可能无法执行理想标准，因为评估行为可能需要评估法庭科学家的意图。意图是主观的，因此很难确定。不过，一位好的法庭科学家将会尝试达到理想的标准。或者，标准可能是潜在可执行的，但可能不是会导致制裁的最低标准。相反，它可能是代表更多的理想或良好法庭科学实践的标准。

不良的法庭科学实践并不一定是不符合伦理的做法。一些不充分的法庭科学评估可能代表缺乏知识或未能把握法庭科学最新动态。在这种情况下采取的适当行动可能是教育而不是惩罚性制裁。其他不充分的评估可能是由于时间压力和/或过度劳累而忽视了一些重要方面。虽然评估可能不足，但这种疏忽可能不足以违反基本的最低限度的伦理标准。

法庭科学实践中的伦理规范

像美国法庭科学学会这样的组织制定了供组织执行的伦理规范和行为准则。伦理规范规定，成员"不得为教育、培训、经验或专业领域提供任何重大失实陈述"，"不得提供基于专家意见或结论的任何虚假资料"。附加规定是行为准则的一部分。它们旨在阻止成员虚假声称代表组织，从事违反组织最佳利益和目标的行为。这种违反行为准则的行为可能违反了组织的规则，但未违反基本法庭科学伦理。伦理规范和行为准则中也有规定正当过程或程序的条款。

当执行伦理规范时，R. 罗斯纳（R. Rosner）列举的以下问题应该得到回答：

    1. 被指控的会员违反什么条款？

    2. 该条款的标准是什么？

    3. 相关资料是什么？

    4. 确定会员违反或没有违反具体条款的理由是什么？

重要的是要清晰写明伦理条款，以防止含糊不清导致伦理听证退化成人气竞赛。例如，如果没有明确的指导方针，那么判决主要取决于听证小组是否喜欢被告人，被告人对有争议的问题的看法是否受欢迎或被告人是否属于组"内"的一部分。因此，伦理违反行为的实际严重程度将变得不那么重要，因为在精确鉴定发生了什么事情和什么原因方面付出的努力很少，从而掩盖了既定的听证目标。

如果会员对一部分规范不清楚，则组织应澄清解释。会员必须事先掌握哪些具体类型的行为是被禁止的（最低标准），并明确区分那些被鼓励的行为（理想标准）。如果存在任何可能的歧义，必须找到一种方法来提供必要的澄清。一种可能的方法是在组织的业务简报中打印出问题的解释。

良好法庭科学实践的标准

理想标准是良好甚至优秀实践的标准。尽管事实上只有最低标准才能被执行，但良好的法庭科学工作者仍应该努力达到这些标准。美国法庭科学学会良好法庭科学实践委员会制定了以下良好法庭科学实践的标准：

1. 法庭科学家一般应遵循各自学科的标准。他们应谨慎应用任何评估方法、技术技能、科学知识和其他专门知识去解决法律问题和疑问。他们应始终努力完成高质量的工作。

2. 法庭科学家应努力保持现状以及保持学科的竞争力。虽然最低限度的竞争力应该是一个目标，但法庭科学家应努力追求卓越。

3. 法庭科学家应诚实、力求客观，从所有合理的角度审视科学问题，并积极寻求所有相关的可获得的资料，以区分合理的替代可能性。

4. 法庭科学家应努力规避任何利益冲突。他们应该具有独立性以保护他们的客观性。应披露任何潜在的利益冲突。如果客观性可能受到损害，应避免或停止相关案件的工作。

5. 法庭科学家仅能在其通过教育、培训和经验达成的专业领域内承办案件并给出建议。

6. 法庭科学家应通过诸如与同事讨论、教育和提起伦理投诉（如果前述方法不成功的话）的方法来尝试识别、阻止和帮助消除其他法庭科学家的违反伦理的行为。

7. 必须认识到诚实的意见分歧的存在，但这不意味着任何专家都有违反伦理的行为。法定对抗制度包括反方律师寻求专家的有利意见。法庭科学家不应因不受欢迎的判决、诚实的意见分歧或法律制度的变幻莫测而被指责不公正。

8. 对对方持不同意见专家的激动情绪或个人仇恨不应构成伦理投诉的依据。伦理投诉必须是真诚的。如果仅仅基于激动情绪，这种伦理投诉本身就是不恰当的。

9. 法庭科学家应以简明易懂的语言向事实审判者提出自己的意见，但必须小心，因为这样的努力可能会导致过度简单化和损失精确度。法庭科学家在努力进行有效沟通时应尽可能准确，避免失真。应尽一切合理努力确保其他人（包括律师）不歪曲法庭科学家的意见。

10. 法庭科学家应努力通过教学、监督、树立榜样、发表出版物和演讲等方式，向学生和同事传播最高的伦理和科学标准。

11. 法庭科学家应该努力追求卓越和最高程度的正直。司法鉴定意见不应基于任性的偏见、个人利益、取悦雇主或律师的欲望。

12. 当法庭科学家被要求就法律问题发表意见时，他们应该尽一切努力熟悉相关辖区适用的法律。他们应该注意，只有通过适当地将资料应用到法律问题上才能得出那些法律结论。

13. 与律师不同，法庭科学家不是对手。他们在法庭上宣誓要说出全部真相。他们应该尽一切努力维护这一誓言。

14. 当法庭科学家接受律师的任何特权信息时，应注意确保所有信息都是保密的，不能让对方知晓。在接受这些信息后，法庭科学家不应向对方提供服务，除非法律规定这样做。法庭科学家如果希望保留被对方雇用的选择权，就应提醒律师不要支付金钱或提供特权信息。

法庭科学伦理问题

一些法庭科学家混淆了他们和律师的角色。律师的角色是为其客户提供最好的"一边倒"意见，唯一的例外是律师知道情况不真实而放弃辩护。与专家证人不同，律师不在法庭上宣誓。相比之下，法庭科学家宣誓"说出真相，全部真相，只有真相"。如果法庭科学家承担了律师的全部辩护角色，不顾"真相"和誓言，帮助律师提供最好的"一边倒"意见，其可能会被视为"帮凶"，从而不仅损害自己的声誉，也玷污整个法庭科学领域。许多法庭科学家认为"帮凶"问题是法庭科学中最严重的伦理问题。

"帮凶"可以为控辩双方提供证据，这取决于雇用专家的一方。一个有效的"帮凶"可以表面上不偏不倚地为某一特定案件中雇用他的任何一方提供"一边倒"的、有误导性的和具说服力的解释。"帮凶"不仅总是为雇主提供最好的意见，还可以为有个人偏见的一方做到这一点，不管他们认为哪一方是正确的。相比之下，除非法庭科学家真诚地认为最有客观性的意见是正确的，否则有可能有偏见并优先为一方工作，而拒绝受理另一方的案件。在不知专家的想法的情况下，"帮凶"和具有特殊意见的专家之间的区别并不总是明确的。即使专家因为个人偏见而坚信一种意见，以至于他们诚实地告知其认为是正确的事实，其他人常常也会错误地认为这个意见是对真相的不诚实的歪曲。有时，问题是专家不够客观，或法庭科学家之间诚实的意见分歧。

诚实的意见分歧确实存在于包括法律在内的每一个学科和专业上，而且，由于"专家"的论争而责备法庭科学家和法庭科学是不公平的。另外，一旦法庭科学家达成了诚实的客观意见，对抗性制度的压力会鼓励专家主张他们的意见。捍卫意见时，很难保持完全客观。微妙的压力也会使专家产生偏见，例如取悦律师或雇主的愿望。一位诚实的专家应尽全力根据证据形成意见，即使违背了雇主的意愿。还有一些关于什么是"说出真相，全部真相，只有真相"的问题。这是否意味着专家应该尝试提供全部的真相，而不是一个误导性的、达到律师和法庭允许程度的部分真相？或者仅仅是提供那些对案件有帮助的部分真相并依靠良好的盘问（如果案件在审判前解决，则该情况可能不会发生）来说出剩余的真相？或者说可能导致与专家意见相抵触结论的部分真相只能作为一种战术策略进行先发制人的打击，以便在对方有机会提供那些真相之前就先揭穿它们？

法庭科学家是否应仅仅以更公正的方式尝试参与法律制度，或者法庭科学家是否应仅仅回答所提出的问题并相信对抗制度通常能实现正义？在美国这样的国家，基于英国普通法的制度，存在着对抗性的做法。法庭科学家是否应该将自己的专门知识提供给那些试图取得"不公正"结果的人呢？法庭科学家是否自以为是地认为只有他们看到的才是正义或者说与他们的专业或个人价值观相一致的就是正义？对这些问题的回答目前缺乏共识，在可预见的将来似乎也不太可能解决这些问题。

伦理学基础

伦理准则是任意的规则，还是基于更基础和更根本的东西？伦理准则处理"重要"的问题，似乎代表的不仅仅是行为守则或礼仪规范。有时，规范会混淆礼仪（如不批评另一个科学家或专业人士，或不伤害组织）与基本的伦理问题。是否有任何伦理真理是客观上对错的问题，或是否所有的伦理观都是主观的并且一种规范和另一种规范一样好？有些人认为伦理观是主观的，把它看作只会依赖特定文化或科学学科的习惯。他们认为，在文化或团体中，什么被认为是符合伦理的仅仅是指对于个人来说什么是道德上正确的。

有些人认为伦理和道德的唯一基础是宗教。然而，宗教本身不仅在单一宗教范围内缺乏客观性，在许多宗教中的哪一个应该成为代表也没有达成共识。过去一些宗教主张献祭人类。这对于他们来说是"正确"的吗？在西方民主国家，世俗伦理独立于宗教之外有着悠久的历史。虽然宗教可以成为伦理的基础，但许多虔诚的人尽管从事宗教活动，却可能是违反伦理的，并在做"错误的"事情。无神论者也可能很有伦理，致力于哲学研究，以确定什么是"正确的"。尽管宗教无疑能激励许多人去做"正确的"事情，但宗教绝不是伦理和道德的必要基础。

关于伦理学基础存在两个主要学派。一个学派是结果主义，其主张符合伦理的事物能带来最好的结果，例如对于大多数人来说最美好的或幸福的事物。这个立场的一个子集是实用主义，因为符合伦理的事物就是最有用的。另一个学派是固有职责的道义和基础伦理。不管结果如何，行为本质上是对的或是错的。后者的一个例子就是哲学家伊曼努尔·康德（Immanual Kant）的绝对命令——要做你认为你所处立场上的任何伦理人士应该做的事情，这样你所遵循的准则应该是所有人遵循的普遍准则。

过于僵硬地遵循这些立场可能会产生问题。你可以将正义视为内在的道义职责，就像康德一样。这是否意味着无论多小的犯罪都应该追查到底，直到犯罪者受到惩罚为止？需要考虑结果主义以平衡职责，且有必要把政府的钱用于其他可能对社会福利更重要的事情上。彻底调查犯罪行为，直到罪犯被捕，将会用尽我们所有的社会资源，将没有资金用于其他理想的目的。此外，如果道义上的考虑是主要的，那么两种道义职责可能会冲突，没有任何原则来解决这个冲突。

同样，仅仅遵循结果主义也会产生问题。例如，如果认为每一个罪犯总是很快被抓到并被惩罚，没有一个罪犯犯罪后能够逃脱，那么它可能会减少社会犯罪。为了达到这个目的，从一个不受欢迎的群体（如现有的罪犯）中挑选一些人可能会有所帮助，从而秘密地审判他们，发现他们的罪行并快速公开地执行。这样的程序实际上可能会有一些威慑价值并减少犯罪，特别是如果能用于贪污、挪用资金或所得税欺诈等白领犯罪行为。然而，正义的道义考量使我们相信这个程序有问题。甚至有相反的结果主义考量：政府可能变得非常强大，我们中的任何人都可以被任意审判、定罪和处决，即使我们是无辜的；我们所有人都将面临潜在的风险。因此，伦理学的纯粹的结果主义基础也无法根据这些相互竞争的结果来确定正确的行为。

最好的方法需要考虑这两种类型的伦理基础，但没有更高的规则或原则来帮助我们平衡这些考虑。解决伦理困境的理论方法实质上是将普遍的伦理准则作为"公理"，将特定的伦理判断推定为"定理"。在特定情况下解决问题的方法是从伦理准则中推导出来的。然而，通常没有更高层次的伦理规则或原则帮助我们在竞争的伦理准则中做出决定。

相比之下，在哲学上被称为"诡辩"的实践方法并不涉及普遍的理论规则或原则，而是要求我们从特定情况出发考虑问题。一般伦理规则或原则本质上是"准则"，只有在定义其含义和作用的例证中才能被充分理解。然而，对于一个案例的哪个方面应该是压倒一切的观点，常常有不同的意见，没有任何伦理指导来帮助我们衡量和平衡相互竞争的伦理准则。

在这两种情况下，道义和结果的考虑可以帮助我们确定什么是"正确的"。但是，当伦理规则和原则相冲突时，通常没有规则、原则或格言帮助我们解决冲突。因此，至关重要的是，法庭科学家能够思考和解决伦理困境本身。在困难的情况下，应该考虑接受多种解决方案，伦理委员会不应该对遵循任一方针的法庭科学家实施制裁。为了在这种情况下帮助达成

"最佳"解决方案，需要经常向经验丰富的法庭科学家进行咨询，以了解伦理问题。

伦理困境

关于伦理困境的解决方法，人们往往无法达成共识。当伦理责任发生冲突时，一些法庭科学家始终优先考虑法律需求。然而，虽然大多数人通常优先考虑法律需求，但法律要求实施严重违反自身的科学纪律或信仰的行为时则例外。在这种情况下，他们专业的或科学的价值观、伦理和责任可能会超越法律制度的意愿，并阻止他们参与这方面的法律案件。个人伦理和道德也可以阻止这种参与。虽然法律制度可以建立合法的伦理，但只有科学的、专业的法庭科学学科和组织才能建立法庭科学伦理。法律不能确定法庭科学中什么是符合伦理的，它只能确定什么是合法的。

伦理困境发生在伦理职责冲突时。这种冲突的一个例子发生在法庭科学精神病学中，在这种情况下，从业者有时会认为通过误导被评估者可以实现最准确和真实的评估。这种欺骗通常是合法的，但它违反了美国精神病和法律学会颁布的法庭科学精神病学伦理准则。大多数法庭科学精神病学专家遵循法庭科学精神病学专业的指导方针，而无论这种欺骗的合法性如何。同时，许多人认为在死刑案件的审判阶段提出加重情节是违反医德的，即使这个加重情节是真实的并且在美国这种证词也未违反现行的伦理准则。如果无法服刑的无能力者经过治疗具有服刑能力，情况也是如此。当出于法庭科学目的使用医学或心理技能评估个体时，就会产生这些问题。

然而，伦理冲突的幽灵绝不限于法庭科学精神病学、心理学及其他分支学科，而是发生在所有法庭科学领域。在法庭上使用 DNA 证据，似乎是以先进的现代科学技术为基础，具有非常高的可靠性和确定性，但是这是另一个具有很大争议的领域。诸如数据收集等其他方面也值得怀疑。在许多方面，看上去违反常理的是，即使引入 DNA 证据等准确数据时，专家意见也可能会有分歧。尽管如此，在解释 DNA 数据方面，德高望重的法庭科学家们之间也存在争议，例如广为人知的辛普森案。这是否意味着一方是违反伦理的，或诚实的法庭科学家有可能持有强硬的反对意见？一个可能的解释是，DNA 证据的高度准确性使许多问题更加重要。当识别方法不太准确时，潜在的伦理和数据收集问题就容易被忽视。现在所有法庭科学领域都存在许多这样的争议。

结　论

虽然在大多数情况下，伦理行为方针是明确的，但"优秀的"法庭科学家必须了解伦理学，以便在困难情况出现时能够解决伦理困境。为了远离麻烦和避免制裁，必须了解伦理准则中的最低要求。然而，由于不同的要求和期望标准可能会发生冲突，这些准则不会并且不能解决所有的意外情况。一般来说，没有更高级的规则或原则告诉我们如何解决这样的冲突。在这种情况下，法庭科学家有时需要知识的帮助，才能制定出自己的伦理冲突解决方案。当拥有不同的伦理观和价值观的不同学科在科学实践中交叉时，如科学和法律，这种两难局面很可能发生。

各种组织在各自的规范下处理不同的问题。法庭科学家的两个最低标准是：必须清晰和真实，不要扭曲篡改凭据和数据。不过，优秀的法庭科学家应该不仅是为了远离麻烦和达到最低标准而努力。优秀的法庭科学家应该在伦理操守和法庭科学工作中努力追求卓越。

法庭科学中的伦理复杂性不是逃避法庭科学实践的理由。法庭科学家应该接受这一挑战，但应准备面对和评估潜在的伦理冲突。无数的问题困扰着所有学科，特别是那些与法庭科学和法律这两个截然不同的学科相联系的学科。法庭科学是一个有趣的、刺激的、富有成效的重要职业，但为了成为一名优秀的伦理从业者，必须尽可能多地了解不同方面。在大多数情况下，尽管已经列举了潜在的伦理困境，但法庭科学伦理规范提供了最低限度的伦理冲突解决方案。那些希望成为优秀的法庭科学工作者、追求卓越的人，通常可以得到良好的法庭科学实践标准的指导。只有在比较罕见的情况下，伦理标准之间或在良好的法庭科学实践标准的条款之间才会存在冲突。在这种情况下，法庭科学家们也许可以经过商议，做好自己的伦理分析。

参见

基础：法庭科学的基本原则；
法律：法庭科学的法律观。

扩展阅读

AAFS Committee on Good Forensic Practice, 1999. Advisory opinion. *Academy News* 20, 24.

American Academy of Forensic Sciences, 1998. *Code of Ethics and Conduct*. American Academy of Forensic Sciences, Colorado Springs.

American Academy of Psychiatry and the Law, 1998. *Ethical Guidelines for the Practice of Forensic Psychiatry*. American Academy of Psychiatry and the Law, Bloomfield, CT.

Appelbaum, P. S. , 1997. A theory of ethics in forensic psychiatry. *Bulletin of the American Academy of Psychiatry and the Law* 25, 233-247.

Beauchamp, T. L. , 1982. *Philosophical Ethics: An Introduction to Moral Philosophy*. McGraw Hill, New York.

Beauchamp, T. L. , Childress, J. F. , 1994. *Principles of Biomedical Ethics*, fourth ed. Oxford University Press, New York.

Callahan, J. C. , 1988. *Ethical Issues in Professional Life*. Oxford University Press, New York.

Code of Ethics for the Academy Editorial, 1986. *Journal of Forensic Science* 31, 798-799.

Diamond, B. L. , 1992. The forensic psychiatrist: consultant vs activist in legal doctrine. *Bulletin of the American Academy of Psychiatry and the Law* 20, 119-132.

Diamond, B. L. , 1994. The fallacy of the impartial expert. In: Quen, J. (Ed.), *Selected of Bernard L. Diamond*. Analytic Press, Hillside, NJ.

Dyer, A. R. , 1988. *Ethics and Psychiatry*. American Psychiatric Press, Washington, DC.

Hundert, E. M. , 1987. A model for ethical problem solving in medicine with practical applications. *American Journal of Psychiatry* 144, 839-846.

Jasinoff, S. , 1995. *Science at the Bar: Law Science and Technology in America*. Harvard University Press, Cambridge.

Jonsen, A. R. , Toulman, S. , 1988. *The Abuse of Casuistry*. University of California Press, Berkeley, CA.

Katz, J. , 1992. "The fallacy of the impartial expert" revisited. *Bulletin of the American Academy of Psychiatry and the Law* 23, 141-152.

Mills, D. H. , 1997. Comments from the perspective of the AAFS ethics committee. *Journal of Forensic Science* 42, 1207-1208.

Murphy, J. , Coleman, J. L. , 1990. *Philosophy of Law: An Introduction to Jurisprudence*, revised edition. Westview Press Co, Boulder, CO.

Nordby, J. J. , 1997. A member of the Roy Rogers Riders Club is expected to follow the *rules. Journal of Forensic Science* 42, 1195–1197.

Rachels, J., 1993. *The Elements of Moral Philosophy*, second ed. McGraw-Hill, New York.

Rosner, R., 1994. *Principles and Practice of Forensic Psychiatry*. Chapman & Hall, New York.

Rosner, R., 1997. Foundations of ethical practice in the forensic sciences. *Journal of Forensic Science* 42, 1191–1194.

Rosner, R., Weinstock, R., 1990. *Ethical Practice in Psychiatry and the Law*. Plenum Press, New York.

Stone, A. A., 1984. Law, *Psychiatry and Morality*. American Psychiatric Press, Washington, DC.

Weinstock, R., 1997. Ethical practice in the forensic sciences—an introduction. *Journal of Forensic Science* 42, 1189–1190.

Weinstock, R., 1998. Letter to the editor. *Journal of the American Academy of Psychiatry and the Law* 26, 151–155.

Weinstock, R., Leong, G. B., Silva, J. A., 1991. Opinions expressed by AAPL forensic psychiatrists on controversial ethical guidelines: a survey. *Bulletin of the American Academy of Psychiatry and the Law* 19, 237–248. Erratum 19: 393.

重大事件现场管理

J. 霍斯韦尔，澳大利亚，堪培拉，澳大利亚联邦警察局

背 景

刑事调查有三个关键操作阶段，它们是：

- 现场控制与协调；
- 刑事调查；
- 法庭科学调查。

通常，重大刑事调查的协调工作由高级调查员负责；同样，复杂的法庭科学调查必须由资深法庭科学调查员协调。为了管理重大事件的现场和多个

犯罪现场，犯罪现场指挥员必须了解法庭科学和刑事调查。犯罪现场指挥员必须任用有能力的、技术熟练的、合格的法庭科学调查员而不是自负的人来配合自己。

本部分仅涉及从法庭科学调查员的角度对重大事件现场的管理问题。

现场控制与协调

没有适当的控制和协调，信息可能无法到达犯罪现场调查员。这可能导致他的努力是无目的的，而已发现的线索可能永远不会传递给犯罪现场调查员，使其采取后续行动。当犯罪现场很大并且有几个犯罪现场调查员在处理现场时，或者当有一些次要现场并且远离主要现场时，现场控制和协调是最重要的。高级调查员和犯罪现场调查员之间必须有一个来回的信息流。这是犯罪现场指挥员的职责之一。

犯罪现场调查方法

对犯罪现场的勘查和随后潜在物证的收集需要特殊的技能、知识和能力。进行犯罪现场调查的方法可能是决定调查成功的关键因素。对犯罪现场进行适当的勘查需要有一套规范的方法，并系统地应用各种观察、记录和收集技术，以及对法庭科学有深入了解。

勘查犯罪现场通常是一项艰巨的任务，在许多情况下需要身体和精神上的耐力、团队领导和成员技能。

法庭科学已成为刑事调查的有力辅助工具，法院非常重视调查结果。因此，法院大力审查证据的收集方式、提出的意见、所进行的检验和比较的结果。

一种系统的犯罪现场调查方法将确保：

- 调查小组和检查小组之间的良好协调；
- 高效、有效和彻底的检查；
- 减少疲劳；
- 有序记录和收集潜在证据；
- 有效观察和推断。

初步评估

在进入犯罪现场之前，重要的是对犯罪情况进行最佳评估。此外，亦须听取已获委任进行调查的高级调查员的简报。从法庭科学的角度来看，应当任命一名犯罪现场指挥员。这个人将是随后法庭科学调查的所有参与者的联络中心。这个人应该是一名高级调查员，负责主持随后的调查警察会议和协调法庭科学调查的各个方面，包括将人力资源分配给多个现场。

谋杀将在这里作为典型犯罪进行讨论，因为这是对人最严重的犯罪行为。

法庭科学调查员和调查官员处于同一位置。他们需要回答同样的问题：谁？什么？什么时候？如何？在哪里？为什么？其中一些问题可以在谋杀现场得到回答。

谁？

- 死者是谁？
- 报告发现死者的人是谁？
- 谁看到或听到什么？

什么？

- 发生了什么事？
- 如果发生了刑事犯罪，是什么罪？
- 死者的行为是什么？
- 其他人的行为是什么？
- 证人说什么？
- 死者身上有什么伤害、痕迹、衣着和个人财产？
- 估计死亡时间是多久？
- 使用的凶器可能是什么？
- 从死者身上能收集到什么关于死亡原因的信息？
- 死亡方式是什么？

什么时候？

- 死者是什么时候被发现的？

- 死者最后一次被见到是什么时候？
- 警察是什么时候接到通知的？

如何？

- 死者是如何到达死亡现场的？
- 受伤和死亡之间过去了多久？
- 死者是如何受伤的？

在哪里？

- 尸体在哪里被发现的？
- 死亡发生在哪里？
- 死者最后一次在哪里露面？
- 损伤发生在哪里？
- 事件发生时证人在哪里？

为什么？

- 为什么死者在这个地方？
- 为什么犯罪？
- 为什么使用这种凶器？
- 为什么这次死亡发生在这个时候？
- 为什么死者在这个时候被发现？

关于所发生的事情，可以得到的细节越多，就越容易确定在勘查现场时需要什么资源以及证据的某些方面的重要性。

现场安全

第一批进入现场的警察将对犯罪现场进行初步评估。他们将根据当时所获得的信息在一定程度上保护现场。犯罪现场指挥员通常是犯罪现场工作人员的高级成员，必须尽可能早到现场，以负责犯罪现场的管理工作。他通常由犯罪现场调查员或犯罪现场调查小组陪同。犯罪现场的大小将决定分配给特定事件的资源数量。犯罪现场指挥员必须有权分配所需的资源。

一旦将犯罪现场交给犯罪现场指挥员，即应当对现场安全进行重新评估，以确保现场足够安全。应该有一个移交犯罪现场的正式协议。这样可以确保控制和维护现场的连续监管。

法庭科学证据的一个基本要素就是证明现场的安全性，并在随后的检查或调查过程中始终得到维持。因此，确保犯罪现场安全的目标是

- 防止证据被破坏或污染。
- 确保信息安全；一般来说，信息只能由媒体联络官或高级调查员向媒体发布。
- 确保现场的保管链按照任何潜在证据物品的需求进行维护。
- 从现场驱散所有不必要的人员，包括警察和媒体人员。必须记住，在场的人越多，污染和破坏证据的可能性就越大。现场的大量人员也会妨碍对犯罪现场的适当处理。
- 确保所有证据已被记录和回收。这可能包括保护现场，直到验尸结果或科学分析的结果到手为止。

保护犯罪现场的方法多种多样，例如：

- 配备警卫；
- 绳索或印刷胶带警戒线；
- 车辆的战略布局；
- 标记、标识、标志的使用；
- 封锁房间或建筑物内的区域或使用建筑物的外墙作为屏障；
- 用胶带或特制的升踏板建立安全步行区（公共通道）。

职业健康与安全

保护犯罪现场调查员的健康是犯罪现场指挥员的主要责任，他必须意识到疲劳和健康问题。应提供适当的防护服和防护装备。应为犯罪现场调查员安排休息时间，休息期间应备有茶点。现场警卫也应该是犯罪现场活动的一部分，不管他们来自哪个地区。应指定一个可以提供饮食、储存设备和堆积垃圾的地方。

所有在场人员应被简单告知：

- 安全隐患；
- 吸烟和用餐事宜；
- 关键区域的位置；
- 电话和厕所的使用。

系统收集潜在证据

在对犯罪现场进行一般调查之后，应当明确收集证据和搜查的顺序。应优先考虑：

- 任何可能被风、雨、车辆、动物、潮汐和人类活动破坏的物品；
- 收集能有助于进入犯罪现场死者所在位置或关键区域的所有证据，例如进出口路径；
- 那些可以提供大部分证据的犯罪现场关键区域，或者一经处理就可以移走尸体或开始其余检查的区域；
- 任何可以迅速指示罪犯身份的区域；
- 一经处理就将允许放开现场守卫和其他资源的任何区域；
- 对犯罪现场的剩余部分进行全面检查以寻找潜在证据。

寻找和收集潜在证据的系统和顺序

在确定收集潜在证据的方式和顺序时，必须考虑到可能的证据破坏以及从有用的信息中得到最好结果的方法。与其他专家如法庭科学家和法医病理学家进行座谈，可能需要必要的收集顺序和方法，以确保最佳效果；然而，这在现场并不总是可行的。

收集顺序的一些示例如下：

- 在某一区域粉刷指印之前，应先收集肉眼可见的证据。
- 在某一区域寻找指印之前，应先收集血迹和其他法庭科学证据。
- 出于安全考虑，在使用大型刷子之前，需要收集地板上的垃圾。
- 首先需要用倾斜的照明来检查抛光的地板，以定位潜在的鞋印或脚印。
- 在某一区域应用一般收集技术（如胶带粘取、清扫和真空吸取）之前，应先收集可见的纤维、毛发和其他痕迹物证。

- 在移走尸体以及收集床单和毯子之前，用胶带粘取相关的区域。

在搜索关键区域时，从固定点按顺时针或逆时针方向进行搜索，或进行线条搜索，以进行系统检查。系统的方法减少疲劳，并确保更全面的搜索，能最大限度地减少遗漏有价值的潜在证据材料的可能性。

较大物体应在较小物体之前进行检查，且在收集时应将所有物品打包和标记。

检查记录

为了进行彻底、系统的犯罪现场调查，应为每项活动制作一份表格。在此不做详细介绍，因为每个司法辖区都会有自己的规定。下面列出了每一类检查的主题标题。事先准备好的清单将为调查期间的工作人员提供综合说明；这些表格记录应该可用于：

- 犯罪现场日志：在现场进行的活动，包括进出现场的活动；
- 正式移交犯罪现场；
- 犯罪现场环境条件清单；
- 犯罪现场的活动和观察清单；
- 犯罪现场物品清单；
- 犯罪现场的草图；
- 犯罪现场照片；
- 参与调查的专家名单和次数。

正在进行的案件管理

现场工作完成后，重点将转向进一步检查的协调以及从法庭科学检查员到调查员、从调查员到法庭科学检查员的沟通交流和结果信息流动。如果犯罪现场指挥员无法主持进一步的案件管理会议，可以提名另一名高级调查员，以保持对正在进行的案件管理的联系和协调。

总　结

重大事件或轻微犯罪的现场管理是控制现场，然后协调资源管理，用一种系统的方法来处理现场。

重大事件现场的规模和复杂性各不相同，有些可能需要许多犯罪现场调查员，有些不复杂的案件可能只需要一到两个犯罪现场调查员。

总的来说，现场管理和双向信息流的维护是成功现场管理的两个基本要素。必须定期召开个案管理会议，让所有相关人员了解最新的信息。这些必须记录在案件说明中。

参见

化学/痕迹/法医地球科学：犯罪现场考虑因素；

调查：犯罪现场分析和重建；记录；遗骸收集；

法庭科学管理/质量：风险管理。

扩展阅读

Fisher, B., Fisher, D., 2003. *Techniques of Crime Scene Investigation*, seventh ed. CRC Press, Boca Raton, FL.

Fisher Barry, A. J., 1993. *Techniques of Crime Scene Investigation*, fifth ed. CRC Press, Springfield, IL.

Goddard, K. W., 1977. *Crime Scene Investigation*. Reston, Reston, VA.

Horswell, J., 1993. Crime scene investigation. In: Freckelton, I., Selby, H. (Eds.), *Expert Evidence*. Law Book Company, North Ryde, NSW.

Kirk, P., 1974. *Crime Investigation*, second ed. Wiley, Chichester.

Svensson, A., Wendel, O., 1974. *Techniques of Crime Scene Investigation*, second ed. Elsevier, New York.

关键词

认证，无罪释放，吸取，自动化液体处理，自动化，流程，冷命中，合规，冲突，结果，犯罪现场，数据库，DNA 图谱，有效性，效率，伦理，数据交换，证据，外部可见特征，家族性搜索，法庭科学证据，法医遗传学，法庭科学调查员，取证，基因隐私，危害，风险，人力资源，影响，创新，ISO/IEC 17025，ISO/IEC 31000，知识型员工，实验室自动化，法律，领导力，立法，可能性，LIMS，管理，动机，罪犯，机会，组织理论，项目管理，参考样本，资源管理，风险，科学，可疑，胶带粘取，普鲁姆条约，验证。

问题回顾

1. 组织法庭科学机构的最佳模式是什么？

2. 是否需要新的管理方法以应对法庭科学服务的"特殊"性？为什么或者为什么不？

3. 什么是 LIMS？

4. 什么是 ALH？

5. LIMS 对法庭科学实验室有什么好处？还有其他的选择吗？

6. 条形码如何用于法庭科学实验室？

7. CODIS 代表什么？

8. CODIS 何时建立？由谁建立？

9. 美国与其他国家和地区有关参考样本的规定有什么主要区别？

10. 有效性与效率有什么区别？提供至少一个示例。

11. 什么是知识型员工？法庭科学家是否适合这个定义？为什么或者为什么不？

12. 什么是前瞻性研究项目？它如何协助法庭科学行业？

13. 三种类型的风险是什么？如何描述它们？

14. 法庭科学行业的一些风险考虑是什么？

15. 伦理与道德有什么区别？为什么这么重要？

16. 为什么伦理要求需要强制执行？

17. 什么是伦理准则？

18. 犯罪现场与重大事件现场有什么区别？

19. 重大事件现场初步评估的内容是什么？

20. 成功进行重大事件现场管理的两个基本要素是什么？

讨论题

1. 你如何组织法庭科学实验室？你会划分什么部门？你将如何确定提供哪些服务（范围）？你需要多少人（规模）？你怎么知道的？

2. 你如何能够确定实验室中的某个单位是否有效？你怎么知道它是否高效？

3. 法庭科学实验室面临哪些风险？列出至少 10 个。你如何避免这些风险？如果你不能避免它们，你将如何减轻其影响？

4. 个人伦理与组织伦理有何不同？如何创建组织伦理？它们是如何执行的？

5. 作为一名实验科学家，你意识到你被分配的一个案件涉及你认识的某人，你会怎么处理？如果你会向某人提起这个，那会是谁？为什么？

补充阅读

Beckman, M. , January 28, 2003. The Scientist as Manager. *The Chronicle of Higher Education*. http://chronicle. com/jobs/news/2003/01/2003012801c. htm.

Christian, D. , 2011. How the clinical laboratory improvement amendments (CLIA) can improve forensic laboratory quality. *Forensic Science Policy & Management* 2 (1), 18–27.

Forde, A. , July 15, 2005. Training scientists as managers. *Science Career Magazine*. http://science careers. sciencemag. org/careermagazine.

Geles, C. , Lindecker, G. , Month, M. , Roche, C. , 2000. *Managing Science*. John Wiley & Sons, New York.

Heames, J. T. , Heames, J. T. , 2011. Forensic science staffing: creating a working formula. *Forensic Science Policy & Management* 2 (1), 5–10.

Houck, M. M. , Riley, R. A. , Speaker, P. J. , Witt, T. S. , 2009. FORESIGHT: a business approach to improving forensic science services. *Forensic Science Policy and Management* 1 (2), 85–95.

Houck, M. M. , Robertson, J. , Found, B. , Kobus, H. , Lewis, S. , Raymond, M. , Vining, R. , 2011. A round table discussion on forensic science in Australia. *Forensic Science Policy & Management* 2 (1), 44–54.

Houck, M. , Speaker, P. J. , Fleming, A. S. , Riley Jr. , R. A. , 2012. The balanced scorecard: sustainable performance assessment for forensic laboratories. *Science & Justice* 52 (4), 209–216.

Kobus, H. , Houck, M. , Speaker, P. , Riley, R. , Witt, T. , 2011. Managing performance in the forensic sciences: expectations in light of limited budgets. *Forensic Science Policy & Management* 2 (1), 36–43.

Maguire, C. , Houck, M. M. , Williams, R. , Speaker, P. J. , 2012. Efficiency and the cost-effective delivery of forensic science services: insourcing, outsourcing, and privatization. *Forensic Science Policy & Management* 3 (2), 62–69.

Mintzberg, H. , 2005. *Managers Not MBAs*. Berrett-Koehler, San Francisco.

Newman, J. , Dawley, D. , Speaker, P. J. , 2011. Strategic management of forensic laboratory resources: from project FORESIGHT metrics to the development of action plans. *Forensic Science Policy & Management* 2 (4), 164–174.

Picker, S. , Vehring, C. , Hahn, L. , Lecker, J. , Vala, M. , 2005. Why are scientists not managers? *Journal of Business Chemistry* 2 (1), 1–3.

Schade, W. , 2009. Budget crisis or management opportunity. *Forensic Science Policy and*

Management 1 (1), 57–61.

Speaker, P. J., Fleming, A. S., 2010. Benchmarking and budgeting techniques for improved forensic laboratory management. *Forensic Science Policy and Management* 1 (4), 199–208.

第 4 章

认可和认证（合格评定）

法庭科学实验室作为高度可信的公共组织，诸多事项必须公开透明，尤其是质量。利益相关人必须知道实验室及其实验人员正在进行一项合乎科学道德规范的工作；政治影响和"变坏的人"不应成为法庭科学组织任务的一部分。法庭科学从业者应扮演中立的事实主宰者而非法律实施的工具，以帮助利害关系人做出更好的决定。不过，利害关系人需要有外部、独立的证明，来表明实验室的操作符合或超过经营和质量的最低标准（http://www.rsc.org/chemistryworld/2014/12/hard-questions-after-litany-forensic-failures-malpractice-labs-us）。换句话说，即认可。在美国，认可大多是自愿的，也有少数州和哥伦比亚特区法律强制要求认可。认可就能确保实验过程的高质量吗？答案是不能。无数"法庭科学失败"表明，被认可的实验室仍会犯严重的错误。[1]截至 2014 年，美国超过 80%的实验室得到认可。

认证则另当别论。很少有法庭科学家被认证，并且一系列组织提供的各种标准和程序下的认证多半集中于专门问题。全行业普遍认同的认证在短期内不太可能，很大程度上是由于

---

〔1〕 Trager, R., 2014. Hard questions after litany of forensic failures at US labs. Chemistry World. Rsc.org/chemistryword/2014/12/hard-questions-after-litany-forensic-failures-malpractice-labs-us.

经济、政治、哲学的原因。法庭科学家的执照也一直备受争议，并非有执照和认证就能确保质量；说到底，虽然医生持有执照，但每年仍有 10 万至 40 万人死于医疗事故。[1]由于认证或执照属于科学家，少有组织愿意为取得二者之一支付费用。

那么，认可和认证又意味着什么呢？它们的好处是什么？实现这些目标的动力是什么？通过独立的第三方为组织和个人确立最低质量标准是证明质量的良好开端。但这并非它的全部。过程公开透明、什么标准、涉及何人以及如何运作，均是法庭科学提高其专业性必须解决的难题。

认 可

B. W. J. 兰金，英国，英格兰，蒂赛德大学
C. 威尔士，英国，爱丁堡，司法技能

术语表

    认可   由独立的第三方根据设定的标准对组织机构的流程进行正式评估的过程。

    认证   由独立的组织机构做出的某人满足一系列标准的认定。

    能力   在工作场所表现出来的承担一个角色所需要的技能、知识和理解能力。

    持续专业能力   不断地进行活动以确保有持续的能力来承担一项工作。

    持续职业发展   不断提高自己知识和理解力的个人执业活动。

    法庭科学监管机构   由英国内政部设立，主要负责设置、维持、监控英格兰和威尔士的法庭科学实验室的质量标准。

    国际标准（ISO）   国际标准化组织制定的标准。

    注册/登记   登记某人的过程，作为在特定领域达到了特定标准的依据，该过程经常被视为清单的一部分。

    验证   验证是一个过程，它是由一个组织［经常是学术组织（学院或大学）］来评定由组织提供和发展的研究项目是符合质量标准的，从而使得该项目被验证并且通常会得到学院或大学的授权。

---

[1] Allen, M., 2013. How many die from medical mistakes in U. S. hospitals? ProPublica. propublica. org/article/how-many-die-from-mistakes-in-us-hospitals.

序　言

当人们定义法庭科学时，可能会简单地将其解释为"科学在法律框架内的运用"。因此，真正的法庭科学要求"科学"的实行必须符合一定的质量标准。然而，侦查过程中（从现场到法庭的过程）的质量标准在国家之间、组织之间、警察部门之间、法庭科学实验室之间或者个人之间是不同的。但是，不论标准如何，在每一个案件中，科学评估与解释必须为侦查所接受并且要有充分可靠的依据。这是因为法庭科学从业者最终要对法庭负责，他们可能要对侦查部门的特别调查负责，但责任是有区别的。为了确保法庭科学从业者能接受法院的问责，其要承担相应的责任。进一步讲，考虑到低质量科学或侦查可能存在的后果，如不合理的调查、错误判决或释放嫌疑人等，科学程序应当符合质量标准，进而支持有效的司法程序。

组织机构、警察部门、法庭科学实验室或者个人如何确保他们满足质量标准呢？一篇关于质量保证的文章指出，"质量保证确保程序的存在和有效性，从而试图确保能够达到预期的质量水平"。这确实是一种组织机构用来确保质量的内部机制。但是，与犯罪有关的活动对于特定地理位置来说并不独特。触物留痕不再被认为是一个地方的现象，而是在全球的侦查过程中都会出现的现象。这使得收集、检查、分析以及解释痕迹的水平可以且应当国际化。全球都存在盗窃、伤害、欺诈、性侵害以及谋杀等犯罪行为，为什么没有一套适合犯罪的科学调查的国际质量标准呢？在此种情况下，发展和引进的合理质量标准是指由国际标准化组织提供的标准。其中一个标准是 ISO/IEC 10025——一个用来展示实验室操作的质量体系、实验室的技术能力以及实验室能够产生技术上有效检测结果的标准。除此之外，它明确规定了进行包括取样在内的测试和/或校准的一般要求。因此，这项标准能够涵盖侦查过程中的组织机构和实验室的操作和程序。问题来了，如果 ISO/IEC 10025 对实验室检验是合理的，它是否同样适用于犯罪现场的检查？这是个很有趣的争议，但是有另外一个应用于检查活动的标准 ISO/IEC 17025，且该标准在欧洲的犯罪现场调查中已被采纳。因此，总的来说，从现场到法庭的侦查活动可以被 ISO/IEC 10025 和 ISO/IEC 10725 涵盖。可能有人认为，要使侦查过程真正实现整合和国际化，需要一个国际标准或者同等的标准。在有些国家，这种情况是真实存在的，如澳大利亚的犯罪现场活动也包含在 ISO/IEC 17025 内。

因此，设置了从现场到法庭的质量标准，就可以由独立的外部机构正式评估法庭科学组织。这个过程被称为认可。有许多机构进行认可。在美国，有 ASCLD/LAB；在澳大利亚，有 NATA；在英国，有 UKAS。组织被认可符合 ISO/IEC 17025 和 ISO/IEC 17020 的具体区域称为认可的范围。

因此，组织机构、警察部门、法庭科学实验室和个人都可以被认可。基本上，这些标准应用于主要工作涉及起诉的组织机构。然而，经常有人主张，应用于为起诉而进行的侦查过程的许多规则，也应该应用于为被告方服务的工作中。这就暗示那些被告方的服务者也应该经相同的标准认可。事实上，在英格兰和威尔士，法庭科学监管机构认为，"所有法庭科学的分析工作，无论由谁主导，都应当尽可能遵循由 UKAS 认可的相同的质量标准"。

值得注意的是，个人或小公司经常主张，认可太昂贵且烦琐。但是，他们仍需有一个合理规模的质量管理体系。

认可的定义

在 ISO 标准里，认可被定义为"由权威机构对有能力执行特定检验的机构或个人给予正式承认的过程"。

最近，法庭科学监管机构根据自己的实践规范定义了认可并将其表述为"与合格评定机构相关的第三方认证，表明其有能力开展特定的合格评定任务"。

因此，简单地说，要被认可，你就得有符合标准的政策、方法和程序，并且要确保你所做的符合你的记录。正如先前所提，与侦查过程相关的两个关键标准（ISO/IEC 17020 和 ISO/IEC 17025）的认可，正被世界各地许多权威机构执行。

所以，认可使对组织能力的独立确认（有地方政策、质量管理体系、自我监管的审核系统）成为可能。可以说，这也暗含了从业者的个人能力。

能力

以上认可的定义中一个共同的词，就是能力。这个词似乎引起了比其他词更多的争议。因此，关键问题是，ISO 标准是否为组织机构特别是组织机构中的个人提供了能力的证明。ISO 标准确实为组织机构提供了这样的证明，但是认可还应当包括为法庭提供证据过程中每个人的能力。这是因为，主要是个人为侦查部门和法庭提供书面报告或说明。问责制是个有趣的议题。如果个人对法庭担责，就会有问题或司法不公。组织机构的管理团队能像个人一样承担责任吗？

尽管有行业管理责任的要素，但是在法庭上提供书面报告和说明以及口头证据的是个人。因此，个人能力是至关重要的。

在 ISO/IEC 17020 和 ISO/IEC 17025 下，组织程序和个人能力的汇集是必要的。可能是有能力的人在不合程序却有资质的组织机构工作，但这将引发错误及质量问题。也可能是无能力的人在合程序且有资质的组织机构工作。

然而，未被认可的独立专家证人问题也是一个重要的因素。关键是 ISO/IEC 17025 是专门为实验室规定的，且与技术能力有关，如客观证明、评估、数据解释，而与个人能力无关。ISO/IEC 17020 和 ISO/IEC 17025 的长远好处之一就是，确保所有法庭科学从业者为司法系统提供证据标准的全球一致性。这也是高级管理人员及法庭科学从业者的问责标准。ISO 标准确实规定了行业层面的能力，而根据标准所实施的检查也确实期望看到培训计划、培训记录及各种程序的演示。然而，对于评估团队来说，一般不可能每次参观时都看到每个人。那么就会期待组织机构的政策、操作和程序能确保每个人的能力。在每次参观期间，他们可以查看各种权威分析的记录，以确保实验室人员接受了培训、职业发展教育，并且实施了能力测试。

因此，在 ISO/IEC 17020 和 ISO/IEC 17025 下，很明显，在政策和流程中有组织认可，并且很好地概述了工作人员的能力，但是持续进行的个人认可更多地取决于过程，而不是实际上不断地测试个人。所以，关键并不必然是政策和程序，更重要的是个人能力的展示。

能力的定义

定义能力或许值得一试，此定义将会包含持续职业发展和持续专业能力。

ILAC-G19-2002 第 5.2.1 节将能力的定义表述为"员工拥有完成工作所必需的知识、技能和能力"。它进一步要求实验室应该包括再培训的程序、技能和专业知识的维持。

司法技能（Skills for Justice）将能力定义为"在工作场所表现出来的证明能胜任一个角色的技能、知识和理解能力"。（司法技能是英国政府负责司法领域的行业技能委员会之一。）

司法技能还提出了 5 个要点作为评价能力的工具，如表 1 所示：

表 1　说明性的 5 点质量管理体系

	测试类型	能力测试的领域
1	案件审查：直接管理者和从业者之间评价从业者已经做了什么、决策过程、什么完成得比较好、法庭科学策略审查、项目分析的整体结果等	知识和理解力
2	不断的能力测试：根据相关的国家职业标准（NOS），不断地为从业者提供一个已知结果的场景能力测试。可能包括"盲测"，即已知项目进入不知情的从业者的工作流程中	知识、理解力和技能
3	观察（定点观察）：直接管理者观察从业者所承担的协定数量的任务，根据国家职业标准来评估其能力	技能、知识和理解力
4	知识测试：从业者所做的知识测试，由有能力的同行或直接管理者记录，以确保从业者拥有彻底胜任该角色的知识	知识和理解力
5	再抽样：每个月随机抽取一定数量的"工作产品"，以保证工作任务传递过程中的一致性	表现的一致性

进一步的争议是，如果专家能满足职业群体的能力，那么法庭就没有进一步的要求了。通常，一个职业群体期望得到相应的地位或与地位等价的东西，在法庭科学的竞技场上，这种地位必须包括知识、技能以及能力，如书写、表达能力，如果有要求，还包括法庭上提供言词证据的能力。法庭科学可能涵盖了许多学科的职业群体，如英国化学学会、生物学学会等。这些群体可以提供科学证据，但不是所有的群体都会提供法庭所要求的证据，即将科学与为法庭提供的报告或声明的法律要求结合起来的证据。英国法庭科学学会（The United Kingdom-based Forensic Science Society，FSSoc）已经推出了自己认可法庭科学从业者的标准，该标准等同于"特权"，且它的牢固确立需要时间的考量。FSSoc 也介绍了一种曾经应用于足病专家的个人能力测试表。它不可能也不能代替 ISO 标准的要求，但对与组织相对应的个人来说，它提供了一种个人能力的证明。

认可费用

实施、维持和发展质量体系的花费被认为是组织机构的关键预算。它对于小公司而言可能是个更为重要的因素。发展、维持和监控质量体系的费用是必然的要求，但是这些费用可以通过组织机构间合作建立合理有效的方法以及通过分享一些质量体系信息而减少。对于法庭科学服务提供者来说，质量体系的花费占运行成本的 10% 至 15% 是很正常的。由于每个组织机构是不同的，不可能或期待尝试一种"普适"的方法。越来越多的组织机构达成了共识，即作为对认可要求的充分反应，质量体系应更加详细而非必要。这在金钱方面和系统效能的潜在负面影响方面是有代价的。比例平衡的实现需要基于对风险管理原则合理的理解。

认可和注册

有人可能会主张，在组织机构内部或在公共的注册机构对经历各种"测试"的组织机构或个人进行注册。这对在综合医学委员会注册的医生、在英国的律师监管机构或律师标准委员会注册的律师来说是正确的。但是没有这样的法庭科学从业者的注册机构。在英国，曾有一个负责法庭科学从业者注册的委员会，但其已于 2009 年 3 月关闭。进一步说，对法庭科学组织机构或法庭科学从业者的注册没有法律要求。然而，法院却希望自己证人的可靠性能够得到保障。因此，资历、经验、能力、使用的验证技术、出版物等，都是法院允许个人作为专家证人前需要考量的因素。由相应地位的专业机构所做的注册可以用来满足这些要求，而且对法院也有帮助。一些特殊领域，如毒物分析，就需要法律授权。

验证

ILAC-G19-2002 第 5.4.1 节中规定，法庭科学实验室应用到案件中的所有技术程序都应预先验证。法庭科学从业者使用了许多技术而且其中许多已被使用了多年。但是，这些未必已经验证，只是随着时间的推移一直被使用和采纳。

从各种现场检验到血型分类再到足迹比对，多种多样的技术在法庭科学领域的工作中得到多年的应用。这些技术被记录并流传下来，但是，它们作为合适的技术是否被具体验证仍是问题。从法院的角度来说，它不希望科学思想和技术上的进步妨碍将最佳证据呈现在法庭上。但是，法庭需要确保技术、方法、评估与行业思想及已知准则相符。结果就是，未被验证的技术可能会导致证据因为不可靠而不能被法院采纳。但是，如果法院对限制和错误率有所了解，就能做出最好的判断，认可和验证之间就会有一个连接点。如果一项技术被组织机构使用，而组织机构的一部分在认可的范围内，那么技术就会被要求验证。这显然是正确合理的，但尽管如此，历史上早已有现有技术的"鼻祖"。

法院的观点

值得注意的是，尽管鉴定人对法院负责，但目前法院并未为了确保组织机构或个人可以在法庭上提供证据而要求其被国家或国际的标准认可。结果就是，法院目前对接受被认可组织提供的证据没有要求。换言之，法院要充分明白，是组织机构被认可，而它的工作科学家，如员工，将被授权且必须具备能力，关键问题是机构的认可并不会自动地带给他们"专家"身份。个人的行为和评估、评价以及解释的能力与法庭科学从业者提供可靠证据的效果是密不可分的。一个重要的困难尚未圆满解决，即在法庭上提供证据的能力证明。有了这么多变数，仍未开发一种可接受的方式来评价法庭科学从业者所提供的口头证据。很准确地说，法院已经逐渐意识到法庭科学界的认可活动可能是对法庭科学服务提供者——组织或个人——的要求。

最后，个人能力的重要方面再加上使用已验证技术、质量体系和审核，都将有助于认可，这种认可应当向侦查机构和法院提供可靠的职业和专业证据。

参见

法庭科学管理/管理：国际组织与合作；法庭科学组织原则；

法庭科学管理/质量：认证；有效性；健康与安全；质量保证的原则；风险管理；标准方法；

专业：能力培训。

扩展阅读

The Council of the European Union-Council Framework Decision 2009/905/JHA on Accreditation of Forensic Service Providers Carrying Out Laboratory Activities. http://www. homeoffice. gov. uk/publications/agencies-public-bodies/fsr/EU-Framework-Decision.

Forensic Science Regulator, 2009. A Review of the Options for the Accreditation of Forensic Practitioners. Consultation Paper. Forensic Science Regulator.

Forensic Science Regulator, 2011. Codes of Practice and Conduct for Forensic Science Providers and Practitioners in the Criminal Justice System. Version 1. 0. Forensic Science Regulator, ISBN 978 - 1 - 84987 - 624 - 7. Available at：. http://www. homeoffice. gov. uk/publications/agencies-public-odies/fsr/codespractice-conduct? view1/4Binary.

Fraser, J. , Williams, R. , 2009. *Handbook of Forensic Science*. Willan Publications, Cullompton, pp. 552–562.

ISO/IEC, 2005. 17025：2005 General Requirements for the Competence of Testing and Calibration Laboratories. ISO, Geneva.

ISO/IEC, 2012. 17020：2012 Conformity Assessment-Requirements for the Operation of Various Types of Bodies Performing Inspection. ISO, Geneva.

相关网站

www. homeoffice. gov. uk：Forensic Science Regulator.

www. forensic-science-society. org. uk：Forensic Science Society.

www. ilac. org/documents：ILAC-G19-G2002.

www. nata. com. au：National Association of Testing Authorities (NATA) in Australia.

www. skillsforjustice. com：Skills for Justice.

www. skillsforjustice. com：Skills for Justice National Occupational Standards.

www. ascld-lab. org：The American Society of Crime Laboratory Directors Laboratory Accreditation Board (ASCLD/LAB).

www. ukas. com：United Kingdom Accreditation Service (UKAS).

认　　证

J. 罗伯逊，澳大利亚，堪培拉，堪培拉大学

麦克斯·M. 霍克，美国，华盛顿特区，联合法医实验室

引言——什么是认可？

认可包括某种形式的确认，即个人、组织机构或其他人已经达到一定的

知识水平或符合约定的标准。某些形式的外部审查或评估通常需要获得认可。认可是机构认证的术语。

第一、第二及第三方认可

第一方认可是指个人或组织能确保其提供的产品或服务满足已有水平和/或标准。第二方认可是指个人或机构隶属于专业机构，该专业机构提供符合标准的证明。美国国际鉴定协会（The International Association for Identification, IAI）、英国的 FSSoc 为个人提供第二方认可。第三方认可中，个人、机构、产品的评估由独立主体实施。澳大利亚的 NATA、美国的 ASCLD/LAB、美国的法庭质量服务协会［Forensic Quality Services，FQS，最近被美国国家标准协会——美国质量协会（the American National Standards Institute—American Society for Quality，ANSI-ASQ）国家认可委员会合并］以及英国的 UKAS，都是第三方机构的代表，通过这些机构，法庭科学机构就可以被认可。

个人认可

认可一般不是法律标准或要求。个人从事专业活动的认可一般由相关专业机构管理，通常是同行。但是，由于由学术、培训和商业组织提供的不同认可标准，低于全行业资格的认可趋势日益增强。与后者一致，个人认可可能会限定使用特定产品，这在信息技术行业尤其普遍。

作为执业要求，监管部门建立了正式的认可规定，这就是通常所说的许可。许可执业的职业有可能影响公众利益，因此被监管机构认定是需要监管的。医生、飞行员、会计、地质学家以及其他职业在被允许执业前都需要许可，许可的要求在国家之间也有区别。教育、一段时期的培训以及专业知识证明，例如测试，都是许可证发放的典型要求。

认证与认可

认证与认可之间可能存在一些模糊地带。一个机构可能会因为特定目的而被认证，在法庭科学行业，组织机构通常会寻求认可。实际上，各种主体为机构提供认证。用这种方式，认证机构就能证明它是满足既定标准的。这反过来意味着客户或者服务和产品的购买者可以放心，该服务和产品至少满足相关认证的最低水平。

　　例如，1987 年，总部位于美国的卓越认证机构成立了全国认证机构委员会（the National Commission for Certifying Agencies，NCCA）。NCCA 旨在通过认证项目的认可和评估组织机构的专业能力来确保医疗、福利、公共安全。NCCA 已经认证了 100 多家机构的超过 200 个项目。有趣的是，该组织认证的唯一法医小组是国家法医顾问协会。

　　美国法庭科学学会（The American Academy of Forensic Sciences，AAFS）承认，在 20 世纪 90 年代中期，通过法庭科学委员会进行的认证在质量和标准方面各不相同。AAFS 认为，专业机构的重要作用就是监管质量和相关委员会应用的一致性，且某种形式的认可机构是必要的。由美国国家司法研究所（the US National Institute of Justice，NIJ）提供资金支持，成立了法庭科学专业认可委员会（the Forensic Specialties Accreditation Board，FSAB）并且在 2000 年注册为一个独立的机构。

　　FSAB 扮演的角色和 NCCA 类似，但更专注于法庭科学领域。FSAB 认为，因为法庭科学的独特性以及被每个机构认可的专家相对较少，法庭科学委员会最好由认可机构来评估，该认可机构专用于这个特定的任务并且对法庭科学有全面的了解。FSAB 从 2004 年开始已经认可了 16 个委员会。认可期限为 5 年，其中 4 个委员会已经进行了第二轮认可。第一个接受认可的委员会是美国刑事侦查委员会（the American Board of Criminalistics，ABC）。ABC 的角色将在后文详细讨论。

　　FSAB 公布了对认证机构的认可标准。认证机构的要求是项目的范围要清晰，并且公众可以通过网页进行查询。这个网站必须提供以下信息：

- 组织架构的描述和法律地位；
- 认证项目的目的；
- 学习指南要给出项目范围的大纲，包括认证涵盖的领域以及所需要的知识、技能和申请人的能力；
- 申请人所需要的最低学历、培训和经验；
- 用于测试或评估申请人知识、技能和能力的程序描述；
- 批准、维持、暂停和撤销证书的标准和规则；
- 用于评价所需的培训项目/课程和/或培训者的标准；
- 申请表和申请程序的大纲（申请必须包括申请者同意遵守认证要求的

声明）；

 ●对通常适用于个人认证的标准例外情况以及基本原理进行披露（例如，放弃学历要求）；

 ●对证书持有人重新认证程序的全面描述，包括所要求的最低标准和重新认证的可选方法（如替代充分的继续教育的考试要求）；

 ●使用认证机构标志的约束或限制的描述，以及证书授予方式；

 ●个人认证的目录；

 ●列出对凭据（评估）、测试和认证申请人的标准做出的实质性改变。

认证标准包括最初的职业发展或一般的培训要求，能力和考试，道德和职业标准，持续职业发展（continuing professional development，CPD）和相关的工作经验。

在澳大利亚和新西兰，一个叫澳大利亚和新西兰联合认可系统（Joint Accreditation System of Australia and New Zealand，JAS-ANZ）的机构经营了 5 个项目，它们的标题分别是管理体系认证、产品认证、个人认证、GHG 验证、验证和检验。JAS-ANZ 也为全世界的合格评定机构（Conformity Assessment Bodies，CABs）提供认可。

国际认证计划

国际认证计划对法庭科学从业者的认证在世界许多地方都存在。
ABC 是基于同行评议的自愿过程的典型例子，该计划的目标如下：

 ●设立和衡量知识、技能和能力的专业水平；
 ●指导专业人员实现专业水平能力；
 ●提供一种评价从业者能力的方法；
 ●为满足职业能力水平的从业者提供一种正式的认证程序。

一些计划将重点放在了工作经验和以就业为基础的能力证明上，而其他计划更多的是基于资格和/或考试评估。例如，ABC 在个人获得相关学位，拥有最少两年的实验室或教学经验，以及提供完成 ABC 测试的证明基础上才给予认证。

美国的另一个组织，IAI，在以下领域提供认证：

- 血迹形态检验认证
- 犯罪现场认证
  - 犯罪现场调查员的认证
  - 犯罪现场分析师的认证
  - 犯罪现场重建师的认证
  - 高级犯罪现场分析师的认证
- 足迹认证
- 法医技能认证
- 司法摄影认证
- 司法视频认证
- 潜在指纹认证
- 指纹认证

符合教育、经验和测试的融合标准是获得认证的前提。

成立于 1999 年的英国法庭科学从业人员注册委员会（The Council for the Registration of Forensic Practitioners，CRFP）回应了对司法不公和法庭科学证据作用的担忧。它的目的是建立一个可信的职业登记制度来增强公众的信心和司法鉴定人的可信度。该认证计划由政府出资设立且希望通过收取注册费变成自筹；后一个目标还未实现，它就于 2008 年终止了。这个注册职业司法鉴定人的计划不是一个正式的认证计划，但它在实践中的意图是：它将扮演一个专业的注册入门角色，而入门标准由资格和满足能力标准的证明来控制。

法庭科学监管机构在 CRFP 关闭不久后便在英国成立了，其作用是为质量标准提供独立建议，包括：

- 对新修订的质量标准的要求进行鉴定；
- 必要的新标准的发展；
- 制定建议和指导条款，以确保服务提供者能够证明共同标准的一致性，例如，采购和课程；
- 存在提供保证和监管标准的满意安排。

监管者表示，对单独从业者来说，证明自己符合共同标准的最好的方法是正式的认可，而不是注册过程。

英国 FSSoc 通过本部门的特许法医执业状况项目推出了一种认证模式，从业者符合下列情形就有资格申请：

- 他们经常出庭；
- 他们的专业性能被现有参照标准验证，包括一线管理者对其能力的认可；
- 他们能够证明至少在过去 3 年坚持 CPD。

这个项目服务于满足以上所有标准和拥有 FSSoc 能力认证的个人从业者。

澳大利亚和新西兰法庭科学学会（the Australian and New Zealand Forensic Science Society，ANZFSS）也经营了一个从业者注册项目很多年，该项目由于缺乏利润而终止。目前还没有为实验室法庭科学家提供注册或认证的计划。澳大利亚法庭领域科学认可委员会（the Australasian Forensic Field Sciences Accred-itation Board，AFFSAB）隶属于澳大利亚和新西兰警察咨询局（the Australian and New Zealand Police Advisory Agency，ANZPAA），认可或认证犯罪现场、指纹、枪支检验领域的个人。犯罪现场领域的应用标准包括，持有公共安全（法庭调查）学历或同等学力以及：

- 对重大、严重和复杂的犯罪和事件进行 4 年的现场调查；
- 有在法庭上作证的经验并完成了 NIFS 的专家证据研讨（或同等司法效力）
- 根据司法要求完成了培训；
- 完成了以下专业领域中一个或多个分支学科的训练：
  - 火灾调查；
  - 工具痕迹比对；
  - 鞋印和轮胎印比对；
  - 血迹形态分析；
  - 头发和纤维分析；
  - 车辆识别和数据修复；
  - 爆炸装置分析；
  - 地下实验室调查。

对于认证和再认证，申请者必须证明其在犯罪现场领域内工作及当前的能力，包括年度能力测试。

认证概述和结论

具体的计划或项目都有共同的目标和特征。根本上，认证的目标在于个人而非雇佣组织的水平。专业水平认证最常通过专业成员组织提供并且是自愿的。然而，在一些国家，认证尽管缺乏正规的管理，但也很正式。认证是有时间规定的，并且再认证要求个人证明当前的能力，包括参加过相关的能力测试。常见的就是证明致力于持续职业发展。

专业认证不应受学历水平的影响，认证可能会授予从有限和初级水平的研究人员到具有研究生水平的人。向仅参加过一个培训项目的人提供认证成为趋势，因此，真正的岗位认证可能会贬值。许多执法机构需要培训课程的出席证书，这种做法可能会强化与会者"被认证"的观点。尽管许多专业认证项目重要且严肃，但其自愿的本质是一个潜在的致命点，即并不是所有的从业者都会选择认证。尽管法律体系或法院可能选择专业认证来评估专家作为证人的地位，但这没有明文规定。与其他许多专业相比，学历在个人进行专业水平的实践时是不够的，比如医学或法律。法庭科学专业未来可能不得不考虑用正规的管理进行某些形式的强制性岗位资格认证。

产品的认证

认证也可以向特定的产品提供，这些产品已经满足了标准，通过了性能测试，并且通过了与预期用途有关的质量保证测试。可能会在合同、法规或规范中规定这些标准，例如建筑或电工规程、国家测试标准，或一系列规定。

参见

法庭科学管理/质量：认证；标准方法。

相关网站

http://www.criminalistics.com：American Board of Criminalistics.

http://www.abfde.org：American Board of Forensic Document Examiners.

http://abfo.org/qualification：American Board of Forensic Odontology.

http://www.nifs.com.au：Australasian Forensic Field Sciences Accreditation Board（AFFS-AB）.

http://thefsab.org：Forensic Specialties Accreditation Board, Inc.

http://credentialingexcellence.org：Institute for Credentialing Excellence.

http://www.theiai.org：International Association for Identification.

http://www.jas_anz.org：Joint Accreditation System of Australia and New Zealand.

http://www.forensic-science-society.org：The Forensic Science Society.

http://www.iacis.com/certification：The International Association of Computer Investigative Specialists.

认证与许可

R. J. 加勒特，美国，北卡罗来纳州，丹佛

术语表

认可 通过外部委员会对项目的质量、效率以及一般管理进行评估。

认证 由检查委员会对个人、基础知识以及涉及特殊学科的技能进行证明并颁发证书。

能力 获得进行工作所必需的知识和技能的衡量标准。

许可 政府使用的手段，进而确保从业者已经达到了安全可靠地从事某专业所必需的教育和技能标准。

作为一个有组织的社会成员，有必要不时地为公民集体和个人利益提供服务，这些服务可能影响他们的健康、一般福利、财产权利或自由。这些服务严重和潜在的负面影响可能会波及公民，因此，必须采取控制措施确保是按照最好的专业实践和对公民权利、法律的尊重来提供服务的。在法庭科学领域，保障措施的形式是认可、许可以及认证。

认可是评估服务提供者、机构以及实验室运作的质量和效率的方法。项目的证明模型本质就是通过许可和认证来引导的。

许可已成为合法的权威机构（政府）支持或允许特定活动的一种手段。这些活动通常涉及公共安全或福利要素，因此有必要进行调控。被许可方通

常需要完成一定水平的专业教育，并且通常会经历某种形式的测试或评估，该测试或评估说明其在特定专业（例如医生、律师、管道工、电工）的能力。

许可并不是法庭科学从业者的常见要求。法庭科学领域使用的学科并不主要是法医学。医学和工程学经常应用于法庭科学领域。根据管辖，法医可能不需要法医病理学认证，但是需要在其工作的州得到医生许可证。

比起许可，认证是更为具体的认可，并且负责处理行业内的专业或学科问题。认证通常由专业机构授予，此类机构有组织地鼓励从业者的道德和专业行为。认证的实现通常需要成功完成一门课程并有实践经验，且与许可一样，还需通过某种形式的测试或评估。

认证有时与能力测评相混淆。承担任务的能力意味着从业者对学科的基本原则有基本了解，并可适用完成任务的方法或过程。认证不仅能确保能力，还能推断实践的质量。一个被认证的从业者对更高层次的学科及其原理有理解能力，并且拥有超出非认证的同行能力的知识和技能。

在某些司法辖区，认证已成为事实上的许可，地方立法机构需要法庭科学从业者进行认证以证明其能够作为专家。一些雇主现在要求申请者在被雇用时或被雇用后的一段时间之内获得认证或有资格参加认证测试。

2009 年，美国国家科学院发布了关于美国法庭科学的报告。报告批评了法庭科学的一些运作方式。最主要的批评是从业者被训练而非被测试（认证）。该报告提出的其中一个建议要求确立认证所有法庭科学从业者的标准。此外，也提出了建立执法机制的要求。该报告将法庭科学服务提供者的认可和从业者的认证视为强制性要求。然而，正如报告中指出的，仅纽约州、俄克拉荷马州、德克萨斯州这三个州有犯罪实验室认可的法定要求。例如，俄克拉荷马州要求所有的犯罪实验室都要认可，但如果工作已完成并且 IAI 审查员提供证言，就可以免除潜在指纹鉴定单位认可。

认证机构

尽管认证机构的目的是确保项目参与者的能力，但它们自己必须确定实现目标并提供有意义的结果以鼓舞信心。为此，一个独立的机构 FSAB 产生，其目的在于审查认证项目，如果项目措施达到预定义标准就给予认可，例如前期教育和培训、技能测试、周期性再认证，以及遵守职业道德规范。

以下专业组织提供的认证项目已被 FSAB 进行了认可：历史最悠久、规模最大的法庭科学从业者协会——IAI，提供了大量的认证项目。该协会维持了一个专业项目质量保证管理委员会（Professional Programs Quality Assurance Gouerning Board），负责监督各种认证协会，确保每个认证协会根据 FASB 的认可运作，通过整个认证计划维护标准。所有 IAI 认证为 5 年一个周期。再认证需要继续教育和工作经验并且可能需要通过再认证测试。认证主要涉及以下领域。

潜在指印

潜在指印认证是 IAI 最古老的认证项目。它面向检查员——处理证据和犯罪现场的摩擦脊线印痕，并将这些与已知样本或回收印痕进行比较。资格预审包括学术成就（或类似的工作经验）、专门规程的培训以及至少两年潜在指纹检查员的工作经验。申请者还必须提供品德和就业证明。

认证考试包括三项笔试，一项技能测试——申请者必须成功地比较未知印痕与已知印痕，一项口语测试——能够在法庭上正确传达他们的结果和学科的基本原理。

犯罪现场

犯罪现场认证项目在所有 IAI 认证项目中参与人次最多。这是唯一一个有多个认证级别的项目：

- 犯罪现场调查员
- 犯罪现场分析师
- 高级犯罪现场分析师
- 犯罪现场重建师

前三个项目是为那些调查犯罪现场、收集证据以及在调查中用他们的培训、经验和技能得到一致结果的人而设计的。资格预审包括教育、经验、特定学科的培训、品德和专业证明。测试包括笔试，认证等级决定了其长度和复杂性。高级犯罪现场分析师申请人还有教学、证明、出版要求。

犯罪现场重建师项目更侧重于解释在犯罪现场发现的证据，而不是在犯罪现场处理证据。它也涉及教育、培训和经验的预审要求。它也有教学、证明、出版要求。测试包括综合笔试和实际操作。

足迹

足迹审查员的认证面向那些专门从犯罪现场或证据中收集足迹检材并将其与已知样本进行比对的专家。资格预审包括教育、经验、特定学科的培训、品德和专业证明。测试由笔试和实际操作组成。

司法摄影

司法摄影申请者必须具有的预审资格包括经验、特定学科的培训以及雇主和助理的认可。测试由笔试和实际操作组成。

指印鉴定

十指指印认证指个体创建、管理和比对指印记录，用于维护刑事犯罪历史记录以及通过自动指印识别系统和其他生物识别系统填充数据库。申请认证要满足教育、特定学科的培训和经验要求。专业认可是必需的。测试由笔试和实际操作组成。

法医技能

法医技能认证项目提供多种认证，但与犯罪现场认证项目不同。这些认证涉及申请人希望证明的法医技能的具体方面。认证包括复合成像、面部重建和年龄增强。申请人参加测试必须具备的资格包括经验、特定学科的培训和专业证明。测试以笔试和实际操作的形式来审查申请人的工作。

血迹形态

血迹形态审查官需要处理在犯罪现场发现的血迹证据及对证据做出解释和分析。一些分析基于视觉模式识别，一些则涉及基于个人血迹的数学计算。申请人参加测试必须具备经验并经过特定学科培训。测试由笔试组成，包括理论应用和数学计算。

司法影像

司法影像认证是 IAI 最新的项目。它还未被 FSAB 认可。它是专门为那些熟练使用与影像捕捉检查相关的各种工具和技术的人设计的。申请者需具备教育、特定学科的培训、经验和专业认可才能参加测试。测试由笔试和实际操作组成。

IAI 认证的所有人都要受到协会的道德规范和职业操守的约束。违反者由专业评审委员会（Professional Review Board，PRB）处理。PRB 也调查技术失误或不称职的指控。

美国的 ABC 由代表法庭科学家的组织机构构成，成员组织包括：

- AAFS
- ASCLD
- ASTM（起初为美国测试和材料委员会）委员会 E30
- 加利福尼亚州刑事侦查员协会（California Association of Criminalists）
- 大西洋中部法庭科学家协会（The Mid-Atlantic Association of Forensic Scientists，MAAFS）
- 东北法庭科学家协会（The Northeastern Association of Forensic Scientists）
- 中西部法庭科学家协会（The Midwestern Association of Forensic Scientists，MAFS）
- 南方法庭科学家协会（The Southern Association of Forensic Scientists，SAFS）

ABC 的认证项目主要面向那些在法庭科学实验室工作的人。认证通过特定学科测试来实现。测试在以下几个领域进行：

- 综合刑事侦查
- 毒物分析
- 分子生物学
- 火灾残留物分析
- 微量物证——头发和纤维
- 微量物证——涂料和聚合物

与刑事侦查和一般实践基础理论相关的学科也有测试，如应用于法庭科学家工作的安全、道德、民事和刑事法律领域。

ABC 有一个双重认证结构。会员水平（The Fellow level）认证通过 ABC 考试和水平测试实现。申请人在测试时还必须有至少两年的专业领域工作经验。专科医师水平认证专为实验室负责人、监督人、教育家以及不能进行专业测试的人设计。专科医师申请人必须有 2 年的法庭科学实验室工作经验或教学经验。专科医师申请人必须通过 ABC 的测试。会员和专科医师必须有一个自然科学的理学学士学位或文学学士学位。

违反职业操守的行为由 ABC 进行调查，如有必要，可强制执行纪律处分。

美国法医学死亡调查委员会（The American Board of Medicolegal Death Investigators，ABMDI）"认证个人确实拥有 1999 年司法部出版的'死亡调查：现场调查指南'中所列明的进行法医学死亡现场调查所需的成熟知识和技能"。认证项目包括两个层次：注册认证（专科医师）和委员会认证（会员）。认证申请人必须被法医和验尸官办公室雇用，无论是全职还是兼职。至于军人，申请人必须被分配了死亡调查的任务。专科医师申请人必须已经获得 640 小时的死亡调查经验。会员申请人必须首先获得专科医师的资格并且积累了 4000 小时的经验。专科医师申请认必须成功通过笔试。会员申请人必须通过笔试和包括死亡现场情景分析在内的实际操作考试。认证周期为 5 年。再认证需要教育进修和连续工作经验。

违反道德规范和职业操守者由委员会调查，如有必要，也可实施纪律处分。

美国法医毒理学委员会（The American Board of Forensic Toxicology，ABFT）认证从事法医毒理学调查的个人。法医毒理学研究的是生物系统中毒品和化学药品的作用，其结果可能在法庭上使用。ABFT 也有针对死后法医毒理学或人类表观毒理学的实验室认可项目。

认证有两个水平：法医毒理学专家和专科医师。专科医师申请者必须已经获得哲学博士或理学博士学位，并且必须学习了药理学或毒理学的课程。在测试之前，他们必须有至少 3 年的专业经验。测试由笔试组成。认证周期为 5 年。再认证基于教育进修和专业实践。

法医毒理学专家申请者必须已经获得一个自然科学领域的学位，并充分学习了生物和化学课程。测试前，必须有 3 年的专业经验。测试由笔试组成。认证周期为 5 年。再认证基于教育进修和专业实践。

专科医师和法医毒理学专家必须遵守伦理规范。证书可能在调查程序后因正当理由被委员会暂停或吊销。

法庭科学文件审查委员会（The Board of Forensic Document Examiners, BFDE）提供 BFDE 专家的认证。认证申请者必须拥有学士学位、特定学科的培训、文档审查员工作经验以及品德和专业支持。申请人还必须能够使用该专业常用的实验室设备。测试包括笔试和能够涵盖笔迹、手工印染、变造文件、纸张和印刷设备的操作测试。测试由职业研究和评估公司进行管理、监督、评分。认证周期为 5 年。

证书持有人必须遵守道德规范和职业操守。违规行为由道德与申诉委员会（Ethicsand Grievance Council）进行调查和制裁。

由美国司法部拨款，成立于 1977 年的美国法庭科学文件审查委员会（the American Board of Forensic Document Examiners, ABFDE）的目标是，"建立、加强和维护负责法庭科学文件审查员的资格标准，并且作为合格的专家去认证那些遵守委员会要求的自愿申请者"。申请人必须已经获得一个学士学位，并完成了法庭科学文件审查方面为期 2 年的培训。他们必须受聘为法庭科学文件审查员。得到由委员会认证的 3 名文件审查员的认可是必需的。

认证测试包括笔试、实践和口试。认证过程的成功完成使申请者得到 ABFDE 的认证专家称号。认证的周期为 5 年。再认证需要教育进修和连续工作经验。

违反委员会的道德规范或职业操守的行为或能力问题则由专业评审委员会处理。

国际法庭工程科学理事会（International Board of Forensic Engineering Sciences, IBFES）"认证具有传统的工程科学的专业学位者，如机械、电子、土木、工业和化学工程等，以及那些拥有与工程相关的自然科学学位者，包括物理、化学、冶金、地质、气象、生物力学、光学和计算机科学等"。申请人必须持有最少一个工程科学的学位，拥有 3 年作为法庭科学工程师在审判中作证或提供口供的工作经验，并且在工程科学或物理科学领域有一段时间的全职工作。

测试包括处理假设情况的笔试，以及涉及过去工作的回顾性口试。测试过程的成功完成使申请者得到 IBFES 认证专家的称号。认证的周期是 5 年。再认证基于教育进修和专业发展实践。

对认证专家的道德或专业缺陷的投诉，由 IBFES 下设的道德委员会处理。

美国法医牙科委员会（The American Board of Forensic Odontology，ABFO）负责管理专于咬痕证据的鉴定和基于牙齿识别个人的口腔外科医师（Doctors of Dental Surgery，DDS）和口腔内科医师（Doctors of Dental Medicine，DMD）的认证项目。认证申请人必须是 DDS 或 DMD，必须有专业经验，包括：参加法庭科学组织的会议；通过提交论文、出席讲座或小组讨论参加法庭科学会议；与法医或验尸官办公室、执法机构积极合作至少 2 年；观摩尸体解剖；参与法庭科学牙科案例，包括鉴定、下颌切除和 X 光片；在法庭上作证或提供证词。还需要来自同行的 3 封推荐信。

测试包括笔试和口试。在测试成功完成后，申请人取得专科医师的身份。认证周期为 5 年。再认证是通过教育进修。

投诉由道德委员会调查。最终处置留给 ABFO 的主任委员会。

美国法医人类学委员会（The American Board of Forensic Anthropology，ABFA）通过研究和分析来认证协助人类遗骸鉴定的从业者。经认证的专科医师被认为已达到了法医人类学的最高水平。申请人必须已经获得人类学博士学位，并拥有 3 年的法医人类学工作经验。他们必须将向法医、验尸官或执法机构报告的案件提交给 ABFA 进行审查。还需要 3 封推荐信。

测试由笔试和实际操作组成。认证周期为 3 年。再认证需要教育进修和专业经验。

违反道德规范和行为规则者由伦理委员会调查，伦理委员会可以向 ABFA 报告该行为。

国家法庭科学咨询协会（The National Association of Forensic Counselors，NAFC）为在刑事司法系统负责处置刑事罪犯的咨询员提供认证，矫正方法包括缓刑、假释、成瘾和精神健康项目。临床认证的申请人必须持有专业领域的硕士学位，并在必要时进行许可。他们必须在本专业有 2 年的全职工作经验。需要来自同行的 3 封推荐信。临床认证向法医顾问、刑事司法专家、家庭暴力辅导员、性犯罪者治疗专家、青少年治疗专家、减刑专家提供。认证每年更新。更新是基于教育进修。

非临床认证是为不具有硕士学位或不满足临床认证要求的申请人准备的。申请人必须有最低的学士学位。他们必须受雇于面对刑事司法客户的单位，并且在临床认证咨询师或其他许可的从业者的监督下工作。非临床认证可用于临床认证的相同领域。认证每年更新。更新是基于教育进修。

认证可用于以下几个专业领域：药物依赖顾问、戒毒顾问、社会工作顾问、法医药物滥用专家和法医戒毒专家。

测试由笔试构成，涵盖 5 个领域：临床评估和治疗计划、咨询和病案管理、犯罪者的心理动态和药物滥用、刑事司法程序以及法律、道德和职业责任。违反标准的行为由理事会进行调查和处理。

国际计算机调查专家协会（The International Association of Computer Investigative Specialists，IACIS）为分析记录数据的计算机相关媒体审查员提供认证。计算机取证，如 IACIS 的定义，就是"获得、鉴真、重建、检查并分析存储在电子媒介中的数据"。经认证的计算机取证员能够从电子媒介中恢复数据，并对计算机操作系统、文件系统、应用程序以及这些因素如何影响数据有透彻理解。

申请人须具有 72 小时的计算机或数字取证培训，该培训覆盖项目必需的核心竞争力。这可以独立地或通过参加由 IACIS 赞助的训练计划获得。申请人在有资格参加笔试之前必须首先成功完成一系列的辅导实践考试。认可周期为 3 年。再认证需要有 60 个小时的核心竞争力的教育进修并成功完成水平测试。

证书持有人必须同意遵守道德规范。涉嫌违反规范的行为由伦理主管领导下的伦理委员会调查。伦理委员会向主管委员会报告其调查结果，如果合适，可以决定罚款或撤销认证。

其他认证项目

缺少认证可能会导致特定方案的价值受到质疑。然而，不被认证并不意味着该项目没有设计好。仍有许多其他组织提供认证项目。值得注意的是，有三个项目包含的学科未包括在迄今所提到的项目中。

枪支和工具痕迹检验协会（The Association of Firearm and Tool Mark Examiners，AFTE）在以下方面提供认证：

- 枪支证据检验和鉴定
- 工具痕迹检验和鉴定
- 枪支射击残留物证据检验和鉴定

认证申请人必须是 AFTE 的成员。他们必须获得培训手册列出的训练和经验，作为合格的枪支或工具痕迹检验员有 3 年的带薪经验，并具有学士学位。测试由笔试和实际操作组成。认证周期为 5 年。再认证需要教育进修和水平测试。

违反伦理规范者由认可委员会调查，如有必要，可以强制执行制裁。

美国病理学委员会（The American Board of Pathology，ABP）在解剖病理学、临床病理学、综合解剖和临床病理学方面提供认证，其还为包括法医病理学在内的各分支学科提供认证。申请人必须从医学院毕业并完成病理学研究生医学教育项目，必须获得其所在州的执业许可，必须得到病理培训项目主任和教师的认可，并必须通过 ABP 成功完成自愿评估。也有认证培训项目的参与要求，且解剖病理学认证申请人必须完成 50 具尸体解剖。附属专业的认证需要额外的培训和考试。

测试由笔试和实际操作组成。认证周期为 10 年。再认证基于参与认证项目的维护、检查专业水准、学习并参与定期的自我评估、认知技能和实践表现。

法医护理认可委员会为性侵害护理检验师（Sexual Assault Nurse Examiners，SNAE）提供认证。认证适用于那些进行成人、青少年（adults and adolescents，SANE-A）和儿童（pediatrics，SANE-P）性侵害护理的人。委员会通过国际法医护理协会运营。

在美国，申请认证必须持有有效的作为注册护士的许可证。在美国以外的实践可能有其他的要求。申请人还必须完成在成人、青少年或儿童性侵害护理教育项目的专业培训。SANE-A 申请者要在其申请许可的国家有 2 年作为注册护士或一级普通护士的操作经验。SANE-P 申请者要在其申请许可的国家有 3 年作为注册护士或一级普通护士的操作经验。其他的培训和经验要求也可以。认证周期为 3 年。再认证基于教育进修。测试由笔试组成。

如果发现申请者提供了关于其资格的虚假信息，或者申请人的许可状态发生了变化，委员会可能会撤销认证。如果他们的性侵害护理检验师身份不实，撤销也是必要的。

许可和认证项目既不能保证被授权和认证的从业者完美地进行工作，也不能确保其道德行为。有些认证项目主张测试基本能力，其他项目认为测试的是最佳水平。但是，选择参加认证项目的从业者已经证明了他们在自己专业的知识和技能。每个人都应该能合情合理地信赖被认证的法庭科学从业者的工作。

参见

专业：持续职业发展；法庭科学的教育与认证；伦理；能力培训。

扩展阅读

National Research Council, 2009. *Strengthening Forensic Science in the United States: A Path Forward.* National Academies Press, Washington, DC.

相关网站

http://www. criminalistics. com/: American Board of Criminalistics.

http://www. abfde. org/: American Board of Forensic Document Examiners.

http://www. abpath. org/: The American Board of Pathology (ABP).

http://www. afte. org/: The Association of Firearm and Tool Mark Examiners (AFTE).

http://www. bfde. org/: Board of Forensic Document Examiners.

http://www. thefsab. org/: Forensic Specialties Accreditation Board (FSAB).

http://www. iafn. org/: International Association of Forensic Nurses (IAFN).

http://www. theiai. org: International Association for Identification.

法医 DNA 分析的认可

R. 德特，比利时，鲁汶，鲁汶大学；比利时，鲁汶，鲁汶大学医院

术语表

  认可　外部机构正式承认实验室或个人有能力执行特定任务的程序。

  准确度　测量值与可接受的参考值或由先前方法得到的值之间的相关程度。

  审核　进行系统和独立的审查，以确定活动和结果是否符合既定标准。

  校准　在特定条件下进行一系列试验，以证明仪器或设备得出的结果与以可追溯的标准得出的结果相比，在特定的限度范围内。

认证　第三方提供产品、流程或服务满足特定要求的书面证明程序。

精确度　单个测量的可重复性或再现性表示为标准差或相对标准差。

探针　一条短单链 DNA 片段，用报告分子（放射性磷或非放射性生物素）标记并与给定的靶向基因互补。

能力测试　评估技术人员能力和实验室表现的测试；测试可以是盲测，即实验室不知道它正在被测试，也可以是明测，即技术人员知道他们正在被测试；内部能力测试由实验室自己组织，外部能力测试由独立于实验室的外部机构组织。

质量保证　实验室实施的系统程序，以确保所进行检测的准确性和可靠性。

质量控制　用以监测所进行检测的质量的内部程序；外部标准或已知的测试试剂（阳性对照和阴性对照）可用作对照。

参考材料　一种物质或材料的通用术语，其属性值是已知且不变的，并且已由外部组织认证。

重复性　在不同条件或不同时间点，某种方法产生结果的精确度。

灵敏度　检测少量物质的能力。

特异性　对所讨论物质反应的一致程度。

验证　进行一系列测试，以检查方法或仪器是否符合实验室或提供测试或仪器的公司预先设定的某些标准。

引　言

2010 年，距离杰弗里斯发表关于在移民案件中使用 DNA 分析的论文已有 25 年了。（当时被称为）DNA 指纹是法庭科学鉴定向前迈出的重要一步，几十年来，法庭科学 DNA 技术已成为打击犯罪的主要工具。与引入法庭科学证据分析中的任何新技术一样，DNA 指纹或（我们现在称之为）分型在引入法庭的早期受到质疑，特别是在美国。美国法律最基本的一个方面是对抗制，即控方和辩方在陪审团和法官面前，用证据反对或支持被告人。这种司法系统使用若干标准来评判法庭上新出现的或者新的科学证据的可采性。在美国第一个提交 DNA 分型的刑事案件［加利福尼亚州诉安德鲁斯案（California v. Andrews，1988）］中，生命密码（Lifecodes）公司的 DNA 分析结果被采纳，但统计证据被排除，因为控方无法验证它。在重审中（陪审团未做出决定），法院采纳了两条适用于"702 规则可靠性测试"和"下降相关性测试"的证据。后一个标准设立于 1985 年，使法院在面对关于证据可靠性的严重问题时，有进行审前听证的可能。在另一个案子［纽约州诉卡斯特罗案（State of New York v. Castro，1989）］中，DNA 证据的可采性受到严重质疑。生命密码公司分析了被告人卡斯特罗手表上的血迹，受害者的 DNA 分型与该血迹相符。被告人发誓称此血迹是他自己的，检察官希望用 DNA 证据来反驳这一说法。在审前听证中，控方和辩方不同的专家证人均提交了对 DNA 证据的评论，之后纽约州最高法院裁定，DNA 鉴定理论和实践在科学界被普遍接受，并且 DNA 证据符合"弗莱伊标准"。然而，法院却裁定此 DNA 证据不被采纳，因为生命密码公司没有使用被普遍接受的科学技术来得出结论。在其步骤中观察到一些缺陷，包括探针污染、不当对照和不一致的匹配规则。这一案例强调了对标准化操作和一致接受的质量保证（QA）方法的需要。

　　加利福尼亚州犯罪实验室主任协会在 1987 年和 1988 年进行的能力研究进一步强调了对质量保证的需要，其中报告的很高比例的假阳性（不正确的加样和样品混合）和假阴性（不能鉴别混合物）都是源于实验室错误。作为回应，联邦调查局于 1988 年成立了 DNA 分析方法技术工作组（TWGDAM），于 1999 年成立了 DNA 分析方法科学工作组（SWGDAM），以建立同行公认的法庭科学 DNA 检测标准。多年来，工作组已经建立了质量保证、能力测试和解释的指南，并赞助了多项实验室间研究。到 1989 年，关于法庭科学 DNA 分型的问题（例如法律、伦理和可靠性）已经数不胜数，以至于美国国家研究委员会自愿解决法庭科学中 DNA 技术的普遍适用性问题，包括标准化和数据管理问题。第一份报告出现于 1992 年，其中包括 6 个不同领域的建议：技术方面考虑事项、统计解释、实验室标准、数据库和隐私、法律方面注意事项以及社会和伦理问题。美国国家研究委员会关于实验室错误的建议是："实验室错误应该由适当的能力测试来衡量，并且应该在解释法庭科学 DNA 分型结果时发挥作用。"此外，针对《纽约时报》发表的关于这份报告的文章，美国国家研究委员会回应称："我们认为 DNA 分型实验室的资格认可和能力测试，对于未来 DNA 分型证据的科学准确性、可靠性和可接受性至关重要。法庭科学 DNA 分型实验室应迅速采取行动，建立质量保证计划。"直到 1998 年，DNA 咨询委员会（DAB，由美国联邦调查局在 1994 年国会通过《DNA 鉴定法》后成立）为法庭科学 DNA 分型实验室和前科人员 DNA 数据库实验室提供了独立但重叠的质量保证标准。DNA 咨询委员会亦表示需要有一个机制，以确保遵守这些标准，其建议开展法庭科学 DNA 分析的实验室寻求资格认可，以证明符合标准，从而确保质量控制（QC）。

法庭科学 DNA 分型实验室资格认可的要求已被纳入许多国家的法庭科学 DNA 分析的专项立法，这是这些国家刑事案件中开展法庭科学 DNA 分析的要求之一。然而，许多国家，如美国，没有强制性制度，而是依靠自愿认可。2009 年 2 月，美国国家研究委员会发布了一份报告——《美国法庭科学的加强之路》，这是对美国法庭科学系统的批评。报告指出，除了 DNA 分析，在指纹、枪支鉴定、咬痕、血液喷溅模式（blood spatter）、头发和笔迹分析等领域，程序标准、培训、资格认可以及整体研究缺乏一致性。报告还提出了一些建议，特别是对法庭科学实验室及其工作人员的强制性资格认可和证明。

认可与认证？

在实验室建立质量保证体系应有助于确保实验室及其工作人员提供的结果可靠和准确。这可以通过实施和维护质量管理系统来实现，该系统详细描述了实验室为获得可靠结果和减少错误所做的努力，也可以使实验室和工作人员得到提升。如果该质量体系符合执行、能力和专业的既定标准，那么公正的权威机构对该质量体系进行外部评估后可给予认可或认证。法庭科学专家只有符合教育、培训和能力的标准时才能获得认证，这些标准可以通过文件和考试证明。个人认证对法律体系有一定的好处，因为它证明了报告 DNA 分型结果或者出庭陈述和讨论这些结果的能力。然而，这对于评估提供结果的实验室的能力是不充分的。个人认证可以是自愿的（例如美国刑事侦查学委员会）或强制性的（例如荷兰登记法庭专家）。

如果实验室符合预定标准，则可以获得认可或认证。根据欧洲法庭科学研究所联盟（ENFSI）2004 年的一项调查，53 个国家中有 17 个已获得认可，其中大多数（14 个）符合 ISO/IEC 17025 或"国家法规"。ISO/IEC 是国际标准化组织（ISO）和国际电工委员会（IEC）的一个联合倡议。国际标准化组织是 162 个国家的国家标准机构组成的网络。两个欧洲法庭科学研究所联盟成员报告说，它们是根据 ISO 9001 和 ISO 被认可的。这些欧洲法庭科学研究所联盟实验室显然不知道其没有得到认可，而是"根据 ISO 9001 被认证"（ISO 9002 在 2000 年被 ISO 9001 取代）。ISO 9001（当前版本 2008）是一个国际标准，其提供了一套质量管理体系的要求，目的是满足客户的需要。由经认可的外部机构成功审核后，申请者可以获得一份证书。

ISO/IEC 17025 是一项标准，它规定了对实验室或机构进行检测和/或校准（包括采样）能力的一般要求。它适用于任何进行检测或校准活动的实验室，与实验室从事的科学活动无关。关于实验室操作的监管和安全要求（如实验室安全）不在 ISO/IEC 17025 的范围内、符合这些要求是本地规定。符合 ISO/IEC 17025 的实验室也将按照 ISO 9001 进行操作。然而，仅有 ISO 9001 认证并不能证明实验室有能力产生可靠和可重复的结果。根据 ISO/IEC 17025，认可是一个更全面的方法，以确保检测结果的可靠性，这一标准也被视为法庭科学实验室的国际标准。鉴于 DNA 法规的具体要求，世界上一些国家对法庭科学 DNA 检测的认可是强制性的。2009 年 11 月 30 日，欧洲理事会司法和内政部达成框架协议（理事会框架决定 2009/905/JHA），要求进行指纹识别和 DNA 分型操作的法庭科学服务提供者进行强制性资格认可。此框架协议的目的是，确保任何一个欧盟成员国得到的法庭科学实验室结果都能被欧盟所有其他成员国的执法当局承认。该框架协议还意味着为欧盟的法庭科学服务提供者引入了通用的国际标准（ISO/IEC 17025），但这个标准不适用于实验室外采取的任何措施（例如在犯罪现场采样）。欧盟成员国应在其立法中实现这些决定，关于 DNA 分型的决定应在 2013 年 11 月 30 日之前写入法律，关于指纹鉴定数据的决定应在 2015 年 11 月 30 日前写入。

在美国，除了一些州（纽约州、德克萨斯州和俄克拉荷马州），认可大多是自愿的。1982 年，美国犯罪实验室主任协会/实验室认可委员会（ASCLD/LAB）提供了一个被称为"遗留计划"的法庭科学实验室自愿认可计划。该计划包括描述可接受表现水平的原则和评估标准的声明。这些标准分为必要的（91 个标准，对实验室或处理的证据有直接和根本影响）、重要的（45 个标准，是实验室整体质量的关键指标，但不直接影响结果或证据）和可取的（16 个标准，对结果或被处理过的证据有最小影响并将提高实验室的专业性）。法庭科学实验室如果满足 100% 的必要标准、75% 的重要标准和 50% 的可取标准，将由美国犯罪实验室主任协会/实验室认可委员会的董事会认可。2009 年，美国犯罪实验室主任协会/实验室认可委员会宣布它将不再通过其"遗留计划"认可法庭科学实验室。相反，ISO/IEC 17025（美国犯罪实验室主任协会/实验室认可委员会国际）被认可，所有以前获得美国犯罪实验室主任协会/实验室认可委员会认可的实验室必须在 2014 年 3 月 31 日之前达到国际标准。"遗留计划"的标准评级系统已被美国犯罪实验室主任协会/实验室认可委员会放弃，每个实验室现在应符合 ISO/IEC 17025：2005 的要求。截至 2012 年 6 月 7 日，美国犯罪实验室主任协会/实验室认可委员会已认可了 390 家法庭科学实验室，包括 17 家国际实验室（新加坡、加拿大、新西兰、马来西亚和中国香港）和 24 家私人实验室，其中 216 家实验室通过"国际检测计划"认可。法庭质量服务协会（FQS）是美国另一家认可机构，自 2004 年以来提供 ISO/IEC 17025 标准认可。截至 2012 年 6 月，已有 60 家实验室获得法庭质量服务协会认可。

除了美国犯罪实验室主任协会/实验室认可委员会的补充标准，联邦调查局实验室的质量体系还依赖于 ISO/IEC 17025 中描述的要求。这些标准在法庭科学实验室建立质量保证体系的过程中很有帮助，因为 ISO/IEC 17025 中的要求都是用一般术语表述的。美国犯罪实验室主任协会/实验室认可委员会不能为 ISO/IEC 17025 创建额外的标准，但可以提供解释这些要求的指南。其他法庭科学实验室使用"法庭科学实验室指南"（ILAC 指南 19：2002）指导实施 ISO/IEC 17025 质量体系。除了这些指南外，法庭科学实验室还可以使用国际法医遗传学会（ISFG）的亲子鉴定委员会（PTC）的建议、后者于 2002 年为亲子鉴定实验室就 ISO/IEC 17025 的某些要求做出了解释和建议。

ISO/IEC 17025 认可的简短指南

认可是对一个（法庭科学）实验室的操作与要求（例如 ISO/IEC 17025：2005；表 1）进行比较和评价的过程。它依赖于质量控制和质量保证。质量控制是指为确保实验室分析和解释符合规定的标准所采取的措施。质量保证是指组织（实验室）为监测、验证、记录其表现并尽量减少错误发生所采取的措施。质量保证体系包括内部程序（例如冗余测试）、定期的外部能力测试，以及对实验室操作的定期内部和外部审核。实验室审核是对某些程序（内部）或实验室整体操作（外部）的评估。评估记录描述了审核结果，并可能导致必须采取纠正措施，以解决审核期间观察到的标准要求中的任何问题或不足。对审核结果进行评级，反映了实验室为解决问题而必须采取的行动类型（立即、在一定时间内或无）。实验室必须提出一个"行动计划"，其中规定了解决这些问题的截止日期，并且只有在审核小组批准该计划后才能获得认可。认可时间有限（3 年至 5 年），每年由与进行首次认可检查时相同的审核小组负责。实验室可以扩展其认可范围，通常由新的评估团队进行全面检查。

在实验室建立质量保证体系是获得认可的第一步。欧洲法庭科学研究所联盟 2004 年的一项调查表明，在欧洲法庭科学机构中，只有 17.3% 的机构根据 ISO/IEC 17025 进行认可，50% 的机构有可用的质量保证体系，另有 44.2% 的机构正在发展过程中。质量保证体系应至少具有实验室所有流程的良好记录，包括经过验证和证明的程序（标准操作程序）、检测试剂、校准设备、适当对照样本，以及操作、结果和解释的详细文档。特别是，良好的质量保证体系专注于将错误风险最小化并建立检测错误的方法。ISO/IEC 17025 要求的许多方面可能已经涵盖（表 1），所以建立质量保证体系是认可的一个良好开端。其中有一些方面是不重要的，但其他方面需要更多的解释，特别是关于法庭科学领域。这些项目包括记录控制（4.12）、工作人员（5.2）、办公和环境条件（5.3）、检测和校准方法及方法验证（5.4），以及保证检测和校准结果的质量（5.9）。

表 1 ISO/IEC 17025（2008 年版）中要求的主要类别

1. 范围——实验室进行检测和/或校准（包括采样）能力的一般要求
2. 标准参考文献——关于标准的参考文献
3. 术语和定义——术语和定义的说明
4. 管理要求
4.1 组织——实验室必须符合 ISO/IEC 17015、客户、监管当局或提供认可的组织等方面的要求
4.2 质量体系——实验室应建立、实施和维持适合实验室活动的质量体系
4.3 文件控制——实验室应建立和维持控制文件（设计、批准和变更）的程序，此文件是质量体系的一部分（质量手册、操作手册、标准操作程序等）
4.4 审查请求、投标和合同——实验室应制定程序和政策，以便客户和实验室都了解要求，且实验室有能力执行工作
4.5 分包检测和校准——任何分包都应由有资质的分包商在通知客户后进行
4.6 采购服务和用品——实验室应制定程序和政策，以选择和采购可能影响实验室检测结果质量的用品和服务
4.7 客户服务——请求客户给出反馈（正面和负面），以改善质量体系和对客户的服务
4.8 投诉——实验室应制定程序和政策，以解决收到的内部（工作人员）和外部（客户）投诉
4.9 不合格检测和/或校准的控制——实验室应制定程序和政策，以处理不符合实验室标准操作程序或客户同意的要求的检测和/或校准
4.10 纠正措施——实验室应建立程序和政策（包括指定适当的机构），以在发现问题（不合格的工作或偏离质量体系的政策）时实施纠正措施；程序应包括对纠正措施的原因、选择和实施情况的分析，对纠正措施的监测以及对额外内部审核的需要
4.11 预防措施——必须制定程序以指导针对不符合项的预防措施，要么是技术不符，

要么是质量体系不符；任何预防措施都应包括行动实施计划，并进行监测，以减少这种不符合项发生的可能性，并利用机会

4.12 记录控制——实验室应建立和维持关于记录（质量和技术）的程序，包括识别、收集、获取、储存、维护和处置

4.13 内部审核——实验室应有预定的时间表和程序，以进行定期内部审核；应涵盖质量体系的所有要素，包括所有检测活动

4.14 管理审查——实验室最高管理层需根据预定的时间表定期审查质量体系和检测系统的表现，以确保系统的适用性和有效性，并引入必要的更改和改进措施；ISO/IEC 17025 指导了一些审查必须涵盖的主题

5. 技术要求

5.1 一般——实验室应考虑的可能影响所进行或将要开发的检测的正确性和可靠性的因素

5.2 工作人员——实验室的管理应确保操作设备、执行检测或撰写报告的工作人员的能力；应建立与所开展工作相关的培训计划

5.3 办公和环境条件——实验室必须提供有助于检测正确进行的环境

5.4 检测和校准方法及方法验证——实验室必须使用适当的方法和程序，包括采样方法，以确保结果正确；推荐已被适当验证和公布的方法

5.5 设备——实验室必须有必要的设备来完成正确的采样和测量，并确保检测的正确表现和准确性

5.6 测量的可追溯性——用于检测的设备应进行校准；校准或测量应可追溯到国际标准；参考材料必须可追溯到经认证的参考材料（如果可能）

5.7 采样——当部分物质或样品用于检测时，实验室应有采样计划和程序

5.8 处理检测和校准项目——实验室应建立检测项目的运输、接收、处理、保护、储存、保留和处置程序，包括确保检测完整和保护实验室及客户利益的规定

5.9 保证检测和校准结果的质量——实验室应有质量控制程序，用于检查和监测检测的有效性

5.10 报告结果——实验室应报告所有检测结果，包括客户要求的和解释检测结果所需的全部信息；结果应准确、清晰、明确和客观地报告，并且意见和解释必须在报告中清楚标明

记录控制

在质量体系中，必须记录从收到样品到报告检测结果的所有程序。应记录实验室流程中的任何操作，以便这些操作可追溯到实施人（分析师、检验员或报告科学家）。在适当情况下，观察或检测结果必须以照相（例如检查证据对象）、打印或电子扫描（例如 DNA 图谱的电泳图）等方式保留。手动更正应通过解释指南记录和存档。一般来说，这些记录中的信息应使另一个有

能力的人，在做此分析的检验员或分析师缺席的情况下，能够评估和解释数据。这种对结果的独立评价已经在大多数法庭科学实验室中实施，以确保结果解释的有效性。这个过程应被记录在案，记录应该指明由谁负责。这些方面都与证据对象的保管链相似，并且必须确保对实验室记录的任何审查都允许重建每个证据对象在实验室中的经历。

工作人员

ISO/IEC 17025 要求，实验室必须规定不同工作人员的最低条件，包括资格证书（如教育）、工作说明和对新员工的书面培训计划。地方法规可能要求负责报告结果的工作人员必须根据一定的标准进行认证。对于有权签署报告的实验室主管、技术经理或科学家，DNA 咨询委员会和国际法医遗传学会的亲子鉴定委员会都对其提出了一些建议：（1）教育程度至少应达到相关领域的硕士学位水平（例如生物学或人类遗传学的 DNA 分析）。（2）必须证明，至少有 3 年合格的法庭科学（或亲子鉴定）DNA 检测实验室经验。国际法医遗传学会的亲子鉴定委员会还要求，该经验必须由至少 100 份涵盖亲子鉴定所有主要方面的报告证明。此外，DNA 咨询委员会建议检验员或分析师最低具有学士学位，至少有 6 个月的法庭科学 DNA 检测实验室经验，并成功完成资格考试；而技术人员需要一个关于他们的工作职责的培训计划并成功完成相关资格考试。

此外，实验室必须有培训和教育政策，以确保工作人员的能力处在当前和未来的发展水平上。应监测这些行动的效率。欧洲法庭科学研究所联盟的 DNA 工作组还发布了一份概念培训文件，其中包含对工作人员培训和能力测试的最低限度的建议。

办公和环境条件

由于法庭科学证据分析涉及敏感信息，实验室的设施和证据存储必须妥善保护，它们的接触也会受到限制。需要特别注意防止交叉污染，这可以通过物理分离不同活动或分离分析过程来进行，例如，参考样本由不检查证据对象的分析人员处理（DNA 分析）。此外，在单个法庭科学案件中对证据对象的检查可能需要在空间或时间上单独进行（例如，来自嫌疑人的证据对象与来自受害者的证据对象）。由于当前法庭科学 DNA 分析方法依赖于 DNA 扩增（PCR），有必要采取将实验室分成至少三个不同的工作区域的方式，来防止 PCR 产物污染：检查证据对象和 DNA 分离区域（预 PCR 区）、PCR 装置的工作区域（预 PCR 区）和处理 PCR 产物的工作区域（后 PCR 区）。必须特别注意避免从后 PCR 区到预 PCR 区的污染。这可以通过使用严格程序组织管理实验室工作来完成：在后 PCR 区开始一天工作的分析人员不能于同一天在预 PCR 区进行任何工作，而相反情况是可以的，分析人员在预 PCR 区工作后可以继续在后 PCR 区工作。国际法医遗传学会的亲子鉴定委员会认为实验室应有监测 PCR 产物潜在污染的程序，其中还包括经过验证的净化程序。关于污染，还必须关注在监测（和净化）分析过程中使用一次性塑料制品和试剂的程序。

检测和校准方法及方法验证

进行法庭科学 DNA 检测的实验室应使用适合分析的方法，包括取样方法。国际法医遗传学会的亲子鉴定委员会建议使用能进行能力测试并且能提供人口分布数据的 DNA 系统。实验室开发的方法和非标准方法，包括设备和软件（市售或内部开发），应在其可用于常规案件工作之前进行验证。这并不意味着已经由制造商验证（开发）的商业开发的测试试剂盒可以在没有进一步验证的情况下被法庭科学实验室使用。实验室应始终对这些试剂盒进行内部验证，以确保实验室能够重现制造商对实验室使用设备设定的规格（例如灵敏度和特异性）。验证过程应从分析的书面程序（草案版本标准操作程序）开始，设定验证目标，并定义接受验证的要求。在实验程序后必须适当地分析结果（包括统计评价），并且正式报告有关验证的结论（例如，接受、拒绝和必要的附加验证）。在法庭科学检测中对 DNA 系统（短串联重复序列或 STR）内部验证的典型研究包括，确定可重复性，确定等位基因大小的精度，灵敏度和混合物研究。国际法医遗传学会的亲子鉴定委员会建议使用以下措施进行方法验证：（1）使用参考标准或参考材料；（2）与用其他方法取得的结果比较；（3）实验室间的比较；（4）系统评估影响结果的因素；（5）基于对方法的理论原理和实践经验的科学理解，对结果不确定性进行评估。欧洲法庭科学研究所联盟的 DNA 工作组还发布了一份最低标准清单，可用作 DNA 分型各个方面验证的指南。

保证检测和校准结果的质量

实验室必须有程序来监测程序和检测结果的质量，包括校准分析程序中使用的设备。校准应可追溯到国际标准或使用经认证的参考材料。实验室应在其分析程序中使用适当的阳性和阴性对照，其中阳性对照应（倾向于）可追溯到国际标准或经认证的参考材料。美国国家标准与技术研究所为 DNA 分型（STR 和线粒体 DNA）和 DNA 定量提供参考材料，可用于验证或监测实验室的工作情况。实验室应参加实验室间的比较或能力测试活动。如果这些外部程序未涵盖某些方法或 DNA 系统，实验室应建立内部质量控制或测试程序。这还包括实验室获得认证的样本类型。骨骼、组织和头发样本是典型的不包括在外部能力测试中的样本。实验室每年至少应对这些样本进行一次分析，以评估实验室的性能。通常，先前已经分析的一些样本，在分析人员不知道这些样本先前的分析结果的情况下，由分析人员再次进行分析。

DNA 咨询委员会和国际法医遗传学会的亲子鉴定委员会建议每年至少参加两次能力测试。盲测通常被认为是评估实验室性能的最佳方式。但是，如果实验室不知道这是测试项目的一部分，就很难开展。在这种情况下，需要官方机构（警察和/或司法）的合作，将该测试伪装成"例行"检测，这可能导致道德和法律问题。出于这个原因，目前盲测基于将标准材料分发给测试项目的所有参与者，还基于测试结果的分级系统。有几个法庭科学能力测试项目的提供商，其中协作测试服务公司（CTS）和德国 DNA 分析小组（GEDNAP）的服务分别被美国和欧洲的大多数法庭科学实验室使用。自 1978年以来，协作测试服务公司是多个法庭科学检测领域能力测试项目的提供商，并得到了美国犯罪实验室主任协会/实验室认可委员会的认可。DNA 检测样本通常是两个参考血痕和两个可疑斑迹。实验室要报告检测结果，包括 DNA 图谱和体液鉴定（仅当样本提供的信息不包括细胞材料的来源时），并根据检测结果给出解释（包含、排除或不确定）。在对参与实验室的结果进行评估后，会提供一份包括所有参与者结果的详尽报告。德国 DNA 分析小组是欧洲 DNA分析小组的德语分支，成立于 1989 年，旨整合欧洲的 DNA 分型。德国 DNA分析小组的盲测是由位于明斯特（德国）的法庭科学研究所组织的，其目的如下：（1）方法和程序标准化；（2）命名标准化；（3）评价实验室获得正确结果的能力；（4）消除分型时的错误。能力测试的每个参与者收到两个系列的样本，每个系列由三个参考样本和四个可疑样本组成。可疑样本的设计用来反映真实案件样本的类型、尺寸和材料。实验室要提供关于使用的分析程序和获得的 DNA 图谱的信息，包括原始数据。实验室将收到一份报告，其中每个等位基因都已经被分级：（1）没有错误；（2）未检测到混合物；（3）分型错误，但不会被报告；（4）分型错误，将被报告。第四类错误被认为是最终评估中的真实错误。得到正确分型的实验室获得一份 DNA 体系的证书。实验室必须分析内部质量控制和能力测试的结果，以报告实验室的工作情况。任何观察到的问题或错误都应引发有计划的行动，以纠正问题或防止其再次发生。

扩展阅读

Budowle, B., M. C., Bunch, S. G., et al., 2009. A perspective on errors, bias, and interpretation in the forensic sciences and direction for continuing advancement. *Journal of Forensic Sciences* 54, 798-809.

Butler, J. M., 2009. *Fundamentals of Forensic DNA Typing*. Elsevier Academic Press, San Diego.

Committee on DNA Technology in Forensic Science, National Research Council, 1992. *DNA Technology in Forensic Science*. National Academy Press, Washington.

Committee on DNA Forensic Science: An update, National Research Council, 1996. *The Evaluation of Forensic DNA Evidence*. National Academy Press, Washington.

Committee on identifying the Needs of the Forensic Science Community, Committee on Science, Technology, and Law Policy and Global Affairs, Committee on Applied and Theoretical Statistics, Division on Engineering and Physical Sciences, 2009. *Strengthening Forensic Science in the United States: A Path Forward*. National Academy Press, Washington.

Gill, P., Rowlands, D., Tully, G., et al., 2010. Manufacturer contamination of disposable plastic-ware and other reagents—an agreed position statement by ENFSI, SWGDAM and BSAG. *Forensic Science International: Genetics* 4, 269-270.

Malkoc, E., Neuteboom, W., 2007. The current status of forensic science laboratory accreditation in Europe. *Forensic science international* 167, 121-126.

Morling, N., Allen, R., Carracedo, A., et al., 2002. Paternity Testing Commission of the International Society of Forensic Genetics. Recommendations on genetic investigations in paternity cases. *International Journal of Legal Medicine* 117, 51-61.

Rand, S., Schurenkamp, M., Brinkmann, B., 2002. The GEDNAP (German DNA profiling group) blind trial concept. *International Journal of Legal Medicine* 116, 199-206.

Rand, S., Schurenkamp, M., Hohoff, C., Brinkmann, B., 2004. The GEDNAP blind trial concept part Ⅱ. Trends and developments. *International Journal of Legal Medicine* 116, 199-206.

相关网站

www. ctsforensios. com：Collaborative Testing Services, Inc.—Proficiency testing.

www. dna. gov/lab_ services/：DNA initiative—Service for Laboratories.

www. enfsi. org：European Network of Forensic Science Institutes—Documents concerning training and validation.

www. gednap. de：German DNA Profiling Group—Stain Commission & GEDNAP Proficiency Tests.

www. ilac. org：International Laboratory Accreditation Cooperation—Accreditation Bodies.

www. iso. org：Internatinal Organization for Standardization—ISO/IEC 17025：2005.

www. cstl. nist. gov/strbase/：National Institute of Standards and Technology—Lab Resources.

www. nist. gov：National Institute of Standards and Technology—Standard Reference Material.

教育项目的认可

麦克斯·M. 霍克，美国，华盛顿特区，联合法医实验室

引　言

　　由于《法医档案》之类的纪录片节目和《犯罪现场调查》系列剧集之类更虚构化的阐述，法庭科学成为时代精神的永久组成部分。这些受欢迎的法庭科学的描述是好看、漂亮、戏剧性的——实际上与法庭科学专业人员完成的工作相差甚远。这种流行掩盖的不仅有法庭科学的专业现实，还有如何才能成为一个法庭科学家，即强大的科学教育。人们日益认识到法庭科学需要强调其科学基础，行业内部和外部评论家意识到法庭科学自身是一门独立的学科，而不是"仅仅应用"化学、生物或其他学科。兴趣使人们涌向当时开设的法庭科学教育项目，尤其是在 20 世纪 90 年代初引起公众高度关注的案件的作用下，提供法庭科学学位的教育项目的相应增长也使得对这些项目进行认可更为必要。认可向学生保证他们在项目中能得到什么，向雇主保证毕业生应该能够做什么。来自美国国家科学院 2009 年的报告建议，应越来越重

视法庭科学的研究生教育和更多的研究，以提高调查、实验室和法庭中使用的科学论断的可靠性。

美国第一个法庭科学教育项目于 1946 年在密歇根州立大学创建；目前，以"法庭"这个单词为标题的项目有数百个（图 1）。法庭科学专业需要在自然科学领域打下坚实的基础，理解并分析统计数据、管理技能，以刑事司法系统中法庭科学的作用为视角。

随着人们对法庭科学作为一个单独学科的认识日益增强，来自业界的更多呼声要求改善法庭科学教育质量。虽然法庭科学教育项目的认可及标准化并不是一个新的消息，但是能力、资源和人员的融合对于针对社会期望采取行动仍有必要。

什么是认可？

在许多国家，国家和地方政府对教育实行不同程度的控制，但一般的教育机构不断扩大其独立性和自主权。因此，学术机构和项目依靠认可，以确保满足可接受的、制定的教育质量标准。一般，认可是由非政府实体提供的自愿同行评审。认可不会导致机构或项目的排名，但它为重要的利益相关者（例如，雇主、研究生、专业学校、认证或许可委员会）提供毕业生应该学到什么的保证。存在两种类型的学术认可：机构认可审核作为一个整体的学院或大学；如下所述，专业认可只评估特定的教育项目，如法庭科学教育项目。

北美法庭科学教育项目的认可

法庭科学教育与培训技术工作组（TWGED）由美国国家司法研究所召集并发布报告。该报告涵盖四个方面：法庭科学职业前景、本科课程、研究生课程和职业发展指南。该报告提供了法庭科学学位应该包含什么的共识。美国法庭科学学会认识到了这个文件的重要性，于 2002 年建立了一个特设委员会，并将其转化为强制执行的标准；次年，该委员会变成了法庭科学教育项目认可委员会（the Forensic Science Educational Program Accreditation Commission，FEPAC），尽管独立，但永久成为美国法庭科学学会的一部分。FEPAC 的任务是通过正式评估和对大学水平的学术项目的认可来维护和提高法庭科学教育的质量。该委员会的主要职能是制定和维护标准以及管理认可项目，该项目的目标是识别和区分高质量的本科生和研究生法庭科学教育项目。

2004 年，5 个教育项目自愿成为认可试点项目的一部分。2008 年，FEPAC 被专业和职业认可协会（the Association of Specialized and Professional Accreditors，ASPA）认可。截至 2011 年 2 月，FEPAC 认可了 35 个项目，包括 18 个学士学位项目和 17 个硕士学位项目。

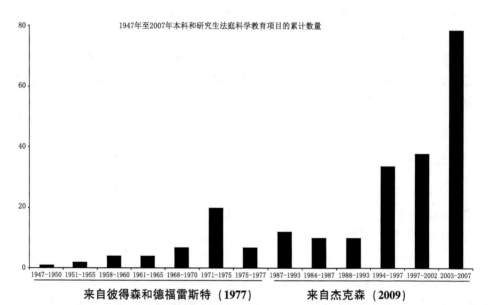

图 1 法庭科学教育项目的数量迅速增长，可能是顺应那些凸显法庭科学的电视节目的增长趋势

FEPAC 认可法庭科学教育项目，这些项目会授予法庭科学或以法庭科学为中心的自然科学的学士学位或硕士学位。该项目必须设置在地区认可的高等院校。所有程序都必须遵守一套基本标准，该标准是关于规划和评估、制度支持、学生支持服务、行政行为和学生投诉的。主管和学院必须能够完全支持项目的任务和目标。项目必须与运营的法庭科学实验室互动并且负责保持学生成就记录。申请应提交到 FEPAC 并进行适用性审查。如果合适的话，申请大学就会准备并提交自学评述，里面详细介绍项目的资源、师资、课程和流程。由一名学者和一名从业者组成的实地评估小组会对项目进行考察，评估设施的适用性，面试教师和学生以及审查文档。评估中有 11 名 FEPAC 委员（5 位从业者、5 位学者和 1 位公共成员）对项目进行审查并投票。投票后会尽快向该项目通知结果，投票通常在美国法庭科学学会年会上进行。

本科法庭科学教育项目必须确保每个学生获得在自然科学领域的基础教育，在此基础上提供愈加高端的科学课程，并培养对科学、法庭科学及其应用之间的联系的认知。一些配备了实验室的具体课程必须包括生物、物理、化学和数学方面的知识。专业学科课程作为补充以及附加法庭科学课程作业也是必需的。还需要高级课程加深学生对科学和法庭科学的理解和知识。

研究生课程的结构有所变化并且 FEPAC 研究生标准承认这个事实。不同于本科生的标准——具有相当规范性并根据课程和学分确定结构，研究生标准更加灵活，允许专业化项目（如法医分子生物学）。研究生研讨会是必需的，同样必要的还有经同行审阅的书面论文或同等文章。此外，原创性研究必须经过由至少三人组成的委员会评审，其中至少一人必须是司法鉴定人；研究必须公开发表。根据美国国家科学院报告，法庭科学的其他批评和建议中，研究是改善和塑造作为一个学科的法庭科学的关键方面。

据 2010 年美国国家科学院关于博士项目的报告，目前美国或加拿大没有法庭科学博士项目，无论是专业（如 MD 或 DDS）的还是研究型的（如 PhD）；但是，这样的项目确实存在于澳大利亚、欧洲国家。美国和加拿大提供以法庭科学研究为重点的博士学位，但这些学位都设立在非法庭科学部门内，如化学或生物。法庭科学作为一门研究学科的复杂性和丰富性意味着，研究型博士或专业博士最终将变得更加普遍并成为美国的教育格局的一部分。2009 年美国国家科学院报告建议为法庭科学研究生课程和研究额外拨款，以提高法庭科学的可靠性和有效性。

英国法庭科学教育项目的认可

英国法庭科学学会认可学术项目，它们提供法庭科学本科和研究生项目（或"课程"，在英国的简称）。认可对英国项目及国外项目开放。认可遵循法庭科学学会支持高质量法庭科学教育项目的标准。到目前为止，英国的 17 家机构得到法庭科学学会一定程度的认可。

法庭科学学会的认可过程以案件为基础，并强调法庭科学案件的三个基本要素：犯罪现场调查，实验室证据分析，以及犯罪现场和/或实验室结果的解释、评估和陈述。认可过程共审查三个领域以及它们是如何在一般课程（科学学位学士）中被涵盖的；取决于课程的重点，该项目可能只在两个领域认可，例如，如果该项目提供法医生物学学位，只会考虑实验室和解释部分。

标准和评估小组的主席做出这一决定，但无论如何，所有课程必须满足解释、评估以及演示证据方面的标准。

申请大学准备并递交由标准与评估小组审查的概述；如果项目通过了初审，则准备和递交每门课程的详细材料，来展示课程材料是如何满足标准的。申请和文档由评估小组来评估，该小组由教师（扮演主席角色）、学者和从业者各一名组成。可能需要到大学实地考察。该项目在审查后的两个星期至三个星期内就会接到小组决定的通知。

未来 10 年法庭科学的教育和研究会需要强大的科学技能、数学、统计能力和询问根本问题的创造性思维意识。法庭科学教育项目的认可保证项目质量、相关性和严密性，足以提供应对法庭科学职业面临的挑战所需的知识、技能和能力。

参见：

专业：持续职业发展；法庭科学的教育与认可；能力培训。

扩展阅读

Houck, M. , 2006. CSI: Reality Scientific American 295 (1), 84–89.

Houck, M. , 2009. Is forensic science a gateway for women? *Forensic Science Policy and Management* 1 (1), 65–69.

Jackson, G. , 2009. The status of forensic science degree programs in the United States. *Forensic Science Policy and Management* 1 (1), 2–9.

Midkiff, C. , 1986. Forensic science courses for a criminal justice program. In: Davies, G. (Ed.), *Forensic Science*, second ed. American Chemical Society, Washington, DC, pp. 67–76.

National Institute of Justice, 2003. Education and Training in Forensic Science: A Guide for Forensic Science Laboratories, Educational Institutions, and Students. National Institute of Justice, Washington, DC. available through the National Criminal Justice Reference System. www. ncjrs. gov.

National Academies of Science, 2009. *Strengthening Forensic Science in the United States: A Path Forward.* National Academies Press, Washington, DC.

Ostriker, J. , Kuh, C. , Voytuk, J. A. , 2010. *A Data-Based Assessment of Research-Doctorate Programs in the United States.* National Academies Press, Washington, DC.

Peterson, J. , DeForest, P. , 1977. The status of forensic science degree programs in the United States. *Journal of Forensic Sciences* 22 (1), 17–33.

Siegel, J. A. , 1988. The appropriate educational background for entry level forensic scientists: a survey of practitioners. *Journal of Forensic Sciences* 33 (4), 1065–1068.

Turner, R. , 1986. Forensic science education: a perspective. In: Davies, G. (Ed.), *Forensic Science*, second ed. American Chemical Society, Washington, DC, pp. 3–11.

相关网站

www. aafs. org: Forensic Science Educational Program Accreditation Commission (FEPAC) Standards.

www. forensic-science-society. org. uk: The Forensic Science Society.

关键词

认证，认可，能力，持续专业能力，持续职业发展，教育进修，文凭，CSI 效应，学历，伦理，经验，法庭科学，法庭科学监管机构，指南，ILAC–G19, ISO/IEC 17020, ISO/IEC 17025, 许可，专业机构，能力测试，质量保证，质量控制，再认证，注册，要求，司法技能，第三方认可，培训，UKAS, 校准

问题回顾

1. 什么是认可？如何定义？

2. 什么是 ISO？ISO/IEC 17020 和 ISO/IEC 17025 包含了什么？

3. 质量保证是做什么的？相关认可流程如何？

4. 只有一个机构认可法庭科学实验室吗？有多少个？

5. 为什么个人审查员的能力对于质量至关重要？

6. 认证有哪几种类型？

7. 认证和许可有什么区别？

8. 认证和认可有什么区别？

9. 什么是 FSAB？它扮演什么角色？

10. 英国的法庭科学监管机构是做什么的？其他地方有类似的角色吗？

11. 什么学科提供认证？该学科是否有就业或从业要求？

12. 什么是 DAB？它何时成立？它是做什么的？

13. California v. Andrew 案和 State of New York v. Castro 案有什么重要意义？

14. "NRC I" 和 "NRC II" 是什么？它们对于法庭科学质量有什么重要意义？

15. ISO 9001 的认证意味着实验室被认可吗？

16. DNA 实验室的认可是强制性的吗？如果是，在哪些方面是强制性的？

17. 定义以下缩写并描述其含义：ASCLD, ASCLD/LAB, FQS, ASQ, ILAC。

18. 概述 ISO/IEC 17025 的认可过程。

19. 为什么法庭科学教育项目需要认可？

20. 什么是 FEPAC？

问题讨论

1. 实验室被认可的好处是什么？个人认证的好处是什么？未被认可或认证的负面影响是什么？

2. 实验室能否在未经认可的情况下维持质量保证体系？论证你的答案。

3. 认可应该由法律规定吗？认证呢？谁应该支付组织和个人的费用？费用从哪里来？没有费用怎么办？

4. 为什么 DNA 经历了如此多的质量审查？为什么其他领域没有？你认为这对其他法庭科学领域如何看待"质量"有影响吗？

5. 法庭科学教育项目应该被认可吗？未被认可意味着什么？

补充阅读

Gabel, J. D., 2014. Realizing reliability in forensic science from the ground up. *Journal of Criminal Law and Criminology* 104 (2), 283.

Gamble, C., MacKinnon, G., 2014. Professional standards and accreditation of forensic anthropology in the United Kingdom. *Science & Justice* 54 (2), 182.

Houck, M. M., Williams, K., Jackson, G., Gialamas, D., Salyards, J., McAdam, T., Sigman, M., Ballou, S., Herrin, G., Henry, J., Desiderio, V., 2014. American forensic roundtable: progress, status, and the future. *Forensic Science Policy & Management* 5 (3-4), 1-19.

Kovacs, G., Nogel, M., 2014. The accreditation of forensic laboratories as component of realizing the european forensic science 2020 concept. European Police Science and Research Bulletin 24.

Swan, L. S., 2014. Karl popper, forensic science, and nested codes. *Biosemiotics* 7 (2), 309-319.

Wilson, T. J., Stockdale, M. W., Gallop, A. M., Lawler, B., 2014. Regularising the regulator: the government's consultation about placing the forensic science regulator on a statutory footing. *The Journal of Criminal Law* 78 (2), 136-163.

第 5 章

教育与培训

教育是所有专业知识的基础。虽然教育对于专业实践非常必要，但光靠教育还不够。培训，不仅有利于提高竞争力并使专业不断进步，还是满足专业或组织的熟练度标准的必要条件。从起初由一位教授负责整个学位教育至今，法庭科学的教育已经走过了很长一段路。资质认可在很大程度上提高了法庭科学教育课程的声望，并推动了其对于资源的需求。

遗憾的是，培训不是这样。许多实验室限制或没有培训预算，因为它被认为是事后的方法或是一种浪费。你可以听到非科学家的行政管理者问："科学家正在解决案件，不是吗？他们还需要知道什么？"科学比其他职业更需要持续的培训、教育和互动，以便及时了解最新的发展和进步。法庭科学机构忽视了这个，就像是在"对着墓地吹口哨"，最终引火烧身；查看新闻报道就可以知道那些已经这样做并且败诉了的法庭科学机构。

健康与安全

N. 斯卡德、B. 索，澳大利亚，堪培拉，澳大利亚联邦警察

术语表

地下实验室　安装设备或用品，用于制造非法化合物，如毒品或爆炸物。

密闭空间　一个封闭或部分封闭的空间，其主要目的不是让人居住，其中存在以下一种或多种风险：（1）超出安全浓度范围的氧气浓度；（2）可能引起损伤、意识丧失或窒息的空气污染物浓度；（3）可能造成火灾或爆炸伤害的易燃气体浓度；（4）被储存的自由流动的固体或上升的液体淹没，可能导致窒息或溺水。

动态风险管理　在迅速变化的操作背景中，持续评估风险，以实施必要的控制措施，确保一个可接受的安全水平。

危害　物质造成不良反应的可能性。

分级控制措施　根据有效性对预防或减少危险暴露的措施进行排序，从消除危害的最有效措施到仅实现有限保护的最低有效性措施。

职业健康与安全政策　表明一个组织对职业健康和安全的意图、目标和优先事项的承诺，并确定其作用和责任的政策文件。

风险　由于接触任何危害而导致伤害或疾病的可能性和不良影响的严重程度。

职业健康与安全政策

许多国家的立法规定，雇主有责任在职业健康安全法和普通法规定下，提供一个健康和安全的工作环境。雇主应确保所有经理、主管和工作人员都知道他们的职业健康与安全职责。管理层领导能够对组织的职业健康与安全结果产生积极影响。

工作场所的健康和安全是持续性的。根据每个司法辖区的立法要求，在大多数情况下，需要一个书面的职业健康与安全政策。制定此政策需要工作人员和管理层的共同承诺。一旦实现承诺，职业健康与安全政策就应该在所有利益相关者的参与下制定并颁布。

职业健康与安全政策应该：

● 阐明组织对职业健康与安全的承诺；

● 表明将提供足够的资源（包括资金和人员）来促进和保持职业健康安全标准并满足要求；

- 概述组织（对职业健康与安全）的意图、目标和优先事项；
- 从广义上描述实现目标的方法；
- 确定管理层、主管和工作人员在满足职业健康与安全要求方面的角色和职责；
- 由该组织的最高管理人员签发，以反映该政策的重要性。

职业健康与安全政策应定期审核，以确保其可行。

然而，职业健康与安全政策只是法庭科学组织适当职业健康与安全战略中的一部分。职业健康与安全政策必须以风险评估和事故报告为基础，使组织能够评估其职业健康与安全风险，履行报告义务，以及恰当应对风险。

组织可以利用职业健康报告、事故报告和以前的风险评估，列出其工作人员在履行职责过程中可能面临的主要危害的清单。优先考虑主要的健康与安全问题，使组织能够做出适当的行动计划，以实现其职业健康与安全政策的目标。

法庭科学组织可以考虑将某些职业健康与安全要求与其质量保证体系相结合。许多实验室有效地利用其质量体系，从而将职业健康与安全要求纳入其规范文件，并将职业健康与安全风险作为定期审核计划的一部分，或通过其修正的行为规范来管理职业健康与安全行为计划中的各个要素。职业健康与安全就像质量一样，可以被视为有效管理系统的一个重要又完整的组成部分。

风险评估

一旦确定了潜在的职业健康与安全危害，法庭科学组织就应评估危害相互作用造成伤害的可能性和不良影响的严重程度。风险评估的过程对于处理室内和可预期的外界工作环境存在的潜在职业健康与安全危害非常有用。风险评估的目的是确保所有工作场所的危害已被确定、记录、评估、控制和审查。这一过程的预期结果是尽可能消除人员受伤或得病、财产损失和环境破坏的风险。风险评估通常更适合已知的工作环境。对办公室或实验室的职业健康与安全评估能够快速识别可能需要注意的具体危害。显然，这适用于办公室和实验室这种可控的内部环境。但是，外部的情形就不同了。

重要的是要考虑外部犯罪现场和工作环境中潜在危害的范围。虽然一些危害可以集中分组和管理，但具体的危害减轻及控制因现场情况而异。鉴于此，法庭科学从业人员应该具有进行动态风险评估的能力，或具有一些司法辖区所周知的"不断变化的风险"的评估能力。

动态风险评估

动态风险评估作为出勤和检查过程的一部分，由法庭科学从业人员执行。在某些情况下，例如到一个地下实验室去，可以指定一名人员为现场安全员，负责动态风险评估以及现场所有人的健康和安全。考虑到犯罪现场存在的实际危害，法庭科学从业人员应该接受培训以评估当时情况下的风险。

指定的法庭科学从业人员或现场安全员应迅速开展犯罪现场检查，以确保法庭科学从业人员以及在现场工作的其他人员的安全。当现场情况发生变化时，应该对现场进行重新检查。这个过程可能涉及不进入犯罪现场的视觉检查以及询问一系列问题，例如：

- 犯罪现场是否存在现在仍不稳定的建筑物？
- 是否已经从消防队或其他应急人员处确认通往现场的电、燃气和水已经关闭？
- 是否有足够的场所让工作人员休息，以免受高温、寒冷、狂风、骤雨这样的环境压力？

在职业健康与安全政策和规划中，建立闭环并将动态风险评估的任何战略要素纳入其中是很重要的。每次事件发生后，在动态风险评估期间获得的任何相关信息都应被记录和整理，以进行战略分析。

分级控制措施

在职业健康与安全体系中，存在一个旨在减轻或解决被认为不可接受的高风险的分级控制措施。分级控制措施是一系列选项，这些选项提供了许多方法进行风险控制。在有多种控制措施可供使用的情况下，选择最有效地消除危害或将风险降到最低的控制措施是很重要的。这可能涉及单个控制措施或不同控制措施的组合，它们共同作用，提供合理可行的最高级别的保护。

1. 消除危害。如果不可行，那么：
2. 代之以较小的危害。如果不可行，那么：
3. 隔离危害。如果不可行，那么：
4. 使用工程控制。如果不可行，那么：
5. 使用管理控制，如安全工作实践、指导和培训。如果不可行，那么：
6. 使用个人防护装备（PPE），如手套、护目用具、靴子和口罩。

重要的是，在可能的情况下，管理层和员工应在危害识别、风险评估和风险控制过程的所有阶段进行讨论和协商。

示 例

1. 如果一个机构正在考虑购买一台分析设备，两种产品在运行过程中具有相同的功能，但噪音水平相当不同，则该机构在采购过程中应该考虑设备的噪音水平，并选择购买更安静的设备。本例说明了与培训和提供个人防护装备（如听力保护）相比，从源头消除危害是最有效的控制措施。

2. 对于建筑物的火灾现场，当应用分级控制措施时，首先有必要考虑消除危害或代之以较小的危害。在火灾现场，这通常不可行。然而，隔离现场是可行的，它不仅可以防止公共危害，还可以保持现场的完整性。在进入现场之前，应切断输送到建筑物的电、水和燃气。在进入建筑物之前，听取建筑工程师的意见可能是必要的。可以设立进出现场的安全入口和出口。其他行政管制措施，例如向工作人员介绍情况及保存人员出入记录等，可予实施。最后，除非使用恰当的个人防护用品，否则应阻止工作人员进入火场。

实验室具体危害

实验室环境中可能存在的危害包括以下内容。

化学品

化学品接触可以通过吸入、皮肤吸收或直接摄入发生，并且一旦被吸收，就储存在特定器官或组织中，或被代谢、排泄。化学品对人的影响取决于许多因素，例如接触的持续时间、暴露频率、化学品的浓度和个体的新陈代谢。当一种物质的不良影响加强时，如果接触到另一种物质，则可能产生协同效应。

一些纳米材料与它们在宏观尺度上相比表现出不同的化学性质。这是一个相对较新的领域，关于纳米材料造成的危害的认识仍不足。与纳米材料相关的潜在危害可能包括，由于纳米材料的表面积与体积比增加，反应活性增加，增强了穿过一些机体保护机制的能力，以及机体缺乏对这些小颗粒的免疫力。由于缺乏这方面的知识，在使用纳米材料时所建议的控制策略应该是"尽量、可合理实现的"，以减少接触。

化学品对身体的影响可以分类为：

● 有毒或毒性化学物质被吸收到体内，可以产生急性或短期影响，如头痛、恶心或意识丧失，也可以产生长期影响，如肝或肾损伤、癌症或慢性肺病；

● 腐蚀性化学品会灼伤皮肤、眼睛或呼吸道；

● 刺激性化学品会使皮肤或肺部发炎，引起诸如皮炎或支气管炎等病症；

● 致敏物质可通过诱导过敏反应而产生长期影响，特别是对皮肤（如接触性皮炎）和呼吸道（如职业性哮喘）产生影响；

● 易燃易爆物质有引起火灾和爆炸的直接危险，通过直接燃烧或燃烧过程中释放的有毒气体对人体造成伤害。

安全数据表（SDS），也被称为物质安全数据表（MSDS），旨在提供工作场所处理物质的认定、物理特性、安全存储、用途、处置、急救处理和泄漏管理的相关信息。此类信息包括该物质是否被认为是有危险的。在实验室首次使用化学品或其他物质之前，或者工作人员不熟悉该产品时，都应查询安全数据表。应根据立法要求保留安全数据表副本。在一些司法辖区，电子安全数据表管理系统提供了访问最新安全数据表信息的一个有效方式。

锐器

锐器是具有尖锐边缘或尖端的物体，其具有切割、划伤或刺穿皮肤的可能。锐器可导致身体伤害，并有可能通过皮肤伤口引入感染性和有毒化学品。

实例包括皮下注射器和针头、刀具或碎玻璃器皿。

所有法庭科学从业人员都有责任安全地处理和包装锐器。应特别注意在包装锐器时有适当的标记。诸如刀具的锐器，可以被包装在透明塑料管中，使得打开包装的人更容易识别其内容和锋利物品方向。应鼓励法庭科学实验室制定政策，以鼓励法庭科学从业人员和其他提交物品的人员开发安全包装程序。

生物材料

法庭科学检查中通常遇到的生物材料包括人体组织、血液和体液（尿液、唾液、呕吐物、脓液、精液、阴道液和排泄物）。生物材料具有潜在的危险性，因为它可能含有导致各种传染病的传染源，例如病毒、细菌、真菌和寄生虫。

与人或动物密切接触的头发、毛皮和衣物也可能携带寄生虫，如跳蚤或虱卵。

在检查植物材料（如大麻）时，应考虑可能存在曲霉菌。如果曲霉菌孢子被吸入肺部，可导致严重的慢性呼吸道感染或鼻窦感染。如果曲霉菌可见，大麻应作为一种生物性和呼吸道性危险物被处理。

不可能确定法庭科学从业人员工作环境中传染病的流行程度。因此，法庭科学从业人员应遵守处理生物材料的推荐程序，并采取一种被称为"标准预防"的方法。这种方法要求法庭科学从业人员假设所有生物材料都是潜在的传染源，与诊断或潜在风险的感知水平无关。

应为法庭科学从业人员接种疫苗。所提供的疫苗类型可能取决于法庭科学从业人员是在实验室内工作还是在现场工作，以及其是否可能被部署到其他疾病更为流行的海外地区。

火器

法庭科学从业人员可能从犯罪现场取回火器。所有在室外、实验室或辅助地点（如房屋或展品库）可能需要处理火器的人员都应接受火器安全知识培训。正如"标准预防"要求的那样，应认为所有火器都可能已经填装子弹，即使已经将其调整为安全状态，也不能将其对准另一人。

负责射击测试和子弹收集等任务的火器检验人员进行火器调查时，将面临诸如噪音和铅等危害。应该定期对他们的听力和血铅水平进行检测，以确保他们佩戴正常工作的听力保护装置，并确保因接触火器而铅中毒的情况被快进识别和应对。

电子物证实验室

电子物证检查员专门获取、分析和报告储存在计算机和其他电子设备上的电子证据。涉及计算机的犯罪行为有多种类型，从儿童色情相关犯罪到盗窃个人数据，再到侵害知识产权。潜在的危害包括不变的坐姿、职业工作过度和观看图形图像的压力。

一些可以将观察图形图像的压力最小化的建议如下：

- 观看图形图像前后定期进行心理评估；
- 只接触一种媒介，例如仅接触视觉材料，而不是同时检查声音和视觉材料；
- 规定在一天内审查具体材料的时间限度；
- 在换班结束时，停止一切具体材料的检查，让他们有时间将注意力重新转移到压力源之外。

电气和机械设备

法庭科学实验室使用各种电气和机械设备。工作人员需要确保减轻任何固有的电击风险。使用漏电保护器（安全开关）是一种合理策略，有资质的人员可以根据管辖区现行法律，进行目视检查、定期测试、电源线标记，检测出明显的损坏、磨损和其他不安全的情况。

通风橱

通风橱是使暴露于化学和生物危害的风险降至最低的必备设备。并非所有通风橱都可以防范所有的风险。通风橱应定期维护和检查。维护时应注意：

- 通风橱本身，包括流速和吸收剂或过滤器的更换；
- 对于外排风式通风橱，（应注意）管道系统和外部通风口位置。这在建筑物维护或翻新过程中很重要。

通风橱必须被用于排放有害气体、烟雾和灰尘的所有操作。

- 开始工作前，确保通风橱干净且无污染；
- 确保将最少的设备储存在通风橱中，并放置在通风橱的后部，以减少对流入通风橱空气的干扰；
- 在使用过程中尽可能降低窗扇以改善容烟量。

循环通风橱在废气排放回实验室之前，依靠过滤或吸收去除通风橱中释放的空气污染物。它们适用于轻度到中等密度、范围已知的物质。每个通风橱适用物质的范围是有限的，其受到使用中的化学品以及通风橱内特定类型的吸收剂或过滤器的兼容性的限制。

机器人

自动化机器人平台的引入，显著提高了法庭科学分析的效率。机器人的使用变得越来越普遍，并且对于一系列重复的实验室工作非常有用。机器人承担移液等重复性工作，除了节省时间，还可以消除法庭科学从业人员的肌肉、骨骼损伤。

与机器人相关的危害包括，接触工作中使用的化学品的风险、触电以及机器人可移动部件所产生的切割、刺伤或剪伤。因此不能忽视机器人的联锁装置。

X 射线

X 射线用于分析和成像仪器。X 射线的接触局限于身体的特定部位，通常是手或手指。根据 X 射线所传递的能量，后果包括接触点出现红斑（发红）、血液变化、癌症直至死亡。根据每个国家的立法要求，使用 X 射线设备的工作人员可能需要使用剂量计来评估辐射剂量。

激光

激光跨越可见和不可见的电磁波谱，并且在法庭科学中有许多应用，包括拉曼光谱。激光一般根据其代表的风险级别进行分类。激光束的损伤可以是热损伤或光化学损伤。主要损伤部位是眼睛和皮肤。与激光相关的危害可能包括：

- 火灾；
- 爆炸；
- 触电；
- 吸入激光相互作用产生的污染物。

使用激光的注意事项包括：

- 显示所使用激光的类别；
- 必须佩戴适当的防护眼罩，且带有侧面保护功能和减弱射线的功能；
- 激光器上的联锁装置不应被忽略；
- 无论是坐着还是站着，保持激光束路径远离眼睛所处高度。

高强度光源

高强度光源（Polilight）提供的一系列彩色光带和白光，可以用于法庭科学工作。

- 应注意，高强度白光不应照到距离光导末端较近的任何物体上，因为这会使物体产生严重的热损坏，并可能导致火灾；
- 光束永远不能直射眼睛，因为会造成永久性伤害。

人工操作

人工操作是指涉及举起、放下、搬运、推、拉、握、限制或施加力的任何活动。只有极少数的人工操作伤害是由举起重物单独造成的。诸如伸展、扭转、弯曲或保持不变的姿势等动作都会造成影响身体肌肉或骨骼系统的损伤。这些损伤主要涉及颈部、背部、肩部、手臂、肌腱、韧带或关节。

损伤可能是由在通风橱边工作时保持不变的姿势、重复键盘和鼠标操作、移液以及长期使用比较显微镜等活动引起的。

一些预防策略包括：

- 寻求进一步的帮助以进行活动评估，使活动中固有的人工操作风险最小化；

- 规划任务，以便安排休息时间；
- 为任务选择最好的工具；
- 使用鼠标时，如果可能，双手交替使用。

为了便于犯罪现场使用，制作更小更便捷的工具是一种趋势。虽然这具有显著的益处，包括可能减少收集物证的数量，但移动设备会引起涉及人工操作的问题。

实验室综合管理

内务管理在实验室中是很重要的。保持通道清洁、给化学品贴上正确的标签、清洁整理工作区域以及适当储备是非常重要的。粉尘处理是一个潜在的危险操作，良好的内务管理可以帮助使溢出物造成的空气污染最小化。拥有周密的预防性维护程序，以及定期检查工作场所、工厂和设备，对于实验室的顺利运行至关重要。

法庭物证处理

如果不是已经完结的案件，每件物证在法庭上出示之前，都必须被适当包装和密封。通常储存在纸内的衣服等物品可能需要用透明塑料重新包装，使其保持密封，并将在法庭上处理时的交叉污染的风险最小化。在法庭上打开物证时应小心谨慎，以免诸如霉菌或刺激性烟雾的危险物质被释放。

现场危害

法庭科学从业人员经常需要到现场实地工作或训练。应考虑管理可能影响法庭科学从业人员的危害，包括：

- 环境危害，比如现场的高温、寒冷、潮湿、下雨的天气、地形以及动植物群落；
- 操作类型，例如在地下实验室工作，往往涉及相当特殊的危害；
- 可能存在罪犯或其他安全风险，比如现场的诱杀陷阱；
- 国内外急救和应急反应的有效性。

这些危害的风险应在实践或操作的范围内加以考虑。在动态风险评估中，一些可能用于应对危害的策略包括：

- 指定一个存放应急设备的地点，如犯罪现场车辆，并且确保消毒剂、防腐剂和急救箱都易于获取。
- 选定现场紧急出口，并确保将此传达给现场所有人员。
- 如果接触化学或生物材料，则建立一个去污点。
- 在户外工作时使用适当的个人防护用品，包括太阳镜、防晒霜和帽子；
- 根据外部温度、工作量、持续时间和穿戴的个人防护设备，在炎热天气中，工作人员应该可以在树荫下休息，并有所需的足够水分，以防热应激。穿戴包括防化服和口罩在内的个人防护用品需要更长和更频繁的休息，以便在高温和潮湿环境中恢复。
- 在寒冷天气中，应该有足够的保暖衣物和避寒处。
- 在犯罪现场被动物咬伤的风险不应被忽视。如果工作人员在植被覆盖区进行搜索，应考虑被蛇或蜱叮咬的风险，以及可能接触的植物，例如毒葛或刺人的荨麻。

密闭空间

法庭科学从业人员可能必须进入密闭空间。由于进入密闭空间具有很高的风险，许多司法辖区规定在取得密闭空间许可证之前，任何人不得进入。在工作或进入密闭空间前，法庭科学从业人员必须接受特定培训。

化学、生物、放射性和核事故

法庭科学从业人员可能需要参与处置化学、生物、放射性和核事故。法庭科学从业人员可能参与处置和进行检查的化学、生物、放射性和核事故包括：

- 化学事故（军用毒剂、有毒工业化学品）；
- 生物事故（武器化制剂、自然疾病）；
- 放射性事故（离散或广域污染）；
- 核事故。

根据相应的应急机构协议，法庭科学从业人员可能会与消防队和其他应急人员密切合作。在没有与其他应急人员协商的情况下，不得进入现场的"暖"或"热"区。

地下实验室

地下实验室对警察、法庭科学从业人员、公众的健康和安全以及环境均构成重大威胁。与地下实验室相关的危险有很多，包括：

- 易燃材料和/或爆炸性气体；
- 剧毒气体；
- 泄漏或损坏的压缩气瓶；
- 故意造成警察和其他应急人员受伤或死亡的陷阱和危害。

考虑到面临地下实验室的频率之高和调查相关风险的严峻性和多变性，许多司法辖区制定了有关地下实验室调查的具体政策和程序。

法庭科学从业人员应对地下实验室时，需要高水平的身体素质以及专业技术。其必须熟悉：

- 非法药物化学组成；
- 如何消除爆炸、火灾、化学灼伤和有毒烟雾的危害；
- 如何处理、存储和处置危险物质；
- 如何应对由接触引起的医疗状况。

工作人员还必须穿戴包括口罩在内的全套防护设备，在地下实验室收集证据过程中还可能要移动设备。还应考虑储存和处理来自地下实验室的或没收的未知化学品。应在保存或处置之前，对物品进行初步鉴定。

当在现场遇到一些未知物品时，例如"白色粉末"、化学品（液态、固态或气态）或生物材料，需要十分谨慎并且获得最新情报，以更清楚地了解现场的物品。它可能是爆炸性物质，或含炭疽孢子、蓖麻毒素，或是与滑石粉一样无害的东西。

一些预防措施包括：

- 穿戴适当级别的防护装备进行活动；

- 避免与物质直接接触，即使只有少量；

- 不闻或不尝现场的任何东西；

- 注意物理特性，例如颜色、形状和黏稠度；

- 在安全的情况下，在包装或标签上寻找危险品标志；

- 如果无法识别物品，寻求专家意见。

海外部署期间的潜在危害

法庭科学从业人员可能被要求在海外作业，以协助处理大规模的灾难。举一个例子，在泰国海啸受害者身份查验过程中，有来自 30 个国家的法庭科学从业人员进行尸体的收集和识别。法庭科学从业人员在海外部署期间，要根据地点、操作规模以及人员数量，留心可能遇到的危害。需要考虑的一些危害包括：

- 气候要求；

- 偏远且有时危险的地形；

- 不同文化敏感性；

- 安全要求；

- 当地基础设施的不同水平；

- 物流，包括大量设备的运输、人工搬运、装配和包装；

- 不同的卫生水平；

- 可以通过昆虫和/或动物媒介传播的疾病；

- 传染病的可能性；

- 建筑物中的石棉和其他危险物质。

工作相关压力

工作中的法庭科学从业人员可能会遇到与工作有关的压力。法庭科学工作中有一些特定的压力源。法庭科学从业人员可能由于进入停尸房或暴力犯罪现场、识别灾难受害者身份或观看叙述性或图形类的材料或图片而承受相关压力。压力指标包括饮食习惯变化、睡眠模式变化引起的疲劳，频繁的工作缺勤，工作效率、注意力、动力和精神面貌的下降。身体症状可能包括头痛、腹痛、腹泻、便秘、高血压、失眠、焦虑和抑郁。

许多组织都有为员工提供帮助的方案，包括帮助员工处理工作压力的咨询或者恢复工作生活平衡的弹性训练。

参见

法庭科学质量管理：质量保证的原则；风险管理；实验室组织原则。

扩展阅读

Clancy, D., Billinghurst, A., Cater, H., 2009. Hazard Identification and Risk Assessment—Understanding the Transition from the Documented Plan to Assessing Dynamic Risk in Bio Security Emergencies. World Conference on Disaster Management, Sydney, Australia. http://www. humansafety. com. au/getattachment/da338cb7-29b0-4d3a-8a06-d7dc0b569a87/C20. aspx.

Furr, K., 2000. *Handbook of Laboratory Safety*, fifth ed. CRC Press, Florida.

Green-McKenzie, J., Watkins, M., 2005. Occupational hazards: law enforcement officers are at risk of body fluid exposure. Here's what to expect if it happens to you. *Law Enforcement Magazine* 29 (9), 52-54. 56, 58.

Hanson, D., 2007. Hazardous duty training officers to tackle hazmat emergencies. *Law Enforcement Technology* 34 (4), 80-85.

Haski, R., Cardilini, G., Bartolo, W., 2011. Laboratory Safety Manual. CCH Australia Ltd, Sydney.

Horswell, J., 2000. *The Practice of Crime Scene Investigation*. CRC Press, Florida.

Jackel, G., 2004. *The High Cost of Stress*, vol. 1. AUSPOL: The Official Publication of the Australian Federal Police Association and ALAJA, pp. 4-37.

Mayhew, C., 2001a. Occupational health and safety risks faced by police officers. Australian Institute of Criminology. *Trends and Issues in Crime and Criminal Justice* 196, 1-6.

Mayhew, C., 2001b. Protecting the occupational health and safety of police officers. Australian Institute of Criminology. *Trends and Issues in Crime and Criminal Justice* 197, 1-6.

Rothernbaum, D., 2010. Exposed: an officer's story. *Clandestine Laboratory Safety Alert* 7 (2), 1-2.

Smith, D., 2005. Psychosocial occupational health issues in contemporary police work: a review of research evidence. *Journal of Occupational Health and Safety, Australia and New Zealand* 21 (3), 217-228.

Tillman, C., 2007. *Principles of Occupational Health and Hygiene: An Introduction*. Crows

Nest. Allen & Unwin.

Whitman, M., Smith, C., 2005. The culture of safety: no one gets hurt today. *Police Chief* LXXII (11), 2024-2627.

Winder, C., 2011. *Hazard Alert: Managing Workplace Hazardous Substances.* CCH Australia Ltd, Sydney.

Witter, R., Martyny, J., Mueller, K., Gottschall, B., Newman, L., 2007. Symptoms experienced by law enforcement personnel during methamphetamine lab investigation. *Journal of Occupational and Environmental Hygiene* 4, 895-902.

相关网站

http://www. ccohs. ca/oshanswers/occup_ workplace/labtech. html: Canadian Centre for Occupational Health and Safety (CCOHS).

http://www. ccohs. ca/oshanswers/occup_ workplace/police. html: What do Police do?

http://www. cdc. gov/niosh/: Centers for Disease Control and Prevention (CDC).

http://www. forensic. gov. uk/html/company/foi/publication-scheme/health-and-safety/: Forensic Science Service, Health and Safety.

http://www. hse. gov. uk/services/police/index. htm: Health and Safety Executive (HSE).

http://www. londonhealthandsafetygroup. org/archive. html: London Health and Safety Group.

http://www. osha. gov/: Occupational Safety & Health Administration.

http://www. police. qld. gov. au/Resources/Internet/rti/policies/documents/QPSForensicServicesHealth_SafetyManual. pdf: Health and Safety Manual, Police Forensic Services, Queensland Police.

法庭科学的教育与认可

T. M. 帕尔巴赫，美国，康涅狄格州，纽黑文大学

作为科学的学科，法庭科学植根于自然科学，因此，从业人员和研究人员必须接受高度结构化的数学和科学方面的高质量教育。随着该领域的发展和扩大，也有必要加强和拓展相关教育课程。法庭科学这一大范式涵盖范围如此之大，它需要一个复杂的、高度多样化的教育体系，才能满足现在和未

来法庭科学家的需求。看到一名获得博士学位的实验室型从业人员是很平常的事情，但是，拥有理学硕士学位或理学学士学位的人员也有成就事业的空间。

历史视角

法庭科学的组成要素已经存在了一个多世纪，诸如人类学、指纹识别、火器分析、血清学和血迹形态分析等学科可追溯到 19 世纪末。该领域的先驱通常是训练有素的研究人员，其旨在解决警察或刑事司法系统遇到的问题。法庭科学方法一经引入，便受到执法机关的青睐，并在破案策略中得以使用。由于早期成果得到成功使用，它们经常被纳入警察机构，法庭科学从业人员在工作中或通过非常少的培训来学习这些技能。法庭科学作为一门有必要设立学历或学位的学术课程的观念在很长时间之后才形成。

1946 年，密歇根州立大学宣布自己是美国第一所提供法庭科学学位课程的大学。瑞士洛桑大学在 20 世纪初提供法律摄影课程，被认为是提供法庭科学领域课程的最古老的学术机构。法庭科学的成长和发展是非常缓慢的。即使在 20 世纪 80 年代末期，法庭科学作为大学专业仍是鲜为人知的。有 12 所美国大学以专业形式教授法庭科学。此外，大部分课程每年仅仅能使为数不多的学生从这个模糊的专业毕业。

在法庭科学早期，刑事司法界的期望和该领域的局限营造了一个不重视正规教育的环境。一开始，社会根本没有期望或者要求科学介入破案过程，可在为电视剧《犯罪现场调查》而痴迷的当今世界，情况恰恰相反。过去，犯罪问题主要靠非常老套的警察工作解决，其关键内容包括供词、目击证人证词以及通过调查工作建立的充分的案情。经过若干年，这些调查方法经常成功的同时也可能产生虚假或误导性的调查资料的弊端日益凸显。随着法庭科学不断拓展，可以在警察日常工作中得到应用，（调查）工作重点开始转向科学答案。

在 20 世纪的大部分时间里，法庭科学协助解决犯罪的方法主要集中在生物学、化学和物理学等直接领域之外的学科。可用的学科包括指纹识别、火器分析、犯罪现场摄影、证据收集以及笔迹分析。这些基于形态的鉴定学科不是正规教育课程的学习内容，更不用说完整的学位课程。有潜力的学员在一名熟练从业人员的指导下学习这些技能，而从业人员自己很有可能也是采用相同的学习方式。在这种模式下，这些领域通过简单地评价什么有用而什么无用的方式使进一步发展和提炼它们的方法论成为可能。在极大程度上，所缺乏的是理解这些学科所依据的基本原则。当然，数据的统计分析和数据的正确表达等更复杂的机制没有被提及。此外，这项工作大部分是由警察机构进行的，脱离了科学家和研究人员的权限范围。

随着与生物学或化学的联系更密切，对学术培训型从业人员的需求变得日益明显。毒理学和血清学等学科在实际应用和研究中不断壮大。城市、州和联邦实验室被建立，以容纳这些更为传统的学科。在某些司法辖区，存在这样的举措，即将传统服务合并到专门用于物证的生化分析的新兴实验室。其他一些司法辖区（其中一些仍然存在）选择将以传统警察科学为基础的鉴定学科与以自然科学为基础的方法学分开。在早期过渡阶段，不同职位对于教育的要求出现分歧。警察科学的许多从业人员至多是高中毕业，但是的确接受了一些专业培训，并且在自身专业方面具有丰富的经验。

作为公认学科的法庭科学

大约在 20 世纪 80 年代后期，法庭科学经历了重大转型。基于高质量研究所取得的巨大进步正在问世。在英国，亚历克斯·杰弗里斯博士正在向世界公布他的 DNA 指纹技术，并正在开启人类史上最强大最成熟的科学工具之门，以此解决犯罪问题和获取正义。黄金时段的电视节目向公众介绍了利用复杂科学方法解决犯罪的能力。辛普森审判是许多案件的首例，它占据了当代的媒体头条。这些早期欲望被无数的致力于犯罪现场调查（如 CSI 和法庭科学）的电视节目、电影和小说进一步点燃。刑事司法系统也做出响应，开始极力关注物证的分析。同时法庭科学的许多学科获得了职业发展的机会，其中大部分需要教育学位。法庭科学教育领域快速发展之火被点燃了。

1999 年美国国家司法研究所法庭科学评论

1997 年 3 月，美国国家司法研究所、国家标准与技术研究所和犯罪实验室主任协会举行了一次会议，主要为了评估美国法庭科学和法庭科学实验室的现状。这次会议的重点之一是加强新技术的开发，并建立将这些新技术更快整合到功能性法庭科学实验室的方法。与这个突出需求密切相关的发现宣称法庭科学界对培训的需求是巨大的。最初的重点是制定和整合培训计划，以协助当前实验室型从业人员掌握与这些新技术相关的技能和知识。然而，显而易见的是，在此之后的从业人员在法庭科学领域开始职业生涯时，需要接受适当的教育和培训。重点之一则是把解决与新技术和开发技术相关的理论和实际问题列入培训框构中。

会议中提出的一个建议是，为大学创造机会，为由其他机构提供的有关短期课程提供学分。他们认为能够获得学分可能会鼓励更多人参与这些培训计划，并为高质量的专业培训模式提供信誉。当然，实施和提供这一级别的培训需要资金。早期的目标是为被认可的学术机构提供资金，原因是这些机构能够提供研究生级别的法庭科学研究，可以研发新技术。会议中还强调了关键领域培训的需求，如质量保证和专家证人证言。最后，这次调查的结果是，由彼时法庭科学实验室提供的九种常见操作得以确定，分别是：

- 潜在指印的检验
- 可疑文件的检验
- 火器/工具痕迹和其他压痕证据的检验
- 犯罪现场处置和相关检验
- 含能材料（爆炸物和火灾碎片检验）
- 尸体毒理学和人体性能测试
- 法医生物学和分子生物学
- 转移（痕迹）证据的评估
- 对照物质的检验

1999 年 2 月，美国司法部、国家司法研究所完成并出版《法庭科学：状况和需求评论》。

法庭科学教育与培训技术工作组（TWGED）

作为 2001 年开始的一项研究的结果，美国司法部下属的一个小组发表了关于法庭科学现状的第二次重大报告，重点针对教育方面。该报告于 2004 年出版，即《法庭科学的教育与培训：一部法庭科学实验室、教育机构和学生的指南》。这项报告是 TWGED 的工作成果。

其中主要的发现有，法庭科学教育课程必须具有自然科学的强大背景，并包括广泛的实验室课程。研究生课程的学生可以从理论概念转向学科具体知识，并应涵盖大量实验内容。除了阐明课程要求外，报告还指出了法庭科学职业所需的其他资格。作为未来的从业人员，他们会被告知需要具备个人正直感和诚信，他们可能需要进行广泛的背景测试或被检测有无吸食毒品。此外，信用记录、驾驶记录、过去工作表现、体格检查和测谎等都可能在招聘过程中被涉及。最后，这些建议阐述了一个未来法庭科学教育的模型和有关必要的资源，例如完成这项任务所需的师资和设施。

本科课程

一套详细的样本课程被建议用于所有法庭科学本科课程。该课程包含自然科学核心课程、专业科学核心课程、法庭科学课程、法庭科学实验室课程和附加高级课程。不同的学术课程可能有自身模式或总体特殊性，如生物学、化学、毒理学或一门鉴定学科。

推荐的自然科学核心课程包含 34 学分至 38 学分，包括：

- 普通生物学
- 普通化学
- 有机化学
- 物理学
- 微积分
- 统计学

专业核心课程是 12 个学分，不同的课程模式或重点将有所不同。例如，生物学模式的教育涉及生物化学、遗传学、仪器分析和分子生物学。化学模式涉及定量化学、无机化学、仪器分析和物理化学。

法庭科学核心要素可能涵盖在专项课程中或作为必修课程的一部分。这 6 个学分必须包含以下主题：

- 法律与司法制度导论
- 伦理学

- 专业实践
- 概论或法庭科学调查课程
- 证据识别、收集和处理
- 质量保证
- 法庭证词
- 科技论文写作

此外，还必须再增加 9 个学分的法庭科学实验室课程。可能会有少量变化来适应不同的学科模式。必修课程包括法庭生物学或化学、显微技术、物理方法和相关实习经验。

最后，学生需要获得额外的 19 个学分，以便他们在自己专注的具体领域进行更深入的学习。公共课程主题包括刑事司法导论、法律证据和公开演讲。生物学方向的学生将学习细胞生物学、微生物学、群体遗传学和免疫学。化学方向的学生将学习高级仪器分析、毒物学、毒物分析、材料科学和药理学。其他方向的学生可以参加图像分析等课程。

研究生课程

参加法庭科学研究生课程必须拥有法庭科学或自然科学的学士学位。这一层次的教育应超越理论概念，培养学生的批判性思维能力、解决问题能力和高级专业知识。与其他科学研究生课程一致，这些法庭科学课程需要纳入科研成分。尽管有不同专业侧重点，但法庭科学研究生课程应包含以下主题：

- 犯罪现场
- 物证概念
- 法律与科学交叉领域
- 道德和专业职责
- 质量保证

其他具体课程将涉及高级分析化学和仪器分析、毒物化学、显微技术、法庭生物学和形态证据。

法庭科学教育项目认可委员会（FEPAC）

FEPAC 的创建无疑改善了法庭科学教育课程的格局。以这些标准作为最低要求，法庭科学的使用者，从预备生到实验室主任，如今已经有了学分教育质量的保证。随着 FEPAC 扩展到该学科的其他领域（如 2010 年的电子证据）和更广泛的学位课程，预计教育的严谨程度和科学性也会提高。

美国国家科学院报告——《美国法庭科学的加强之路》

2009 年，美国国家科学院发布了关于美国法庭科学现状的综合报告，其中包括研究推荐、技术评估和教育完善等建议。在《美国法庭科学的加强之路》中，关于科研的呼吁涉及法庭科学所有学科，并寻找测定法庭科学局限性、将统计分析整合到多个领域、解决变异性来源和潜在偏见影响的方法。有一些建议要求大学和学术型研究进行互动。

建议 3 指出，科研应解决法庭科学学科的准确性、可靠性和有效性问题。应对这一建议的合乎逻辑和有效的方法是从业人员、犯罪实验室和具有时间保障以及具有设计开展相关科学实验专业知识的学术机构之间展开协作。理想情况下，参与这一过程的学术课程将使全体教师具有切实的法庭科学经验，或与从业人员保持非常密切的联系，以便研究的问题与现代法庭科学实验室的日常运作密切相关。与学术机构合作的另一个优势是，具有问题意识的学生（即未来实验室工作人员）可以与解决这些问题的科学研究与策略进行相互作用。

显然，这种类型的研究需要资金支持，但是美国国家科学院报告就这些需要做出了回答，并就未来资金提供方法和拨款机会提出若干建议。

建议 7 要求法庭科学从业人员进行资格认可和个人认证。这个问题可以通过对未来员工以及在职员工进行培训和认证的方式来解决。被认可的学术机构是那些已经可以确保未来法庭科学从业人员掌握必要的技能并获得所需的认证的机构。这些学术机构同样可以提供专业培训课程和认证课程。美国的几所大学既承担学术的法庭科学教育，也设立提供专业服务的法庭科学学院。

建议 10 直接涉及教育问题。这项建议的重点是吸引物理和生命科学学生进行与法庭科学相关领域的研究生学习，且需要资金做辅助以吸引顶尖学生。此外，与法庭科学问题有关的法律界也需要相应教育政策。

未来教育的需求

考虑到美国国家科学院报告的有关建议和法庭科学深入研究方法论并适当验证新技术的需要，高质量教育的需求肯定会不断增加。从法庭科学的早期，到 20 世纪 80 年代初期，许多法庭科学从业人员只接受过高中教育和一些在职培训。由于法庭科学实验室的范围和功能不断扩大，实验室型从业人员通常以自然科学或法庭科学学士身份进入该领域，更常见的是科学硕士学位获得者。随着对重要问题的进一步研究，将需要更多的博士来展开和指导适当水平的研究和学术调查。

目前，美国的教育制度并没有设置法庭科学博士学位。那些在法庭科学实验室工作和讲授法庭科学课程的博士通常取得分析化学、毒理学、分子或细胞生物学或类似学科的博士学位。有一些刑事司法或犯罪学课程可以提供法庭科学博士学位。现在预测有多少机构将会选择开展纯法庭科学博士学位教育还为时尚早。

然而，在欧洲，有几所提供法庭科学博士学位教育的大学。瑞士洛桑大学宣称其是世界上最早开展法庭科学课程的大学。此外，亚洲的几个国家正在为从业人员开设法庭科学课程，并在本科和研究生层面开展学术课程。学术研究需求、开发和整合新技术的需要以及非常有竞争力的就业前景对于致力于培养现在和未来法庭科学家的教育界来说是非常好的兆头。

参见

法庭科学管理/质量：认证；

专业：教育项目的认可。

扩展阅读

Forensic Science Education Programs Accreditation Commission, 2009. *Accreditation Standards*. American Academy of Forensic Science, Colorado Springs, CO.

Gewin, V., 2011. The call of the crime lab. *Nature* 473, 409-411.

National Institute of Justice, February 1999. *Forensic Sciences: Review of Status and Needs, Issues and Practices*. U. S. Department of Justice, National Institute of Justice, Washington, DC. NCJ 173412.

National Institute of Justice, June 2004. *Education and Training in Forensic Science: A Guide for Forensic Science Laboratories, Educational Institutions, and Students.* U. S. Department of Justice, National Institute of Justice, Washington, DC.

能力培训

W. 威尔士、G. 艾奇逊，英国，爱丁堡，司法技能

引 言

以下引文摘自《美国法庭科学的加强之路》，它强调了整体制度的重要性，其中从业人员能力、工作流程管理能力和组织能力在法庭科学领域最为关键。

法庭科学多数学科的实践质量参差不齐，其原因是缺乏足够的培训和继续教育、严格的强制性认证认可课程、对健全操作标准的遵守以及有效监督。

本部分探讨了能力的概念，以及法庭科学有关组织机构（无论是在警察和法律的执行过程，还是独立的实验室环境中）如何训练从业人员，并评估其是否符合行业标准。培训和评估从业人员法庭科学能力的关键在于需要参考公认行业标准对法庭科学领域有关人员的要求；这些标准如下：

ISO/IEC 17025：2005（E）实验室检测；

ISO/IEC 17020：1998（E）犯罪现场调查。

什么是能力？

能力的定义有很多种，以下定义被警察局长协会、法庭科学协会和其他法庭科学家组织机构接受，且涵盖了英国法庭科学领域关于能力的基本原则。

满足某职位所需的技能、知识和理解力，可以通过在工作场所持续一段时间的业绩证实。

本部分重点介绍了国家认可的能力标准如何有效运用于整个法庭科学人事管理过程，以确保员工在其整个职业生涯中可以被聘用、培训、发展、晋升和获得专业认可。这是一个涉及范围广泛的定义，且表明职业能力不仅仅

是工作所需的技能。

依据上面的定义，技能、知识和理解力可以分为下面四个小部分：

- 技术能力——某一具体职责和/或职位所需的职业技能和知识。
- 工作流程管理——管理总体组织流程的能力，如规划、监控质量和解决问题。
- 工作关系——管理内、外同事和客户之间的关系。
- 工作环境管理——健康与安全、道德、价值观、行为和质量。

什么是培训？

美国国家司法研究所在 2004 年将培训定义为"使法庭科学界人士（用于开展具体法庭科学分析）的科学知识和专门技能达到一定水平的正式且结构化的过程"。这一定义非常有用，可以代表任何法庭科学从业人员的培训，不仅仅是法庭科学家。

职员的能力可以通过在组织系统和人工流程管理中嵌入国家级认可能力标准来获得；然而，本部分具体研究了这些标准如何在有效策划、开展和评价员工培训和学习中发挥基础性作用。在具体研究培训之前，先对这些能力标准及其使用方法加以讨论。

在美国，由有关专业人士成立的一系列科学工作组负责确立各自相关法庭科学领域的标准，如 SWGDRUG、SWGSTAIN 和 SWGDE。这些科学工作组为各自领域人员的培训建立一些标准和预期目标。

什么是能力标准？

组织中人员有关的能力标准的制定定义了构成某一组织甚至行业角色与功能的关键职责活动。这些标准对员工进行有效和持续操作的技能、知识和理解力方面做出了具体要求。与人员相关的能力标准可以补充其他标准和基准并与其结合，共同界定与组织的系统、流程和人员有关的整体能力，从而带来诸多好处，如实现组织、地区和国家的标准化、统一性、可转让性和标杆管理。

当不同国家在起诉跨境犯罪中交换法庭科学检验结果和其他类型的证据时，这些标准变得至关重要。

在英国，国家职业标准是国家认可的能力标准，它不仅能够确定组织人员的能力，还可以为其他具有相似职能和作用的组织提供基准。能力标准确定了职业能力，经常被这些标准评估的人员将变得具有竞争力和能力，并且能够持续地展示其角色所需的技能、知识和理解力。

组织有效地使用能力标准时，可以确信其人员队伍正在达到其他从业人员和组织为其部门/行业所制定、期望和认可的标准。使用其他行业标准［如ISO/IEC 17025：2005（E）］中的能力标准实现了与系统、流程和人员有关的整体组织能力的统一。

2004 年，欧洲法庭科学研究所联盟发布了一套"法庭科学从业人员执行标准"，这些标准是在英国科学技术委员会（SEMTA）21 世纪初开发的国家职业标准基础上建立起来的。因此，国际公认的法庭科学从业人员能力标准的确存在。

我们希望说明的是如何按照一套全球通用标准中关于法庭科学从业人员知识、理解力和职责的要求对个人进行培训和评估。

能力标准有何作用？

能力标准必须描述就个人工作结果而言有能力的工作表现，以及有效而持续地进行操作所需的技能、知识和理解力。能力标准应考虑到对能力的准确评估，因此它们应该是通过与有关部门雇主就工作场所行为活动以及某一职能活动所需的不同环境等问题进行商议后制定的国家标准。明确结果而非明确为取得结果所采取的步骤，为满足个人需求提供了必要的灵活性。

国家能力标准如何形成？

在英国，这种标准是由雇主主导、在专业部门合作的基础上发展起来的。由行业内部的专家和核心专业人士组成的指导小组和工作小组共同制定和核准标准。

能力标准应该是什么样的？

能力标准由能力的有关表述组成，并分解成行为标准（某人需要做什么）、知识和理解力标准（为能够达到行为标准，某人应该知道和理解的内容），每个标准将规定角色的某一个关键部分。

每个标准都有一个核心的总结，详细说明如下：

● 标准的主题（与具体功能相关）；

● 标准的目标（与特定角色或员工水平相关）；

● 它如何与其他标准链接（这使得标准的合并更加容易，以确定具体角色的整体能力）。

通过合并标准，您可以对组织内任何角色所需技能、知识和理解力的整体范围做出明确说明。标准可以分为不同的要素，进一步明确某一角色的主要职责。

能力标准通常包括一系列情形和条件，这些对于在活动中获取（个体）整体能力非常重要。这些标准有助于个体为其可能面临的不同情形或可能发生的事情做准备，同时也可以帮助部门管理人员评估某人是否能够完全胜任其工作。

能力标准是如何使用的？

简言之，能力标准可以在所有人工流程中使用，并为员工在他们的职业生涯中提供与能力、继续学习和发展相关的透明框架。当与 ISO/IEC 17025：2005（E）或其他标准相结合时，能力标准可以提供最佳的组织能力框架。

只要每个标准中的能力要求得到证实，组织就可以引入更多的措施来满足其内部需求。需要记住的要点是，任何与员工和组织相关的重要额外措施，都不应改变标准的预期结果。每个组织的标准操作程序或经过验证的科学方法，将直接映射到标准内的行为准则，这样降低了个人评估的难度，因为员工只有遵循组织程序才能达到要求的标准。

能力培训

一些雇主告诉作者，他们认为自己使用的培训和发展计划、干预措施的内容中只有 60% 与实际应用有关，这意味着他们正在把金钱和资源用在一些不必要的地方。

培训能力对于不同组织来说意义重大，SWGDRUG 在这方面提出了有益的指导。

SWGDRUG 规定，所有新入职的分析人员应该至少获得在自然科学方面的本科学位或同等学力（通常为 3 年至 4 年高等学位）。课程应包括讲座和相关实验室一般课程、有机和分析化学。SWGDRUG 也规定，就初始培训的要求而言，应有一个由实验室管理部门批准的书面培训方案，重点是培养检测缉获毒品样本和相关材料所需的理论、实践知识、技能和能力。培训计划应包括书面的行为标准和评估计划，以核查所要了解的关键点，包括一份详细描述具体话题领域所要求的知识和技能的培训大纲、对从业者一段时间的监督以及一份核准文件。

SWGSTAIN 要求至少是在经认可的大学或学院血液分析相关领域学习获得学士学位或同等学力，或者获得的是副学士学位或同等学力，抑或是获得高中文凭并且有 4 年相关工作经验。SWGSTAIN 还设定了能力培训的要求，其中规定，血液分析培训生在参加并顺利通过能力测试之后，才具有进行独立分析和提出专家意见的资格。能力测试可以逐步和/或累积的方式进行，以方便培训生进行各自的分析。

SWGDE 规定所有人员必须接受必要的培训，并具备从事指定工作的资格。每个类别的测试应为从业人员制定书面的培训计划。培训计划应该能够保持从业人员的技能和专业知识，并在需要时提供再培训。培训计划应涵盖工作技术和工作管理两方面。对于检验人员而言，培训计划还应包括法庭证据展示、法庭科学道德伦理实践、法庭科学常识、法庭证词以及适用的刑法、民法、刑事诉讼法、民事诉讼法。

然而，在法庭科学领域，能力在法庭上受到质疑且经常受到详细审查的情况下，组织拥有简单、可测量并作为整个组织培训、发展基础的能力标准是至关重要的。

能力标准可以提供一个总体框架，将所有招聘、工作描述、培训和工作人员评估过程合并。"能力培训"部分强调了标准操作程序是如何映射到每个标准所详细描述的知识、技能和理解力中的。

如果以此作为出发点，则可以根据任何个人可能承担的职责创建角色描述，例如犯罪现场调查员。一位犯罪现场调查员负责在犯罪现场收集证据并将其转移到实验室，从而使得这些物品在适当情况下可以被检验和测试。

这种角色描述包含四五个能力标准，它们表述了这种功能的能力标准要取得什么样的效果。

同时，也有一系列标准操作程序详细阐述了犯罪现场调查员如何取得这种效果。例如，这种效果如下：

● 正确处理、包装、密封、标注和记录物品和样本，同时应预防潜在证据污染、交叉污染、损失或降解。

● 有一系列的标准操作程序，如果遵循这些标准操作程序，将会取得该效果。

当所有能够取得（能力标准所设定的所有能力行为）效果的标准操作程序被确定时，你就可以得知犯罪现场调查员的明确的培训效果。

雇主需要用确定的标准操作程序训练犯罪现场调查员，这将取得能力标准所要求的效果（这反过来又与犯罪现场调查员的工作描述相联系）。

通过将能力标准、行为标准与标准操作程序相联系，您可以高效和有效地培养一个人执行标准操作程序的能力，从而达到与其角色直接相关的能力标准，并符合个人所行使的职能。

总而言之，培养个人的能力，要：

● 确定一个角色要履行的职能；

● 确定角色应取得的关键效果；

● 将标准操作程序与职能进行联系，如果按照这种方法做，将会产生预期效果；

● 当学习和理解基础知识时，培养履行该职能的个体实施标准操作程序；

● 评估个人执行标准操作程序、解释基础知识的能力。

实现这一目标的最有效方法是具有国家或国际认可的能力标准，该标准列出了能力表现的结果，并将其用作工作职务、标准操作程序、招聘、培训和从业人员评估的总体框架。

使用能力标准确定是否需要培训

基于能力标准的工作描述或角色描述能够定义该角色的能力。当某人还不能胜任时，其差距应该是明确的。绩效和/或知识标准以及所有范围的陈述（构成标准总体能力的不同情况、背景）都可以用作开展相关、可测培训的基础。

用能力标准编写学习的成果

当培训需求或能力不足被确定时，你可以确定具体岗位的员工为掌握技能和认知（知识和理解力）所需要的培训内容。一个基于标准的培训成果应该以一种清晰而又易于评价的方式编写。

可测量的基于标准的培训成果应包含培训元素中的行为标准及理论元素中的知识和理解力标准。由于能力标准是以成果为内容编写的，标准内的准则可以直接用作个体培训的预期成果。对于参加培训的人，只要这些成果可以取得并且可以测量，那么它们就是有效的。

也就是说，一个成果将说明个体应该能做的内容，只要他们已被教授相关的标准操作程序。

基于能力标准提供培训

提供内容必须符合培训成果。例如，基于绩效的培训成果最好通过互动、培训者主导的干预或一对一辅导来实现，在这种情况下，存在实际操作的机会以及该操作可被称职人员观察和评价的机会。

同样，知识成果最好通过在培训终结时对个人知识进行检查或评估的干预措施来获得（如果在实践练习没有明确规定），例如，在线学习计划或电子学习。

如何评估基于标准的培训成果

依据能力标准对技能、知识和理解力进行评估需要职业能力，对于法庭科学领域来说，这一点尤为重要。业务内的重要培训应当由经验丰富的从业人员进行。对能力标准的良好理解是必要的，而使用这些标准的组织应当确保参与人工流程的所有人能够共同理解这些工作，更重要的是如何使组织受益。

最常见的评估培训成果的方法如下：

- 实践练习应使所有人都能展示所要求的技能，并由理解标准的称职人员进行评论；
- 书面工作，如知识检查和书面评估问题；

• 可能超出培训的项目工作，在这种情况下，个体必须承担一项能够证明满足所有必要标准的工作。

通过能力标准设计、开展和评估培训，可以使管理人员有这样的信心，即他们的员工正在参加与他们职能相关且有意义的培训。这种方法可以减少培训所需的时间和资源，并进行有针对性且侧重于个人及其职能具体需求的培训，从而使组织受益。在培训预算减少的时期，组织应考虑能力标准来解决这个问题。

所有这些方法可以评估相关标准操作程序的绩效以及与工作场所有关的基础知识和理解力，而这些对于确保从业人员能力至关重要。

如何测量持续发展的能力？

能力标准也构成了职业资格的基础，这些职业资格的条件由相关标准组合而成，而这些标准（当一起评估时）显示某人可以按照要求的标准开展一项工作/职能。为了获得国家认可的职业资格，候选人需提供源于工作的现有、充分和有效的证据，以证明他们已经满足组成职业资格条件的每一标准所涵盖的所有准则和范围（可能执行任务的不同情形或情况）。

职业资格应由职业资格评估人员进行评估。这是给予组织内部和整个行业内部资格可信度和真实性的方法。

法庭科学服务提供者依靠 ISO/IEC 17025：2005（E）来确保职员能力的做法越来越普遍。然而，这个标准对于个人能力来说并不够深入。将 ISO/IEC 17025：2005（E）与国家认可的能力标准（如英格兰和威尔士法庭科学管理员的方法）相结合的方法，已经被职业守则草案提倡："有关部门应该利用由司法技能派生的国家职业标准，以确定技术职务的适当能力框架。"

职业资格可以是组织内职业发展途径有价值的补充，并且可以为招聘过程提供依据，从而拓宽内外招聘的人才库。

本部分使用的能力的定义中，关键之一是能力应该能够持续保有一段时间，而不是一次性的。取得任何一项资格都只表明从业人员在那时有能力。它不能成为事业的护照，而不需进一步能力评估、培训和专业进步。资格不是用于回避明显且持续进步的借口。

在一个无需资格的认可质量管理体系的工作场所，以下评定从业人员能力的框架是非常有用的工具。

为了获取科学支撑，在制定能力评估框架（英国）时，司法技术部门提出了以下评估能力的方法：

● 观察——有能力的从业者在实际工作中看到所需的绩效水平。

● 人证——有能力的从业人员将在实际工作中验证他们已经看到的对个体的绩效要求。

● 能力证明——可以提供书面文件，作为个人满足标准要求的证据（如书面报告、同事或客户反馈意见）。

● 模拟——在某些情况下，这种方法可能无法提供所有满足标准的证据（由于某些专门职能机会的缺乏）。在这些情况下，可以设置模拟情况来观察某人将如何表现。当不存在任何以工作为基础的可能机会时，才使用这种方法。

● 专业讨论——个人对其与一线经理或合格评定员的工作进行了详细讨论，他们可以使用该信息来证明符合所需的标准。

参见

法庭科学管理/质量：认证；认可；质量保证的原则；

专业：教育项目的认可；专业持续发展；法庭科学的教育与认可。

扩展阅读

Committee on Identifying the Needs of the Forensic Sciences Community, 2009. *Strengthening Forensic Science in the United States: A Path Forward*. National Research Council, Washington, DC.

ENFSI, 2004. Performance Based Standards for Forensic Science Practitioners. http://www.enfsi.eu (sourced on 30 August 2011).

Hadley, K., Fereday, M., 2008. *Ensuring Competent Performance in Forensic Practice*. CRC, Boca Raton, FL.

ISO/IEC 17020: 1998 (E).

ISO/IEC 17025: 2005 (E).

National Institute of Justice, 2004. *Education and Training in Forensic Science: A Guide for Forensic Science Laboratories, Educational Institutions, and Students*. National Institute of Justice,

Washington, DC, p. 25.

Rennison, A. , 2010. Forensic Science Regulator's Draft Code of Practice. Home Office. http://www. homeoffice. gov. uk.

Scientific Working Group for the Analysis of Seized Drugs Recommendations, 2011. www. swgdrug. org (sourced on 1 February 2012).

Scientific Working Group on Bloodstain Pattern Analysis, 2008. Guidelines for the Minimum Educational and Training Requirements for Bloodstain Pattern Analysts. www. swgstain. org (sourced on 1 February 2012).

Scientific Working Group on Digital Evidence Model Quality Assurance Manual for Digital Evidence Laboratories, 2011. http://www. swgde. org (sourced on 1 February 2012).

Skills for Justice, 2007. Forensic Science National Occupational Standards. http:// www. skillsforjustice-competencestandardfinder. com.

Welsh, C. , 2012. A competence assessment framework for scientific support within policing in England and Wales. *Science & Justice* 52, 119-125.

专业持续发展

S. H. 尼尔，美国，西弗吉尼亚州，西弗吉尼亚大学

术语表

　　班级　有规律地会面并在老师的指导下学习特定科目的一群人或学生。

　　继续教育　旨在支持持续发展和保持法庭科学从业人员能力的一种有组织性的教育活动。

　　专业持续发展　促使个体与时俱进或向更高水平专业知识、专门化程度或领域发展的途径。

　　课程　具体领域教学的指导计划。

　　实验室实践　一种教育测试情况，强调手工操作方法和步骤。

　　分布式学习　使用远程或分布式教育方法，如视频、互联网和电子多媒体。

　　培训　法庭科学从业人员掌握进行特定法医分析所需的科学知识和专门知识的正式、有组织的过程。

　　不同专业的法庭科学从业人员需要技能、知识和经验的复杂组合，才能

有效地发挥他们的作用。人们普遍认识到，保持一段时间的技能和知识在保证实践标准流通使用和保证职业能力得以提升两方面具有重要作用。保持专业持续发展是一个框架，允许人们在职业生涯中保持职业基本要求以外的知识、技能和教育。保持专业持续发展超出了满足专业发展和法庭科学从业人员能力的基本要求。通过这种方法，法庭科学从业人员可以与时俱进或者向更高水平的专业知识、专业化程度或领域发展。

保持专业持续发展是定期对知识、技能和贯穿整个法庭科学从业人员职业的专业绩效和技术职责发展的维持、改进和扩大。保持专业持续发展包括保持能力、提升技能和其他专业活动，如保持对最新技术的了解，这可以使法庭科学从业人员在自己的岗位得到提升。这是一个终身积极参与学习活动的过程，对于发展和加强专业实践与技术很有帮助。

可测量、结构化和书面的专业持续发展是非常重要的。要测量专业持续发展，需要建立评估机制。这些测量方法可以是口头或书面考试或报告、同行评议的出版物、教师评价、相关的实验室练习、实验室实践以及技术行为的考察。专业持续发展课程应遵循预定的指导方针，包括学习目标、教师资格、详细的课程大纲、详细的课程描述、结果评估方法与记录，如结业证书或继续教育学分。遵循这些准则可以进行标准化培训，让专业人员知道培训的质量。

法庭科学从业人员需要持续的专业进步和培训。法庭科学从业人员有义务通过继续教育不断更新自己的领域。实验室管理层也有责任为科学家提供支持和机会，使其参与专业持续发展过程。法庭科学从业人员必须注意技术和学科研究的新发展（或科学进展），以保持他们的技能水平并获取有关最新技术与方法的知识。如果法庭科学从业人员不知道某些新技术可以得出更好的实验结果，在法庭上他们可能会被质疑（为何不使用这种技术）。

当一名法庭科学从业人员被初次聘用时，他需要进行培训来获取知识和能力。法庭科学从业人员的具体学科或专业领域通常决定其所需的培训时间与类型。例如，一名火器和工具痕迹检验人员，在被允许进行独立诉讼以前，可能需要长达 3 年的培训，然而法庭毒化工作者可能只需要 6 个月至 12 个月的培训。这种培训可能属于新雇员职责的一部分，而独立于继续教育。这些人可能会寻求更多的培训或继续教育，进而强化所规定的培训。专业持续发展培训的要求可因法庭科学的分支学科和机构的差异而有所不同。

专业持续发展的类型

法庭科学从业人员的专业持续发展需要教育和培训。教育和培训是保持专业知识、更新知识和技能以及跟上设备进步和技术变化的持续性基础。法庭科学从业人员必须留意技术和研究方面的新进展和科学进步，以保持分析证据的能力。法庭科学从业人员需要完成具体学科的继续教育或培训，以便及时了解这些进步。他们接受继续教育和培训，也出于以下目的：进行认证或实验室认可，或满足科学工作组的要求，或为达到公认的认可标准，抑或是将学习新技能作为其职业发展的一部分。

继续教育

继续教育对于所有法庭科学从业人员至关重要。法庭科学从业人员的继续教育是以支持专业持续发展并巩固他们的能力为目的的组织性、教育性活动。继续教育应促进问题解决和批判性思维，并适用于法庭科学实践。一些常用的继续教育方法包括教师引导的专业会议或研讨会、分布式学习、做学徒、住院学习、实习、实习生或雇员汇报以及自主学习课程。

法庭科学从业人员继续教育的质量应符合指定最低要求，并符合由特定法庭科学认可机构指定同行确定的标准，例如，美国犯罪实验室主任协会的实验室认可委员会和科学工作组。继续教育培训课程通常有一整套结构，包括学习目标、教师资格、详细课程、绩效目标、评估、相关活动、实践检验以及能力测试。这些课程遵循认可机构（即授予学分或公布继续教育单位）制定的标准。继续教育课程或培训完成后，应以书面或口头考试、实验室实践和/或模拟试验等方式对法庭科学从业人员进行评估。

大多数继续教育内容专注于一个具体的主题或学科，其中一些内容关注基础主题，如伦理、实验室安全、政策、标准操作规范、专家证言、证据处理和收集、沟通和报告撰写等。这些课程通常针对新入行的从业人员，但可以作为资深专家的复习课程。专业课程通常包括历史、方法论、有效性研究、仪器使用，以及与具体学科、统计学、实践检验和相关文献有关的证言。

培训

培训是指正式、有组织的过程，通过该过程，法庭科学从业人员可以达到一定的科学知识与专业知识水平，以满足具体法庭科学分析所需。由于法庭科学从业人员的学科、经验、职位或头衔不同，其所需要的培训也不尽相同。犯罪实验室全体成员和法庭科学从业人员需要对法律制度、伦理学、刑事司法系统、法庭科学基础知识、质量控制、有效的专家证言和安全规程等主题进行总体学习和培训。实验室或操作型科学家需要具体的培训，以便随时关注实践和理论问题（如分析过程和新方法的应用）。主管人员可能需要进行质量保证、案卷检阅和基本管理技能等方面的培训。犯罪实验室主管（很可能也是实验室科学家）可能需要领导力、客户服务、财务管理、项目管理和人力资源管理等方面的培训。培训可以通过不同形式的短期课程来完成，如网络培训或在职培训。

与继续教育一样，培训内容重点讲述与某具体主题相关的同行确定的标准，其中一些内容侧重于伦理学、实验室安全、政策、标准操作规范、专家证言、证据处理和收集、沟通和报告撰写等基础主题。培训可以面向新入行的从业人员，或者作为资深专家的复习课程。具体的课程可能包括历史、方法论、有效性研究、仪器使用，以及与学科、统计学和相关文献有关的证词。

培训计划应遵循一个结构，其中包括学习目标、教师资格、详细的课程纲要、绩效目标、评估、相关活动、实践检验以及能力测试。完成培训后，应以书面或口头考试、实验室实践、模拟试验和/或由相关资深人员评估技术表现等方式，对法庭科学从业人员进行评估。

专业持续发展的来源

专业持续发展可能来自法庭科学实验室或机构的内部和/或外部。内部来源可能是学科的技术领导者，也可能是雇佣专家和在职培训课程中授课的犯罪实验室主管。专业持续发展的外部来源可以包括（但不限于）政府机构、学术机构、培训机构、私营企业、专业学会或该学科的专家。

专业持续发展的管理

专业持续发展可以以几种不同的形式进行管理。在法庭科学界，最受欢迎的开展形式是研讨会、讲座、专业会议以及在职或短期课程。通常由一系列服务提供主体（包括专业学会和协会、学术机构、法庭科学专家、私人法庭科学机构以及联邦和州实验室）做一些专题培训。

法庭科学专业持续发展也可以使用替代传输系统。这包括电子媒体（如CD 和 DVD）、网络教学或远程学习（即在线课程、视频和音频记录）、分布式学习和视频会议（即可以是现场或先前录制的教学资料）。通过这些类型的传输系统，更多的法庭科学从业人员可以参加培训或继续教育，而不离开他们的机构。这种类型的培训可以使代理机构受益，因为成本和时间花费最少。然而，某些类型的培训或继续教育需要面对面或亲身参与和评估。这种培训和继续教育是按照上述开展形式进行的，如讲习班和短期课程。

参见

专业：认证与许可；法庭科学的教育与认可；能力培训。

扩展阅读

National Institute of Justice, 2004. *Education and Training in Forensic Science: A Guide for Forensic Science Laboratories, Educational Institutions, and Students.* NIJ, Washington, DC.

National Research Council, 2009. *Strengthening Forensic Science in the United States: A Path Forward.* The National Academies Press, Washington, DC.

研究与出版

麦克斯·M. 霍克，美国，华盛顿特区，联合法医实验室

版权所有© 2013 爱思唯尔公司。保留所有权利。

术语表

　　绿皮书　有关政策问题的政府报告。

　　h 指数　衡量科学家出版物的效率和影响的测量指标。指标基于科学家被引用最多的文章和其文章在其他出版物中被引用的次数。

　　影响因子　衡量期刊声誉的指标，是对引用期刊的文章总量的计算。

引　言

在最近的法律评论出版物中，一批法庭科学和法律专家呼吁更多地支持创建和维护法庭科学的研究文化。作者呼吁法庭科学更多地关注科学而不是

法律，并开展更多的研究，以科学为导向，而不是持类似于对抗式的法律观点。缺乏研究文化并不是法庭科学家的错误，而是由于缺乏研究经费以及法庭科学家工作产品的主要消费者仅限于检察机关、警察和法院这些执法部门的事实。研究缺乏经费，高负荷实验室的资源普遍较少，使操作型法庭科学家的研究工作处于低优先级。此外，直到最近，即使有机构资助和支持，从业人员也可能没有开展研究项目或方案的背景技能。研究是任何科学的核心，包括法庭科学。病例报告和实例不应被误认为是有组织的研究或经验资料；病例报告和积累的经验资料被发表，也许有启示意义，但不会超越奇闻逸事，也不能构成研究。

法庭科学研究应按其对于公共安全的重要性进行资助，然而目前情况并非如此。法庭科学研究应该采用实证的方法，在其方法上透明，并培养专业批判性思维。

研究

科学研究（这个词来自法国中古语 recerche，意思是"去寻求"；使用该词的最早记录在 1577 年）是将科学方法应用于一个或多个关于世界的问题的过程和结果。因此，研究提供了数据、理论、解释和结论，以帮助解释自然界和人类社会。为了推动美国的科学工作，范内瓦·布什（Vannevar Bush），一位重要而有影响力的科学家，在向杜鲁门总统提交的报告中提出了"基础"和"应用"科学的二分法。

> 政府机构进行的大量科学研究根据其特点一般介于基础研究和应用研究两种工作类型之间。几乎所有的政府科学工作都有其最终的实际目标，但在国家广泛关注的许多领域，它通常涉及一个基本性质的长期调查。一般来说，政府的科学机构并不如工业实验室那么关心直接实践目标；他们可以自由探索任何自然现象，不会像教育机构和私立研究机构一样考虑可能的经济效益。（Science The Endless Frontier, A Report to the President by Vannevar Bush, Director of the Office of Scientific Research and Development, July 1945.）

最终，这种区分被认为是人为的，"基础"与"应用"之间的科学界线已经变得模糊［参见 D. 斯托克斯（D. Stokes）书中更全面的论证］。科学研究通常需要资源，研究资金来自公共机构、非营利性组织或私人实体，后者尤其适用于工业研究。研究资源，即通常通过征集、审查和选择合适的相关提案的过程提供的资金。这一关键过程在大学课程中往往没有明确讲授，尽管在本科或研究生阶段可能会接触一些。一项提案本质上是一个基于事实的论据，其附有项目计划和预算，突出显示所请求的资源、时间表和成就，从而将所请求资源的使用方式与预定目标的实现进行联系。提案格式因资金来源而异；尽管它们都有各自的格式，但大多数资金来源提供了撰写提案的指南，如国家科学基金会。

研究通常按照一系列步骤展开；可能出现的情况是，激发研究项目或议程所需的创作过程几乎可以在任何时间或地点发生。研究的典型正式步骤是：

- 观察
- 陈述问题：假设
- 识别数据源
- 确定方法
- 收集数据
- 分析数据
- 评论结果：解释
- 得出结论
- 修改以前的任何步骤并重复

尽管有上述过程，但假设可能从未被证明。如果一个或多个实验的结果反驳了该假设，则该假设被拒绝。然而，如果结果与假设一致，则结果在一定程度上支持该假设。支持该假设的不同研究方法的结果越多，科学对该假设的信心越强。无法证明假设的一部分原因在于不可能单独测试假设——必要的背景假设深深地嵌入每一个假设之中。科学研究总是一次性地测试几组假设，因此，出现支持一项假设的结果可能是背景假设造成的，而不一定是假设本身。相反，反驳一个看似像假设的东西，实际上可能是某项背景假设在该实验条件下不成立造成的。作为一种否定性的研究结果，证伪的证明作用更强，因为研究人员知道关于该假设的某些内容不成立。有必要对假设进行修正，或者可能需要对一个或多个背景假设进行更深入的研究。

研究的目标是产生肯定性或否定性的新知识。一些研究人员认为否定结果不太有用，但这会掩盖某种价值——知道什么不可行；不追求特定的研究路径可以节省时间和金钱。研究可以分为两种类型：首次研究，这种情况会产生一些之前不存在的数据并对其进行评估；二次研究，总结或综合现有的数据、研究或信息。和"基础"与"应用"研究之间的关系类似，首次研究通常比二次研究更受重视，尽管鉴于现代科学家可获得大量信息，结合现有数据或从中提取新数据（即二次研究）也有价值。

进行研究固然很好，但使科学具有理解世界的力量与权威的要领在于把研究成果传达给其他科学家。对研究进行交流使得他人可以对特定研究进行回顾、重复和评论，这是对科学工作质量的检查，以防范错误、误解和公开造假。套用马林诺夫斯基（Malinowski）的话：科学是公开的，魔术是私人的。交流研究成果的两个主要方法是将它们呈现给会议的观众，并以某种形式（例如期刊文章或书籍）发表。会议演讲被认为是重要而及时的，但很短暂；对于科学家来说，随时关注其领域的发展就是一个很好的方法，如果科学家不出席会议，有关信息就会"遗漏"。发表对于研究结果来说非常必要，因为在图书馆或互联网搜索信息的任何人都可以找到该结果，无论他在哪里。《自然》，最负盛名的科学期刊之一，它的第一期（1869 年 11 月 4 日）仍然能在图书馆甚至互联网上找到。在很大程度上，研究与发表是一回事。

发表

研究或学术发表，是通过印刷或电子格式将学者作品传达给他人用于同行评审和传播的过程和行业。发表具有不同类别和异质性，因此这一过程会因出版商、学术领域和媒介不同而出现很大差异。大多数研究以期刊文章或书籍的方式进行发表。大多数期刊因其所代表的领域或主题不同而有所差异；最终，由于作者和读者数量及生产成本，大多数学术期刊都有点跨学科性质。期刊可能以印刷形式、电子形式或二者结合形式出版。大多数期刊至少按年和卷分类，以便读者搜索；有些也可能将卷分解成期（如第 12 卷第 4 期）。期刊可以被订阅，单篇文章可以在图书馆找到并复制，或通过互联网购买（下载）。

发表流程

发表过程可以分为三个阶段：提交、评审和编辑。作者必须准备一份手稿以及图表和表格等补充资料。手稿的格式必须符合期刊要求。作者将手稿提交给一个期刊后，在该期刊拒绝该作品之前将其提交给另一个期刊是不道德的，除非另有说明。

一旦提交，手稿将由被认为是作者同行的人（即同一领域能够理解所提出的问题、方法和结果的专家）进行评审。同行评审是学术发表的核心概念，并作为质量控制的正式过程。熟悉手稿主题的专家和学者通常需要确保以下内容被发布：

- 工作必须准确和完整；
- 方法必须透明和具有可重复性；
- 数据必须能推导出所提供的结果，解释必须有效且基于数据；
- 研究和手稿必须具有足够的价值，以证明其适合发表；
- 工作必须是原始的且尚未发布。

剽窃（拉丁语为 *kidnapping*）指将他人作品冒充自己的来发表；通过同行评审可以预防此类情况，但彻底的造假难以通过评审过程被发现。像大多数网页一样，将缺乏同行评审的出版物作为一个合格文献库，是不能被接受的。同样的理由，与期刊文章相比，书籍和书籍章节质量较差，因为书籍在出版之前很少像期刊文章那样进行严格评审。同行评审对于建立有效、合法和可靠的研究和信息机构至关重要。期刊编辑通常会找出两到三位审稿人，让他们独立阅读稿件，并给出评论、建议和修改意见。审稿人的身份往往不向作者透露，同样，审稿人也许不知道作者是谁；这有助于促进评审和评论的客观性。在评审基础上，编辑可能会直接录用手稿，或按照审稿人的修改意见进行修改后有条件地录用，抑或拒绝在期刊上发表该文章。

手稿经过同行评审后如果被录用，将经过第三个阶段，即最后的编辑与出版阶段。作者将收到关于文章将如何按期刊格式进行排版的出版前确认书，也称为校样。在这个阶段，只能做少数或很小的改动，因为出版社的编辑团队将对整期文章进行排版，较大的改动如果影响其他文章，则会引起灾难。改动通常限于语法、印刷错误和标记。一旦提交了所有的改动，文章将作为正式出版物进行出版。

然而，不是所有的期刊都是平等的。期刊声誉取决于许多因素，包括创刊时间、文章质量和名望。期刊声誉的一个衡量标准是其影响因子，用于计算一种引用该期刊的文章总量。这是否是衡量期刊声誉的好方法是有争议的，但它仍然是目前通用的评估方法。

刊物类型

科学文献包括以下类型的出版物：

- 发表在科学类期刊上具有原始数据的文章；
- 对以前已发表作品进行总结或分析的综述类文章；
- 会议记录和摘要；
- 由一位或几位合著者撰写的书籍；
- 汇编型书籍，这种情况下，各章节由不同的作者撰写，编者留意文章是否符合主题和编者身份；
- 政府报告等（通常称为"灰色文献"）。

同行评审的期刊文章是主要的出版物类型，也被视为出版物的主要来源。以上列举的每种出版物类型在下面会进行详细讨论。

包含原始数据和结果的文章是研究型出版物的最高级别。科学文章具有标准化的格式，在主题或期刊之间可能会有所不同。科学文章的主要结构如下：

- 标题应该是描述性的，并对文章和文章结果加以陈述；"长时间户外曝光后光滑表面上射击残留物的检测"比"枪支射击残留物检测的一些问题"更好。
- 作者姓名和所属机构应具体明确。作者身份是由其对项目的贡献决定的，一般来说，贡献最多者应作为第一作者。
- 应提供摘要，即涵盖文章结果和结论的总结（500字以上）。摘要应作为标题细化的工具，因为标题长度有限，所提供的信息也有限。
- 引言应使用以前的刊物和结果交代文章中所研究问题的背景。本节交代了研究者关注这一问题的理由。
- 材料和方法应详细说明所采用的实验过程和设备。这个部分需要提供足够的细节描述，以便另一位科学家能够重复该研究并获得相同的结果。
- 结果部分应详细介绍收集的数据和分析结果，并使用适当的统计和视觉性的总结（图表、曲线图以及光谱图等）。每一个图或表都应该被命名（有标题），并在文章相应部位附上标注。

● 结果的解释在名为"讨论"和"结论"的部分提供。在这里，作者将汇集所有目前工作和其他相关文献的结果，并更多地对其工作的重要意义做出陈述。结论应有逻辑地从数据和结果中获得，以便推理链条清晰。

● 最后一部分是当前文章引用的参考文献或引文列表。

科学家撰写原创文章数量越多，就越受其同龄人尊重。h 指数试图衡量科学家出版物的生产效率和影响。该指数基于科学家被引用最多的文章和在其他出版物中被引用的次数。发表法庭科学论文的主要刊物如下（按字母顺序排列）：

● 《美国法医学与病理学杂志》（*American Journal of Forensic Medicine and Pathology*）

● 《澳大利亚法庭科学杂志》（*Australian Journal of Forensic Sciences*）

● 《加拿大法医学会杂志》（*Canadian Society of Forensic Journal*）

● 《国际法庭科学杂志》（*Forensic Science International*）

● 《法庭科学政策与管理杂志》（*Forensic Science Policy and Management*）

● 《法庭科学评论》（*Forensic Science Review*）

● 《国际法医学杂志》（*International Journal of Legal Medicine*）

● 《司法鉴定杂志》（*Journal of Forensic Identification*）

● 《法庭科学杂志》（*Journal of Forensic Sciences*）

● 《科学与正义杂志》（*Science and Justice*）

其他期刊和简报有很多，但可能没有学术性的评审或监督。综述类文章总结了一个主题的研究或一段时间的研究。一些期刊，如《法庭科学评论》，专门用于综述类文章，而大多数期刊发表的综述类文章很少。期刊或者编辑可就某一主题进行约稿。综述类文章特别适用于大学高年级本科生或研究生水平的教育。出版物《国际刑警法庭科学管理人研讨会》按照主题提供了一个法庭科学主要领域的三年总结，并每三年出版一次。

一些会议出版了当前工作的摘要或简短版本。虽然被视为一种不常见的出版形式，但在某些情况下，它可能是唯一的形式：最近的一篇文章发现，在一次会议上发表的研究成果，其出版比例最多是 1/3。这项研究表明法庭科学缺乏成熟的科研文化。

大学出版社出版的书籍比商业出版社出版的书籍更有声望。每年有大量书籍得以出版，书籍内容的评审会因为出版社、主题和书的类型不同而有差异。互联网使得书籍出版非常容易，比如通过传统渠道或通过"作者自费出版"渠道。第二种渠道中，作者需要付费，以便使自己的作品被打印。

政府报告、"绿皮书"（政策类）、"白皮书"（情报类），以及直接或通过由政府资助活动产生的其他类型的信息，组成了所谓的"灰色文献"。由于出版和销售数量有限，这些文献可能很难找到，有些甚至可能涉及敏感或机密内容，不能公开使用。互联网再次改变了现有政府出版物生产和制作方式：网站（如国家刑事司法参考系统 www. dna. gov）、欧洲法庭科学研究所联盟和澳大利亚国家法庭科学研究所，已经使得政府赞助的法庭科学出版物的销售更加方便、便宜和快捷。

参见

专业：法庭科学的教育与认可。

扩展阅读

Campbell, C. , 2006. *The One-Page Project Manager*. Wiley, New York.

Feibleman, J. , 1959. *Scientific Method*. Nijhoff, Leiden, The Netherlands.

Gillies, D. , 1988. The Duhem thesis and the Quine thesis. In: Curd, M. , Cover, J. A. (Eds.), *Philosophy of Science: The Central Issues*. Norton, New York, pp. 302–319.

Mnookin, J. , Cole, S. , Fisher, B. , et al. , 2010. The need for a research culture in the forensic sciences. *University of California Law Review* 58, 725–779.

Stokes, D. , 1999. *Pasteur's Quadrant*. Brookings Institution Press, Washington, DC.

Strunk, W. , White, E. , 1999. *The Elements of Style*, fourth ed. Longman, New York.

Tambuscio, S. , Boghossian, E. , Sauvageau, A. , 2010. From abstract to publication: the fate of research presented at an annual forensic meeting. *Journal of Forensic Sciences* 55, 1494–1498.

Weston, A. , 2008. *A Rulebook for Arguments*, fourth ed. Hackett Publishing Company, Indianapolis.

相关网站

http://communicatingscience. aaas. org: American Association for the Advancement of Science, Communicating Science: Tools for Scientists and Engineers.

www. nifs. com. au: Australian National Institute of Forensic Science.

www. chicagomanualofstyle. org: Chicago Manual of Style.

www. dna. gov: DNA Initiative, Advancing Criminal Justice through DNA Technology.

www. enfsi. eu: European Network of Forensic Science Institutes.

http://www. nature. com: First Issue of the Journal Nature.

http://www. interpol. int: Interpol Forensic Science Manager's Symposium.

www. ncjrs. gov: National Criminal Justice Reference System.

http://www. nsf. gov: National Science Foundation Report.

www. owl. english. purdue. edu: Purdue University Online Writing Laboratory

关键词

认证、评估、作者、书、认可、引文、能力、继续教育、专业持续发展，教育、FE-PAC、法庭科学、研究生、危害健康、h 指数、影响因子、研究所、期刊、美国国家科学院、国家职业标准、职业健康与安全、同行评审、从业者、出版、研究、风险、安全、培训、TWGED、网络培训。

问题回顾

1. 职业健康与安全代表什么？

2. 为什么法庭科学实验室需要职业健康与安全政策？

3. 法庭科学从业人员面临的一些动态风险是什么？

4. 控制措施的层级是什么？按顺序列出。

5. 什么是物质安全数据表？为什么在实验室里很重要？

6. 什么是地下实验室，为什么它很危险？

7. 为什么警方要经历这么久才能意识到法庭科学的好处？

8. 法医学最初关注的领域是什么？起源于何处？

9. 什么是 TWGED？法庭科学教育的重要性是什么？

10. 研究与法庭科学学者之间目前的关系是什么？

11. 教育与培训有什么区别？

12. "能力培训"是什么意思？

13. 能力的四个分类是什么？

14. 什么是能力标准，它们如何使用？

15. 你如何衡量当前的能力？

16. 什么是专业持续发展？与教育和培训有什么不同？

17. 培训课程有哪些组成部分？

18. 为什么认为法庭科学缺乏研究？

19. 研究的方案是什么？

20. 为什么出版研究如此重要？出版有什么好处？

问题讨论

1. 列出科学文献出版物的类型。哪个具有最高专业价值？为什么？

2. 职业健康与安全是否与质量保证体系有联系？为什么或者为什么不？

3. 讨论教育课程、能力培养课程和专业持续发展课程的标准。有什么相似之处，有什么区别？为什么？

4. 政府出版物为什么被称为"灰色文献"？它们为文献库贡献了价值吗？为什么或者为什么不？

5. 是否要求从事案件服务的法庭科学家进行科研和发表文章？你觉得会对案件服务有何作用？

补充阅读

Biedermann, A., Voisard, R., Scoundrianos, A., Furrer, J., Taroni, F., Champod, C., 2014. Supporting interdisciplinary case studies: development and implementation of a joint learning environment for students in forensic science and criminal law. *Australian Journal of Forensic Sciences*, 1–13 (ahead-of-print).

Cole, S. A., 2013. Forensic culture as epistemic culture: the sociology of forensic science. *Studies in History and Philosophy of Science Part C: Studies in History and Philosophy of Biological and Biomedical Sciences* 44 (1), 36–46.

Crispino, F., Rossy, Q., Ribaux, O., Roux, C., 2014. Education and training in forensic intelligence: a new challenge. *Australian Journal of Forensic Sciences online*: tandfonline. com/eprint/mvIQTAIG8w9birJ8qjGK/full#. VKlpZorF-98.

Hazard, D., Stauffer, E., Margot, P., 2014. *Forensic science and the paradigm of quality Encyclopedia of Criminology and Criminal Justice*. Springer, New York, pp. 1773–1782.

Köpsén, S., Nyström, S., 2014. The practice of supervision for professional learning: the example of future forensic specialists. *Studies in Continuing Education*, 1–17.

Linacre, A., 2013. Towards a research culture in the forensic sciences. *Australian Journal of Forensic Sciences* 45 (4), 381–388.

第 6 章

法律问题

法庭科学之所以独一无二，是因为法庭科学家最终会在法庭上证明他们的工作成果。多数科学家从未见过法庭的内部。科学家作为专家面对的是与其所学完全不一样的情况。职业文化的差异意味着，法庭科学家必须学会用法律护航，律师必须至少懂得基础科学。但这并不经常发生。视角的差异在法律和科学之间产生了摩擦。政府执法机构有它们的任务。虽然法庭科学家可能会受雇于同一个州，但他们已被告知要保持中立和客观。律师和警察却要袒护一方；对于科学家，袒护一方而不是科学，与科学存在的理由背道而驰。最终，双方都一无所获。

另一个区别是术语及其使用。对于律师而言，任何证据都不是第一手证据，目击证人陈述被认为是"间接的"证据。根据法律的严格意义，这意味着证据与犯罪地周围的环境相关。所有法庭科学证据都是"间接"证据，因为不得不以犯罪现象留下的证据来推断过去的活动（犯罪）。律师可能会抱怨说他们只有"间接"证据，却没有意识到整个法庭科学实验室的工作所处理的也都是"间接"证据，包括 DNA。

对科学家和律师彼此学科的交叉训练，唯一的危险是培训可能跨越行业界线。如果科学家认为他们可以从事法律工作或律师认为他们没有在实验室工作就可以成为科学家，那么他们已经忽略了本职工作的复杂性及与对方工作的细微差别。专业属于特定领域，而展现每个成员长处的团队工作方法将比对谁是主导者的争论更好地为正义服务。

法庭科学的法律接受史

M. J. 萨克斯，美国，亚利桑那州，坦佩，桑德拉·戴·奥康纳法学院

起源

最佳和最坏的理由启动了科学在刑事司法系统的应用。在科学、半科学和伪科学技术出现之前，教会和民间执法当局使用各种来源的证人陈述（可能被误解，或有偏见，或害怕讲真话），利用上帝无所不知来验证被告人有罪或无罪，使用包括刑讯在内的技术来讯问嫌疑人以获取供词。正如美国联邦最高法院所指出的："我们已经知道在古代和现代的历史中，刑事司法体系依赖于'忏悔'，从长远看，比起通过熟练调查获得的独立外部证据，'忏悔'更不可靠且易被滥用。"因此，科学不仅更准确地解决谁干了什么，还使得犯罪调查更加人性化。

另一方面，有时警察机构建立犯罪实验室并不是出于对犯罪调查科学价值的信仰，而是——如约翰·桑顿（John Thornton）这一美国著名的法庭科学学者所指出的——把它作为公众噱头。也许更糟，法庭科学曾经并且有时仍然很少作为解决犯罪的工具，而是作为一种手段，通过更多的普通管制方法，加强已经对被告人进行的起诉。

然而，一些最早的例子表明，科学具有协助解决犯罪调查和法庭举证问题的潜在价值。1699 年，在斯宾瑟·考珀（Spencer Cowper）谋杀案中，在河里发现了受害者。控方的理论认为，被告人杀死受害人后抛尸河中。这个事实问题可以通过验证是死后抛尸还是死于溺水来解决。法医试图通过这样的方法找到答案：他们把狗杀死后用水淹没，并与直接把狗溺死做对比，然后解剖检查它们的肺部。

一些法庭科学分支学科是对基础和应用学科的改编，是传统学科设置——

学术、医学或工业——的开发和验证，并且得益于其他领域所产生的知识。这些领域熟悉的例子包括：化学物质的识别、显微技术和 DNA 分型。另一个极端是从事犯罪调查的人所创造的技术。如果科学通过严格证伪进行验证，其特点是制度化的怀疑和系统化实证测试，这些专业在相当一段时间内组成了非科学（或预知）法庭科学。在两个极端之间，人们发现了如法医病理学、法医心理学和法医人类学这样的法庭科学分支学科。

对他们来说，法院有责任筛选可靠的专家证据。法院基于事实证据和适用法律来解决审判争议。有效的科学证据在理性的法律界备受欢迎。有效性（或法律术语"证据的可靠性"）是最重要的词。

然而，在实践中，法院在进行筛选时仍有相当大的困难。一旦技术或领域取得了一定的成果，在各领域专家证据法律史上常见但非唯一的模式是：起初司法怀疑，最后是各种各样的采纳。或许法官在执行任务时最明显的困难是筛选由技术提供的科学证据，这些技术在被其他机构（没有法院）确定缺乏足够的有效性之前，已经被法院承认了很多年，之后法院又停止接受它们。最近的例子包括子弹铅比较分析、声音频谱学和大量的纵火"指标"。

在律师和法官的日常训练中，没有评估各种专家证据支持者的主张和数据（或意识到缺乏数据）的经验。犯罪环境（使司法中立更具挑战性）以及英美对抗式庭审（鼓励律师夸大己方专家的主张）加剧了这一问题；在大陆法系国家的纠问式庭审中，法官则倾向于认同专家。

让事情更糟的是，法院的设置使得科学演变不被提倡。最终最大的价值是法院不断地受到科技进步的威胁，该进步会质疑此前判决所依赖的技术。

法庭科学的法律接受史是本部分的重点，其接受主体主要是法庭，然后是其他机构。可以从 19 世纪 80 年代巴黎警察机构的做法（起初犹豫地采纳阿方斯·贝蒂隆的人体识别法）及 20 世纪警察机构向法院提供 DNA 分型看出必问的问题：需要什么样的有效证据？技术被接受的基础是什么？发现技术不足需要做什么？

法律一般接受史

在相当大的程度上，专家证据的法律接受应该是可采性规则与专家证据的本质、有效性之间交互作用的产物。

法庭科学的法律接受史自然因国家的法律制度和文化不同而不同。

在大陆法系国家，特别是欧洲和亚洲国家，如韩国，调查法官通常从一个预定的名单中选择任命专家，通常法官接受专家的结论。因此，法院已经认定专家的基础专业知识是有效的并且在专业知识方面是擅长的。相比于更容易提起挑战的英美法系，大陆法系中很少有机会质疑专业知识的可靠性和专家的能力。大陆法系中的专家由法院而非控方雇用和确认。若能更好地验证专业知识，偏见和欺诈的风险就会降低。在对抗性安排中，偏见和欺诈更有可能出现，而且理论上更容易曝光。

几个世纪以来，比起普通法的几个一般的要求，即"援助""相关专业知识""公正""证据的可靠性"，英国专家证言的管理并未变得更严格。2011年法律委员会推荐了一个法定规则，要求法院确定专家证据是否充分可靠而能被采纳，要求专家证据"依据合理的原则、技术和假设"，并且这些原则、技术和假设能合理地应用到案件的事实中。

规定专家证言可采性的、得到最广泛发展的规则已在美国出现。我们的讨论着重于这些规则和案例。

专家证据可采性的法律控制

尽管一般意义上的专家是在特定领域拥有全面、权威的知识或技能的人，但法律意义上的专家是不苛刻且更具体的。法庭上的专家被允许就问题给出意见（做出论断），而其他人（法官或陪审团）无法胜任该工作。法律关注的是专家证人意图在法庭上做出的贡献。

任何筛选专家证据的法律测试都必须面对一个基本矛盾：如果因为非专家缺乏得出合理结论的必要知识而需要专家证据，非专家如何对专家证据把关，或者如何能合理评估被采纳的证据？为了避免专业知识的误导、事实认定者不能充分评估证据，法律会寻求滤掉不合理的专家证据。

在过去的一个半世纪里，美国的法律已经尝试以各种方式来制定评估专家证据的标准。

资格

早期的评估方法依赖于被提议专家的"资格"。作为专家的证人要有必要的教育、培训或者经验，尽管教育、培训、经验的多少从未被具体规定。法院最终意识到，被提议专家的资格是独立于专业知识有效性的单独问题。必须回答另外一个问题：存在有效的专业知识吗？只有存在有效的专业知识，对专家是否有资格在法庭上分享其领域的知识提出疑问才是明智的。

市场测试

19 世纪，法院可以通过考虑被提议专家在其领域的商业成就来评估专家及其专业知识。如果私人消费者需要这样的知识和技能，那么法院也能依赖该专家。因此，法院的评估方法就是看市场对被提议专家的评价。

弗莱伊规则

1923 年 Frye v. U. S. 案所明确的测试是市场测试的变体。面对早期的测谎——还没有私人市场，法院用知识市场替代了商业市场。入门条件要求"推论所依据的东西必须在其所属的特定领域得到了普遍接受"。和市场测试指定消费者作为所主张专业知识价值的实际判断者不同，弗莱伊规则将任务交给了所主张专业知识的生产者。弗莱伊规则很大程度上被忽略了近半个世纪，但在《美国联邦证据规则》通过前的几年（这些年中就这一文件的编纂有大量的研究、讨论和草案），这一规则又重新焕发生机。

多伯特三部曲

在 1993 年的 Daubert v. Merrell Dow Pharmaceuticals 案（以下简称"多伯特案"）中，弗莱伊规则已经被《美国联邦证据规则》替代。多伯特案确立的测试要求是，基于经验的专业知识必须基本满足实证科学的标准才可被采用：它是可测试的，可以用合理的研究方法进行测试，研究结果支持该领域所主张的专业知识，并且在执行手头任务中要坚持标准。这些要求对长期采用的或新型的专家证据都适用。在 General Electric v. Joiner 案中，联邦最高法院裁定初审法官采纳或排除证据的决定仅在滥用自由裁量权时才能在上诉中撤销，这意味着几乎任何可采性决定都将被容忍，并且上诉法院可能不会发展案例法来指导下级法院。在 Kumho Tire v. Carmichael 案（以下简称"锦湖轮胎公司案"）中，联邦最高法院裁定多伯特规则应被理解为：所有形式的专家证据的主张而不是那些有特定名称的科学，如果被采纳，一定要证明其有效、合理、可靠。而且，法院裁定普遍接受本身不足以证明可采性。

以科学和半科学为基础的法庭科学接受史

几个世纪以前，法院所采纳的医学、显微技术、化学和其他事项的专家证言，在今天看来是不完整或不正确的。当时对证言的筛选并不严谨。随着时间的推移，这些领域的知识库通过先进的测试、技术、新的实证发现、新理论的理解得到了改善。事实上，它们演变成具有制度优势的领域，一群存在差异的工作者为建设、测试和重建这些领域的知识带来了挑战。

源于这些领域的具有更原始知识形式的证言已被采纳，逐渐取代这些知识的进步不可避免地被看作是可采的。尽管基于不同方法的新知识原则上要接受严格的司法评估，但很少进行这样的审查。因此，这些领域的知识被认为是"鼻祖"（一次又一次）并且很少接受司法审查。

医学/病理学

1248 年，中国出版了第一本法医学专著《洗冤集录》。该书主要阐述了死亡原因，这在如今也是重点。《洗冤集录》记载了如何识别水中尸体是溺死还是死后抛尸到水中，以及许多其他问题。法医学的范围包括公共安全问题和精神失常问题，以及可疑死亡案件的解决，包括原因不明的婴儿死亡（根据 1264 年英国法规）。在美国，任何医生都可以就死亡原因和其他问题发表意见。法院没有强加特殊的资格或其他要求。西蒙·葛林尼夫（Simon Greenleaf）在他受人尊重的证据法著作中说："医生关于病因、死因、伤害后果……以及其他学科的专业技能的意见不断被采纳。"

骨骼遗骸的鉴定

在搜寻失踪人员过程中，或是意外发现骨骼遗骸时，调查员会问发现的是人类遗骸还是动物遗骸，如果是人类遗骸，什么特征可以推断出这些遗骸是谁的。几个世纪以来，对这些问题的观点起初由医生提供，后来由解剖学者提供。20 世纪下半叶以前，除了少数例外情况，人类学家一直不被法院认为是骨骼遗骸方面的专家。乔治·多西（George Dorsey），芝加哥博物馆的人类学家，在 1897 年阿多夫·吕特格特（Adoph Luetgert）杀妻案的第二次审判中作为专家作证。这也许是人类学家第一次作为骨骼遗骸方面的专家。多西根据骨头碎片的鉴定给出了意见，导致被告人最终被定罪。证词的精确程度可能不被之后的证据和其他学科支持。法医人类学家此后一直很留意意见的局限性，即遗骸恢复的性质和数量所具有的功能。

化学

源于基础化学知识的技术运用使得物质的定性和定量以及物质变化的分析成为可能。调查和裁判机构已经能够利用有化学知识的证人，不管其技能处于什么阶段——从几个世纪前原始技术的使用到现代的工具和技术，包括紫外线、红外线和可见分光光度法，中子活化分析，气象色谱分析和质谱法，液相色谱法，原子吸收光谱法。法庭化学的发展伴随着学术、医学和工业环境中使用的基础和应用化学的进步。法庭化学对于民法（例如食品安全、药物以及其他产品的监管，环境诉讼）和刑法问题有较大的价值。它后来的贡献在于痕迹证据中已知样本和可疑样本的比对，如纤维和涂料，油墨和可疑文件的纸张分析，潜在指印的可视化，微小玻璃碎片的颜色检测，酒精和毒品的检查与检测，人类血型检测（常规血清学），毒理学和 DNA 分型（后两个在下文中将分别介绍）。

毒理学

几个世纪以来，可疑死亡案中较熟悉的事实问题是自然死亡还是中毒死亡——这个问题跨越了化学和医学。无数专家在提出这样问题的案件中给出了他们的意见，与之相伴的是他们意见的合法性争议。在许多耸人听闻的中毒实验中，医生和化学家提供了新的检测毒物的方法，尽管一些测试还未被验证并且其他人更不会验证。法院一直不清楚需要什么知识才能给出物质（给定剂量）是否能引起死亡的意见以及谁有这样的知识。当然，"医生"允许给出意见。化学家和药剂师也可以。有人声称要学习了毒物的特征和效果方面的知识，换句话，即法医毒理学家才能给出这样的意见。法院并不关注支持所主张知识的实证证据，而是更注重证人的"经验"或者专家属于哪个行业协会，以及他是否是司法常识建议的应该知道这样知识的人。直到 1872 年，美国法院裁定确实不需要专家解决能够致人死亡的药物是否被使用的问题。

DNA 分型

在几个重要的方面，DNA 分型史与其他法庭科学专业有明显的区别。不同于其他声称能使证据来源个体化的专业（如指纹、工具痕迹、笔迹等），下面的讨论中，DNA 分型是唯一建立在既存、广泛的科学知识基础上的技术。DNA 分型作为新事物出现在 20 世纪 80 年代末，它卸去了在原始科学基础上提供相似观点的专家证人鼻祖的重任。DNA 分型在更基础的学科——分子生物学和人类遗传学（统计学）——为其提供基础之后（时）发展起来，在以科学为主导、法律要求几乎不为人知的环境中得到了很大的发展。这意味着法院被迫擦亮眼睛来审视它，不能倾向于新版本的老专家（早先讨论）。它还意味着大量的科学家和统计学家能够协助后续的许多方面的合理性讨论——从最基本的问题到法庭应用。起初，法庭不加质疑地接受关于 DNA 分型的证词。但很快问题就来了，"DNA 战争"接二连三，一些法院拒绝采纳 DNA 分型结果。这些争论不仅发生在法庭上，还发生在期刊科学会议以及美国国家研究院连续两次座谈会上。争论暴露了缺点的同时也促进了解决方案的发展。现在普遍认为，这一过程，以及有众多高级职称的科学家协助在每个问题上进行攻击和防守，导致了 DNA 分型技术被更普遍地接受。正如一个评论员所指出的："DNA 分型在今天是一个严格的专业，部分原因是法院一开始就严格地审查了它。它经历了法庭激战，暴露了真实问题，迫使支持者不得不改正缺点。"

接受个体识别要求

即使知道法院和其他法律机构接受当时最好的科学——甚至是不完美的科学复制品，也不能确定法律机构具有区分合理科学与劣质科学或伪科学的能力。总体上，法律体系似乎不具备区分的功能。正如美国国家研究委员会做的一份有里程碑意义的报告在提及这一节讨论的分支学科时所说的，"法庭科学专业还未建立有效的方法或准确的结论，法院在处理这个问题时完全没有效率"。如果谨慎地应用重要的例外和法律规则，将产生更多限制性规则，而法庭科学专家证言被采纳的一般实践长期以来是自由的。

下面几个小节更详细地讨论了法院对所谓传统、模式比较以及个体识别的回应。

笔迹鉴定

笔迹鉴定是法庭科学中最古老的活动。笔迹用于个别识别可以追溯到亚里士多德。试图发展该专业知识体系的想法始于 1660 年的意大利和法国，但直到 1737 年才被法国接受和纳入其法律中。一个世纪后，笔迹鉴定的专业知识进入英美法院，尽管法院犹犹豫豫地采纳它，但比起简单地采纳证词，更多的是排除和限制专家。直到 1854 年法令授权，笔迹鉴定的专业知识在英国法院才被采纳。

在英国的法令通过以前，大多数美国司法辖区跟随英国的实践并拒绝这样的专业知识，尽管有很多重要的例外。1836 年，马萨诸塞州成为第一个授权使用笔迹专家的普通法系司法辖区。截至 1900 年，相当多的司法辖区采纳了这样的证词，但仍持怀疑态度。

两个事件使笔迹鉴定专业知识最终得到了充分的尊重。1910 年，阿尔伯特·S. 奥斯本（Albert S. Osbrn）出版了《可疑文件》（*Questioned Documents*）一书，前言由约翰·亨利·威格摩尔（John Henry Wigmore）撰写。威格摩尔对这本书的推荐，帮助它在律师和法官眼中树立了威信。

建立笔迹审查员可接受性的第二个事件是 1935 年的林德伯格婴儿（Lindbergh Baby）绑架案。奥斯本是证明布鲁诺·理查德·奥普特曼（Bruno Richard Hauptmann）写下所有赎金便签的首席证人，这些便签在孩子被绑架后被发现或发出。随着 State v. Hauptmann 案的确认，没有笔迹鉴定专业知识被拒绝的报道，也没有司法怀疑。20 世纪的大半个世纪中，笔迹鉴定屹立不倒，美国联邦最高法院在多伯特案中的决定促使笔迹鉴定专业知识被重新评估，而该评估仍在继续。通常，专业知识不会被挑战。当以一种严肃的方法进行挑战时，法院就会完全排除、没有限制地采纳，或者更多时候有限制地采纳。最常见的限制是允许描述性的证言但是禁止表述作者的结论，该方法在 1999 年 U. S. v. Hines 案中第一次被使用。在 1995 年的 U. S. v. Starzecpyzel 案中，法院看到："多伯特听证中的证言被确定，尽管存在认证项目、专业期刊和其他科学标准，但在多伯特听证之后，法庭科学文件检验不能被看作'科学的知识'。"

指纹

指纹识别的历史可以追溯到古巴比伦人（Babylonians）和中国人，直到

19 世纪，指纹似乎才在刑事案件中被系统地用于识别。尽管弗朗西斯·高尔顿（Francis Galton）在指纹变化方面第一次认真地做了科学研究，并于 1892 年出版了专著《指纹》（*Finger Prints*），但当被问及他警告英国政府的事情时，他不认为指纹用于追寻犯罪现场的潜在指印来源足够可靠。

尽管有这样的告诫，尽管缺乏说某人是潜在指印的可能来源的科学支持，但是现在，指纹专家证言被广泛采纳。

英国第一个使用指纹专家证言将被告人绳之以法的案件是 1909 年 R. v. Castleton 案。美国判例法中使用指纹专家证言始于 1911 年 People v. Jennings 案。在 10 年内，新泽西州、纽约州、内华达州和德克萨斯州加入到指纹证据可采性的计划中，20 世纪 30 年代末，除了 5 个州，其他州都这样做了。

这些法院很少评估专家证据的优点。例如，为了坚持指纹专业知识的可采性，People v. Jennings 案法院引用了几部关于一般犯罪调查的书籍、R. v. Castleton 案和 4 个证人的证言。没有法院清晰指出其所评估的专业知识的基础，或讨论涉及经验要求的任何科学数据。结论是，法院简单地认定："指纹识别系统有科学基础，法院采纳这类证据是公正的……"

N. Y. v. Roach 案法院仅仅引用了 R. v. Castleton 案和 People v. Jennings 案。该案法院没有引用任何科学材料或声称是技术基础的原理讨论。指纹证据司法审查的质量很少超过 People v. Jennings 案，并且有时更差。

多伯特听证之后，数十个听证会重新评估了指纹专家证言的可采性。几乎每一个案例，法院都没有限制地认定了指纹专家证言的可采性，尽管没有一个观点能解释这类证言如何实际满足法律的要求。相反，专家找到了绕过多伯特规则的方法，创建了一位评论员所称的"回避目录"，其中包括科学证据的替代性庭审，完全依赖普遍接受的观点，减轻支持者的举证责任，并且允许所主张专业知识满足他们要求的更低标准。

相比之下，一些指纹专家对他们领域可以建立科学的系统更加清醒。相比于法院对 DNA 分型的要求，有人说："可叹指纹实践是这样的应用标准。"

工具痕迹

工具痕迹检查员比较各种工具留下的标记，试图确定犯罪现场的痕迹是哪种工具所留（排除世界上其他的工具）。

最早考虑工具痕迹鉴定可采性的是 1928 年华盛顿州的 State v. Fasick 案，该案法院拒绝采纳专家提供的证言。在该案中，凶手实施了谋杀并且用附近冷杉树上的树枝遮盖尸体。政府推荐了卢克·梅（Luke May）——工具痕迹鉴定的创始人。梅用被告人使用的刀子砍下冷杉树枝的样本，研究刀片留下的微观痕迹，用它们与盖在尸体上的树枝的痕迹进行比较。他的结论是：犯罪现场的树枝是用被告人的刀子砍下来的。华盛顿州最高法院发现专家观点背后的逻辑没有说服力，并认定采纳该证言是个错误。在一年后的审理中，法院确认了其拒绝采纳工具痕迹鉴定的专业知识。

但仅仅 6 个月后，同一法院在 State v. Clark 中得到了非常相似的证据。在一起强奸案中，冷杉树枝和树苗被砍掉，用来制造一个可以攻击受害者的盲区。这次，法院裁定采纳关于是否是被告人的刀砍了树枝的专家证言："显微照片……最终建立，我们确信，正如陪审团确信的，砍痕是同一刀片所致。" State v. Clark 案中几乎没有任何观点可以帮助法官在随后的案件中理解为什么工具痕迹鉴定的主张是有效的。这个案件仅仅提供了结论，以及几个月前法院就同一问题还持相反意见的不明原因。State v. Fasick 案中所谓的科学和 State v. Clark 案中的采纳是不可理解的。

此后的几十年里，令人惊讶的是，工具痕迹鉴定证据的有效性问题很少被上诉。最近，一些法院限制弹道学证据，从而排除个体识别或禁止使用如"科学确定性"这样的术语。然而，总的来说，基础科学的可靠性或其在案件中的应用问题还未经历严肃的司法评估。

声纹

声纹鉴定的基本假设是每个人的发音器官是独一无二的，因此声音听起来也是独一无二的。通过声音频谱仪将声音可视化，检查员就可以将可疑声音与已知声音进行比较，进而确定可疑声源的身份。

司法对这种专业知识可采性的观点，始于 20 世纪 60 年代末，并存在相当大的分歧，没有一致的司法观点。现在，美国的声纹鉴定本质上已经死亡。美国法院中声音频谱学的诞生、发展和死亡提供了有益的历史借鉴。

首先，也许有人会期盼，对于新的专业知识，法院的观点起初存在差异，而随着时间的推移会达成共识。然而，就声音频谱学而言，法院之间并未达成更多共识。

其次，很明显，法院对可采性的法律测试与判决结果高度相关。在广泛应用弗莱伊规则的法院，除了缩小进行考试的从业人员范围，将相关科学界视为由包括进行检测的一小批从业人员在内的一系列相关领域（声学工程、物理、统计、语言学）组成——每个案子都排除证言。限制性运用弗莱伊规则的法院（将相关领域局限于从业人员）都会采纳证言。这两个结果说明了对弗莱伊规则的重要批判，即相关科学领域定义的宽窄往往决定了结论是否具有可采性。

最近一段时间，在多伯特规则下，通常由被告人提供声纹证据；政府反对采纳，法院就会排除。

为什么声纹专家证据从未像其他法庭科学技术证据一样被采纳？存在一场与声音频谱学相关的激烈论战，比起法官之前看到的关于早期法庭科学个体识别技术，它们给予法官更多的信息。它们提供给法官不同寻常的资源来理解技术的缺陷。通过在概念和方法方面提供严格的自我评估，该领域能够帮助法院做出更明智的评价。

咬痕鉴定

在试图确定犯罪者时，法医牙科医生会将嫌疑人的齿列与受害者身上留下的咬痕或者犯罪现场其他物质上的咬痕进行比较。

法医牙科医生长期以来一直使用牙科记录和实际牙齿来识别飞机失事和其他灾难的受害者，但是他们质疑以自己的知识水平能否接受确定皮肤部分咬痕来源的艰巨任务。尽管有这样的顾虑，当他们的证言被提交给法院时，法院仍欣然接受。

咬痕鉴定可采性的基石性案件是 1975 年加利福尼亚州的 People v. Marx 案。在庭审中，三个专家证人作证，认为被告人的齿列与咬伤部位匹配。其中一个专家解释说，在许多案件中，他拒绝提供鉴定意见，而该案是个例外，因为有争议的齿列问题是极不寻常的，咬痕格外清晰。尽管有专家的谨慎以及齿列与咬痕极不寻常的本质，但是，一旦法庭的门被打开，在随后的许多案例中，People v. Marx 案将成为采纳一系列更广泛和更可疑的观点的先例。

上诉中，法院承认"还未建立识别人类咬痕的学科……"上诉法院歪曲了弗莱伊规则，说该规则仅仅适用于没有专家解释的证据，而 People v. Marx

案涉及的图像能一览无遗地展现在陪审团面前，并且陪审团自己能够解释。因此，法院的观点是弗莱伊规则不适用。

此外，法院认为弗莱伊规则的要求已经满足，因为将齿列与咬痕可视化的方法并不是新的。X 射线、摄影和铸模等没有什么新意可言。依据这种观点，弗莱伊规则是关于工具的，而不是鉴定理论或在这些工具的帮助下对信息的解释。

People v. Marx 案法院认为专家关于咬痕鉴定可能概率的证据和观点在 People v. Collins 案中不可采。但是由于专家从来没有实际的数据，也没有计算过数据，其仍然给人深刻而直观的印象。"从未有证人参与到'数学庭审中'。"

次年，伊利诺伊州首次考虑咬痕证据的可采性。在 People v. Milone 案中，上诉法院认为咬痕证据是可采的，因为它满足普遍接受原则，尽管证言援引牙科文章来表明牙科医生就能否通过受害人身上的咬痕识别唯一的咬人者这一问题的分歧相当大。

直到多伯特案甚至是多伯特案之后，很少出现新的关于咬痕专家证据的司法思维。咬痕证据在美国法院已被普遍采纳。

最值得注意的是基于咬痕鉴定而被错误指控或蒙冤的人，这些人后来通过DNA 或其他证据被判无罪：密西西比州的伯恩、亚利桑那州的克朗、马萨诸塞州的伯克、密西西比州的盖茨、佛罗里达州的莫里斯、密歇根州的奥特罗、伊利诺伊州的杨格以及其他案件的被告人。其中一些人在错误被纠正前已入狱几十年。

在每个 DNA 翻案的案子中，法医牙科医生早些时候认为被告人是世界上唯一一个能制造咬痕的人，后来证明法医牙科医生明显是不正确的。尽管如此，没有法院拒绝接受这样的证言。

法律的历史教训——法庭科学的互动

前文概括总结了法庭科学的法律接受史以及未来进展。大多数的法庭科学技术被刑事司法机构接受，这些机构没有进行任何有效性的严格测试。越早被发明和引入的领域，似乎就越正确；后来的法院仅仅继续着前人开辟的道路。结果是，有时比起那些更加薄弱、古旧的领域，某些有更坚实基础的领域（如 DNA 分型）却受到更严密的审查。法院几乎没有能力评价经验性主张的可靠性。尽管法律要求法院掌握专家证据的可采性，但其可能回避筛选证据的责任并假定专家证据是有效的。一些领域被证明有缺陷并被法庭科学目录排除，但法院仍像对待其他法庭科学领域一样对待这些有缺陷的领域。

法院是否会更加积极监督呈现在他们面前的法庭科学证据还有待观察。但是改善的压力激增，尤其是在美国和其他国家。美国法院最新的研究表明这种变化正在发生。研究发现，继联邦最高法院决定担当专家证据的司法守门员后，法庭科学专家证据的可采性在案件中面临挑战，法院在15%的案件中排除和限制证言，这"很大程度上是因为未能展示每项技术（27个案件）或专家结论（17个案件）的充分的科学基础"。排除和限制占大多数的两个分支学科是笔迹鉴定和火器、工具痕迹检验。研究结论认为："因为缺乏论证的可靠性，排除或限制事件表明，需要不断进行法庭科学研究，验证其基础理论和鉴定技术，进而确保其被法庭继续接受。"

另一个可能的变化来源是各方而非政府的规定——在大多数例子中，刑事案件的辩方。一方的顾问专家（即使不作证）审查对方提供的专家证据的可用性时，被寄予暴露那些基础科学及其应用中看不见的问题的期望，特别是运用到特殊案件中。在美国，刑事被告人获得专家协助的潜在权利在1985年的 Ake v. Oklahoma 案中找到了法律来源（裁定被告人在经济案件中有正当程序权利寻求精神科专家的帮助，提供精神错乱的抗辩）。上级法院尚未探讨过非死刑案件中的被告人寻求精神科医生之外专家的帮助是否属于 Ake v. Oklahoma 案所确认的正当程序权利。下级法院以不同的方式解释 Ake v. Oklahoma 案。正如一个回顾了州法律的学者总结的："尽管他人认为一个观点不能如此轻易地被约束，一些法院仍对 Ake v. Oklahoma 案做出狭隘的解读以限制其适用范围。"法庭科学专家证据的伟大力量表明被告人对利用相似专业知识同样有需求，它的重要性表明这一权利的行使将更加频繁并且因此而昂贵。近期事件中，尤其是美国国家研究委员会关于诸多法庭科学学科的弱点的报告，可能会导致法官经常批准被告人的专家请求，而这些专家将使更多问题引起法院的关注，引领犯罪实验室的法庭科学家做一些目前缺乏的基础研究。

未来与过去可能相同，也可能不同。法庭科学证据的重新评估是个持续、潜在的过程。法律和科学交互的最大受益者是法庭科学，因为法庭科学将法院看作其最终的客户。因此，法院的决定比其他领域对法庭科学有更多的影响。如果法院要求更多，几乎可以肯定法庭科学将提供更多帮助。

参见

法律：专家证人资格和证言；法庭科学的法律观；法律体系：对抗制和纠问制；当科学发生变化时，法律如何回应；

专业人员：美国国家科学院。

扩展阅读

Blum, D., 2011. *The Poisoner's Handbook*：*Murder and the Birth of Forensic Medicine*. Penguin, New York.

Cole, S. A., 2002. *Suspect Identities*：*A History of Fingerprinting and Criminal Identification*. Harvard, Cambridge, MA.

Faigman, D. L., Saks, M. J., Sanders, J., Cheng, E. K. （Eds.）, 2010-2011. *Modern Scientific Evidence*：*The Law and Science of Expert Testimony*, 5 vols. West, Eagan, MN.

Giannelli, P. C., 2004. Ake v. Oklahoma：the right to expert assistance in a post-Daubert, post-DNA world. *Cornell Law Review* 89, 1305-1419.

Giannelli, P. C., Imwinkelried, E. J., 2007. *Scientific Evidence*, 2 vols. Lexis Nexis, New York.

Golan, T., 2007. *Laws of Men and Laws of Nature*：*The History of Scientific Expert Testimony in England and America*. Harvard, Cambridge, MA.

Kaye, D. H., 2010. *The Double Helix and the Law of Evidence*. Harvard, Cambridge, MA.

Law Commission, 2011. *Expert Evidence in Criminal Proceedings in England and Wales*. The Stationery Office, London.

National Research Council, Committee on Identifying the Needs of the Forensic Science Community, 2009. *Strengthening Forensic Science in the United States*：*A Path Forward*. National Academies Press, Washington, DC.

Page, M., Taylor, J., Blenkin, M., 2011. Forensic identification science evidence since Daubert：part Ida quantitative analysis of the exclusion of forensic identification science evidence. *Journal of Forensic Science* 56, 1180-1184.

Redmayne, M., 2001. *Expert Evidence and Criminal Justice*. Oxford, New York.

Saks, M. J., Koehler, J. J., 2008. The individualization fallacy in forensic science. *Vanderbilt Law Review* 61, 199-219.

Vosk, T., 2012. *Forensic Metrology*：*A Primer on Scientific Measurement for Lawyers*, *Judges*, *and Forensic Scientist*. CRC Press, Boca Raton, FL.

相关网论

http://lawprofessors. typepad. com/evidenceprof/: Blog where law professors discuss evidence issues, including scientific evidence.

http://library2. lawschool. cornell. edu/esources/: Cornell University Law School.

http://www. scotusblog. com/: Exceptionally professional blog focused on cases brought to the Supreme Court of the United States.

http://www. innocenceproject. org/fix/Model-Legislation. php: National Innocence Project.

http://www. ncstl. org/home: (US) National Clearinghouse for Science, Technology, and the Law.

法律体系：对抗制和纠问制

S. C. 撒曼，美国，密苏里州，圣路易斯，圣路易斯大学法学院

术语表

　　起诉（程序） 一方（受害人或检察官）开始刑事诉讼的程序，而不是法官纠问式调查的结果。

　　对抗（程序） 法院程序，由双方（控方和辩方）提出证据，法官扮演中立、被动的角色。

　　对质（权利） 刑事案件中被告人的权利，当控方提供证人时，辩方对证人进行质疑。

　　合意（程序） 不需要完整审判的双方同意解决问题的法院程序。

　　习惯法（程序） 在纠问和对抗程序发展起来之前使用的程序，例如神判、决斗以及宣誓。

　　卷宗（调查） 在初步调查中调查机构编制的文件，其中包含呈现在法庭上的所有证据。

　　排除规则 避免使用被认为违反被告人的重要宪法权利的证据，即使这些证据是相关的或可靠的。

　　纠问（程序） 法院程序，法官在调查问题和查明真相中发挥积极主动作用，控辩双方发挥被动作用。

　　调查法官 在早期的调查系统中法官进行初始调查，在一些国家仍然这样做，例如法国和西班牙。

　　陪审团（审判） 由一个或多个决定法律问题的专业法官和一群决定事实问题及是否有罪的业余法官组成。

　　会审公廨 法院将一个或多个专业法官和一群业余法官混在一起，他们共同解决事实、法律、有罪和宣判问题。

　　辩诉交易 刑事案件中的一种合意程序，即控方和辩方通过谈判，就控诉和惩罚达成一致意见，被告人承认有罪，庭审不再举行。

　　初步调查 调查犯罪的程序，在案件送入初审法院前确定凶手身份以及犯罪行为的法律属性。

　　无罪推定原则 法院在决定事实和有罪问题时应该假设被告人是无辜的，直到控方排除合理怀疑，证明其有罪。

引　言

　　一直有一种多样性的刑事法庭程序。刑事犯罪行为处理方式的不同之处在于委任形式、受害人与行凶者的关系以及犯罪的严重性。解决争议的三个模型源于古老的程序，该程序或许是所有文化常见的。所有人都试图避免用最原始的方法应对刑事犯罪行为：私力救济和杀人案中的血亲复仇。这些都与理解现代刑事诉讼程序模式有关。它们是：（1）通过受害人或控方与辩方的谈判，半公开地解决冲突；（2）在公开的口头审理中，争议经常在一群业余法官（陪审团）面前以对抗的方式解决；（3）纠问式调查和州政府全盛期有义务查明真相的政府官员的刑事案件决定。

　　在大多数现代刑事系统中，这些程序模式都有不同的组合。尽管有不同的组合，但由于文化和历史的原因，通常由一个程序模式主导。它们及由它们衍生出来的原则，为刑事诉讼改革中的当代讨论提供了内容。

　　刑事诉讼程序由政府的一系列行为或程序组成，其旨在确定是否是犯罪，谁犯下罪行，如果应受惩罚，那么惩罚是什么。刑事诉讼改革必须评估三种程序模式对以下内容的适用性：（1）逮捕决定并开始初步调查；（2）拘留嫌疑人的决定；（3）起诉被告人犯下某一罪行的决定；（4）预审评估证据的充分性，允许案件继续庭审（预审听证）；（5）有罪决定（审判）；（6）庭审后是否有足够的证据来定罪，已有错误是否需要重新审判，或者已被无罪释放的人是否有可能重新受审。

刑事诉讼改革的分水岭

早期解决刑事纠纷的合意和对抗模式在欧洲是主流，直到中世纪晚期和文艺复兴时期，且一直存在于非洲、亚洲、拉丁美洲和世界其他地方的社区中，这些地方依然使用习惯法。在两个系统中，受害人（或其部落）进行指控，被告人进行应诉。因此，早期对抗系统的本质通常是起诉，也就是说由受害人作为原告发起。各种各样的影响，包括政治和文化，引起了欧洲刑事诉讼程序新体系的发展。

在政治上，民族国家和君主制的崛起导致了刑事诉讼程序的政治化，由国家代替受害人作为刑事诉讼程序的启动者。这种系统的纵向等级制度反映在法院的垂直关系和皇家司法机构的管理上。

在文化上，法律深受罗马天主教教会法（Catholic canon law）的纠问程序、正规证据规则以及意大利大学重新发现的罗马法的影响。法官开始将自己视为（或被看作）真理者，他们被意大利大学的新的罗马法律原则以及教会的正规证据规则武装，比起日耳曼部落使用的不合理的程序形式——神判、宣誓、决斗，以及没有经验的决策者，他们可以实现更高的司法质量。

法官是皇家官员，受惠于君主，并不忠诚于对他们判决产生共鸣的社区。比起中世纪早期，惩罚是相当严厉的。从程序上讲，最激进的创新是，正式的初步调查根据职权发起，并由司法官员进行。司法官员将调查嫌疑人和目击者，进行其他调查行为并将书面记录其发现。因为受害人没有要求指控，所以这个新程序属于纠问制。初步调查的书面结果被编制成调查卷宗，该卷宗成为独家记录，有罪、无罪的决定均基于该卷宗。在正规证据规则之下，如果有足够的迹象（indicia）构成我们今天所说的嫌疑人有罪的可能理由或合理怀疑，一旦他拒绝调查，调查法官就可以命令嫌疑人接受酷刑。

没有在陪审团面前的口头公开审判，但有一个对调查结果的秘密书面审查包含在调查卷宗中。没有律师权利，辩方在对抗环境中没有时间面对控方或受害人，今天也是一样。

　　法官对降低调查结果的严厉性没有自由裁量权。不同于在英国继续发挥作用的陪审团，法官不能拒绝证据规则规定的结果并且无罪释放受到法律束缚。在早期程序中占主导地位的业余法官逐步被淘汰，取而代之的是纯粹的专业法官并且更多的是司法行政而非司法诉讼。

　　然而，在英国以及斯堪的那维亚半岛依然保持着口头审判的传统。由 12 个人组成陪审团进行的口头公开审判逐步取代了 13 世纪的神判和决斗。判决必须一致并且确保法官是最终的裁决者，不允许任何庭后审查。除了决定保释时会对证人和嫌疑人进行简短的调查外，没有初步的调查。受害人或他们的律师参与案件，而被告人通常没有辩护律师，直到 18 世纪。

　　随着法国大革命的到来，这两种体系在欧洲相互碰撞，形成了一个新的混合体系。法国革命者受启蒙运动时期伟大的思想家如贝卡利亚、孟德斯鸠、伏尔泰对纠问式刑事诉讼暴行批评的激励，并且受臭名昭著的威廉·佩恩（William Penn）案和其他对皇家法官指令持不同政见的人对英国陪审团反独裁主义的影响，引入了公开、口头的英国陪审团体系，最终将其移植到秘密、书面和纠问式初步调查中。

　　1789 年法国《人权宣言》和 1791 年美国的《权利法案》构成了第一个伟大的人权革命，影响了刑事诉讼程序，引起人性化的保护，使犯罪嫌疑人免受国家的专制和无情的对待。美国《权利法案》宣布公民免受残酷和不寻常的惩罚，免于不合理搜查和扣押，免于自证其罪，并享有一系列审判权利，包括律师权，为辩方传唤证人，交叉询问或质问控方证人，以及要求陪审团快速公开审判。这些权利是为避免国家权力的过度延伸：要么在收集证据的过程中侵犯被告人重要的权利；要么避免被告人在没有通过交叉询问进行检查的情况下，就根据国家秘密准备的书面证据被审判。法国《人权宣言》宣布的无罪推定原则，被认为隐含在美国《权利法案》授予的正当程序权利中。

　　尽管陪审团裁决是最终决定，但英国、法国陪审团被要求回答与所指控犯罪要素和被包含在特殊裁决中的被告人的罪行相关的特定问题，有时包括几十个甚至上百个问题。欧洲的书面调查传统更倾向于推理判断，并且具体的裁决会使得陪审团的推理过程清晰并能更好地促进判决的上诉审查。通常，专业法官自己会评估陪审团的事实问题的本质并且他们会自己做出判断，因此限制了陪审团做出有罪认定的自主权。法国的陪审团模型，由 3 个专业法官主持 12 人陪审团，并要求多数决，该模型在 19 世纪几乎被所有欧洲国家采用。在德国，混合法庭由一个专业法官和两个评估员组成，二者共同决定事实、法律、有罪和判刑的问题，这在 19 世纪中期罪行较轻的审判中发展起来。

混合体系以及英美的对抗体系通过殖民主义、帝国主义以及系统化的借鉴被引入了亚洲、非洲和拉丁美洲。具有讽刺意味的是，许多拉丁美洲国家从西班牙和葡萄牙的统治中解放出来后，仍然保留着由专业法官独立进行的纯粹的书面调查程序，这在法国大革命之前就已经存在并拒绝席卷欧洲大陆的改革。只有巴西、巴拿马、尼加拉瓜和萨尔瓦多引入了陪审团，但是很大程度上限制陪审团阅读调查卷宗。

陪审法庭在欧洲一直有争议，许多法学家试图废除陪审法庭或将其转换成混合法庭。这最终由 20 世纪前半叶的极权主义政权完成。陪审法庭在许多国家消失了，取而代之的是混合法庭或纯粹的职业委员会：1917 年俄罗斯、1931 意大利、1939 年西班牙以及 1941 年法国维希政权。陪审团审判在 1928 年被引入了日本，但在 1943 年暂停了。德国在纳粹主义兴起之前淘汰陪审团审判，支持混合法庭，但是在 1924 年才颁布法令。

第二次世界大战中纳粹和法西斯主义失败后，意大利、法国和德国没有回归经典的陪审法庭，而是更倾向于混合法庭。混合法庭通过专业法官在如何决定有罪问题方面加强对外行法官的影响，巩固了专业法官的主导地位。在所有刑事案件中，它也与给出合理判断的必要性相一致。

第二次世界大战和大屠杀的恐怖，以及极权主义政权的犯罪，开启了《世界人权宣言》《公民权利和政治权利国际公约》以及欧洲、美洲、非洲的人权公约被采纳的新时代。欧洲人权法院在解释《欧洲人权公约》的过程中对欧洲刑事诉讼改革产生了很大的影响。1945 年以后，德国、意大利、法国、日本以及西班牙开始系统地取消旧纠问体系的消极部分，这些消极部分是在法国大革命后以混合形式保留下来的。

自 20 世纪 80 年代末以来，明显的回归对抗和合意程序一直引人注目。1988 年《意大利刑事诉讼法典》引入了对抗体系和几个合意解决有罪问题的形式，而没有使用陪审团。俄罗斯在 1993 年重新引入对抗程序和陪审团，在 2001 年重新引入案件合意解决程序，原苏联加盟共和国大多数跟随俄罗斯的模式，尽管迄今为止只有格鲁吉亚引入了陪审团。西班牙于 1995 年引入陪审团，强化了庭审的对抗本质。

纠问式初步调查的对抗化

纠问程序的核心总是初步调查，传统上是由调查法官进行，该法官通常是司法系统的一员。纠问体系改革后包含陪审团的口头审判，大多数国家允许开庭前阅读调查卷宗中的报告，包括法庭科学专家的报告。这构成了预包装证据，被告人没有机会看到或与证人对质。一些国家允许少量的律师参与。例如，在 1897 年之后，法国允许律师参与司法审讯嫌疑人的过程，但这对嫌疑人的帮助很小，因为警察对嫌疑人的审讯总是秘密地进行，嫌疑人没有律师权利。

纠问式初步调查质的改变仅发生在第二次世界大战后的第二次人权革命中。司法官员作为调查员的角色开始受到质疑：一名遵循其特定定罪理论的法官如何能在发出逮捕、搜查或窃听令状时保持独立、中立、公正？因为现实中是警察进行大部分的犯罪调查，并且在大部分国家是检察官负责提起诉讼，这种形式的目的是让检察官负责初步的调查，将法官的角色限缩至自由或控制的判断者，作为中立裁决者决定是否采取侵犯人权的行为（授权逮捕、扣押、搜查和窃听）并主持审讯。德国在 1974 年、意大利在 1988 年、委内瑞拉和其他拉丁美洲国家在 1990 年采取了这一措施。然而，检察官继续掌握调查控制权并决定哪位证人和专家在案件中作证。西班牙新的立法，如 1995 年陪审团法律，已经将调查法官转变为一个更中立的初审法官，允许其仅为响应公众、私人检察官（受害人）或被告人的要求而进行调查。

在苏联和东欧原社会主义国家，公诉人通常不仅指导初步调查（该调查由内政部的调查员负责），还授权调查所有对嫌疑人被保护人权的侵犯行为。已经批准了《欧洲人权公约》的原社会主义国家逐步提出新的立法请求，要求法官执行这些法律的重要功能，中亚地区的原苏联加盟共和国也逐渐紧随其后。

因为美国联邦最高法院在著名的 Miranda v. Arizona 案中的决定，保护嫌疑人免于秘密、无律师监护的审讯极大地影响了全世界。今天，欧洲国家和拉丁美洲国家几乎都要求执法官员在讯问前告知嫌疑人有保持沉默的权利以及其要求律师在场的权利，而且许多新的刑事诉讼法典，如意大利（1988 年）和委内瑞拉（1998 年）的刑事诉讼法典，要求律师在所有审讯中在场。

逐渐增加的对与证人对质的权利的关注，体现在《欧洲人权公约》第 6

（3）节中，这导致前纠问式国家要求：如果可能，在初步调查中询问控方证人期间，被告人或被告人律师需要在场。欧洲人权法院一再谴责在被告人没有机会与证人对质或询问证人时使用书面陈述作为刑事案件中唯一或主要罪行的证据。1988 年《意大利刑事诉讼法典》要求检察官启动听证来保存案件中的证人证言，这是担心庭审时证人可能无法到场接受有权在场的被告人和受害人的询问，导致陈述不能被采纳。类似的条款规定在 1995 年《西班牙陪审团法》和拉丁美洲的刑事诉讼法典中。这些国家的程序与美国最接近，书面陈述的不可采性在美国联邦最高法院对 Crawford v. Washington 案的决定后进一步加强。

在意大利和西班牙的案件中，初步调查应该仅仅是确定是否存在充足的合理理由来起诉嫌疑人的阶段，而不是为了准备庭审使用的证据。任何可以呈现在法庭上且不为证明可能理由所必需的证据都不需要展示在初步调查中。从这个意义上讲，初步调查往往类似于美国大陪审团审判或预审。原则上，调查卷宗在庭审中不能作为证据的来源使用。可以编纂一个特殊的庭审卷宗，包括控诉请求以及为庭审合理保存的任何证据，保证被告人的上述对抗权。

然而，一些前纠问式国家已经迈出了一步，允许存在于美国的并行犯罪调查。1988 年《意大利刑事诉讼法典》允许被告人为庭审阶段收集证据，1999 年修正案规定了一个详细的程序来规范这些证据的收集过程并且最终与共同调查文件中的起诉证据相统一。《俄罗斯联邦刑事诉讼法典》也采取了措施允许被告人进行调查。

纠问式审判法官的衰落

欧洲大陆 19 世纪混合体系中的审判法官像典型的调查者，审查调查卷宗后，他将决定哪个证人被传唤，并在庭审中询问证人。审查完卷宗后，他会意识到调查官所提出的责难前提并通常采纳，因为他不得不通过事先审理来决定是否有足够的证据进行审判。很难相信这样的审判法官在这样的程序中愿意考虑被告人无辜的假设。意料之外的是，判决书与起诉状的语言经常极为相似。

除此之外，被告人在庭审开始时被传唤，在陪审团面前回答指控，要求在其他证人被传唤或呈现证据前给出陈述，这似乎掩盖了应由国家承担证明这些指控的义务这一事实。法官然后询问被告人，用卷宗中的材料来指导他

"寻找真相"。检察官和辩护律师能够提出问题（通常仅仅写给主审法官）来补充法官的询问。如果证人未出庭，主审法官会仅宣读被告人在初步调查中向调查官所做的陈述。

只要欧洲国家仍有陪审团存在，庭审法官就不是事实决定者。因此，法官不中立并不必然直接影响案件的结果。但是，当大多数欧洲国家、日本取消陪审团，支持专业或混合体系，然后在庭审中"调查"案件的相同法官使用纠问式技术，采纳调查官的调查结果且决定案件时，这似乎违反无罪推定原则。

这个模式很大程度上仍然存在于法国、德国、荷兰、比利时和其他国家，但正逐渐被对抗模式取代：控辩双方负责准备和呈现证据和证人，包括专家证人，并且质疑他们，法官扮演一个更被动的角色，决定证据的可采性问题并且确保双方在案件中的"平等武装"（equality of arms）。

1988 年《意大利刑事诉讼法典》第一个采取激进措施，取消法庭中的初步调查卷宗。1995 年《西班牙陪审团法》遵循了这一规定，委内瑞拉自 1998 年也这样做了。意大利也取消了主审法官确定事实的责任，因为不同于西班牙和俄罗斯，意大利没有回归陪审团审判，法官因此仍然是事实审判者。1992 年，俄罗斯已经转向对抗模式和陪审团审判。陪审团审判于 1993 年在为数不多的省份开始，但是 2001 年以后，陪审团审判已经存在于俄罗斯全国。大部分原苏联加盟共和国也已经回归对抗模式，仅格鲁吉亚在 2010 年引入了陪审团。

自 1990 年以来，大多数说西班牙语的拉丁美洲国家从旧的拿破仑式的纠问体系转向控告式–对抗体系。然而，尽管阿根廷的科尔多瓦、委内瑞拉和玻利维亚已经引入了混合法庭，但拉丁美洲大体上还是保持了专业法官。萨尔瓦多和尼加拉瓜已经通过新的对抗式刑事诉讼程序法典对传统的纠问式陪审制度进行现代化改造，并且阿根廷正在讨论陪审团问题。日本和韩国在 2009 年也引入了新的混合法庭体系。混合法庭在 1917 年取代了俄罗斯陪审团法院，在第二次世界大战后几乎所有的社会主义国家被采纳，并且这些国家中的大多数都继续在刑事案件中使用一个专业法官和两个外行评估员组成的法庭。

在刑事审判中不惜一切代价"追求真理"已得到越来越多的认可，违反犯罪嫌疑人的人权收集的证据（通常侵犯隐私权、人格尊严权以及不被强迫自证其罪的权利）不应在刑事审判中使用，即使它是与定罪相关且可靠的证据。美国法院在 1961 年的 Mapp v. Ohio 案中做出了里程碑意义的决定，承认了与非法收集证据有关的证据排除规则。然而，在大多数西方国家，寻找真理仍然盛行，因为法院采取非常谨慎的方法排除证据，平衡过程非常精细，最后仅排除以最过分的方式收集的证据（德国、英国、加拿大、澳大利亚和新西兰）。在意大利和西班牙，立法机关通过了要求排除此类证据的法律，然而只有西班牙法院强制执行该类法律。俄罗斯 1993 年宪法规定排除非法收集的证据，正如苏联宪法和大部分拉丁美洲国家的宪法一样。

对抗模式和纠问模式的黯然？

尽管对抗模式在现代刑事诉讼改革中已经战胜了纠问模式，但现实是，今天的刑事诉讼越来越倾向于通过辩诉交易或其他双方合意的程序来避免庭审，结果是，实际上没有举行庭审。在美国，超过 95% 的案件通过辩诉交易解决，因为如果被告人参与庭审并且败诉，通常会被判处严厉的刑罚。1988 年《意大利刑事诉讼法典》提出了几种类型的合意程序来避免全程庭审，类似于辩诉交易，自此之后欧洲国家纷纷效仿，有罪辩护或承诺正在迅速取代刑事案件的审判模式。尽管当事人达成协议带有对抗模式的意味，但被告人承认有罪的压力使人想起旧的引导自白的纠问实践。

参见

法律：法庭科学的法律接受史；国际法庭和法庭科学；法庭科学的法律观；当科学发生变化时，法律如何回应。

扩展阅读

Bradley, C. M. (Ed.), 2007. *Criminal Procedure: A Worldwide Study*, second ed. Carolina Academic Press, Durham, NC.

Damaska, M. R., 1986. *The Faces of Justice and State Authority*. Yale University Press, New Haven, CT.

Damaska, M. R., 1997. *Evidence Law Adrift*. Yale University Press, New Haven, CT.

Damaska, M. R., 2001. *Models of criminal procedure*. Zb. Pravnog Fak. u Zagrebu 51, 477–516.

Dawson, J. P., 1960. *A History of Lay Judges*. Harvard University Press, Cambridge, MA.

Esmein, A., 1913. *A History of Continental Criminal Procedure with Special Reference to*

France. Little Brown, Boston, MA.

Hatchard, J., Huber, B., Vogler, R. (Eds.), 1996. *Comparative Criminal Procedure.* British Institute of Comparative Law, London.

Jackson, J., Langer, M., Tillers, P., 2008. *Crime, Procedure and Evidence in Comparative and International Context. Essays in Honor of Professor Mirjan Damaska.* Hart Publishing, Oxford.

Langbein, J. H., 1977. *Torture and the Law of Proof.* University of Chicago Press, Chicago.

Langbein, J. H., 2003. *The Origins of Adversary Criminal Trial.* Oxford University Press, Oxford.

Thaman, S. C., 2008. *Comparative Criminal Procedure: A Casebook Approach*, second ed. Carolina Academic Press, Durham, NC.

Thaman, S. C. (Ed.), 2010. *World Plea Bargaining: Consensual Procedures and the Avoidance of the Full Criminal Trial.* Carolina Academic Press, Durham, NC.

Trechsel, S., 2005. *Human Rights and Criminal Procedure.* Oxford University Press, Oxford.

Vidmar, N. (Ed.), 2000. *World Jury Systems.* Oxford University Press, Oxford.

Vogler, R., 2005. *A World View of Criminal Justice.* Ashgate Press, Burlington, VT.

法庭科学的法律观

G. 埃德蒙，澳大利亚，新南威尔士州，悉尼，新南威尔士大学

S. A. 柯尔，美国，加利福尼亚州，尔湾，加利福尼亚大学

术语表

争议事实　在审判中有争议的事实。

事实审判者（也叫事实裁决者或事实认定者）　负责决定庭审中的事实（例如有罪或责任）。传统上由陪审团担任，不过在只有一个法官的审判中，法官也会负责事实认定。

预先审查　在庭审之前或庭审中预审以确定可采性问题。通常会避免不可采或排除的证据被陪审团听到且受其影响。

引 言

在法律制度中，法庭科学的主要作用是协助证明。它提供证据协助事实

认定者（通常是陪审团）来决定有罪（刑事）——排除合理怀疑，或民事诉讼中的责任——概率平衡原则（on the balance of probability）。通常，这包括常规分析和比较过程，进而产生报告，有助于调查和提交有罪答辩。在一小部分刑事案件中，指控是有争议的，在庭审中，专家证人经常被要求以口头的形式展示证据（或证言），通常是有罪的观点。

风险强化了重视可靠法庭科学证据的需要，尤其是在刑事诉讼中。从历史上看，法官已经倾向于允许法庭科学家和其他调查员作证，并且有时忽视基础研究而做出推测。人们在过去20多年中越来越关注贯穿民事和刑事司法体系的一般可采性规则，这些规则在法庭科学中的应用一直不一致，而法院倾向于依赖庭审过程公开值得怀疑的证据。

保管链：样本收集、运输、处理以及储存

大多数司法辖区都有法律或指南来规范收集和处理用于法庭科学研究的样本。取自人或其财产的样本，往往受制于与宪法和人权法案相关的个人隐私。

通过包括增加标签、防涂改包、条形码和限制访问在内的管理方案，与样本和材料收集、运输、处理相关的许多问题已经显著减少。虽然有保管链，但是证据的连续性和污染都会继续产生问题，近年来，法庭科学证据主要的认知挑战一直集中在有效性和可靠性、证据的解释和表述、专家观点的分量上。

法庭科学的可采性

为了在刑事（及大多数民事）程序中具有可采性，法庭科学证据必须相关并且满足司法要求以成为禁止意见证据的一般规则的例外。在大多数司法辖区，举证的当事人，特别是州，必须将专家证据告知对方当事人，以使他们能考虑证据并有机会听取建议或获得另一个专家的意见。未能遵守一般规则的，如不当获得样本或进行非法搜查，可能会导致得到的证据被排除或要求经庭审法官正式认可才能被采纳。

法庭科学证据的挑战通常集中在可采性和分量上。可采性决定了什么样的专家证据可以在庭审中呈现在事实审判者面前。事实审判者只能基于可采性证据给出他们的决定。证据的分量是事实审判者赋予证据的价值，它源于

事实审判者在审判中的假设、偏见以及以指示或警告方式对直接和间接询问（直接询问和再直接询问）、交叉询问、反驳观点、其他证据、开场或总结陈述的回应。

可采性标准

大多数法庭科学证据被归类为意见证据（与事实相对）。意见通常是不可采的，尽管所有的司法辖区维持专家意见的一般例外，例如法庭科学家。历史上，科学家和其他专家证人也被禁止对由事实认定者决定的问题直接发表观点（如谋杀、精神错乱或过失）。这个（最终事实）规则是为了防止专家篡夺事实认定者的特权。

正式的资格或经验、所在的"知识领域"和被相关专家"接受"的证据曾经是专家意见的可采性基础。这些标准在英国、新西兰、美国和澳大利亚的一些州盛行，尽管专家技术及其衍生意见的可靠性标准的采纳渐成趋势。在美国和加拿大最显而易见的这一趋势常常被追溯到美国联邦最高法院做出的一个有影响力的民事案件决定。

美国联邦最高法院在多伯特案（1993 年）中解释说，能被采纳的科学观点应该相关且可靠。该案有几个标准可协助庭审法官解决可采性问题。在锦湖轮胎公司案（1999 年）中，联邦最高法院将这些标准的应用范围成功扩展到非科学形式的专家意见证据中，尽管两个案件都加强了灵活守门员的要求。有趣的是，国际纵火调查协会（the International Association of Arson Investigators）在第二个案件中提出了一个简单的主张，即纵火调查员不是"科学专家"，不应受到多伯特规则的约束。

在美国之外的司法辖区，人们对专家意见证据所基于的事实（或数据）的有效性和可采性经常有莫大的兴趣。这些关于意见基础的技术性法律问题，可能会影响可采性决定，但是越来越与赋予证据的证明价值（或证明效力）相关。

可采性决定往往是在预先审查（或多伯特听证）后做出的。虽然有时会通过提交书面材料解决可采性问题，但这一般发生在陪审团不在场的法院，因为可采性听证的目的是筛选出能欺骗天真陪审团的"骗人"专家，只有庭审法官而没有陪审团时（例如），没有可采性标准，自由裁量也相对宽松。法律假设前提是法官能并且将会合理地评价（或权衡）证据，在决定责任或有罪时，有能力忽略专家不可靠的及有偏见的归罪意见。

在大多数司法辖区，法官已经表明了一种采纳有罪意见证据的趋势——以意见书和异议为基础，更有可能严查由刑事被告人（以及原告）提出的专家意见证据。

强制排除责任和酌情排除责任

除了正规的可采性标准，大多数司法辖区通常以自由裁量权的形式（例如《美国联邦证据规则》第 403 条）排除其他的可采性证据，包括专家意见。在一些司法辖区（如澳大利亚的许多州），这采取了一种义务的形式。如果专家证据的证明价值——他的能力能够合理地影响争议事实的评估——被不公平偏见、误导或迷惑陪审团的危险超过，法官可能会排除证据，否则就是可采的。这种自由裁量或义务是为了避免薄弱和潜在的不公平的偏见证据通过分散事实认定者注意力或浪费时间或财力的方式污染刑事诉讼程序。

可采性实践

美国国家科学院发布的公共调查报告、实证研究和比较研究均质疑了可采性标准的有效性和特殊性，包括与可靠性相关的问题。不同的研究和评论表明，不可靠的法庭科学证据和可靠性未知的法庭科学证据通常在诉讼程序中都会被采纳。

在实践中，大多数法院更倾向于采纳法庭科学证据，把证据的证明力问题放到法庭上争论并由事实认定者决定。在提出证据的可接受性问题和对偏见的关切时，更有可能导致对专家意见提出警告和限定，而不是排除。

有对抗式传统的法院对庭审能力以及对专家意见证据的识别、公开和有效地表达的庭审保障措施高度自信。

庭审中的专家证据

一旦被采纳，专家证据的证明力或效力在庭审中可能会有争议。

大多数专家证据是由具有合法资格的专家证人在庭审中口头提供的。一些司法辖区的认证程序促进了专家证据被采纳。当证据有争议时，大多数司法辖区要求实施检测或得出结论的分析师亲自作证。这个要求在 Melendez-Diaz v. Massachusetts（2009 年）案中被重新强调，美国联邦最高法院否认了未对法庭科学家进行交叉询问的实验室报告的可采性。被告人通常通过公共基金提供的律师对证人进行交叉询问。此后，控方可以通过再直接询问修正或澄清在交叉询问中提出的各种问题。

州通常会在被告人提交不充分的证据意见（例如无案可辩）或以己方证据对指控做出回应之前起诉。被告人没有义务证明任何东西，并且任何关于被告人有罪的合理怀疑都应该导致无罪释放。

被告人也可以申请传唤和询问证人，包括专家证人，这些证人反过来可以由控方（以及任何共犯）进行交叉询问。受制于财力以及法律接受的专家证人的可获得性，被告人可以提出与有罪或反驳证据不一致的原始专家证据，这是对导致入罪的法庭科学证据的挑战。

主询问（或直接询问）

申请传唤证人的一方通过非诱导性提问进行举证。对抗诱导性问题的规则对专家证人经常无用，并且在一些司法辖区（或法官就是事实认定者时），专家的报告或结论会因为直接询问而被取代。

交叉询问

识别和暴露专家证据局限性和（相关的）专家证人的可靠性的主要手段就是交叉询问。在交叉询问过程中，律师有权提出诱导性问题，并且细致地探索与证据、基础技术以及专家证人的能力、经验和资历相关的问题，包括先前意见和表现。

交叉询问可能是对抗性的并且咄咄逼人，或者询问者可能会寻求以平和的方式引出产生怀疑或积极支持控方提出指控的信息和让步。

重复询问（再直接询问）

交叉询问后，申请传唤证人的一方可以通过再直接询问来澄清或修正交叉询问过程中提出的问题。尽管所有其他当事人，包括共犯，可以交叉询问由另一个被告人申请传唤的证人，但一方不能交叉询问己方的证人。

辩驳（和被告人）专家

在审判中，被告人可以通过专家证据来提供与指控不一致的意见或解释

（被告人专家），或可以传唤专家证人来挑战州倡导的科学证据（辩驳专家）。辩驳专家可能会重新检测样本和证据，尽管由于资源限制，他们的角色仅限于对方法、解释和结论进行批评。许多情况下，因为州几乎垄断了法庭科学知识，所以被告人申请传唤的大多数专家证人是退休的法庭科学家，有一些是学者。

被告人和州面临的一个主要问题是专家（和检测）的可得性和花费。必然地，被告人专家所获得的公共资助比起调查和起诉的花费受到了更多的限制。州比起被告人更可能提出法庭科学证据并且专家受到挑战的可能性会很低，虽然在美国的大部分州都很低。紧缩的资源和法庭科学服务的日益私人化使得更加难以证明测试（包括产生与无罪一致结果的测试）的正当性。

意见表述

专家表述他们意见的行为已成为争议的来源。近年来，特别是在美国国家科学院报告、高奇调查（the Goudge Inquiry）和英国上诉法院对 R v. T（2010 年）案做出判决后，法官对专家在法院表述其观点的行为方式进行规范已经相当常见。这些努力旨在促进专家意见被采纳，同时避免专家意见超出实验证据所支持的内容。

律师和法官经常通过调和（例如谈判）结论的优势来折中可采性——大多数被认为是保守的而不是排除法庭科学证据。也就是说，法官可以要求或支持比证据的支持者所提出的更薄弱的表述（例如描述相似之处而不是肯定地识别来源）。

陪审团的司法指导

在许多司法辖区，法官被要求（如澳大利亚大多数司法辖区）或保留自由裁量权（如英格兰和威尔士）来提醒陪审团那些被认为不可靠或有问题的证据类型。其基础可能是法定的，或者源于法官的集体经验。专家意见，特别是用于比较和鉴别的证据形式（如 DNA 证据的概率），通常包含在接受司法评论的证据类型内。法官经常就专家证据和专家分歧的危险指导陪审团。陪审团有时也会被指导驳回专家意见，虽然在陪审团是否能简单地驳回合格专家没有争议的意见这个问题上各法律体系存在不同做法。

最终，专家意见的证明效力由事实认定者决定。在实践中，陪审团是有权接受专家意见的，即使证言是推测性的并且基于未被测试的技术，或是在极大增加了错误的可能性的条件下取得的。

上诉审查和后期定罪

对审判的担忧，如专家证据的采纳和排除，或者表达意见的方式，经常影响后期定罪。如果有的话，也只有很少几个司法辖区允许对专家意见的可采性中途上诉。因此，上诉法院通常会在整个案件审查的背景下考虑与专家意见有关的上诉。与专家意见价值有关的问题可能会与其他有罪证据一并被考虑，如采纳证据或其他法庭科学证据，并且连同与先前定罪判刑有关的知识。此外，在预审或庭审中未能反驳的法庭科学证据，即使没有公共资金的专家援助，也可能会限制在上诉中提出这个问题的能力。未能及时提出的异议，无论有何种解释，均会被视为后续审查的障碍。

通常情况下，特别是针对被告人的案件似乎令人信服时，为了成功上诉，需要有一些重要的监督和决策。在复审中，尽管有与采纳证据或专家意见的表述相关的错误，但是上诉法院也可以维持定罪。在这种情况下，整个案件的事实证据被认为足够维持定罪。在这种情况下，程序错误或局限性被认为无伤大雅。成功上诉会导致重审——在上诉中被认定的错误应当解决。

几个司法辖区（如英格兰、威尔士以及苏格兰）成立了独立于上诉法院的刑事案件复审委员会——被授权对受到质疑的定罪决定实施独立审查。这样的委员会通常被授权审查定罪决定以及将可质疑的案件递交上诉法院。然而，只有上诉法院（以及某些司法辖区的政治家）可以正式撤销定罪决定（或命令重审）。此外，许多司法辖区还有为皇家委员会、公众调查和独立审查所设立的设施，以追踪刑事司法实践中与严重或流行问题有关的司法不公（如朗西曼皇家委员会、高奇调查以及各种各样的法庭科学委员会）。

实践中的法律保障

历史上，采纳规则，排除的自由裁量，交叉询问的能力，提出辩驳专家证据，对权威的司法机关或审判员给予警告，连同上诉审查（和原告的约束），被设计用来为陈述、评估、专家意见审查、公平的需要以及错误判决的危险提供强大和公平的响应。然而最近的实证研究对（对抗式）庭审能力提出了质疑，呼吁充分探索、传达和暴露法庭科学和医学证据。

庭审保障措施的脆弱揭露了许多法庭科学问题的实证基础，结合法庭科学的协同效应和非科学证据，意味着可采性标准的严格实施和不充分可靠专家意见的排除比先前认识的更重要。

法庭科学的外行评估

庭审和上诉将决策的责任——可采性、证明价值（或证明效力）以及总体案件的优势——放到没有经过科学训练和技术培训的人身上。这种方法在历史上是有意义的，因为在庭审中呈现的绝大多数证据都是非技术类型的证据，例如证人证言。专家证人的使用和对专业知识形式的依赖近年来有了巨大的增长。这不仅会影响证据陈述的方式，还可能会损害庭审和上诉审中外行参与者识别证据局限性和规制专家意见的能力。

陪审团和法官的技术能力仍是持续争议的主题。主要来源于美国的研究表明，在评估科学和技术证据时，许多法官并不比陪审团表现出色，法官很难理解和运用可靠性标准，例如与多伯特规则相关的标准。对外行法律参与者（律师、法官及陪审团）的疑问，尤其是他们持续并充分理解科学和技术证据的能力，一直没有得到答复。

例如，法官还未开发需要的可采性标准或严格执行与法庭科学证据的可靠性挂钩的可采性标准。相反，法官倾向于相信国家调查机构、审判及其保障措施。

CSI 效应

越来越多的律师、法庭科学家、学术评论家和新闻媒体认为，陪审团特别容易受所谓的 CSI 效应的影响。这个词源于流行的美国电视剧 CSI（犯罪现场调查）。CSI 始播于 2000 年，一时间成为全国最流行的电视剧，产生了许多派生作品和模仿作品，传播到世界各地且十分受欢迎。这个节目通常的故事情节是法庭科学证据明确地揭露每个案件的未知事实。这种倾向已被批评，因为其夸大了法庭科学实验室的能力和可用资源，对法庭科学家的工作做了戏剧化的描述（如描述他们携带武器并且实施逮捕），并且偶尔捏造不存在的技术。因为这些特点，许多人称这部电视剧对刑事司法系统参与者的行为产生了 CSI 效应。一些 CSI 效应的支持者仅仅主张律师已经调整了庭审策略，通过解释为什么未能收集源于个体的特定痕迹并不必然证明这个人就不在现场。

其他人提出的更麻烦的主张是在缺乏法庭科学证据的案件中，陪审团正在赦免被告人，而如果电视剧 CSI 从未存在过，他们本会做出有罪认定。目前，没有有力证据表明陪审团发生了这样的改变。此外，需要区分 CSI 效应与所谓的"技术效应"——通过进一步适当调整陪审团的期望来回应法庭科学和技术的进步。

辩诉交易和审讯

绝大多数已决刑事案件是通过辩诉交易解决的。法庭科学证据是辩诉交易的一个非常普遍的特征，某些类型的法庭科学证据（如 DNA 和指纹"匹配"）可能会导致辩方律师建议被告人承认有罪。事实上，可以认为，在一些法律体系中，法庭科学证据的首要作用是认罪协商的谈判筹码。法庭科学证据的另一个作用是在警察审讯中充当类似的角色。让嫌疑人相信法庭科学证据证明其有罪是普遍的审讯策略。虽然法庭科学证据为质疑提供了合法依据，例如在美国，但向嫌疑人谎报检测存在或谎报检测结果并不会导致任何间接承认或辩护不可采。

未能严格执行可靠性标准，连同庭审及上诉的保障缺陷和审判中定罪的可能性，意味着无辜之人有时可能会认罪，以避免因在庭审中与控方争辩结果而被定罪并面临长期徒刑（甚至死刑）。某种程度上，法庭科学证据是不可靠的，它们可能会导致无辜之人做出某些务实的妥协。

专家证人的义务和专家报告

专家总是宣誓或保证所讲的内容属实。

针对争议（与民事司法改革并行），一些辖区已经要求专家证人承担一系列正式的职责和义务。有的编纂了专家证人法典（如英国和澳大利亚）。这些法典，特别是法规和法院规则，倾向于加强专家证人的义务：采取公平的行动（作为法庭的仆人而不是当事人），公开冲突的观点和思想主体，随时承认局限性和批评性的文献。英国和澳大利亚往往对专家报告和证言的披露和透明度有要求。此外，法庭科学组织和其他专业机构经常会维护自己的行为准则或成员的道德行为。

然而，几乎没有证据表明，正式法典的扩增已经促成了更好的专家表现、更为谨慎的证词或更高质量的专家报告。除了一些引人注目的例外［如米歇尔·

韦斯特（Michael West）和罗伊·梅多爵士（Sir Roy Meadow）〕，法庭科学家很少避免作证，因为即使是在丑闻和司法谴责之后，法庭科学家也很少被专业机构惩戒。

错误判决

美国对错误判决的审查，特别是无罪计划所披露的用 DNA 证据证明无罪的案件，表明在很大一部分案件中有缺陷或误导性的法庭科学证据被采纳。这些案件表明，因为各种各样的原因，法庭科学未能纠正调查人员对无辜人员的有罪信念，这样的信念形成的基础是其他错误的入罪证据，如目击证人证言和虚假自白。因此，法庭科学证据促成了但也暴露了错误判决。

错误判决也表明了传统法律保障措施和上诉审查难以识别和暴露法庭科学证据和其他种类证据（如目击证人辨别）的弱点，以及如何克服它们的协同效应，即使它们是错的。

专家证人豁免

历史上，法庭科学家一直豁免于过失侵权诉讼。然而，在 Jones v. Kaney 案（2011 年）之后，英格兰和威尔逊的事态发展表明，在一些情况下，豁免可能会丧失，专家证人可能会为过失、疏忽和无能导致的错误承担责任。

参见

基础：证据/分类；鉴定/个体识别的概述和意义；证据的统计学解释：贝叶斯分析；法庭科学证据解释的频率论方法；

法律：DNA 免责；专家证人资格和证言；法庭科学实验室报告；法庭科学的法律接受史；法律体系：对抗制和纠问制；无罪计划；当科学发生变化时，法律如何回应；

揭露：在法庭科学中尽量减少观察者的影响；

形态证据/指纹（指纹学）：摩擦脊线形态证据——证明标准；

专业：美国国家科学院。

扩展阅读

Edmond, G. , Roach, K. , 2011. A contextual approach to the admissibility of the state's forensic science and medical evidence. *University of Toronto Law Journal* 61, 343–409.

Faigman, D., Saks, M., Sanders, J., Cheng, E., 2008. *Modern Scientific Evidence*. West/Thompson Publishing, St. Paul, MN.

Freckelton, I., Selby, H., 2009. *Expert Evidence*. Lawbook, Sydney.

Garrett, B., 2011. *Convicting the Innocent*. Harvard University Press, Cambridge, MA.

Gatowski, S., Dobbin, S., Richardson, J., 2001. Asking the gatekeepers: a national survey of judges on judging expert evidence in a post-Daubert world. *Law and Human Behavior* 25, 433–458.

Giannelli, P., 2004. Ake v. Oklahoma: the right to expert assistance in a post-Daubert, post-DNA world. *Cornell Law Review* 89, 1305–1419.

Goudge, S., 2008. *Inquiry into Pediatric Forensic Pathology in Ontario*. Government Printer, Ontario.

Groscup, J., Penrod, S., Studebaker, C., Huss, M., O'Neil, K., 2002. The effects of Daubert on the admissibility of expert testimony in state and federal criminal cases. *Psychology, Public Policy, and Law* 8, 339–372.

Jasanoff, S., 1995. *Science at the Bar*. Harvard University Press, Cambridge, MA.

Law Commission, 2011. *Expert Evidence in Criminal Proceedings in England and Wales*. HMSO, London.

Ligertwood, A., Edmond, G., 2010. *Australian Evidence*, fifth ed. LexisNexis, Sydney.

McQuiston-Surrett, D., Saks, M., 2009. The testimony of forensic identification science: what expert witnesses say and what fact finders hear. *Law and Human Behavior* 33, 436–453.

Roberts, P., Zuckerman, A., 2010. *Criminal Evidence*, second ed. Oxford University Press, Oxford.

Saks, M. J., Faigman, D. L., 2008. Failed forensics: how forensic science lost its way and how it might yet find it. *Annual Review of Law and Social Science* 4, 149–171.

Shelton, D. E., Kim, Y. S., Barak, G., 2009. An indirect-effects model of mediated adjudication: the CSI myth, the tech effect, and metropolitan Jurors' expectations for scientific evidence. *Vanderbilt Journal of Entertainment and Technology Law* 12, 1–43.

证据分类

I. 弗兰凯尔顿, 澳大利亚, 维多利亚州, 墨尔本, 莫纳什大学

引　言

证据以不同的方式进入法院和法庭。有时，它与争议的事实相关，而有时它又是不恰当的。然后我们就说它"不相关"，因为它没有合理地涉及争论的问题。在某些情况下，它是案件解决的外部因素，而在另外一些情况下，它又是主导因素。它可以构成争议事实的"直接证据"；它也可以形成事实集合的一部分，更能表明结论有利于诉讼中的一方，因此是"间接证据"。有时它是"可靠的"，尽管有许多不同的标准可以用于评估可靠性；有时它具有被伪造的特点；有时它是"传闻"，价值有限，因为它的来源不可靠，在法院或法庭接受范围之外。

"倾向""习性""巧合"等证据形式力图诱导推断出先前行为与被指控的行为之间、行为实施者和被指控的人之间存在一致性。它作为证据的可采性和效用取决于诸多重要的前提。

证据可能具有实物形象，因此可以被归类为"物质的"或"真实的"；它可以是演示、模拟、重建的形式；它可能是事实审判者可以观察的实验（演示证据）；它可能是以文字的方式叙述已经完成的事情和做出的推断（口头证据）。

有一些是"外行"证据，因为它不是专家就专业知识领域给出的证据。其他证据是那些因为有技术、培训或经验而拥有专业知识的人给出的，这就是专家证据。由外行人或专家给出的证据可以是"事实"形式的——一个人做了什么、听到什么、看到什么或感知到什么，也可以是"意见"形式的——根据数据推理得出的结论。总的来说，推测的证据是不允许的，因为它是不相关的，或者说几乎没有证明价值。

可以与共同来源高概率关联的证据，如指纹或笔迹匹配，经常被描述为展示了"个人特征"。相比之下，当证据仅可以与群体而不是单个来源关联时，证据则展示了"类特征"。这发生在"AB 型"血型样本的匹配上，除非又采取了 DNA 图谱——可能会产生更高水平的个体识别特征的检测形式。

相关证据

证据只有是"相关的"，才被允许提交法庭。证据的相关性是指证据具有某一程度的倾向，使得决定刑事或民事案件的待证事实比没有此项证据更有可能或更无可能。相关证据的另一个公式是，证据一旦被采纳，就会影响（直接或间接）对诉讼程序中争议事实存在可能性的评估。

相关证据和不相关证据的区别在于使用的基础，即在诉讼案件中哪种证据可以提出。该区别决定了它的可采性并且也决定了它的证据价值。为此，证明价值一定程度上可被视为证据对争议事实存在可能性的评估所造成的合理影响的程度。相关性依赖于具体情境，所以法官认定事实的相关性对建立先例而言意义很小。然而，"因为并不能构成证据进而帮助事实认定者做出特定的裁决，所以证据不相关"，这个决定十分重要，因为它导致这样的信息从呈现在事实认定者面前的材料中被移除。法官决定不相关的证据是不可采的。

直接证据和间接证据

在刑事诉讼中，证明必要事实的证据可以分为两种：直接证据和间接证据。当事人有时可以举证，如果被法庭接受，就可以证明争议事实，而不必从一个事实推断出另一个事实。这就是直接证据。如果问题是人是否死亡，并且该人的尸体被展示，那就是死亡的直接证明。如果法院用自己的感觉来评价证据，这就是直接事实证据；法院也有理由依赖对证人准确性的评估，这就是直接证言证据。

相比之下，被怀疑已经死亡的人两年前留下一封遗书并详细地安排了个人事务后在海边神秘失踪，这就构成了他死亡的"间接"或"假定"的证据。大法官凯恩斯在伯哈芬和斯坦顿贵族案（1875 年）中，很好地总结了间接证据的功能："一方面，你可能拥有如此微弱的一束光，它本身无法照亮黑暗的角落。另一方面，你将会有很多束这样的光，它们每一束都是不够的，但是把所有的集合在一起就可以聚焦在同一个点上，并且一旦统一，就会产生照明效果，驱走你努力消除的黑暗。"

尽管如此，直接证据仍比间接证据更可靠，但直接证据受制于一系列可能减少其可靠性的因素，包括虚假的目击者、潜在的感知错误和解释错误。然而，普通人依据经验所得的东西，以及法医评估，都是为了评价从数据中推断出来的假设的可能性。因此，某些情况下间接证据在寻找事实真相过程中有相当大的实用性和可靠性。在刑事审判中，一个关键问题往往是间接证据会排除另一种与无罪一致的假设。

实物证据

事实可以由实物证据来证明，可以根据法院的感知辨识，而不是通过证人证词来证明。它可以有许多形式，如果有足够的相关性和可靠性，通常会被采纳。因此，精神错乱可以通过被告人所展现的错乱行为而证明；怀孕可以通过腹部的隆起来证明；16 岁以下的孩子可以通过外观来证明；一个人的外表可能是其国籍的证明。在一件很久以前的谋杀案中，法院可以通过检查死者伤口和死者背心上的洞得出结论："枪在右侧乳房留下的伤口，不可能是死者放在怀里的手枪走火造成的。"［R v. Reason（1722）16 How St Tr 42.］

实物证据的一种形式是书证。将文件提交法庭，不仅证明了文件的存在，也证明了其中所写的内容。

实物证据的另一种形式是在陪审团面前进行的科学或实践实验。但是，这些证据往往被庭审法官限制，以免在陪审团中引起不公平的偏见，例如看到特别可怕的或令人痛苦的人或者看到其他残留物。实物证据的可采性还取决于照片之类的实物能准确反映事实的程度。实物是公平的并且缺乏误导的倾向，可以通过有相应能力的人宣誓后的证言验证。

陪审团经常被告诫：在解释 DNA 放射自显影、比对工具痕迹、评估笔迹或指纹的相似性时不要将自己视为专家。允许陪审团走的道路是狭窄的（并且不易理解的）：只要他们不是用自己的判断代替那些专家证据，他们就被授权自己检查物证并且得出自己的结论。

实物证据还有一个类别，即演示证据，目的是解释或说明。计算机生成的栩栩如生的画面，飞机或机动车碰撞、设备故障，甚至强奸，都是此类证据的例子。一般来说，必须建立这种证据的真实性以及其相关性的充分基础。为了证明演示证据的相关性，可以证明基础数据是准确的，证明将数据输入计算机的过程合理地避免了错误，证明经常通过测试来维护相关硬件和软件的准确性和可靠性。此外，在许多司法辖区，在这些证据被采纳之前必须表明这些证据比起偏见更具有证明力。在这方面的一个问题通常是输入数据的准确性，以及是否可以对其做出不同的解释。当这样的证据有可能产生视觉冲击感时尤其如此，因此，在某些情况下，会产生误导或偏见。

口头证据

在法庭上提出的很大比例的证据是"誓言"或口头形式的证言。它通常被称为言辞证据。这样的证据通常基于回忆，除非证人被允许参考笔记或其他文件。有时允许刷新证人的记忆。当事人间在书面文件创建（如合同）之前或之后就减去、增加或改变书面文件的内容一旦达成书面协议，"口头证据规则"就会拒绝口头证据。然而，这还受到许多条件的限制。

口头证据是英美传统以及一些大陆法系国家的主要证据，它允许决策者观察证人的举止，从而判断其可信度和真实性。社会科学研究已经表明，这样的评估可能会因为有错误的假设和归因而有缺陷。然而，关于可靠性的调查结果是事实认定者的保护区，并且只在有限的程度上才允许上诉。

类与个体证据

如果在犯罪现场发现的证据与被指控犯罪的人所持有的证据相匹配，接下来的问题就是这种匹配的重要意义。它出现在许多匹配形式中，例如指纹、DNA 图谱、玻璃折射率、油漆针状体、毛发、纤维和鞋印。一些证据具有高度识别特征，被称为拥有"个人特征"的证据，包括 DNA 图谱、指纹学或指纹识别证据，以及一系列的比较证据形式，例如工具痕迹、笔迹、轮胎或鞋印证据。

一般来说，一份个体证据的价值与关联错误的可能性成反比。这取决于尝试比对的数量——通常针对相关数据库的数据。数据库越大，匹配的意义越重要，个体证据和相关类别的证据之间比对的潜能就越大。

因此，被告人的鞋上有特定种类的土壤，且在死者被谋杀的地点发现的正是这种土壤时，这一证据可能会被采纳并对被告人不利。这一证据不能指向唯一被告人，因此，可以说其拥有"类特征"。不过，它可能会构成对被告人不利证据的重要组成部分。然而，就事实认定者评估证据的证明价值以及庭审法官决定此种证据的证明价值是否高于偏见而言，有必要提出一系列因素来使事实认定者能够评估此类"匹配"的意义。其中包括相关地理区域里无处不在的土壤，从而使事实认定者能评估杀人案中没有涉及的人身上有这种土壤的可能性有多大。相关数据库在使评估特定结果的意义成为可能中所扮演的角色，包括在统计学意义上，可能很重要。这可能会产生统计证据——被归类为基于贝叶斯分析的证据，并且在一些法院不会被允许。

可靠证据

事实认定者需要他们可以依赖的证据。合理并且受信任的证据可以决定民事或刑事案件中的主张是否达到了必要的证明程度。在一些司法辖区，专家证据的可靠性是证据采纳的先决条件。这说明了可靠性作为法律概念的意义。

在大多数司法辖区，证据可以被排除，至少在刑事案件中是如此——被排除证据的偏见要远远大于其证明力。可靠性是决定证明价值的一个因素。

在美国、加拿大、新西兰以及澳大利亚，可靠性是专家证据被采纳的决定性因素。但在英国并非如此，尽管法律委员会于2011年建议做出改变。在美国，联邦最高法院在多伯特案有影响力的判决中（不详细地）描述了可靠性的四个特征：（1）科学证据是否可以或已经被测试，即其可证伪性、可反驳性、可检测性；（2）是否对该理论或技术进行了同行审查和发表，以增加在方法上发现实质性缺陷的可能性；（3）已知的或潜在的错误率以及控制该技术的操作标准的存在和维护；（4）技术是否在科学界得到了普遍认可。因此，通过科学分析、考虑其在相关知识市场的合法性来测试评估专家证据的可靠性。其他司法辖区已经详尽地列举了可靠性的特征。就科学发展进程以及衡量标准所需要的完整性而言，可靠证据拥有不同程度的特异性。

传闻证据

非证人向证人所做的陈述，可以是传闻证据，也可以不是传闻证据。当证据的目标是建立陈述中所包含的真理时，它就是传闻并且经常不会被采纳。当它的提出是为了建立证据而不是证据的真实性且没有超出事实时，它就不是传闻而且会被采纳。对传闻证据的使用加以约束是因为法院需要依赖能合理信赖的证据。如果证据是第二手或第三手的并且因为缺乏来源而不能够有效地评估，则证据本质上就是不可靠的。因此，在大多数司法辖区，许多被排除的证据都属于传闻证据。然而，对抗传闻证据的规则受一些资格和例外的影响，如在澳大利亚的一些地区，为了方便提供具备可接受水平的各种形式的可靠证据，传闻证据规则已经明显减弱了。

倾向证据、巧合证据、习性证据

倾向证据和习性证据是用来证明个人或机构以特定方式行事的倾向行为证据。人们经常试图举出这样的证据来得出符合行为的推理。这就是倾向推理。倾向证据通常的证据形式，是被告人曾经犯下的类似于现在指控的不法行为。然后可以得出推论，因为被告人已经有倾向犯同类指控的罪行，而在此情况下被告人也这样做了。如果被告人有不同寻常的犯罪倾向，就可以用该证据来指控被告人；它可能会推翻"所发生的不过是意外事故"这样的辩护理由，也可能构成证据的"关系""关联""情感"。倾向证据的可采性测试在不同的辖区有所不同。证据越有证明力，过去的行为和被指控行为越相似，被告人的行为就越不寻常。然而，这样的证据偏见是极大的，而且经常是不可采的，因为不足以帮助事实认定者且因具有导致不恰当推理模式的极高危险而助益甚微。

巧合证据基于两个或更多事件碰巧同时发生或者说各自完全独立的可能性。越是惊人相似的事件，如犯罪，越少见；通过附属条件，事件越不相关，证据就越令人信服。

专家和外行证据

证据也可以通过证人的知识来分类。大多数证人是外行证人并且并不被允许提供意见证据，除了缩略的事实表述（参见事实和意见证据部分）。

因为技术、培训或经验而拥有专业知识的证人被认定为专家证人。然而，这很灵活并且经常有不确定的命名，因为所有的专家都是在知识和地位上从外行逐渐成长为专家的。这样的过渡是一系列因素作用的结果，包括知识范围、经验领域、专业知识的传播以及专业知识特异性的程度。随着大多数学科的精细度增长，越来越清楚的是，仅仅拥有学历或加入一个有学问的大学或组织并不足以使一个人成为法庭所需要的专家。然而，在大多数司法辖区，专业知识的出处并不重要，专业知识是如何获得的也不重要，最重要的是实际拥有相关专业知识。

事实和意见证据

专家证人不同于外行证人的地位在确定证人是否有权向法院提出意见方

面是很重要的。专家证人具有专业知识，表达清晰，具有作证经验，有潜在的特别影响力，结果就被指定为专家。一般来说，外行证人局限于他们的所做、所看、所听和所感。他们仅能提供事实的简要陈述，如一个人表现的"悲伤"或一辆车"快速"行驶。

表述意见、从事实中得出推论是专家证人的特权。然而，区分事实和意见并不总是那么容易。1898 年，J. B. 泰勒（J. B. Thayer）写道："从某种意义上来说，所有关于事实问题的证言都是意见证据，如从现象或精神印象得出的结论。"因为大多数语言体现了某种推断，所以完全区分意见陈述和事实陈述是不可能的。在一定程度上，所有陈述都是从经验中推断得出的。1926 年，汉德法官坦率地接受了二分法任意性的现实。"意见和事实最多只有程度上的差别，并且应该彻底依赖实际考虑，如节省时间以及证人的心态。"[Central R New Jersey v. Monahan, 11 F 2d 212 (1926).]

在证人的专业知识及给出意见证据的资格存在争议的法律环境中，区分事实和意见证据最重要。例如，澳大利亚最高法院的两个决定，允许在处理特定条件下特定道路上折断的拖车方面有实际经验但没有相关学术背景的人提出证据 [Clark v. Ryan（1960）103 CLR 486 和 Weal v. Bottom（1966）40 ALJR 436]，他们被公认为远超过大多数非专业人士的知识存储库。在后一案件中，法院认定：铰接拖车拐弯时有向外摆的趋势，路面湿滑时，该趋势更明显，这就可以被描述为事实，因此可以由形式上不符合专家的法律标准的人给出。

虽然允许专家给出意见证据，但他们也可以提供事实证据。这种证据特别重要，例如，病人告诉法医的内容，专家到达现场后第一眼看到现场情况，法医病理学家在死者身体上看到的东西。通常，经过训练的"科学家"有条不紊并且准确记录观察结果的能力为民事和刑事诉讼提供了解决关键问题的决定性证据。

参见

基础：法庭科学的基本原则；
法律：专家证人资格和证言；法庭科学的法律观。

扩展阅读

Chayko, G. M., Gulliver, E. D., Macdougall, D. V., 1991. *Forensic Evidence in Cana-*

da. Canada Law Book, Ontario.

Coady, C. A. J., 1992. *Testimony: A Philosophical Study*. Clarendon Press, Oxford.

Freckelton, I., 1987. *The Trial of the Expert*. Oxford University Press, Melbourne.

Freckelton, I., Selby, H., 1993. *Expert Evidence*. Thomson Reuters, Sydney (looseleaf service, 6 vols).

Freckelton, I., Selby, H., 2009. *Expert Evidence: Law, Practice, Procedure and Advocacy*, fourth ed. Thomson Reuters, Sydney.

Gold, A., 2009. *Expert Evidence in Criminal Law: The Scientific Approach*, second ed. Irwin Law, Toronto.

Hodgkinson, T., James, M., 2009. *Expert Evidence: Law and Practice*, third ed. Sweet & Maxwell, London.

Imwinkelried, E. J., 1997. *The Methods of Attacking Scientific Evidence*, fourth ed. Lexis Nexis, Charlottesville.

Jasanoff, S., 1995. *Science at the Bar*. Harvard University Press, Cambridge, MA.

Jones, C. A. G., 1994. *Expert Witnesses*. Clarendon Press, Oxford.

Robertson, B., Vignaux, G. A., 1995. *Interpreting Evidence: Evaluating Forensic Science in the Courtroom*. Wiley, Chichester.

Saferstein, R., 1997. *Criminalistics: An Introduction to Forensic Science*. Prentice Hall, Upper Saddle River, NJ.

Stone, J., Wells, W. A. N., 1991. *Evidence: Its History and Policies*. Butterworths, Sydney.

Tapper, C., 2008. *Cross and Tapper on Evidence*, eleventh ed. Butterworth, London.

Thayer, J. B., 1898. *A Preliminary Treatise on Evidence at the Common Law*. Augustus M Kelley, New York (reprinted 1969).

United Kingdom Law Commission, 2011. Expert Evidence in Criminal Proceedings in England and Wales (LRC 325). http://www.justice.gov.uk/lawcommission/docs/lc325_ Expert_ Evidence_ Report. pdf.

犯罪现场到法庭

K. 拉姆齐、E. 波顿, 英国, 曼彻斯特, 大曼彻斯特警察局法医服务部

术语表

CBRN 化学、生物、放射性和核事故。

CCTV 闭路电视（摄像机或证据来源）。

CPD 持续职业发展。

CPS 皇家检控署（英国）。

HTCU 高科技犯罪单位（检测来自任何系统或设备的硬件、软件、数据、图像）。

L2 2级调查，需要特殊技能，例如隐蔽操作、部署和替换物品以及法庭科学标记。

LCH 本地结算所（火器）。

NaBIS 国家弹道情报服务（英国）。

NCA 国家打击犯罪局（英国）。

NOS 国家职业标准。

T1/2/3 犯罪现场调查技能等级是为犯罪现场调查员规定的技能等级，其中 T1 是最基本的培训层次（通常仅针对多发案件），T2 培训适用于多发、严重的和重大的犯罪调查，T3 是针对犯罪现场管理、复杂调查协调进行的培训。

VSC/ESDA 视频光谱比较：油墨分析，主要用于欺诈性文件；静电检测分析，检测纸上的（书写）压痕。

引　言

在 20 世纪，在法庭科学领域发展了许多学科，使证据工作高度专业化，以支持刑事调查。许多更为传统的学科，例如足迹分析和血迹形态分析，其成熟的原则和方法已经在刑事司法背景下得到了证明，这些领域的发展主要局限于技术支持系统和数据库信息共享。20 世纪 80 年代和 90 年代高速发展的 DNA 分析技术导致了许多国家级和国际的 DNA 数据库的出现；然而，变革的步伐现已明显减慢。在 20 世纪末和 21 世纪早期，此前几乎未确立的法庭学科证据类型出现了爆炸式增长，如闭路电视、手机、计算机分析、数字图像和社交媒体，他们被统称为电子物证。

由于每个学科高度专业化的性质和不同的发展速度，法庭科学有效地代表了一种相互关联的（通常也是独特的）支持刑事调查的条件组合。

目前提供法庭科学服务的大多数模式，尤其作为更广泛组织的一部分，例如警察部门和执法机构，随着时间的推移，通过锚定附加元素和聚集相关领域而出现。如果将法庭科学目前的能力从零开始设计为一个有效的实体，那么可以肯定的是将会提出一个更为综合、更加有效的结构。

此外，现场法庭科学已经专业化，对规范的要求也不断提高。例如，早在 20 世纪 80 年代，犯罪现场调查已被警察广泛开展，主要限于记录、回收可见证据；在有限的能力范围内它被用来支持特定的调查，而没有更广泛的情报发展空间。现在，犯罪现场调查主要由专门从事这些工作的专业人员承担。

要从事法庭学科实践，需要专业培训、资质和能力。能够支持调查的证据种类已明显增加。一些学科倾向于形成交叉技能。

公众对法庭科学可以提供什么的期望已经被广受欢迎的主流电视节目提高，包括纪录片和虚构片。通常，公众对可提供的事物的期望超出了其可能性或者经济上的合理性。这就要求服务提供者和用户在做出知情（证据和财务）决定时，考虑对支持调查的法庭科学证据进行最佳利用。

本部分根据刑事司法系统可采用的不同模式，优化了从犯罪现场回收的法庭科学证据的使用方法，概述和讨论了综合案件管理的概念。

任务

任务是汇集所有潜在的法庭科学机会，全面审查其对于调查的意义，确定工作进展的优先级，向法院提供最好的证据进行检测（遵守所有关于连续性、完整性和质量的要求），并确保在决定法庭科学证据使用时的最佳性价比。

在国际上，由于地区、州和国家层面不同的刑事司法模式和商业市场状况，存在各种限制和机会。

模式

（a）所有的法庭科学证据均来自于一个执法机构，比如一个警察实验室。

（b）所有法庭科学证据都由与此执法机构签约的外部专家提供。

（c）（a）和（b）的综合。

法庭科学策略

从犯罪现场回收证据只是法庭科学鉴定过程的开始。一旦证据被收集、包装和保存，就需要对其进行分析，以便为调查和随后的法院审理提供有意义的信息。

进行法庭科学鉴定是为了确定或排除嫌疑人，并确定在犯罪或事件发生期间的情况。

决定需要做什么分析可能是一个复杂的过程。需要考虑以下问题：

- 是否有必要检查所有回收证据？
- 是否每个可能的检测都要进行？

理想情况下，最好进行一切可能的分析。然而，在现实中，这可能既不可行，也不经济。此外，进行每一个可能的分析将使法庭科学实验室负担过重。在做出关于应该进行什么法庭科学分析的决定时，至关重要的是要同时考虑到潜在的起诉和辩护案件。必须采取公正的方法来评估检查要求。通常没有必要对所收回的每一项证据进行检查，但检查应该针对可能增加调查价值的地方。

法庭科学策略应当围绕法庭科学证据起作用的每一个案件制定，这可能涉及整个案件或个别证据。法庭科学策略应当以考虑所有潜在证据类型的整体方式制定，并应指导和协调所需的法庭科学检查、分析。

法庭科学策略可以由以下一个或多个不同的人员通过不同的方式制定：

- 调查人员；
- 犯罪现场调查员或犯罪现场管理员；
- 法庭科学家、法庭科学专家；
- 法庭科学意见提交官（这是一个可以有不同命名的角色，如法庭科学顾问、科学支持经理等；这个角色是警察部门或执法机构内知识广博的人，他们利用知识和专业为法庭科学分析提供建议，并拥有决策权和预算支出的控制权）；
- 法定代理人；
- 病理学家。

法庭科学策略最初通常由参与犯罪起诉的人员制定和应用。虽然情况确实如此，但至关重要的是，在制定策略和考虑可能支持辩方案件和控方的信息时，需采取平衡和公正的办法。应该进行可能为调查增加价值或提供信息的检查（不论是否支持或削弱起诉），所有结果必须向辩方公开。辩方也应该有机会对他们所需的策略、检查过程和/或结果进行审查，并获得自行检查证据的机会以提供充实辩护。

为了制定法庭科学策略，并就哪些法庭科学检查对调查有价值做出适当决定，必须做到以下几点：

- 收集尽可能多的有关案件情况的信息：
  - 取证情况；
  - 受害人、证人、嫌疑人等的陈述。
- 了解法庭科学及其在调查中的应用。

法庭科学策略会议是确保所有相关方了解案件全部情况的有用方式，并且能够就所有证据的处理进行"多机构"讨论，以便以全面和协调的方式提高证据潜力。

通常情况下，警察对法庭科学没有充分的理解或认识，法庭科学专家常常对警方和调查过程的了解也相对较差。这可能导致应用法庭学科以满足调查需要时的误解和混乱。制定法庭科学策略的联合方法有助于在个案基础上改进沟通和理解。

只有在更严重的案件中才需要正式的法庭科学策略会议，一般方法可以应用于任何调查。即便在最简单的案件中，调查人员、犯罪现场调查员、法庭科学顾问（预算负责人、决策者）和检察官之间的讨论也是有益的。或者，可以对犯罪类型或作案手法实施通用策略。

在对物品实施可能的检查，评估和制定法庭科学策略时，调查的要求是主要关注的问题，应考虑以下问题：

- 物品或证据的类型和性质。
- 物品所处的环境：
  - 究竟在何时何地被提取；
  - 物品的状况（湿度、损坏等）。
- 物品的完整性：
  - 是否已经被适当提取、处理、包装和保存？
  - 物品的安全性和连续性是否完好？
- 可从该物品获得的潜在证据，例如 DNA、指印、纤维、鞋印。

- 这些证据类型可能为调查提供的信息。

- 这种潜在信息是否可能为调查增加价值？

  ○是否可能提供新的信息？

  ○证人、受害人或嫌疑人的陈述是否可能得到支持或反对？

  ○这些信息是否有助于确定发生了什么？

- 在潜在证据类型之间是否存在冲突？如果是，在该情况下哪种证据类型将是最有价值的？

  ○例如，用拭子或胶带提取DNA可能破坏指印，但当DNA可能处于低水平并需要专门的低模板DNA分析时，DNA的存在可能不一定证明嫌疑人与物品有接触，而指印总是能证明该接触已发生。

- 成功的机会，即获得对调查有价值的结果或信息（这可能有包容性或排他性）。

历史上已经完成了许多与提高和理解与DNA分析成功率相关的工作。然而，在充分了解与其他法庭科学证据相关的成功率方面，开展的工作相对较少。这主要是因为其他证据类型，例如纤维、枪支射击残留物、鞋印等，通常比DNA解释更复杂。关于DNA分析，成功率通常取决于获得DNA图谱的机会；对于其他证据类型，结果的价值在很大程度上取决于调查的情况。例如，当在嫌疑人的衣服上搜索玻璃时，根据情况，玻璃的缺乏和存在都可能对调查有价值。当衣服上存在与来自犯罪现场的对照样本匹配的玻璃时，只有其存在不能以任何合法的方式予以解释，这种情况才是有价值的；相反，当衣服上没有玻璃时，可能得出嫌疑人没有参与犯罪的结论，这取决于犯罪和逮捕的情况。

除了理解和评估能获得有意义结果的机会，理解对整个案件的总体贡献的价值也是至关重要的。这涉及法庭科学检查对于犯罪侦查以及法院程序的结果的价值和贡献。与获得法庭科学检验结果的机会相比，这是一个更难以评估和理解的问题。

法庭科学证据的价值取决于个案的情况，因此必须根据个案的基础作出检查决定。一些机构和警察部门最近的一些发展可以让我们更好地了解不同类型的法庭科学证据的成功机会和对调查的价值，这将有助于更好地熟悉关于证据潜力和检查可行性的决定以及帮助实现经济效益。这种方法可被描述为法庭科学效用。

法庭科学策略还应考虑与调查过程和刑事司法系统相关的时间尺度，应确保法庭科学分析能够满足刑事司法程序的要求，包括开庭日期和披露适当信息给辩方的任何要求。

每个警察部门或执法机构将用自己的方法提交证据，用于法庭科学检查或分析。无论该分析是在内部的警察实验室内进行，还是在外部的商业公司或政府所有的实验室内进行，这些方法都可应用于所有检查和所有证据类型。

这些方法有助于确保决策是基于科学知识、可行性和证据价值的。这些方法有助于确保在考虑性价比的同时获得最好的证据，并且其可适用于任何调查，无论犯罪的严重性或调查的规模如何。

综合案件管理

在指导调查方面，法庭科学策略的概念和使用并不新鲜，但往往受到调查机构内部法庭科学学科结构演变的限制。通常，大量犯罪中的 DNA 和指纹证据是通过不同的路径同时独立提交的，这往往导致精力或金钱的浪费和结果的重复。法庭科学情报的发展和运用一直不断变化。新出现的想法包括对法庭科学重新进行组织设计，以便更好地与相关职能结合，例如收集情报、有针对性地部署资源以及优先提交法庭科学文件。

综合案件管理概念将知情操作部署结合起来（例如犯罪现场调查员的部署），然后采取了更全面的方法进行检测。该策略更多地考虑了对情报的支持和期望结果。定期审查和触发点用于分阶段提交潜在证据，并加强与调查人员的沟通，以便进行更有针对性和直接的调查。

最终，通过将优先执行事项、可用资源、潜在证据、情报和检察官要求联系起来的综合过程，可以更好地得到智能识别的产物。这种模式提供可灵活应对不断变化的需求，并增加了高效率和有成效地为调查提供法庭科学支持的可能性。没有单一的方法来实现这一点，但是图 1 给出了重新思考一些传统的独立法庭科学学科问题的说明。

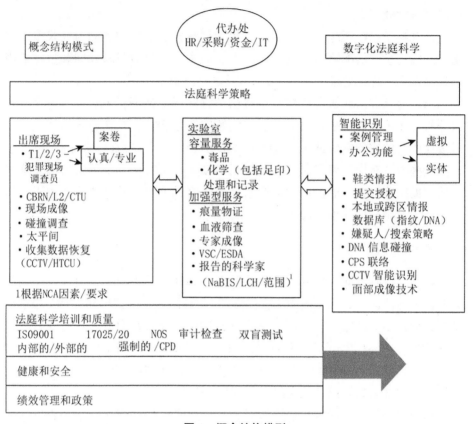

图 1　概念结构模型

总结

在 21 世纪，法庭科学界面临的最大挑战是实现综合服务的现代化，以支持调查。这必须：

● 在各学科发展的基础上再接再厉；

● 适应新的技术学科；

● 满足监管要求；

● 反映不断变化的劳动力和技能；

● 向法院提供最好的证据以支持调查。

参见

基础：法庭科学情报；法庭科学的历史；法庭科学的基本原则。

扩展阅读

Faigman, et al., 2006. *Modern Scientific Evidence*：*The Law and Science of Expert Testimony*. Thomson Reuters.

Fisher, B. A. J., Fisher, D. R., 2012. *Techniques of Crime Scene Investigation*, eighth ed. CRC, Boca Raton, FL.

Houck, M., Crispino, F., McAdam, T., 2013. The Science of Crime Scenes. Elsevier. Innocence Project, 2011. http://www. innocenceproject. org/Content/Facts_ on_ PostConviction_ DNA_ Exonerations. php (accessed 10. 03. 11).

Kirk, P. L., 1974. Ln：Thornton, J. L. (Ed.), *Crime Investigation*, second ed. Wiley, New York (1985 reprint edn. Malabar, FL：Krieger Publishing Company).

NAS, 2009. *Strengthening Forensic Science in the United States*：*A Path Forward*. NAS Report：Committee on Identifying the Needs of the Forensic Sciences Community. National Academies Press, Washington, DC.

White, P., 2010. *Crime Scene to Court*：*The Essentials of Forensic Science*. Royal Society of Chemistry, Cambridge, ISBN 978-1-84755-882-4.

法庭科学实验室报告

J. 爱波斯坦，美国，特拉华州，威明顿，威德纳大学法学院

没有法律或科学规定的精确公式可以说明法庭科学实验室在报告检查结果或分析结果时必须包含哪些内容，其内容可能取决于个别检查员的偏好、实验室内部政策、法律规定、认证组织标准或制作原因。可以肯定地说，通过了解目前对制作法庭科学实验室报告的做法和报告标准的趋势的批评，并通过考虑报告在法庭程序中的使用、关于报告的法律和道德运用以及法庭科学家的职责，可以确定法庭科学实验室报告的模式。

在讨论这些因素之前，值得一提的是，报告一词本身缺乏清晰性，因为

它可能指的是记录检查的完整案例文件或者仅仅是检查结果的汇编。在这里，报告表示后者——为消费者（指示进行检查和测试的调查人员、律师或法院官员）准备的文件。这份报告在详细程度上可能有所不同，因为可能有向请求方通报结果的摘要报告；准备向法院或律师披露的作为审前发现一部分的更正式的报告；确定专家实际将作证时，扩充了所述初始发现的报告；将代替实际的证词提交的报告。附加文件可能包括一份管理或处分报告，详细说明送检项目的收到或退回情况。

还必须承认的是，专家在裁决过程中的角色在某种程度上取决于判决制度是否是对抗性的：有的专家是由寻求观点支持的一方请来的，如在美国；而询问式或"普通法"中的专家是法庭证人，其被推定为中立的，不倾向于某一方，如在法国、比利时和德国。这些划分并不总是得到遵守，正如美国法律允许初审法官根据《联邦证据规则》第706条任命"法庭"专家并听取其证词，在某些涉及欺诈和伪造犯罪的案件中，法国允许引入竞争专家。然而，这些不同的角色不能改变实验室报告的必要组成部分，并且如下文所述，道德和法律两方面考虑以及对科学角色的承诺可能需要报告是中立的，并且承认任何限制和/或弱点。

报告的内容——"科学"标准

至少在美国，对法庭科学实验室报告有大量的批评，这可以在美国国家研究委员会2009年的一份名为"美国法庭科学的加强之路"的报告中找到。在指出法庭科学实验室报告缺乏确切的术语后，该报告得出结论，即大多数法庭科学实验室报告不符合其提出的标准。

> 一般来说，作为科学分析结果的实验室报告应该是完整和缜密的。它们应至少描述方法、材料、程序、结果和结论，并且应酌情确定程序和结论中不确定性的来源以及估计其比例（以表明对结果的置信水平）。尽管提供如研究论文一般的尽可能多的细节既不适当，也不切实际，但实验室报告应提供足够的内容，以便非科学家读者能够理解已经完成的工作，并对结论进行一定知识水平的和公正的审查。

这种批评并不是孤例。2011年英国法院的一项判决还对法医（潜在指纹）指控中的细节和证据是否充足表示关切。在注意到检查员未同时记录

"检查的详细记录及其结论的原因"之后，法院补充说：诺丁汉郡指纹局为审判提供的报告的质量，反映了多年前法庭科学其他领域中的标准，而不是当前法庭科学预期的大大改进的标准。

美国国家研究委员会标准比各种法庭科学组织的标准更加详细。例如，美国犯罪实验室主任协会/实验室认可委员会（ASCLD/LAB）要求只为"所有分析工作"编写书面报告，而且必须包含结论和意见，并明确传达"协会的重要性"。

其他标准提出了对完整文档的需求，但不区分实验室的工作笔记和最终产物。例如，国际标准化组织（ISO）的 ISO/IEC 标准 5.10.5 要求"实验室记录提出意见和解释的依据"，而不指定记录信息的位置。类似语言也用于弹道学报告，根据火器科学工作组（SWGGUN）的建议，"当包括意见和解释时，实验室应记录提出意见和解释的依据。意见和解释在检测报告中应清楚标明"。

然而，美国国家研究委员会报告更详细的要求不是唯一的。学者和机构提出了类似的或至少是实质性的标准。英国皇家化学学会 2004 年的出版物建议酌情将以下信息纳入专家报告：

- 科学检测的事件概要；
- 开展科学工作的纲要；
- 检测项目列表；
- 执行工作的描述；
- 解释结果的陈述；
- 总体结论。

英国皇家化学学会还敦促报告确定测试中的助手和他们各自的角色，并且包括具有表格或类似测试结果的附录。

对于 DNA 分析，美国联邦调查局的 DNA 实验室标准要求报告包括一个对所检查的证据、技术、结果和/或结论的描述以及"定量或定性的解释性声明"。

关于报告内容的最后一个科学问题是对偏见的关注。研究表明，分析师收到的不相关信息会影响其判断，例如指纹正被检查的嫌疑人"供认了犯罪"，或验证不是"盲测"。法庭科学实验室报告（或实验室记录）中的这种信息的记录是一种响应动作，是实验室内部政策，以减少分析师或检查员暴露于潜在偏差信息的机会。

报告内容：法律标准

科学所需要的内容在某种程度上反映在对专家报告的法律要求中。这些因国而异，也因国家内部不同地区有刑事立法权而有所不同。

在英国，2010 年《刑事诉讼程序规则》第 33.3 条规定了一份完整报告的内容，即向法院提交报告的内容如下：

1. 做出报告或声明时所依据的调查结果；

2. 报告或声明中所述的调查结果的细节在他们自己的知识范围内，这些调查结果是由别人进行检查、测量、测试所得，以及这些检查、测量、测试等是否是在专家监督下进行的；

3. 执行检查、测量、测试等的人员的身份、资格、相关经验和任何证明；

4. 他们所依赖的任何事实陈述、文献或其他信息的详细情况，这些情况要么是为了确定检查或测试要求，要么对报告或陈述中表达的意见或这些意见的依据具有重要意义；

5. 所得结论和意见及其理由的概述；

6. 如果一项声明的结论或意见所依赖的任何信息发生变化，则此结论或意见必须接受审查；

7. 如果对报告或声明中处理的事项有一系列意见，概述意见的范围以及专家提出自己意见的理由；

8. 任何可能引起对其解释或意见的怀疑的信息；

9. 如果专家因没有资格而无法提出意见，那么资格是什么。

美国联邦刑事起诉的立法授权就不那么具体了。根据《联邦刑事诉讼规则》第 16 条之规定，政府必须允许辩方检查、复制或拍摄任何科学测试或实验的结果或报告，并且必须在审判前对所有专家证词进行书面总结，说明证人的意见、提出这些意见的依据以及证人的资格。刑事案件中的辩护律师有相互披露的要求。尽管这些术语看起来很笼统，但美国法院有时会对其进行解释以要求报告包含更多细节，例如基础文档。

在美国，来自宪法保障正当法律程序条款的额外要求可能影响警察部门或其他政府机构发布的实验室报告所必须包括的内容。控方必须披露对被告人有利的信息和对定罪或量刑有重大影响的信息，以及"辩方可能通过展示偏见或利益来弹劾政府证人的证据"。这扩展到"影响可信度的证据"。这一信息通常被命名为布莱迪材料。

这些规则对官方（警察或州）实验室的适用性问题已得到解决。美国联邦最高法院认为，披露义务可以扩展到与检察机关合作的警察部门，并且已扩展到法庭科学鉴定人。因此，在报告或其他交流中，政府雇用的法庭科学检查员必须确保披露布莱迪材料。

还有待定义的术语是"辩解"或"弹劾"信息。每个术语的核心都很容易描述。如果证据倾向于降低有罪程度或质疑罪责证明，那么它就是"辩解"；"弹劾"信息是偏见或利益的证明，或者是可用于反驳或攻击分析师或报告可信性的信息。这种类型的披露与英国法律所规定的法庭科学实验室报告要求相似，其要求在报告中包括对一系列意见的概述和专家提出自己意见的理由；任何可能引起对其解释或意见的怀疑的信息；如果专家因没有资格而无法提出意见，那么资格是什么。

报告：独立的证据或支持作证的专家

法庭科学实验室报告是否可以在审判中作为证据独立存在，或者必须伴随分析师的证词，取决于法律规定。在美国，控方专家报告不能单独被接纳，因为这被认为侵犯了被告人与不利证人对质的权利。美国联邦最高法院在梅伦德斯-迪亚斯诉美国政府案（Melendez-Diaz v. U. S.，以下简称"梅伦德斯-迪亚斯案"）中认为，分析证书属于核心证言，因为它是为确立或证明某种事实而做出的庄严的"声明或确认"。在该案的后续判决中，法院进一步认为，另一个分析师不能参与证明报告的内容，至少在其他分析师既没有监督也没有观察到初步测试的情况下如此。（这只适用于控方专家报告，因为在美国只有被告人有与证人对质的权利保障。在没有分析师证词的情况下，辩方法庭科学报告的可采性将由州的证据规则决定，但一般不会出现此种情况。）同时，对质权并不意味着分析师必须作证。国家可以创建通知和要求法规，根据该法规，控方通知被告人其在庭审中使用专家报告作为证据的目的，然后被告人在规定时间内要求专家现场作证。被告人未能"要求"，意味着放弃要求专家出庭的权利，并允许使用该报告。此外，被告人可能总是同意对报告的内容做出规定，而不需要任何现场证词。

梅伦德斯–迪亚斯案的做法并没有在国际上得到统一遵循。加拿大允许在没有现场证词的情况下，通过专家报告提供证据，报告的提议者将其提供给对方当事人，审判法院认定报告作者是合法专家。法院保留自由裁量权，以要求专家出庭接受交叉询问。1995 年《澳大利亚证据法》同样授权通过证书提供专家证言，但对方可以要求提供方"传唤签署证书的人提供证据"。在英国，专家报告本身可以作为证据，但必须符合法官的自由裁量权，以要求分析师或检查员出庭。

道德考量与法庭科学实验室报告

除了法律或科学的要求，决定在法庭科学实验室报告中列入什么内容，可能要考虑道德因素。法庭科学组织通常有道德规范，但它们可能对报告写作的细节保持沉默。美国刑法学委员会的准则是说明性的，它只规定了一般义务，例如"向提交机构全面彻底地披露调查结果"。其他法规可能根本没有提到报告，而是只提到信息的提供，且不区分书面报告和法庭提出的证据。一个例外是澳大利亚和新西兰法庭科学学会，它要求当结果不明确时报告是无倾向的。"在检测结果或结论能被解释为对法律诉讼中任何一方有利时，则应根据其优点对每一结果或结论给予权重。"

法律也可以规定道德考量。在英国，独立专家被认为只效忠于法庭，不论谁雇用了他。英国对书面报告规定了具体的道德义务：第一，如果有一系列意见，专家必须总结各种立场；第二，如果意见不能无保留地提出，专家必须披露这一点，并说明限定的方面或关切。

结论

在国家内部和国家之间，除法律规定的情况外，提交法院的法庭科学报告没有明确的标准。应当说明的是，报告越详细，越能由独立评估员进行严格评估，结果和鉴定的可信度就越高。

参见

法律：法庭科学的法律接受史；法庭科学的法律观；法律体系：对抗值和审问制

法庭科学质量管理：顺序揭露：尽量减少法庭科学中的目击者的影响

专业：道德。

扩展阅读

Code of Practice and Conduct for Forensic Science Providers and Practitioners in the Criminal Justice System 44-45 (United Kingdom), December 2011. http://www. homeoffice. gov. uk/publications/police/forensic-science-regulator1/quality-standards-codes-practice? view=Binary.

Dror, I. E. , Cole, S. , 2010. The vision in "blind" justice: expert perception, judgment and visual cognition in forensic pattern recognition. *Psychonomic Bulletin and Review* 17 (2), 161-167.

Dror, I. E. , Rosenthal, R. , 2008. Meta-analytically quantifying the reliability and bias ability of forensic experts. *Journal of Forensic Science* 53 (4), 900-903.

National Research Council, 2009. *Strengthening Forensic Science in the United States: A Path Forward*. National Academies Press, Washington, DC. http://www. ncjrs. gov/pdffiles1/nij/grants/228091. pdf.

Quality Assurance Standards Forensic DNA Testing Laboratories, 2009. Standard11. 2. http://www. cstl. nist. gov/strbase/QAS/Final-FBI-Director-Forensic-Standard. pdf.

Reviewing Historical Practices of Forensic Science Laboratories, September 29, 2010. http://www. ascld. org/.

Rothwell, T. , 2004. Presentation of expert forensic evidence. ch. 15. In: White, P. (Ed.), *Crime Scene to Court: The Essentials of Forensic Science*, second ed. RSC, Cambridge, pp. 430-432.

Spencer, J. R. , 2002. *Evidence European Criminal Procedures*. Ch. 15. Cambridge University Press, New York, pp. 632-635.

相关网站

http://www. criminalistics. com/ethics. cfm: American Board of Criminalistics, Rules of Professional Conduct.

http://www. ascld. org/: The American Society of Crime Laboratory Directors.

http://www. ascld-lab. org/: The American Society of Crime Laboratory Directors Laboratory Accreditation Board.

http://www. afte. org/AssociationInfo/a_ codeofethics. htm: Association of Firearms and Toolmarks Examiners, AFTE Code of Ethics.

http://www. anzfss. org. au/code_ of_ ethics. htm: Australian and New Zealand Forensic Science Society.

http：//www. forensicdna. com/Media/Bias＿ FS. htm：An extended list of articles on the issue of bias in forensic examinations.

http：//www. iso. org/iso/home. html：international Organization for Standardization.

http：//www. swggun. org/swg/index. php? option ＝ com ＿ content&view ＝ article&id ＝ 25：transition－from－ascldlab－legacy－toisoiec－17025&catid ＝ 10：guidelines－adopted&itemld ＝ 6：SWGGUN, Transition from ASCLD/LAB Legacy to ISO/IEC 17025.

http：//webarchive. nationalarchives. gov. uk/＋/http：//www. justice. gov. uk/criminal/procrules＿fin/contents/rules/part＿ 33. htm：United Kingdom, Criminal Procedure Rules 2010.

专家证人资格和证言

C. 亨德森，美国，佛罗里达州，格尔夫波特，斯特森大学法学院

K.W. 楞次，美国，佛罗里达州，圣彼得斯堡

引 言

证据的科学解释以及在大众媒体中的写照已经发展到极点，专家证言在庭审中不仅被法官和陪审团普遍接受，而且备受期待。本部分描述了影响专家选择的因素，包括调查专家认证信息的重要性及评估专家资格在法官和陪审团眼中的可信性。

尽管本部分是从美国的视角入手，但是这里讨论的许多话题也适用于世界各地的专家证言。然而，本部分不会陈述专家证言可采性的法律标准或在处理专家问题时的律师伦理。

选择专家

在选择专家证人时需要考虑许多因素，包括专家的可用性、花费、经验和声望。当专家作为顾问时或在诉讼的审前阶段，选择专家的标准可能受限于专家在该领域的能力。然而，作为一个庭审证人，专家的诚信、魅力以及作为证人的整体有效性都将被考虑。

因此，应该考虑的不只是专家的正式培训，还有专家的品格、举止和向陪审团组织、表述、解释复杂概念的能力。专家的品格、客观性和公正性很

大程度上决定了法官或陪审团赋予专家意见的价值。

当然，专家证书的质量也是考虑的重要因素。专家的全面评估应该考虑以下问题：（1）专家所属协会的会员要求；（2）如何比较己方专家证书与对方专家证书；（3）发表专家文章的期刊在该领域是否享有较高声誉；（4）这些文章中的结论是否经过了同行评审。陪审团对专家观点的研究可能有助于指导评价。

应该注意查证己方专家证书以及对方专家证书，因为尽管专家不太可能伪造证书，但毕竟曾经发生过。事实上，近年来专家不断面临对他们的资格是否被捏造或夸大的审查。

资格

法庭必须确定证人是否有资格作为专家作证，除非有自由裁量权的滥用，否则不会推翻该决定（Kumho Tire Co. Ltd. v. Carmichael）；但是也有其他情况，如 Radlein v. Holiday Inns, Inc. 案不会推翻庭审法院的决定，除非有非常明显的错误。《美国联邦证据规则》第 702 条规定，证人必须具备知识、技能、培训、经验和教育的基础才有资格作为专家。专家证人必须具备这些特征中的一项，法官才会裁定专家有资格给出意见。在做这项评估时，法官可能考虑专家的教育背景、工作经验、出版物、获奖情况、教学、演讲或其他专业活动、先前的专家证言以及加入的专业协会。

通常，律师应该考虑专家特定的经验、成就以及认证的意义，进而确保能够为法官提供合适的专家。专家必须做好向法官详细解释委员会认证以及许可要求的准备。

作为专家证人的经验

根据评估陪审员对指纹专家看法的研究，对陪审员来说，经验和培训往往比学术背景更为重要并且更有价值。然而，作为专家证人的经验是独立的，在以后的案例中，经验并未授予证人作为专家的资格。法院拒绝了证人的意见，虽然该证人已经有 126 次作为专家作证了（Bogosian v. Mercedes-Benz of North America Inc.）；另一个法院指出，"一个人可以通过积累作证经验成为专家的结论是荒谬的"（Thomas J. Kline, Inc. v. Lonillard, Inc.）。相反，缺乏作证经验并不会使其丧失作为专家证人的资格，因为"即使是最有资格的专家也有可能是第一次出庭作证"（US v. Locascio）。

教育和培训

一个专家可能基于学术资历才有资格，包括专家的本科、研究生学位和研究生工作。专家的学术资历证书只能由被认可的教育机构和项目组织者颁发。尽管互联网的普及有很多值得赞美的理由，但也使假文凭制造厂死灰复燃。"学历 4U"业务可以在客户选择的领域提供学士、硕士、MBA 或博士学位；宣传保证没有人会被拒绝并且没有考试、课程、书籍以及面试的困扰。在研究了这个问题后，美国国家科学院认为改善本科和研究生阶段的法庭科学教育项目至关重要，包括提供有吸引力的奖学金和助学金，资助研究项目，以吸引与法庭科学领域相关的研究性大学和学生。

专家应该在其领域不断地进行研究和发表研究成果，最好是发表在同行评议的出版物上。教学经验是法官进行评审时考虑的另一个资格：各种形式的教学——定期的、专业的、嘉宾演讲式的、访问学者形式、继续教育以及短期课程——都是重要的凭证。专家也应该通过阅读当前的文献不断了解其领域内专业知识的最新进展，参加继续教育研讨会，加入专业协会，参加专业会议。

专业协会会员

美国司法部 1987 年公布的一项研究发现，陪审团认为那些属于专业协会的指纹专家要比其他专家更可信，并且推测专家都将属于这样的组织。因此，对于专家来说，积极参加专业协会很重要；如果专家近期没有参加专业协会，其可信度就会降低。比起那些通过特殊邀请、特殊审查人的推荐或者通过考试加入的协会，只需要缴纳年费就可以成为会员的专业协会声望并不高。

因此，专家应精挑细选其要加入的专业协会。美国国家科学院呼吁认可和/或认证的标准化，以及统一的道德规范：

> 尽管法庭科学的某些领域为实现标准化和最优方法做出了卓越的努力，但大部分学科仍未建立统一的制度来实施"更好的方法"、操作标准以及认证和认可项目……只有三个州对认可做出了要求……而在其他州，认可仍然是自愿的，个人认证也是如此。
>
> ——美国国家科学院报告（第 213 页）

因此，美国国家科学院呼吁建立一个联邦机构来开发工具，提升法庭科学的可靠性，确保标准能够反映最好的方法，作为实验室认可的工具，作为教育、培训以及专业人士认证的指南。

加强专家审查

专家因为捏造或夸大其资格已经受到加强审查。在佛罗里达州，1998 年，在一个刑事案件中作为毒理学专家为控方和辩方作证 3 年的人，因为使用虚假证书作伪证被起诉。该专家声称拥有佛罗里达大西洋大学硕士和博士学位，当辩方试图确认该主张时，却发现注册机构没有该专家参与大学教育或收到大学学位的记录。

在另一个案件中，哈佛大学医学教授因商标侵权被起诉，因为在 5 次庭审中他都谎称有美国精神病学和神经病学委员会（American Board of Psychiatry and Neurology，ABPN）颁发的合格证书（ABPN v. Johnson-Powell）。该委员会试图依法获得专家证人的会费和 3 倍赔偿，但是法院拒绝了，因为法院相信专家不太可能再次侵权。

在 2007 年，法院发现某制药公司的心脏病专家作证时对其证书作虚假陈述，他声称获得了内科和心血管疾病方面的执照，而事实上这些认证都已经过期。因此法院允许产品责任诉讼中的原告申请重新审理。

除了起诉假学历伪证罪，有些司法辖区也起诉学术欺诈行为。例如，在佛罗里达州，用高等教育机构来错误解释所属协会或者学术地位的行为是一级轻罪（Fla. Stat. § 817. 566）。

法院也推翻了专家在其领域外作证的定罪条款。实例包括医学检验官为鞋样分析作证以及没有弹道学专业知识的技术员为子弹轨迹分析作证（see Gilliam v. State；Kelvin v. State）。

有证据表明，在美国联邦最高法院审理的多伯特案和锦湖轮胎公司案之后，法院更乐意排除专家证言。美国联邦司法中心比较了 1998 年与 1991 年对 303 位法官的调查。在 1998 年，41% 的法官声称已经排除了专家证言，而只有 25% 的法官在 1991 年也这样做了。2001 年兰特研究得出类似的结论：法官已经变成更为警惕的守门员，例如，在美国联邦第三巡回上诉法院，产品责任的排除概率从 53% 上升到 70%。这与多伯特案后报告的大多数判例是矛盾的。这似乎表明，排除专家证言仍是例外，而不是规则。

证据效力

一旦法官决定专家可以作证，陪审团就必须根据专家意见决定证据效力。通过大众媒体报道的重大案件以及虚构的电视节目，陪审团对庭审中专家证人的角色已经很熟悉。研究表明，陪审团已经提高了对科学证据的期望：在基于间接证据的案件中，如果政府不能提供某种科学证据，陪审团就更可能认定被告人无罪。专家证人和律师都应该意识到有关陪审团对专家证人看法的研究，以及随着时间的推移，这些看法是如何进化的。

例如，1994 年的一项研究表明，对于陪审团决定专家可信性最为重要的特征是：（1）专家得出明确结论的意愿；（2）专家用外行人能理解的朴实语言表述技术信息的能力。另一项研究得出的结论是专家的可信性与专家的资格、对案件的熟悉程度、合理的推理、公正的感知有关。陪审团也受到与专家意见有关的独立研究的影响。

1998 年的一项研究将陪审团视为持怀疑态度、愤世嫉俗的一群人。该研究得出结论：被调查的人中 50% 认为专家只说他们被收买去说的内容，33% 的人不相信警察的证言，75% 的人会将法官所说的法律要求放在一边而做出其认为正确的判决。另一项研究得出结论：刑事案件中，使用专家证言应对控方专家证言会引起陪审团对所有专家证言的怀疑，而不是简单地将控方专家证言视为缺陷。事实上，陪审团听到辩方专家证言时比没有听到时更容易做出有罪判决。本研究使美国联邦最高法院在多伯特案中的假设受到质疑，即对方专家证言有效地防范了法庭上的"垃圾"科学。

错误专家意识的增强以及错误指控的豁免都已经对陪审团如何感知科学证据产生了影响。例如，认为可能存在实验室错误和故意篡改的背景信念影响了陪审团赋予 DNA 报告的价值，陪审团有了这样的信念就会降低概率估计的价值。一个关于法庭科学欺诈及其对陪审团的潜在影响的单独调查发现，

32%的人认为错误判决经常发生，23%的人主张错误判决很少发生。

专家必须理解，与陪审团的有效沟通需要有组织的内容，包括有效使用视觉展示技术、结合大型的展示性证据、使用对用户友好的数据显示方式等，让陪审团觉得他们是掌控者，可以接近有关审判事实的所有信息。数据还表明，当专家向陪审团作证时，专家应该试图将他们自己与更好的协作的、人性化的角色相关联，而不是像一位具有等级意识或不近人情的科学家。其也证实了这些结论，调查将 X 世代、Y 世代和先前世代的陪审员区分开来。例如，64%的人相信警察作证时讲的是真话，而年龄在 18 岁至 24 岁之间的陪审员中只有 51%认同；总体人数的 60%和年龄在 18 岁至 25 岁的陪审员中的72%对视频、模拟和计算机展示持积极态度。

总　结

未来，专家证言将继续发挥重要的作用。在世界各地，专家证人面临着越来越严格的审查。为了拥有更有效的专家证言，律师和专家必须意识到，法院为了确定专家是否有资格会对其进行评估，此外，还有陪审团对专家不断变化的看法等影响因素。

扩展阅读

ABPN v. Johnson-Powell, 129F. 3d 1 (1st Cir. 1997).

Aronson, P., 2 November 1998. Jurors: a biased, independent lot. *National Law Journal*, A1.

Bogosian v. Mercedes-Benz of North America Inc., 104F. 3d 472, 477 (1st Cir. 1997).

Committee on Identifying the Needs of the Forensic Sciences Community, National Research Council, August 2009. *Strengthening Forensic Science in the United States: A Path Forward*. The "NAS Report". National Academy of Sciences. pp. 238-239.

Daubert v. Merrell Dow Pharmaceuticals, Inc., 509 U. S. 579 (1993).

Dixon, L., Gill, B., 2001. *Changes in the standards in admitting expert evidence in federal civil cases since Daubert decision*. RAND Monograph.

Fed R. Evid. 702, Adv. Cmte. Note to the 2000 Amendment (2000).

Fitzgerald Jr., H., 1 December 1998. Phony "Expert" Jailed for 3 Years Ft. Lauderdale Sun-Sentinel 3D. Fla. Stat. x 817. 566 (2004).

Gilliam v. State, 514 So. 2d 1098 (Fla. 1987); Kelvin v. State, 610 So. 2d 1359 (Fla. App. 1 Dist. 1992).

Godfrey, E., 27 May 2001. Poll shows Oklahomans distrust system. *The Daily Oklahoman*, A1.

Hamlin, S., 2000. Who are today's jurors and how do you reach them? *Litigation* 9 (Spring).

Illsley, C., July 1987. Juries, fingerprints, and the expert fingerprint witness. Presentation at the International Symposium on Latent Prints at the FBI Academy. In re Vioxx Products, 489F. Supp. 2d 587 (E. D. La. 2007).

Kim, Y. S., Barak, G., Shelton, D. E., 2009. Examining the 'CSI-effect' in the cases of circumstantial evidence and eyewitness testimony: Multivariate and path analyses. *Journal of Criminal Justice* 37, 452.

Kumho Tire Co. Ltd. v. Carmichael, 526 U. S. 137, 143 (1999).

Levett, L. M., Kovera, M. B., 2008. The effectiveness of opposing expert witnesses for educating jurors about unreliable expert evidence. *Law and Human Behavior* 32 (4), 363.

National Clearinghouse for Science, Technology and the Law at Stetson University College of Law, Bibliography of Resources Related to the CSI Effect. http://www. ncstl. org/education/CSI%20Effect%20Bibliography (accessed 24. 07. 11.).

Radlein v. Holiday Inns, Inc., 971 So. 2d 1200 (La. App. 4 Cir. 2007).

Schklar, J., Seidman, S., 1999. Juror reactions to DNA evidence: errors and expectancies. *Law and Human Behavior* 23, 159.

Shelton, D. E., Kim, Y. S., Barak, G., 2009. An indirect-effects model of mediated adjudication: the CSI myth, the tech effect, and metropolitan jurors' expectations for scientific evidence. *Vanderbilt Journal of Entertainment and Technology Law* 12, 1.

Shuman, D. W., et al., 1994. An empirical examination of the use of expert witnesses in the courts-part II: A three city study. *Jurimetrics* 35, 193.

Shuman, D. W., et al., 1996. Assessing the believability of expert witnesses: science in the jury box. *Jurimetrics* 37, 23.

The Technical Working Group on Education and Training in Forensic Science, June 2004. Education and training in forensic science: a guide for forensic science laboratories, educational institutions and students. National Institutes of Justice Special Report.

Thomas J. Kline, Inc. v. Lonillard, Inc., 878F. 2d 791, 800 (4th Cir. 1989), cert. denied, 493 U. S. 1073 (1990).

U. S. v. Locascio, 6F. 3d 924, 937 (2d Cir. 1993) ("even the most qualified expert must have his first day in court"), Cert. denied, 511 U. S. 1070 (1994).

Voris, B. V., October 23, 2000. Jurors to lawyers: dare to be dull. *The National Law Journal*, A1.

无罪计划

K. A. 芬德利，美国，威斯康星州，麦迪逊，威斯康星大学法学院

无罪计划和无罪联盟概述

无罪计划是一个无偿的法律服务组织，隶属于纽约叶史瓦大学卡多佐法学院，致力于利用定罪后的 DNA 检测来免除被错判的无辜者的罪责，并改革刑事司法系统以尽量减少错判的风险。无罪计划实际上只是不断扩大的独立无罪计划网络中的一个（第一个，也是最突出的一个），致力于通过令人信服的证明无罪的新证据免除被错误定罪的人的罪责。根据无罪计划的许可协议，许多组织名称中都有"无罪计划"，例如西北无罪计划（位于西雅图）、威斯康星无罪计划、新奥尔良无罪计划（仅举几个为例）。其他组织则使用别的名称，例如错误定罪中心（位于芝加哥）、密歇根无罪诊所和北卡罗来纳州实际无罪中心。

虽然所有组织都独立运作，但它们已经形成了一个被称为无罪联盟的关联组织。截至 2011 年 6 月，无罪联盟共有 66 个成员，其中 55 个在美国，11 个在加拿大、英国、澳大利亚、新西兰和荷兰。

其中一些组织遵循位于纽约的旗舰无罪计划的模式，只处理利用 DNA 证据可以证明无罪的案件。更多的组织现在接收其他证据类型的案件，这些证据也可以被发现或发展来证明无罪。最近，一些只处理后一类案件的组织已经形成——非基于 DNA 证据的要求。

各种无罪组织是独立的，并且是在不同的地点、不同的情况下创建的，所以它们不遵循任何一套既定的组织结构。许多组织隶属于法学院，作为诊所项目运作，在此项目中，法科学生在诊所教师（律师）的监督下进行调查和提起无罪诉讼。其他组织作为独立的非营利性组织，为一个地区内不同法学院的法科学生提供实习机会。还有一些组织没有法学院从属关系，而是作为独立的非营利性法律组织或作为无偿私人律师的集合体运作。然而，作为无罪联盟成员的要求是必须有专职人员，并且必须同意绝不向客户收取服务费。

并不是所有的无罪组织都向那些声称无罪的人提供直接法律代理服务。

有些提供的是调查项目，本身并不向囚犯提供法律代理服务，例如本科刑事司法方案或调查性新闻项目。这些项目找出令人信服的新无罪证据后，通常将案件提交给无偿律师组织，或为被错判者安排法律代理人。还有一种新类型的项目为已从监狱释放的免罪者提供支持服务。

历史

新运动的开始

无罪计划于 1992 年在纽约正式启动，然而，其并不是第一个致力于证明被监禁的人无罪的组织。新泽西州普林斯顿的百夫长事工（Centurion Ministries）在 20 世纪 80 年代初就开始从事这项工作了，这可能是第一个无罪组织。百夫长事工是由詹姆斯·麦克洛斯基（James McCloskey）创建的。百夫长事工今天仍然活跃，但不是传统的法律服务组织，它没有法律人员，而是专注于深入的事实调查，以找到可证明无罪的证据。一旦找到足够的无罪证据，百夫长事工就会雇用或以其他方式安排法律顾问提出无罪的诉讼请求。

然而，无罪计划的出现标志着刑事司法系统对于错判问题的现实和严重程度的一个戏剧性的新觉醒。无罪计划开启了这个新时代——有"无罪运动""无罪革命""无罪时代"之类的各种形容，而这主要归功于 DNA 证据的力量。在刑事司法系统历史上，DNA 免责开始产生令人惊讶的大量且还在不断增加的案件，在这些案件中，基于科学分析，我们几乎肯定地知道刑事司法系统犯了错误。"对无辜者的错误定罪是不可能的"，持这一观点的人被 DNA 证据反驳得哑口无言。与此同时，DNA 免责案件毫无争议地证明了错误的现实，它将真实的人的姓名和面孔附加于错误判决；它产生了真实的人的故事，他们的生活被失败的刑事诉讼程序毁掉，这些故事强烈地震撼了公众、法院和政策制定者。

纽约律师巴里·谢克（Barry Scheck）和彼得·诺伊费尔德（Peter Neufeld）在法庭科学 DNA 分析的早期带头利用 DNA 证据使无辜者免责。借鉴一些检察官使用 DNA 证据的经验，谢克和诺伊费尔德也意识到了 DNA 证据证明无罪的潜力。1992 年，两人创建了无罪计划，当时在美国只有 5 个被错判者因 DNA 证据而免责（或其他任何地方，就此而言）。1993 年，一群志愿者组成保护被错判者协会，在加拿大发起了无罪运动。截至 2012 年 6 月，美国已知的 DNA 免责人员数量已经增长到 292 人，大部分是无罪组织工作的结果。至少 135 人已经通过无罪组织使用 DNA 以外的证据免除了罪责。无数的人已经由无罪联盟之外的律师通过非 DNA 证据免除了罪责。

新计划和无罪联盟的出现

在接下来的几年里，几个无罪组织在华盛顿州、伊利诺伊州、威斯康星州和加利福尼亚州形成。2000 年，谢克、诺伊费尔德与《纽约时报》作家吉姆·德怀尔（Jim Dwyer）一起出版了《实际无罪》（*Actual Innocence*），这本很有影响力的书讲述了许多 DNA 免责的故事，并且第一次试图以全面的方式分析这些 DNA 证据验证的错误定罪的错误来源。这本书将目击证人错误确定为错误定罪最常见的原因，其他原因包括虚假供认、监狱线人的伪证或"告密者"证词、有瑕疵的法庭科学证据、检察机关和警方的不当行为以及辩护不足。此外，谢克、诺伊费尔德和德怀尔为无罪运动的未来描绘了路线，即在全国建立无罪计划——"将在 DNA 和非 DNA 案件中代表客户"，以及创建一个无罪联盟。

2003 年，来自全国许多新兴无罪组织的领导人组成了一个指导委员会，致力于创建由谢克、诺伊费尔德和德怀尔设想的无罪联盟。2005 年，无罪联盟正式成立，其委员会由成员选举产生。截至 2011 年，66 个无罪组织加入该网络，大部分在美国，11 个分散在加拿大、英国、澳大利亚、新西兰和荷兰。无罪联盟英国，作为一个实体，是无罪联盟的成员，它本身是一个有 20 多个高校成员计划的联盟组织。2011 年春天，无罪联盟主办了第一次国际无罪会议，吸引了几乎全世界的参与者，并预见在说英语的普通法系国家之外可能会进一步扩展该运动。

教育使命

法律诊所教育

美国许多（虽然不是全部）无罪组织是作为以法学院为基础的诊所项目运作的。从 20 世纪 60 年代开始，诊所项目已经成为美国法律教育的重要组成部分。通过诊所项目，法科学生在真实案例中代表真实客户，在有执照的诊所教师的监督和指导下学习如何成为律师。

法律教育者很快认识到，无罪组织为教学提供了独特、丰富和富有挑战性的背景。与其他诊所项目相比，无罪组织更能使学生参与广泛的事实调查，它们提供的学习模式与注重上诉意见的传统法学院截然不同，后者的事实是给定的，甚至是微不足道的。同时，无罪案件提供了一个宝贵的机会，让参与者通过解构已经审判和上诉且刑事司法系统出现失败的案件，从后端审查刑事司法系统。此外，无罪案件的规模、复杂性和不可预测性对诊所教学提出了挑战，同时它们为学生提供了了解复杂刑事诉讼的机会。以这种方式，无罪组织与民事权利项目及其他在法学院临床环境中进行的大规模诉讼项目具有某些共同特点。

本科教育

正规教育任务已经拓展到了法学院之外。最早的无罪组织之一，西北大学的梅迪尔新闻学院无罪计划，是关于调查性新闻的新闻本科项目。最近创建的组织，例如布兰代斯大学舒斯特调查新闻学院的布兰代斯大法官无罪计划和匹兹堡波音特帕克大学的无罪学院。其他组织，如北亚利桑那正义计划和南伊利诺伊无罪计划，为其他教育项目中的学生提供了教育机会，如刑事司法、法律和政策研究。

政策使命

无罪案件的教训

无罪运动的核心目标是从错误定罪中汲取教训，进而启动改革，以尽量减少错误定罪的风险。DNA 免责案件揭示了刑事案件中事实错误的几个常见原因。

在造成错误定罪的重复出现的原因中，目击证人错误是目前为止最普遍的，占 250 例 DNA 免责案件的 76%。目击证人错误通常不涉及不诚实的证人，而是相当善意诚实的证人弄错了关于罪犯和犯罪的记忆。大量心理学研究已经表明目击证人的易错性并确定了造成目击证人错误的因素。目击证人的记忆容易受到暗示性警方识别程序或事后信息的污染和扭曲，并且最初可能被犯罪发生的条件削弱。

虚假供认在错误定罪的原因中也很突出，占 250 例 DNA 免责案件的 16%。虽然假设一个无辜的人承认一个他没有犯的罪行是违反直觉的，但 DNA 免责证明了虚假供认的存在。高压、对抗性的警察审讯手段，比如那些包含在里德（Reid）审讯术（美国大多数警察辖区以某种形式教授）中的手段，都被认为可以有效地使有罪者供认，也可以诱使无辜的人认罪。社会科学研究表明，在这种审讯手段下，虚假供认可能是理性选择的产物，在 250 例 DNA 免责案件中，21% 的案件有监狱线人或"告密者"证据。这些监狱线人或"告密者"本身处于法律纠纷之中，其声称被告人向他们承认犯罪或做出有罪陈述。法院早就认识到这些证人非常不可靠，因为他们的犯罪背景表明他们可能不太注意真相。更重要的是他们有伪造证据的动机，希望从国家获得回报。

许多错误定罪部分取决于欺诈的或错误的法庭科学证据。在 250 例 DNA 免责案件中，超过 70% 的案件有法庭科学证据。根据布兰登·加勒特（Brandon Garrett）的调查，在这些有法庭科学证据的案件中，61% 的案件涉及不当或得不到科学支持的证据。

检察机关和警方的不当行为涉及各种情况下的越权。最常见的检察不当行为是未能遵守宪法规定，即检察官必须向辩方披露其拥有的一切重要的免责证据。在某种程度上，检察官未能遵守这项规定，反映了对抗制对检察官提出的难以满足的要求。负责确认被告人有罪的检察官自然会鼓励自己以归责的观点看待证据。要求检察官同时从被告人的角度看待证据，并承认证据的免责价值，这样的期望太高了。

辩护不足是错误定罪的常见原因。法律援助服务长期资金不足，结果往往是被告人的调查取证不足以及在审判中对国家案件的平淡挑战。当辩护不足时，对抗制不能像所设计的那样消除错误指控或保护无辜者。

预防和纠正错误定罪

在刑事司法系统中提高对错误定罪问题的认识也导致人们对改革的兴趣增加，以减少这种错误的发生率。政策制定者开始对预防错误定罪的改革感兴趣，不仅因为每一个错误定罪案件都是对错判者的不公正，还因为他们认识到每当一个无辜的人被错判，真正的罪犯就逃脱了惩罚。一些司法辖区设立了多个官方委员会和决策机构，有时被称为"无罪委员会"，以审查错误定罪案件，并提出改革建议，尽量减少这种错误。

最小化目击证人错误

迄今为止，旨在尽量减少错判的改革已经在目击证人错误和虚假供认领域取得了很大进展。特别是，广泛的心理学研究已经产生了一系列完善的建议，以改善目击证人识别程序。美国各地的许多执法机构目前正在实施这些建议中的一些或全部，其中一些改革是执法机构自愿采纳的，在其他情况下，改革是由新的法规或法院裁决强制进行的。

一些更重要的目击证人识别改革包括确保证人被适当指示——罪犯可能不在任何给出的待辨认嫌疑人队列或照片阵列中，以使证人不会觉得被迫在每个案件中挑出一人；适当选择待辨认嫌疑人队列或照片阵列的"填充人"（非嫌疑人），以便嫌疑人不突出；在任何给出的待辨认嫌疑人队列或照片阵列中安排不超过一个嫌疑人；以"双盲"方式进行识别程序——证人和实施该程序的警察都不知道哪个人是嫌疑人，以使警察不能有意或无意提示证人选谁；依次而不是同时呈现照片或队列成员，使得证人必须依赖从记忆中得到的绝对判断，而不是基于将一个队列成员或照片与其他人相比较的相对判断。

防止虚假供认

旨在防止虚假供认的最重要的改革是要求所有羁押讯问都必须从头到尾进行电子记录。电子记录有多种用途，它阻止警察采用不当的强制手段或提供可能产生虚假供认的犯罪相关信息，它还清楚地记录了所说和所做的事情，以便律师、法官和陪审团能够更充分和准确地考虑审讯期间做出的任何陈述的可靠性，帮助事实调查人准确地确定嫌疑人自己所说的话，而不是警察对嫌疑人话语所做的解释。电子记录还可以保护警察免受对审讯室不当行为的虚假指控，并产生强有力的证据帮助证明有罪。当一段记录中嫌疑人自由且令人信服地承认自己有罪时，该记录可以向陪审团播放。

示范法规

在各种主题上，无罪计划还制定了示范法规，并与全国各地的立法机构合作，鼓励它们采用。示范法规处理以下事项：

- 要求各州在定罪后保存生物证据；
- 在对被告人有利的检测结果可能推翻定罪的案件中，创建定罪后 DNA 检测的权利；
- 改善目击证人识别程序；
- 对嫌疑人的羁押讯问强制要求电子记录；
- 为免罪者提供或提高赔偿；
- 创建法庭科学监督委员会。

联邦立法

在联邦层面，无罪组织积极推进 2004 年的《全民正义法案》公布。小布什于 2004 年 10 月 30 日签署此法案，使其成为法律。该法案包括"无辜者保护法案"，其赋予联邦囚犯向联邦法院请求 DNA 检测以支持无罪声明的权利，鼓励各州（通过国库的力量）采取措施保存证据，向寻求证明自己清白的囚犯提供定罪后 DNA 检测。《全民正义法案》的内容还包括协助保留死刑的州创建有效的系统，使合格的律师得到任命，以及更好地培训和监督控辩双方。它为各州提供了大量资金，以便在新的刑事调查中增加对 DNA 检测的信赖，提高对被错误定罪的联邦囚犯的赔偿，并表达了国会的想法，即所有被错误定罪的人都应得到合理赔偿。

2009 年，美国国家科学院发表了一份关于美国法庭科学现状的开创性报告，认为美国的法庭科学系统混乱分散、管理不当且科学依据不足。其呼吁改革的核心是联邦政府建立一个国家法庭科学研究所，以鼓励研究、提供监督并建立美国法庭科学证据标准。无罪组织自那时以来一直积极参与实现这个建议和美国国家科学院的其他建议。

法庭之友简报

通过联盟之友和政策委员会，无罪联盟及其成员在州和联邦诉讼中就与错误定罪有关的问题制作法庭之友简报。许多无罪联盟和个人项目简报已提交美国联邦最高法院、许多联邦巡回上诉法院、各州最高法院和上诉法院。无罪联盟制作的简报经常被这些法院的裁决引用，并在许多法院裁决中具有影响力。

参见

生物学/ DNA：基本原则；
法医遗传学：历史；
法律：DNA 免责；法庭科学的法律接受史；法庭科学的法律观；
专业：美国国家科学院。

扩展阅读

Committee on Identifying the Needs of the Forensic Sciences Community, 2009.

Strengthening Forensic Science in the United States: A Path Forward. National Academy of Science, Washington, DC.

Doyle, J. M. , 2010. Learning from error in American criminal justice. *The Journal of Criminal Law and Criminology* 100, 109-147.

Findley, K. A. , 2006. The pedagogy of innocence: reflections on the role of innocence projects in clinical legal education. *Clinical Law Review* 13, 231-278.

Findley, K. A. , 2008, Toward a new paradigm of criminal justice: how the innocence movement merges crime control and due process. *Texas Tech Law Review* 41, 133.

Garrett, B. L. , 2008. Judging innocence. *Columbia Law Review* 108, 55-142.

Garrett, B. L. , 2011. *Convicting the Innocent: Where Criminal Prosecutions Go Wrong.* Harvard University Press, Cambridge, MA.

Gould, J. B. , 2009. *The Innocence Commission: Preventing Wrongful Convictions and Restoring the Criminal Justice System.* New York University Press, New York.

Gross, S. R. , et al. , 2005. Exonerations in the United States, 1989 through 2003. *The Journal of Criminal Law and Criminology* 95, 523-560.

Medwed, D. S. , 2003. Actual innocents: considerations in selecting cases for a new innocence project. *Nebraska Law Review* 81, 1097-1151.

Scheck, B. C. , Neufeld, P. J. , Dwyer, J. , 2000. *Actual Innocence: Five Days to Execution and Other Dispatches from the Wrongly Convicted.* Doubleday, New York.

Siegel, A. M. , 2005. Moving down the Wedge of injustice: a proposal for a third generation of wrongly convictions scholarship and advocacy. *American Criminal Law Review* 42, 1219.

Stiglitz, J. , Brooks, J. , Shulman, T. , 2002. The Hurricane meets the paper chase: innocence projects new emerging role in clinical legal education. *California Western Law Review* 38, 413-431.

Suni, E. Y. , 2002. Ethical issues for innocence projects: an initial primer. *University of Missouri-Kansas City Law Review* 70, 921-969.

Zalman, M. , 2011. An integrated justice model of wrongful convictions. *Albany Law Review* 74, 1465-1524.

相关网站

http://www. innocencenetwork. org: Innocence Network.

http://www. innocenceproject. org: Innocence Project.

DNA 免责

K. A. 芬德利，美国威斯康星州，麦迪逊，威斯康星大学法学院

术语表

ABO 血型　常用的基因分型试验，使用抗体检测人血细胞表面的变化。个体具有 A、B、O 或 AB 血型。

CODIS　DNA 联合检索系统，由美国联邦调查局建立，由许多 DNA 图谱数据库组成，DNA 图谱来自未决犯罪的证据样本和已知被定罪的罪犯。

线粒体 DNA　在身体的每个细胞中发现许多线粒体中都有 DNA。线粒体 DNA 可用于从没有细胞核的细胞（例如毛干中的细胞）或降解的样本中获得 DNA 图谱。线粒体 DNA 测序可以将来自共同女性祖先的个体联系起来。

聚合酶链式反应（PCR）　在 DNA 鉴定试验中使用的方法，使用 DNA 聚合酶复制 DNA 的一个或多个特定小区域，产生足够的 DNA 用于分析。

限制性片段长度多态性分析　主要在 20 世纪 80 年代末和 90 年代初用于 DNA 鉴定的方法，包括测量 DNA 特定区域的大小（片段长度）差异。

短串联重复序列（STR）　包含短段重复碱基对的 DNA 的小区域。13 个 STR 已被选定用于 CODIS。

通过 DNA 检测发现错误定罪

20 世纪 90 年代初，在美国，人们普遍认为，刑事司法系统即使有过，也很少错误地将无罪的人定罪。表达这种观点最有名的是汉德法官，他在 1923 年写道："我们的程序总是被含冤者的鬼魂困扰着。这是一个虚幻的梦。"几年后，马萨诸塞州伍斯特县的一名检察官称："无罪的人从来不会被定罪。别担心这个了。这是一个物理上的不可能事件。"最近，美国司法部前部长埃德温·米斯（Edwin Meese）说："但事实是，没有多少嫌疑人是无罪的。这是矛盾的。如果一个人是无罪的，那么他就不是嫌疑人。"

DNA 改变了这种看法，并在这个过程中重塑了关于美国刑事司法系统的

探讨。截至 2012 年 7 月，292 人通过 DNA 检测方式被证明没犯严重罪行（大多是强奸和谋杀），而这发生在他们被错误定罪判刑几年甚至几十年之后。通过建立对刑事司法系统易错性的认识，DNA 免责也使得数百人成功洗脱罪名，即使没有 DNA 证据。

此外，通过以科学确定性展示刑事司法系统中的错误现实，DNA 免责创造了一个学习机会——研究错误定罪并确定错误的来源以便将来能够避免。因此，DNA 免责导致了大量改革，这些改革旨在提高刑事司法系统核心职能的可靠性，将有罪和无罪分开。一些改革建议已在各个管辖区得到采用，它们通常侧重于目击证人识别程序、为减少虚假供认对审讯进行电子记录、提高法庭科学的可靠性并加强监督、限制不可靠的监狱线人的证词、改善辩护援助服务等。

DNA 作为法庭科学工具出现

1984 年，遗传学家亚力克·杰弗里斯博士在其位于英国莱斯特的实验室工作时，利用多点位探针和被称为限制性片段长度多态性分析的方法，开发出第一个法庭科学 DNA 分型技术。杰弗里斯把这种新的 DNA 技术称为 DNA 指纹。法庭科学 DNA 技术的时代到来了。

第一例 DNA 免责案件：皮奇福克案

杰弗里斯的新 DNA 技术的第一次法庭科学应用使得有罪之人得以定罪，并洗脱了无罪之人的嫌疑。1983 年 11 月，一名被强奸和勒死的 15 岁女孩的尸体被发现躺在距离莱斯特不远的英格兰纳尔伯勒村的一条小径旁。在这起犯罪发生时，法庭科学在这类案子中的应用方式是标准 ABO 血型分析或血清学检测。血清学检测确定，从女孩身体内提取的精液来自酶标记物 PGM1+的分泌者。这将可能的来源限制在成年男性人口的 10%。这就是警方所掌握的全部情况，他们没有嫌疑人，也没有线索。

1986 年，另一名 15 岁女孩的尸体（也是被强奸和勒死）在临近的恩德比村被发现，距离第一次强奸地点不到 1 英里。与第一起案件情况一样，血清学检测确定犯罪者是 PGM1+分泌者。这一次，警方有一个嫌疑人——在附近精神病院工作的一名 17 岁的厨房搬运工。这个男孩思维迟钝，承认第二次谋杀，但拒绝承认第一次。有一个问题：这个男孩不是 PGM1+分泌者。尽管与血清学证据不符，但男孩仍然是主要嫌疑人，仅血清学证据不足以压倒口供。

警方没有第一起案件的口供，但怀疑这两起案件都是这个男孩犯下的。警方寻求杰弗里斯博士分析第一起案件的陈旧精液样本，看它是否与被指控男孩的血液样本中的 DNA 匹配。使用单个位点探针，杰弗里斯排除了这个嫌疑人，然后警方将第二起案件的精液样本发给杰弗里斯，DNA 再次排除了此嫌疑人。此外，第二起案件中的 DNA 与第一起案件的匹配，这两起案件有一个明显的共同罪犯，但他不是被指控的那个男孩。最后，警方接受了男孩的无罪证据并释放了他，世界上有了第一例 DNA 免责案件。

然后，警方积极地使用新的 DNA 技术来破案，他们要求年龄在 17 岁至 34 岁之间的纳尔伯勒和恩德比的所有男性居民自愿供应血液和唾液样本进行分析。警方收集了近 5000 份样本，这些人中有 500 人不能通过常规血清学检测被排除，因此他们的样本要进行 DNA 分析。最初，没有人匹配，但警方很快知道，一个叫皮奇福克的面包师说服一个同事提供血液和唾液样本代替他自己的。面对这种欺骗性证据，皮奇福克坦白并认罪，随后因这两起犯罪被判处终身监禁。DNA 证据既使被错误指控的人洗脱了罪名，又使真正的罪犯被定罪。

DNA 免责的发展

20 世纪 80 年代后期，检察官开始广泛使用新技术，将犯罪现场证据与嫌疑人匹配。不久，辩方也开始意识到 DNA 证据证明无罪的潜力。

发现监狱里的无辜者

1989 年，在伊利诺伊州，加里·多森（Carry Dotson）成为第一个被错误定罪后由 DNA 证据免责的人。1977 年，一名年轻女子声称两名男子在她下班回家途中绑架了她，强迫她进入汽车后座并强奸了她。1979 年，多森被判犯有加重绑架罪和强奸罪，对他不利的证据包括受害者的目击证人辨认；血清学检测显示，强奸试剂盒的精液拭子包括 A 型血和 B 型血，受害者和多森都是 B 型血，因此嫌疑人包括多森（虽然这意味着多森应被排除作为精液的来源，因为他和受害者都不能提供 A 型血分泌物）；从受害者内衣上提取的一根不同于受害者毛发的阴毛，但类似于多森的。

1985 年，在多森被定罪 6 年后，受害者坦白她编造了强奸案，以掩盖与他男朋友双方同意的性交。伊利诺伊州法院和州长回绝了受害者的撤诉并拒绝撤销定罪（尽管州长减过刑）。1987 年，多森的律师请求杰弗里斯博士进行限制性片段长度多态性分析，但样本降解得太严重，以致无法产生决定性结果。然后多森的律师将样本发给加利福尼亚州里士满法医学联合公司的爱德华·布莱克（Edward Blake）博士，应用另一种更灵敏但区别不大的技术——PCR DQ-α 检测。这些检测表明，受害者内衣上的精液不可能来自多森，但可能来自受害者的男朋友。多森的定罪被推翻，指控被驳回。

第二例 DNA 免责发生在 1989 年底。另一例在一年后。1991 年又有两例。此后更多的免责案件迅速出现，并在接下来几年越来越多。

新技术

使检测越来越可行的新技术很快出现，即使是微量或降解的样本也可以检测。PCR，大致类似于 DNA 复制，与 STR 分析结合，取代限制性片段长度多态性分析作为主导技术，增强了 DNA 分析的灵敏度和鉴别力。例如，PCR/STR 检测允许分析人员从犯罪者仅触摸（通常称为"触摸 DNA"或"接触 DNA"）过的一些物体上获得 DNA 图谱。同时，线粒体 DNA 检测可以对无核细胞（例如毛干中的细胞）和降解样本进行 DNA 分析。Y 染色体 STR 允许仅分析混合物中的男性 DNA，这是鉴定阴道拭子中可能被女性 DNA 掩盖或淹没的少量男性 DNA 的重要步骤。其他新兴技术正在继续增强 DNA 检测的能力。

数据库

美国联邦调查局 DNA 图谱数据库的发展也提高了刑事司法系统确定有罪和豁免无辜的能力。美国联邦调查局的数据库——CODIS，由许多 DNA 图谱数据库组成，DNA 图谱来自未决犯罪的证据样本和已知被定罪的罪犯。CODIS 对于洗脱无辜人员罪名是至关重要的，尤其当不在场证据可能单独不足以证明无罪时。

例如，尚提·奥特（Chaunte Ott）被认定在威斯康星州密尔沃基市残忍杀害一名年轻女子，倘若数据库中没有发现匹配者，他不会被免责。奥特被判犯有谋杀罪而不是强奸罪，所以当受害者阴道拭子上的 DNA 产生了一个与奥特不匹配的男性 DNA 图谱时，不足以使奥特免责。州政府称精液与犯罪无关，它一定是来自双方事先同意的性接触。但是多年后，来自强奸试剂盒的 DNA 图谱产生了 CODIS 匹配，其与在密尔沃基市相同地区同一时间被杀害的两名女性的强奸试剂盒中的 DNA 匹配，显然 DNA 与此次犯罪并非无关。这一结论得到确认，后来 CODIS 匹配链接到一个总共强奸杀害 9 名女性的叫沃尔特·埃利斯（Walter Ellis）的人，他被称为密尔沃基臭名昭著的北侧扼杀者。链接到这个连环杀手后，奥特被释放，并获得了对他多年错误监禁的赔偿。

对系统的影响

到 1996 年，DNA 免责开始对执法和司法界产生影响。在那一年，美国司法部通过国家司法研究所和当时的司法部部长珍妮特·雷诺（Janet Reno）的指导，发表了一份研究报告，审查了 28 个被错误定罪个人的 DNA 免责申请。此次审查反映的现实就是，强奸倾向于产生来自攻击者的明显的生物学证据。这 28 起案件均涉及性侵犯，其中 6 起案件的受害者也被杀害。在被 DNA 免责之前，28 名被告人共服刑 197 年，平均近 7 年。

为回应国家司法研究所的报告，时任司法部部长雷诺要求国家司法研究所建立一个关于 DNA 证据的国家委员会，以确定在刑事司法系统中最大限度发挥 DNA 价值的方法。1999 年 9 月，该委员会发表了一份题为"定罪后的 DNA 检测：处理请求的建议书"的报告。在报告中，该委员会鼓励检察官和辩护律师合作安排定罪后的 DNA 检测，这可能使被告人免责。

DNA 证据的保存和获取

DNA 作为免除错误定罪的工具的成功突出了评估这种证据的现有系统的一个问题：大多数州没有要求政府在定罪后保存生物证据，以便将来检测，并且大多数州没有规定获取此类证据进行定罪后 DNA 检测的权利或机制。伊利诺伊州和纽约州最早通过立法规定在 DNA 可能证明无罪时当事人申请定罪后 DNA 检测的权利。联邦政府和其他州很快跟进，许多州还需要在定罪后保存生物证据。今天，联邦政府和大多数州都要求保存生物证据，49 个州、联邦政府和哥伦比亚特区规定了获得证据进行定罪后 DNA 检测的法定权利，虽然有些仅限于特定罪行或时间段。只有俄克拉荷马州尚未有任何定罪后 DNA 检测法规。

在那些没有定罪后 DNA 检测法规，或者法规因某些原因不适当的司法辖区，被监禁的人通过其他途径获得检测：法院和宪法的正当程序条款。根据联邦民权法（42U. S. C. sec1983），囚犯起诉州，声称拒绝他们获得 DNA 证据侵犯了他们的正当程序权利。在这种情况下，一些法院给予救济，一些法院给予免责。

然而，2009 年，在第三司法区地区检察官办公室诉奥斯本（Osborne）案中［129S. Ct. 2308（2009）］，法院认为当事人没有获得检测的正当程序权利，因为州法律已经提供足够的机会保障检测。该案揭示，州法律确实可以创造正当程序自由利益，获取可证明无罪的 DNA 证据。一个仍然存在的问题是，法院如何评估州法律没有充分提供检测机会的主张。

今天的 DNA 免责

免责

截至 2012 年 7 月，已知因 DNA 而洗脱罪名的已决犯人数已上升到 292 人。随着美国无罪项目数量的逐年增长，先进技术和对错误定罪问题的认识也在提高；免责人数在 1992 年之后稳步增长，峰值是 2002 年的 25 人。尽管有人预测，定罪后的 DNA 免责率会降低，因为大多数老案子的 DNA 检测已经完成，但从那时起，每年的免责人数保持稳定，在 13 人（2004 年）和 23 人（2009 年）之间。每年的 DNA 免责人数如下表所示。

历年 DNA 免责情况统计

年份	DNA 免责人数
1989	2
1990	1
1991	2
1992	5
1993	4
1994	7
1995	8
1996	13
1997	9
1998	4
1999	11
2000	15
2001	19
2002	25

续表

年份	DNA 免责人数
2003	18
2004	13
2005	19
2006	18
2007	19
2008	14
2009	23
2010	18
2011	15

　　加勒特教授分析了 250 例 DNA 免责案件后发现，这些无辜的男子和女子平均在监狱里待了 13 年，17 人被判死刑，80 人被判终身监禁。250 名无辜者中约有 98% 的人被判犯有强奸罪或强奸谋杀罪。这些案件中强奸和谋杀的过高比例反映出异常高的错误率，警方和检察机关迫于强大的公众压力，更容易相信嫌疑人有罪。DNA 免责涵盖几乎所有强奸案和强奸谋杀案的主要原因可能是性侵犯是最可能产生用于 DNA 分析的生物学证据的犯罪。这种解释表明，可能有无数的个人被认定有其他罪行，他们也是无罪的和被错误定罪的，但是不能通过 DNA 检测证明，因为这些案件缺乏可检测的生物证据。

　　在通过 DNA 免责的人中，70% 是少数族裔。在强奸案中，75% 的免责者是黑人或拉丁裔，而所有强奸案只有 30% 至 40% 是少数族裔犯下的。大多数强奸案是在某一种族群体内部犯下的，90% 是由与受害者同种族的人犯下的。然而，在所有错误定罪的强奸案中，近一半涉及黑人或拉丁裔犯罪者和白人受害者。

　　在许多这样的案件中，DNA 证据的作用不限于使无辜者洗脱罪名。在 45% 的 DNA 免责案件中，DNA 检测发现了真正的强奸犯或杀人犯，其中许多人已经逍遥法外多年，并继续犯下其他罪行，无辜的人却因他们的罪行而坐牢。

错误定罪的特点

研究 DNA 免责提供了对创造错误定罪的证据和错误类型的见解。

目击证人错误

在这些案件中最普遍的错误证据类型是目击证人错误，目击证人错误指认被告人的案件占 250 例免责案件的 76%。通常，这些目击证人误认一个无辜的人不是因为他们在说谎，而只是因为他们弄错了。相当多的研究已经证实目击证人的记忆容易出错，并认定警察的做法可能无意中污染了目击证人的记忆，导致错误指认。事实上，加勒特回顾了 250 例 DNA 免责案件，发现在 78% 的案件中，警方使用暗示性的方法误导了目击证人的指认，比如提供（无论有意还是无意）关于待辨认嫌疑人队列中的哪个成员是嫌疑人的线索，或者使待辨认嫌疑人队列中的嫌疑人明显与众不同。

提高目击证人准确性的改革开始于对目击证人错误问题的严重性的新认识，包括新泽西州、北卡罗来纳州、俄亥俄州和威斯康星州在内的许多州正在实施基于社会科学的警察实践，旨在减少目击证人错误。这些改革包括一些做法，比如在指认程序前，告诉目击证人真正的犯罪者可能在场，也可能不在场，因为证人不应被迫选择某人；确保待辨认嫌疑人队列或照片阵列中包含的每个人都符合对犯罪者的描述，以便没有人突出；盲排待辨认嫌疑人队列和照片阵列，这意味着执行测试的警察不知道哪个人是嫌疑人；将嫌疑人和填充人（在指认程序中已知无罪的人，用来填充待辨认嫌疑人队列或照片阵列）依次而不是同时呈现给目击证人，以便最小化面部比较和挑选最符合者的趋势，而不是只选择一个真的认为是犯罪者的人；每个指认程序只包括一个嫌疑人，任何嫌疑人都只向目击证人呈现一次，而不是重复呈现几次；在目击证人做出指认后立即准确记录其有信心陈述，即在目击证人接到关于其"选择"的任何确认或驳斥的反馈之前记录。

有缺陷的法庭科学证据

基于加勒特的研究，在 250 例 DNA 免责案件中第二普遍的证据类型是法庭科学证据。74% 的 DNA 免责案件包括其他法庭科学证据。这些案件中的法庭科学证据包括血清学检测（如皮奇福克案和多森案，116 例）、显微毛发比较（75 例）、指纹对比（20 例）、咬痕比较（7 例）、足迹比较（6 例）和声纹比较（1 例）。加特勒和诺伊费尔德分析了 153 个 DNA 免责案件中法庭科学证词的副本，发现 61% 的案件中的法庭科学证词无效：就证据的证明价值而言，要么滥用人口数据，要么得出不能由经验数据支持的结论。在其余案件中，科学可能是有效的，但与 DNA 更大的鉴别能力相比时，其效用有限。法庭科学证词几乎在所有类别的法庭科学案件中都是无效的，包括 58% 的血清学证词、39% 的显微毛发比较证词、71% 的咬痕比较证词、17% 的足迹比较证词和 5% 的指纹对比证词。

这些技术中的一些，例如显微毛发分析，已不再广泛使用，但这些案件中出错的方法和证词类型继续出现在如今的各种法庭科学学科中。美国国家科学院的一项具有里程碑意义的研究仔细审视了法庭科学的现状并得出结论："除了核 DNA 分析外，没有法医学方法能够持续并高度确定地证明证据与特定个体或来源之间的联系。"事实上，美国国家科学院的结论是（再次排除 DNA），"已经进行了（少许）严格的研究，以验证一些法庭科学学科的基本前提和技术"。

虚假供认

与直觉相反，DNA 免责证明无辜的人确实承认了犯严重的罪行，如强奸和谋杀，而他们实际并没有犯罪。在 250 例 DNA 免责案件中，16% 的案件涉及虚假供认。在谋杀案中，通常没有幸存的受害者，因此供词对警方更重要。大约 2/3 的 DNA 免责案件涉及虚假供认，这些虚假供认中几乎都有犯罪的重要细节，包括未公开的细节，警方通常声称其没有向嫌疑人披露这些细节，只有真正的犯罪者才知道。然而研究发现，实际上，虚假供认中的大多数都受到了警方污染，是在持续数小时甚至数天的长时间的审问中，使用高强度的审问策略，利用击溃心理防线来说服嫌疑人认罪。法院、立法机构和警察部门已经发现，处理虚假供认问题最重要的第一步是规定对嫌疑人的所有监管审讯都应有从头到尾不间断的电子记录，这种记录保护嫌疑人免受强制策略干扰，并在警察做得太过火时或当警察用所谓的秘密犯罪细节污染审问时进行记录。同时，电子记录保护警察免受对审讯室不当行为的虚假指控。自愿供述的记录还为检察官提供了有力的有罪证据。到目前为止，11 个州和哥伦比亚特区的警察要求或鼓励至少记录某些审讯，并且全国数百个司法辖区的警察已经开始自愿记录。

虚假线人证词

在 250 例 DNA 免责案件中，有 21% 的案件在一审时有线人证词，这些证词大多由监狱线人、共同被告人、秘密线人或合作证人提供。这些证人通常证明被告人向他们承认犯罪，并提供了他们如何犯罪的细节。刑事司法系统早就知道这种证词缺乏可信度，因为他们有动机伪造针对被告人的证据，但刑事司法系统同时批准信赖线人证词。潜在线人知道或希望向国家提供此类证据，以在自己的案件中得到宽大处理或其他利益。然而，该系统无助于防止这种虚假证词。DNA 免责证实了这种证词对审判时发现准确事实的威胁的严重性，并导致一些改革建议或对此类证据更严格的审查。

错误定罪的其他特点

由定罪后 DNA 检测暴露的错误定罪的其他常见特点包括，各种形式的警察和检察不当、不足，或辩护律师的无效辩护。此外，几乎每个案件都表现出一定程度的视野狭窄——固有认知偏差（例如确认偏差和结果偏差）和制度压力的结合，使调查人员倾向于关注嫌疑人，然后通过关于嫌疑人罪行的早期结论的有色眼镜，过滤案件中所有后续信息。

DNA 免责说明了上诉的失败。这些无辜被告人中很少有人在上诉审查期间获得救济。大多数法院都肯定了对这些无辜被告人的定罪，在大约一半的案件中，法院对有罪证据的价值做出评论，而在 10% 的案件中，上诉法院称证明罪行的证据是"压倒性的"。

参见

人类学/齿科学：齿科学；基本原则；DNA 数据库；法医遗传学：历史；线粒体 DNA；短串联重复序列

调查：指纹

法律：法庭科学的法律接受史；法庭科学的法律方面；无罪计划

方法：分析光学显微镜

形态证据：鞋印；工具

形态证据/历史：指纹学

专业：国家科学院

毒理学/酒精：血液

毒理学/药物滥用：血液

扩展阅读

Connors, E., Lundregan, T., Miller, N., McEwan, T., 1996. *Convicted by Juries, Exoner-*

ates by Science: *Case Studies in the Use of DNA Evidence to Establish Innocence after Trial*. National Institute of Justice, Washington, DC.

Findley. K. A, 2009. Innocence protection in the appellate process. *Marquette Law Review* 93, 591-638.

Garrett, B. L. , 2008. Judging Innocence. *Columbia Law Review* 108, 55-142.

Garrett, B. L. , 2011. *Convicting the Innocent*: *Where Criminal Prosecutions Go wrong*. Harvard University Press, Cambridge, MA.

Garrett, B. L. , Neufeld, P. J. , 2009. Invalid forensic science testimony and wrongful convictions. *Virginia Law Review* 95, 1-97.

Gross, S. R. , et al. , 2005. Exonerations in the United States, 1989 through 2003. *Journal of Criminal Law and Criminology* 95, 523-560.

Kaye, D. H. , 2010. *The Double Helix and the Law of Evidence*. Harvard University Press, Cambridge, MA.

National Research Council and National Academy of Sciences, 1992. *DNA Technology in Forensic Science*. National Academy Press, Washing, DC.

Scheck, B. C. , Neufeld, P. J. , Dwyer, J. , 2001. *Actual Innocence*: *When Justice Goes wrong and How to Make it Right*. Signet, New York.

Thompson-Canino, J. , Cotton, R. , Torneo, E. , 2009. *Picking Cotton*: *Our Memoir of Injustice and Redemption*. ST. Martin's Press, New York.

U. S. Department of Justice, Office of Justice Programs, National Institute of Justice, and National Commission on the Future of DNA Evidence, 1999. Postconviction DNA Testing: Recommendations for Handling Requests. U. S. Department of Justice, Office of Justice Programs, National Institute of Justice, National Commission on the Future of DNA Evidence, Washington, DC.

相关网站

www. innocencenetwork. org: Innocence Network.
www. innocenceproject. org: Innocence Project.

当科学发生变化时，法律如何回应

C. 斯珀林，美国，亚利桑那州，坦佩，亚利桑那州立大学
S. L. 库珀，英国，伯明翰，伯明翰城市大学法学院

术语表

对抗模式 一种法律体系，法院主要的角色就是做出公正裁判。

间接证据 需要通过推理将其与一个事实结论关联起来的证据。允许事实认定者推断一个事实存在。

犯罪现场调查 一部美国犯罪电视剧，CSI 是其简称。该剧主角是在高科技实验室中运用各种技术手段分析实物证据而后破获了大量犯罪的犯罪现场调查小组。

可证伪性 一个主张、假设或理论的可证伪性是指逻辑上有通过物理实验的观察或结果反驳的可能性。

法医牙科学 应用于法律领域的牙科学。它包括无名尸体鉴定、咬痕比较鉴定、对口腔损伤以及牙科医疗事故的解释。

法庭科学 利用科学技术来解决法律问题。

纠问模式 一种法院或法院部门积极参与案件事实调查的法律体系。

引　言

看过几晚的电视剧后，观众可能会认为所有的刑事犯罪都是因科学技术得以侦破。最受欢迎的电视剧，如 CSI，先引出一个故事主线，即假定刑事司法系统天衣无缝地将科学技术与警察办案和法庭证据交织在一起。现实并非如此简单，但的确乐趣多多。法律是科学的一个消费者，它利用科学技术来解决非常重要的问题，就像电视剧中角色所说，"是谁开了致命的一枪？"或"火灾是故意纵火吗？"但是法律一直试图解决的是，什么构成了为法律目的的科学，在法庭中谁被视为专家，以及法院应赋予专家的科学证言多大的效力。

2005 年，在法庭科学协会的要求下，美国国会委托国家科学院——世界上对科学问题的独立专家意见的主要来源——对美国法庭科学过去、现在和未来的应用做出报告。国家科学院与法学、科学学者以及实践工作者进行了 2 年的合作，在 16 天的时间内听取了超过 80 位证人的证言。2009 年，国家科学院发布了一份巩固其调查结果的具有里程碑意义的报告。

报告质疑了某些学科的方法论并且批判某些学科缺少强制化、标准化的检测程序。报告谴责某些学科为了支持"个体识别"的结论去解释检测结果，即他们声称犯罪现场中的样本与个体来源绝对"匹配"，比如一名嫌疑人。报告指出："除 DNA 技术分析外，……没有法庭科学方法已经被严格证明能够多持续且高度确定地证明证据和特定人或来源具有关联性。"报告还对现有法律结构下充分解决法庭科学学科局限性表示高度怀疑。不久之后，美国联邦最高法院指出法庭科学存在"严重缺陷"，而这可能会造成很多错误的判决。

多年来，许多法庭科学协会已经实施了保障措施并且开发新的理论来提高其学科的可靠性，2009 年的报告中已提及部分理论。然而多数法院仍然无法区分有效与无效科学，并且有意夸大法庭科学领域的某些专家的证言。法院的过错是可以理解的。在探索真理的过程中，科学和法律采取的是不同的路径。法律是组织和稳定社会的方法，而科学则是试图知晓和认识自然界的方法。法律和科学遵循着不同的过程，当科学不可避免地不断变化时，法律却做出了迟缓的、不情愿的反应，且常常是不一致的反应。

筛选法庭中的科学证据

在法庭上，观点提出者往往使用科学证据来支持他们的主张并影响决策者的判断。法官通常扮演拔河比赛的裁判，观点提出者声称他们的科学证据比对方更好地回答了相关法律问题。法官充当守门人来筛选进入法庭的所有类型的证据，包括科学证据。他们决定该证据是否具有相关性，是否能帮助事实认定者，是否足够可靠。随着科学的不断发展，法庭筛选科学证据的方法也在逐渐变化。当前美国证据可采性方面的法律制度是由多伯特案确立的。多伯特案要求法官评价专家提供的科学意见，即专家的"推理和方法是否是科学有效的且能适当地运用到事实争点上"。受理多伯特案的法院提出了评价专家意见的几条标准：（1）该理论或技术是否能被检验且已被检验；（2）该理论或技术已知错误发生率是否过高；（3）方法的质量或其受同行认可的程度；（4）该理论或技术是否被同行普遍接受。

多伯特案迫使法官成为科学证据明智的消费者。法官在专家的方法是否科学有效和可靠的问题上必须做出一个深思熟虑的决定。美国以外很多司法辖区的法院认为多伯特规则有助于审查专家证据的可靠性。但是批判者认为法官不是科学家且无力判断哪些方法是科学有效的。到目前为止，这种批评似乎是合理的。

对抗模式的法律体系

不少国家是以对抗模式来发现事实真相的。这种模式假定当对抗的双方当事人提出各自的最佳证据来支持他们各自的主张时，法官和陪审团会选择他们认为更有说服力的主张。然而，认识到被选择的所谓强有力的主张可能并不总是真实的，法律制定了程序，用来预防并不正确但稍微更好的主张。比如，在刑事案件中，法律规定陪审团认定被告人有罪的标准是排除合理怀疑。同时，科学表明我们的经验和推理常常使我们误入歧途。科学从来不会认为最有说服力的答案就是正确的，即使它似乎排除合理怀疑。科学提出可以经过严格且经验性检测的观点，它依赖于即使有最有力的假设仍潜心专研和不断检测的科学家们。

对抗模式有经常允许可疑科学进入法庭的缺点。对抗模式的理念就是平等的双方当事人拥有平等的证据资源和获取途径。该平等在现实刑事司法系统中却形同虚设。很多法庭科学家是执法机构中独立的一部分，他们与执法官员联合工作来侦破案件。他们的方法往往是隐秘的，因为执法官员可以获取证据、测试、报告，而被告人却不享有同样的权利。被告人经常无法获得实验数据、独立测试和他们想要质疑的那些科学家们结论的执行报告。

被告人还受制于资源的缺乏。法院经常拒绝被告人申请专家出庭，即使被告人被允许雇用独立的专家，也很少存在独立的实验室。当被告人提出专家证言来质疑案件的时候，由于专家作证的费用由被告人支付，这些专家证言常常被对方以具有偏见为由进行攻击。相反，控方证人是为执法机关服务的，从不会遭遇同样的偏见，他们不会在任何一个特定案件中得到报酬。尽管刑事司法系统中的老手也知道独立专家作证肯定会收费，但对专家可信性的攻击会导致专家证言的价值在没经验的陪审员心中有所削弱，此种偏见的危害对被告人更大。

在那些适用纠问模式而非对抗模式的国家，法官在事实调查中扮演更为积极的角色。法官可以选择专家、询问证人，甚至可以在律师未能充分代理辩护时介入其中。这是许多欧洲国家的情况，法官是行政部门的一部分。这种模式类似于对抗模式，由法官对科学证据进行筛选和权衡，有时也会搞错。可这并不奇怪，法官不是科学家，因此常常不具备识别科学证言可靠与否的能力。有一个非常令人瞩目的案件发生在法国。在法国的一个小镇乌特罗（Outreau），13 个人部分基于精神病学专家的证言而被控猥亵儿童。几年后，一位关键证人承认他捏造了整个故事。法国政府召开了一个特殊的会议来调查该案件，这被称为一场"前所未有的司法界灾难"。问题主要集中在调查法官的错误上：法官允许草率且带有偏见的证言，最终毫无根据的精神病学专家的结论影响了整个诉讼程序。经过多年的牢狱之苦后，13 名被告人终于被无罪释放。

法律遵循先例

法律旨在提供稳定性和可预测性。人们应该去了解法律是如何在他们的生活中发挥作用的，而法律遵循先例使其具有可预测性。尽管这种方法并不总是能确保法院做出准确的判决——他们可能轻易重复同样的错误，但它确实也有可预测性。相反，科学在寻求答案时，假设之前出现的所有一切都是不正确的。科学假定我们今天所能接受的想法会由未来证据所支持的新想法改变或拒绝。

可以说，可预测的法律推动了法庭对指纹证据的处理。在 20 世纪，对犯罪现场指纹与嫌疑人指纹的"匹配"实践，也称指印分析，得到普遍接受。2004 年，美国当联邦调查局的几位资深指纹专家错误地将律师梅菲尔德的指纹与马德里爆炸案的指纹匹配时，所谓绝无过错的理论就已被摧毁。

其实在梅菲尔德案之前，美国法院就对指纹证据的可采性产生过质疑。然而这些质疑大多都毫无作用，只有几个上诉法院发现初审法院错误地相信了"人类指纹具独立性和稳定性的特点"。在 US v. Crisp 案中，指纹问题被上诉到美国联邦第四巡回上诉法院。一位法官认为"指纹鉴定的历史和指纹检验人员一直以来的肯定并不足以说明该技术就是可靠的"。2007 年，马里兰州法院拒绝接受指纹检验人员对犯罪现场指印与被告人指纹"匹配"的证言，因为指纹识别是"一个主观的、未经检测且无法验证的据称可靠的识别过程"。美国国家科学院 2009 年的报告提示，指纹分析"并非绝对准确和可靠"，指纹检验人员要继续努力。在国家科学院报告发布后的一些决定中，法院意识到国家科学院对被夸大的指纹"匹配"技术非常重视，需要继续研究，使其更具有同一性，且指纹证据的长期使用本身并不意味着其具有可采性。不过，这些法院，甚至几乎所有的法院还是一如既往毅然决然地采纳指纹证据，沉迷于其所谓的低错误率，拒绝接受指纹检验人员不能"匹配"的说法。

直到最近，已经很少有人在英格兰和威尔士的初审法院或上诉法院中质疑指纹证据。然而，2011 年，观点又开始转变。在 R v. Smith 中，多位指纹专家将冲突证据提交到上诉法院，使得上诉法院撤销了对上诉人谋杀罪的认定。上诉法院呼吁指纹证据要受到更广泛的调查并引用了正在进行的苏格兰指纹调查。苏格兰前警务官员雪莉·麦凯（Shirley McKie）因伪证而被起诉后，该项调查便启动了。麦凯曾在谋杀案审判中作证说她未曾进入犯罪现场，但是她的指纹却与犯罪现场出现的指印匹配。麦凯后来被证明是无罪的，因有证据表明所谓的"匹配"是错的。

2010 年，国际鉴定协会——世界上最古老、最大的法庭科学鉴定协会——由于科学的进步正式对摩擦脊线检验改变了立场。国际鉴定协会现在接受了摩擦脊线皮肤印痕能和多种来源有不同水平的共同性，且强调指纹检验人员应该基于数学模式提供更加明确的结论，也就是统计其概率，或者说鼓励检验人员不要以该匹配"排除所有人"的方式作证。即使在标准上有所改变，法院还是无法对指纹专家的证言制定出一个统一的标准，因为在此案中被采纳的证言很可能在另一个案件中被裁定完全不能接受。

法律是纠纷的仲裁者

尽管法律和科学的目的都是发现事实真相，但法律旨在解决争端。法律更倾向于做出一份及时且终局的判决。例如，当当事人诉称服用了处方药后造成严重的健康问题时，法律是不能等过了几年得到严格测试结果之后再去审判的。法律依附于最有说服力的论据。如果这些论点被证实是不准确的，法律也不容易审查先前的决定。此时就结案了。科学是漫长的发现过程，它需要几年甚至几十年的合理的测试才能得出可靠的结论；它还需要经过长期的理论证伪，如果有足够的证据推翻特定假设，那么必须放弃该假设。

然而，法院却常常需要在最后刑事判决中引用那些陈旧且不可靠的科学理论。例如，2004 年，卡梅·托德·威廉汉姆（Cameron Todd Willingham）就是基于陈旧的纵火假设而在德克萨斯州被执行死刑。州法院认为威廉汉姆使用助燃剂纵火烧了他的家，杀害了自己的三个孩子。在法庭上，纵火侦查员作证称火灾显示大约有 20 个纵火标志痕迹，包括倾注形态、蜘蛛网状玻璃、楼梯上的褐色斑点以及 V 型煤烟痕迹。就像大多数侦查员一样，他们根据在该领域多年的经验收集了这些标志痕迹。

在威廉汉姆被执行死刑之前不久，杰拉尔德·赫斯特（Gerald Hurst）博士，一位全球著名的科学家和火灾专家，向德克萨斯州政府和赦免与假释委员会做出一份报告（他们是威廉汉姆洗脱罪名的最后希望），严重地削弱了州法院的案件证据基础。该报告让我们想起了 20 世纪 90 年代那个设计精密的实验——石灰街火灾实验（the Lime Street Fire Experiment）。未使用任何助燃剂，侦查员放火点燃了一个房子中的沙发，然后观察火势的发展，发现辐射热导致整个房子起火，继而发生火灾。总之，调查人员发现的纵火的经典迹象，如倾注形态和 V 型煤烟痕迹，在没有助燃剂的情况下也可以发生。赫斯特报告这些是想说明褐色斑点是火灾现场的常见特征，也有可能是烧焦碎片掺杂来自消防水管中的水形成的。报告还指出蜘蛛网状玻璃也有可能是消防水喷射到热玻璃上形成的。然而赫斯特的报告根本没人看。最终的结果是，德克萨斯州法院和政府在没有可靠科学证据的情况下还是通过了威廉汉姆最终的死刑决定。尽管火灾研究的进步完全打破了调查人员几十年前使用的未经测试的技术，但许多法院仍然拒绝救济申请。

法律需要二元决策

法律迫使决策者进入二元决策中：有罪或无罪？有因果关系或无因果关系？匹配或不匹配？然而科学却允许以后会发生变化的更模糊或微妙的立场。当被迫进入二元决策时，法官无法限制科学证据的范围，允许提供不存在绝对确定性的证言。

枪支鉴定证据就是很好的例子，在对这样的鉴定结论没有科学根据的情况下，法院允许检验人员提供大胆绝对的证言。枪支鉴定证据在没有可靠检测的情况下已经用了 80 多年。当枪内部的硬金属与弹药的较软金属接触时，会在弹药上形成"工具痕迹"。检验人员经常作证称枪支的重现性以及独特特征可以使他们得出痕迹是由特定的枪支发射的特定子弹造成的，且可以排除其他所有型号的枪支。

这类证言在新世纪受到抨击，自 2005 年以来，许多法院已经弱化检验人员结论的应用。加利福尼亚州法院、马萨诸塞州法院都已禁止检验人员做出"排除世界上所有"类似的"匹配"的证言，取而代之的是要求用"弹道确定性的合理程度"或"很可能"之类的词语。在 U. S. v. Green 案中，盖特内尔法官很不情愿地采纳了枪支证据。

　　"因为我有信心，鉴于整个国家的先例，其他的任何判决都将遭到上诉法院的拒绝……而我认识到多伯特标准并不需要像电视剧那样完美虚幻，当自由悬而未决时——案件中的被告人面临死刑或终身监禁时，应用的标准应该更高……已经在全国实施。在没有要求文书、能力测试以及证据可靠性的前提下，法院采纳的工具痕迹类型的证据越多，被容忍的草率行为就越多；我们应该要求更多。"

盖特内尔法官的观点表明司法机关对扰乱当前刑事司法系统的可预测性有种恐惧。尽管科学认识有了新发展，但法官似乎还是热衷于维持现状。

盖特内尔法官关注的问题也被随之而来的两份报告指出。2008 年，美国国家科学院报告指出："与枪支相关的工具痕迹的唯一性和再现性的基本假设的有效性还没有被充分证明。"在 2009 年的报告中又指出我们并不知道私人工具和枪支的变量，且没有充分的实验研究能够证明枪支分析的可靠性和可重复性。报告还指出检验人员的分析和最终得出"工具痕迹和枪支分析的科学基础是相当有限的"结论缺乏精确的定义过程。

继这些报告之后的案件产生了不一致的结论。如，在 2009 年底，新墨西哥州的一名检验人员被禁止在其结论中使用"科学确定性"；而在 2011 年，马萨诸塞州法院裁定，审判法庭允许专家说犯罪现场发现的弹壳是"由被告人的 AB-10 型号手枪所射击留下"并没错。有些法院试图通过限制专家的证言形式来解决问题，比如用"合理程度的确信"而非完全"匹配"的证言形式。然而，研究表明陪审团并不能辨别出此类短语有何不同。在发现陪审团认为枪支鉴定人员可信度、诚实性最高以及经验最多之后，这一问题显得更加严重。因此，这些理应更为严格的界限可能在审判时无任何实践意义。

法官可能缺乏判断科学证据可靠性的科学专业知识

即使科学证据的评价程序已经能够接近理想状态，法官还是必须掌控证据类型的准入、证据效力以及专家证言局限性。然而，法官往往缺乏科学专业知识来可靠地判断与本案有关的科学证据。事实上，最近的研究表明，大多数法官甚至对科学方法中最基本的方面都未能理解。

法官像陪审团一样，经常站在不可靠的法庭科学方法一边来损害刑事被告人的利益。雷·克朗案和黛博拉·格林案就是此种决策最好的例子。1991 年，克朗被控谋杀一位胸部有咬痕的酒吧女子。美国法院长期以来接受用于鉴定的咬痕比较（法医牙科学的研究内容），尽管其在实践中的价值、可靠性、客观性存在相当大的争议，甚至专家在相同证据的评估上也存在较大的分歧。2009 年美国国家科学院的报告中初步总结，通过咬痕排除他人以识别身份的方法是没有科学依据的。

在克朗被审判前，美国联邦调查局的一位牙科专家对调查人员说该咬痕

"并不足够清晰"：克朗不是留下咬痕的人。然而，在庭审中，当地的专家作证称克朗的牙齿和咬痕"完全匹配"。当地的专家还被允许在法庭上编造统计材料："同一位置长有两颗牙齿的可能性大约是 1/（150×150）。也有可能是1/1200 或类似的。"尽管二审中 DNA 检测证明受害者身上的血既不是来自受害者，也不是来自克朗，但克朗还是基于所谓的牙齿与咬痕"匹配"的证据被定罪。检察官没有提供其他能将克朗与谋杀者关联的实物"证据"。2002年，克朗通过之前未经检测的 DNA 证据洗刷冤屈。

在 2008 年，格林对 1996 年在家中放火烧死她两个孩子案件的判决提出上诉。上诉基于火灾科学的最新进展。地区法院援引堪萨斯州最高法院的观点——她的动机和行为比火灾科学的发展更具有说服力，驳回了上诉请求。虽然法院听取了杰拉尔德·赫斯特的证言，即火灾科学的发展对纵火是否是产生火灾的原因表示怀疑，但法院允许间接且不科学的证据压倒科学发现。法院认为格林的漫不经心和无动于衷的态度以及她的一本描述孩子死于纵火的图书足够说明她就是纵火犯。

结　语

在广受欢迎的电视剧的故事情节中，前沿科学清除了模棱两可的事实并且直指犯罪者。现实所呈现的却与那个虚幻的世界形成鲜明的对比。有些专家使用从没被科学验证过的技术，有些专家则是夸大调查结果。此外，法官似乎无力识别可靠科学与纯属揣测之间的区别，或知晓应对专家意见加以什么限制。虽然电视观众以及许多法官和律师都相信了科学专家的方法从来不会出错，但在某些领域，一些专家的方法已被证实是非常值得怀疑的。很多领域的专家在没有经过足够验证或能力测试的情况下继续提供专家意见，我们却没有任何方法去判断专家证言的正确率。事实上，有些专家使用缺乏可靠性测试的方法来支撑他们的证言，他们声称因为从没有出现过错误，所以他们 100% 都是正确的。

法律仍然无力检测科学证据的可靠性。法律受制于终局性和可预见性，所以常常不能融入科学的进步。当专家在专业知识之外投机时，法官似乎毫无能力去识别或不愿从法庭上消除长期为人们所普遍接受但没有支撑的科学主张，或许是因为担心会以不可预知的方式扰乱刑事司法系统。所以就像电视剧一样，法律需要得到满意的结论——被告人最终不是有罪就是无罪。然而不同于电视剧，法律实际上并不总是解决犯罪问题，它会继续无视给法庭带来更少猜测和更多可靠性的证据的科学进步。

参见

人类学/牙科学：牙科学；

解释：生物学/DNA：DNA 数据库；

基础：法庭科学的历史；鉴定/个体识别的概述和意义；法庭科学的基本原则；

调查：指纹；火灾模式及其解释；火灾现场检查方法；火灾类型；

法律：DNA 免责；专家证人资格和证言；法庭科学的法律接受史；国际法庭和法庭科学；法庭科学的法律观；法律体系：对抗制和纠问制；无罪计划；

形态证据：分析、比较、评价和验证（ACE-V）；掌纹；工具；

形态证据/历史：指纹科学；

专业：美国国家科学院。

扩展阅读

Beecher-Monas, E., 1998. Blinded by science: how judges avoid the science in scientific evidence. *Temple Law Review* 71, 55.

Cole, S. A., 2010. Acculturating forensic science: what is "scientific culture," and how can forensic science adopt it? *Fordham Urban Law Journal* 38, 435.

Commonwealth v. Patterson (2005) 445 Mass. 626, 840 N. E. 2d 12.

Commonwealth v. Gambora (2010) 457 Mass. 715, 933 N. E. 2d 50.

Commonwealth v. Pytou Heang (Mass. 2011) 942 N. E. 2d 927.

Daubert v. Merrell Dow Pharmaceuticals (1993) 509 U. S. 579.

Faigman, D. L., 1999. *Legal Alchemy: The Use and Misuse of Science in the Law.* W. H. Freeman, New York.

Faigman, D. L., 2004. *Laboratory of Justice: The Supreme Court's 200-Year Struggle to Integrate Science and Law.* Times Books/Henry Holt, New York.

Foster, K. F., Huber, P. W., 1997. *Judging Science: Scientific Knowledge and the Federal Courts.* MIT Press, Cambridge, MA.

Frye v. United States (D. C. Cir. 1923) 293 F. 1013.

Garrett, L. B., 2011. *Convicting the Innocent.* Harvard Publishing, Cambridge, MA.

Giannelli, C. P., 2006. Daubert challenges to fingerprints. *Criminal Law Bulletin* 42, 5.

Giannelli, C. P., 2010. Fallout from the NAS forensic science report. *Criminal Justice* 25, 53.

Giannelli, C. P. , 2011. Ballistics underfire. *Criminal Justice* 25, 50.

Green v. Koerner (2008) WL 2079469 (D. Kan.).

Haack, S. , 2009. Irreconcilable differences? The troubled marriage of science and law. *Law & Contemporary Problems* 72, 1.

Huber, P. W. , 1991. *Galileo's Revenge: Junk Science in the Courtroom.* Basic Books, New York.

Melendez-Diaz v. Massachusetts (2009) 129 S. Ct. 2527, 2537.

Risinger, D. M. , 2000. Navigating expert reliability: are criminal standards of certainty being left on the dock? *Albany Law Review* 64, 99.

R. v. D. D. (2000) 2 SCR 275.

R. v. Dimitrov (2003) 181 CCC (3d) 554.

R. v. JET (1994) OJ NO. 3067 (General Division) at (75).

R. v. J.-L. J. (2000) 2 SCR 600.

R V Smith (2011) EWCA Crim 1296.

Saks, M. J. , 1998. Merlin and Solomon: lessons from the law's formative encounters with forensic identification science. *Hastings Law Journal* 49, 1069-1140.

Saks, M. J. , 2009. Judging admissibility. *Journal of Corporate Law* 35, 135-138.

Saks, M. J. , Wissler, F. R. , 1984. Legal and psychological bases of expert testimony: surveys of the law and jurors. *Behavioral Science and Law* 2, 361.

Smith, C. S. , 2004. French Pedophilia case falls apart when main suspect recants. *N. Y. Times*, 20 May, A5.

State v. Green (Kan. 2007) 153 P. 3d 1216.

State of Maryland v. Bryan Rose. *In the Circuit Court for Baltimore County.* Case No. K06-545.

United States v. Harvard (7th Cir. 2001) 260 F. 3d 597, 601.

United States v. Llera Plaza (E. D. Pa. 2002) 188 F. Supp. 2d 549, 572-573.

United States v. Santiago (S. D. N. Y. 2002) 199 F. Supp. 2d 101, 111.

United States v. Crisp (2003) 324 F. 3d 261.

United States v. Mitchell (2004) 365 F. 3d 215.

United States v. Hicks (5th Cir. 2004) 389 F. 3d 514, 526.

United States v. Foster (D. Md. 2004) 300 F. Supp. 2d 375, 377.

United States v. Green (D. Mass. 2005) 405 F. Supp. 2d 104.

United States v. Monteiro (D. Mass. 2006) 407 F. Supp. 2d 351.

United States v. Diaz (N. D. Cal. Feb. 12, 2007) 2007 WL 485967.

United States v. Glynn (S. D. N. Y. 2008) 578 F. Supp. 2d 567.

United States v. Taylor. （D. N. M. 2009）663 F. Supp. 2d 1170，1180.

United States v. Rose（2009）672 F. Supp. 2d 723.

United States v. Baines（2009）573 F. 3d 979.

United States v. Aman（2010）748 F. Supp. 2d 531.

相关网站

http：//www. innocenceproject. org/.

http：//www. just-science. org/.

Grann D. ，7 September 2009. Trial by Fire：Did Texas Execute an Innocent Man? The New Yorker. http：//www. newyorker. com/reporting/2009/09/07/090907fa_ fact_ grann.

国际法庭和法庭科学

X. 拉罗什，荷兰，莱岑丹，黎巴嫩问题特别法庭

E. 巴卡，荷兰，海牙，国际刑事法院

术语表

可采性　特定的证据信息是否可以提交给法院作为正规证据的问题，通过参照证据排除规则和法律体系的实践发展给出了答案。

展示证据　该术语用来描述庭审中呈现的作为证据的一部分的物品。

柬埔寨法院特别法庭（ECCC）　柬埔寨王国政府与联合国在 2003 年 6 月进一步达成协议，成立 ECCC 是为了起诉在民主柬埔寨时期所犯罪行。由于柬埔寨薄弱的法律体系以及国际犯罪的本质，其邀请了国际人士的参与，进而满足国际司法标准。

国际刑事法院（ICC）　由 2002 年 7 月 1 日生效的《国际刑事法院罗马规约》创立并约束，ICC 是第一个永久性的、以条约为基础而形成的国际刑事法院，有 121 个国家加入（有效期截至 2012 年 7 月 1 日），它的成立结束了国际社会所关注的最严重罪犯有罪不能罚现状，即灭绝种族罪、危害人类罪和战争罪。一旦定义了犯罪的条款和行使管辖权的条件生效，法院就可以对侵略行为行使管辖权。法院只有在国家本身不能或不愿意真正调查或起诉《国际刑事法院罗马规约》规定的罪行时才行动。位于海牙（荷兰）的国际刑事法院，是一个独立的国际机构，而不是联合国的一部分。

卢旺达国际刑事法庭（ICTR）　认识到在卢旺达发生的严重违反人道法的罪行并根据《联合国宪章》的第 7 章，联合国安理会通过 1994 年 11 月 8 日第 955 号决议成立 ICTR，用来起诉 1994 年 1 月 1 日到 1994 年 12 月 31 日期间在卢旺达境内实施的灭绝种族和其他严重违反国际人道主义法犯罪的负责人。ICTR 位于阿鲁沙（坦桑尼亚），并且在基加利（卢旺达）有一个办事处。

前南斯拉夫问题国际刑事法庭（ICTY）　ICTY 是位于海牙（荷兰）的临时法庭，根据联合国安理会 1993 年 5 月 25 日第 827 号决议成立，用来起诉自 1991 年以来在前南斯拉夫境内实施违反国际人道主义法犯罪的负责人。它对 1991 年以来在前南斯拉夫境内的 4 种犯罪集群有管辖权：违反《日内瓦公约》的犯罪、违反战争法律或惯例的犯罪、灭绝种族罪以及危害人类罪。

ISO（国际标准组织）　制定并发布质量操作和程序的指南及标准的国际非政府机构。

持久性　在痕迹证据中，持久性与痕迹证据作为追踪转移事件的物质的时间维度有关。持久性指材料发生转移（供体）并且转移已经在物体上发生（受体）。持久性可以受转移的本质和外部因素的影响。

犯罪现场官员　熟练识别、保存、收集痕迹和其他犯罪现场证据的调查人员。

塞拉利昂问题特别法庭（SCSL）　SCSL 根据塞拉利昂政府和联合国的协议成立，起诉自 1996 年 11 月 30 日在塞拉利昂境内严重违反国际人道主义法和塞拉利昂法律的犯罪行为。

黎巴嫩问题特别法庭（STL）　2005 年 12 月 13 日，黎巴嫩共和国要求联合国成立国际法庭，来审判 2005 年 2 月 14 日在贝鲁特（黎巴嫩）实施袭击的所有负责人，该袭击导致黎巴嫩前总统拉菲克·哈里里以及其他人死亡或受伤。如果发现在 2004 年 10 月 1 日到 2005 年 12 月 12 日期间发生在黎巴嫩的其他袭击按照刑事司法原则是有关联的并且它的本质与严重性类似于 2005 年 2 月 14 日的袭击，法庭的管辖权可以超出 2005 年 2 月 14 日的袭击。

证据价值　与证据的可采性是法律问题不同，赋予证据的价值是由事实认定者决定的问题。法官可以采纳科学证据；然而，事实认定者要决定赋予这种证据的价值，即此种证据是否可信或可靠。

　　尽管法医学的起源可以追溯到 6 世纪的中国，但是现代法医学的起源是在 19 世纪晚期，并且随着领域的扩展，其在法律问题中的应用也越来越普遍。现在，大多数国家的执法机构都有进行科学证据研究的犯罪实验室。

同时，在过去的几十年里成立了很多国际刑事法庭，授权国际检察官调查和起诉那些世界上最严重犯罪的责任人。

在国际刑事法庭成立之前的案件中，法庭科学起着重要作用，尤其是与犯罪有关的证据。在其他案件中，犯罪的证据很大程度上是无可争议的；有争议的是这一事件与被告人的联系，而该被告人可能是高级政治领导。这种联系通常是通过书面证据而不是法庭科学证据进行的。

然而，大多数国际刑事法庭的审判至少包含一个法庭科学证据。法庭科学日益成为一个非常有用的工具，每个国际刑事法庭都或多或少地开展法庭科学调查。如果可以接近犯罪现场或提高保护，或在被控犯罪发生后调查人员很快到达犯罪现场，就可以合理期待法庭科学证据将在国际刑事法庭上发挥越来越重要的作用。此外，科学和法律的许多挑战限制了国际刑事法庭审理的案件中法庭科学的效率。很多改善可以确保发挥法庭科学的全部潜力，并且能够在国际刑事法庭实现公平公正审理方面取得更多成果。

目前法庭科学对国际刑事法庭的贡献

国际刑事法庭

国际刑事法庭的成立

在第一次世界大战后就浮现了成立国际刑事法庭的想法，但是直到 1945 年之后才看到第一个这样的法庭，即建立在纽伦堡和东京的国际军事法庭。随后，联合国在 20 世纪 40 年代末开始执行更为永久和公正的国际刑事司法程序，努力编纂国际犯罪法典，并精心地起草成立国际法庭的条约。

然而，直到 20 世纪 90 年代才成立了临时国际刑事法庭，它受限于特定冲突的暂时性和地理位置：1993 年，ICTY；1994 年，ICTR。1998 年 7 月 17 日，根据协议，需要一个独立并且永久性的刑事法院。120 个国家加入了《国际刑事法院罗马规约》，其是 ICC 成立的法律基础，在 60 个国家批准后，于 2002 年 7 月 1 日正式生效。

最近几年，有些国家还成立了混合型法庭，法律法规是国际法和国内法的结合，用来应对涉及大规模暴行的紧急情况：在东帝汶（2000 年）、科索沃（2000 年）、塞拉利昂（2002 年）、柬埔寨（2003 年）、波斯尼亚和黑塞哥维纳（2005 年）、黎巴嫩（2007 年）成立了混合法庭。它们的首要目标是让个人侵略者为他们所犯下的罪行负责，并依照国际刑事司法制度来惩罚他们，这在本质上是对立的（这不同于其他使用纠问体系的国家）。

国际刑事法庭起诉的罪行

国际刑事法庭主要处理战争罪、危害人类罪和灭绝种族罪。STL 被授权起诉本质上是恐怖主义的行为：2005 年 2 月 14 日在贝鲁特发生的袭击使得黎巴嫩前总统拉菲克·哈里里丧生。

在大多数案件中，国际刑事法庭某种程度上依赖法庭科学构建暴行犯罪的犯罪要件。对某些犯罪来说，还存在其他的要件，如受害者辨认，而法庭科学证据仅仅是相关的。关于灭绝种族罪的法律只为四种受害者提供保护，这些人有相同的人种、种族、宗教或国家身份。法庭科学主要通过法医人类学来证明这些要素。

法庭科学的角色

法庭科学在国际刑事法庭中的作用与在国内法庭中是一样的，即向调查人员和法院提供信息以帮助回答重要的问题。这可能是简单的事实，因此不会引起争议，或者它可能是需要推论的专家意见形式。在国际刑事诉讼中，要求法庭科学家向法院提供三种类型的法庭科学意见：调查意见、初步评估意见以及全面评价意见。

此时，只有 ICC 和 STL 有由法庭科学协调员监督的全职法庭科学小组。

国际刑事法庭的犯罪现场调查

在国际刑事法庭中法庭科学证据的收集主要有 3 个问题。

1. 冲突地区的犯罪现场。犯罪发生的地方可能继续发生冲突，犯罪现场调查从逻辑上讲显然要比国内安宁的环境更为复杂。此外，犯罪现场调查通常很困难，因为几次袭击可能在相对短的时间内发生在相同的地方，把证据归为一个特定的事件挑战性巨大。

2. 进入犯罪现场受限或迟延。在战后环境中，进入犯罪现场的时间通常可能发生在犯罪发生后的几个月或几年。在某种程度上，是由于确保进入的法律权利：国际调查人员没有不经一国政府同意或来自安理会的命令进入一国领土并/或逗留的权力。要成立一个国际调查小组需要相当长的过程。这就使得法庭科学证据的收集非常困难。例如，用视觉辨认分解的软组织十分困难，使用其他方法，如法医牙科学或 DNA 技术，都非常重要。证据物品，如弹壳、弹片、受害人衣物，因为当地人的收集可能会丢失。由于缺乏当地的基础设施，场所本身可能被修缮，如清洁（血迹）、石膏、绘画（子弹影响）甚至重建（烧/炸建筑物）。

3. 最好的情况中，国际团队可以从当地政府指导的犯罪现场调查结果中受益，但也伴随着所有固有问题。即使是相对快速的派遣调查任务，实物证据被篡改、摧毁、恶化或消失也是有可能的。

4. 依赖国家合作。如果国家对必须执行的调查不进行合作，法庭科学证据的收集在技术和后勤上都是很困难的，这会危及调查人员的安全和调查的完整性。即使国家合作，当地技术资源和法医基础设施的缺乏有时也是障碍，调查现场和法院之间的距离更加剧了这一问题。

国际刑事法庭使用的法庭科学证据

国际刑事法庭的条约和规则多多少少准确地提出了收集证据的原则和关于提交给法庭的证据是否会被采纳的原则。

证据收集

国际刑事法庭证据的收集是基于对抗或控告模式，例如，控方和辩方负责收集和提交证据并提出他们的主张，而法官对诉讼一无所知。

此外，法院没有完全被严格和专门的证据规则束缚。这一概念在《国际军事法庭章程》（纽伦堡）第19条中进行了表述："法庭不受专门证据规则的约束。它应尽可能迅速和非技术地采用和适用程序，并且应该采纳它认为有证明价值的任何证据。"

ICC和临时法庭的公诉人在搜查和其他现场调查期间进行的实物证据的收集有3种类型的规则：

基于权力的规则：根据ICC或临时法庭的条约，公诉人在一国境内有权收集证据，但是公诉人这样做的权力差别很大，特别是，他们使用自己的员工在现场进行调查。

ICC公诉人可以使用其自己的员工而非一国领域内的国家权力机关进行调查的条件：（1）国家同意；（2）预审庭确定该国显然不能执行合作的要求；（3）存在其他附加条件，确保调查活动的进行没有任何强制措施。如果不适用其中的任何一个例外，ICC公诉人就可以要求国家代表其进行现场调查或者公诉人自己的调查人员参与或在场。没有加入《国际刑事法院罗马规约》

的国家没有义务与 ICC 合作，除非作为联合国的成员被安理会要求合作。

临时法庭的公诉人有收集证据的一般法定权利，并且有权在联合国成员国领土内指导现场调查，没有寻求国家帮助的义务。临时法庭的公诉人能要求国家合作，该合作可以进一步由法庭的法官命令。这种要求帮助的机制被 STL 公诉人广泛应用。因此，它们可以越过国家权威并寻求搜查令，如由审判庭直接颁布。即使审判庭颁布搜查令，实际上，仅仅在国际力量控制下的领土上，才可能在国家没有同意的情况下执行令状。

尽管这些法律框架表明临时法庭的公诉人比 ICC 的公诉人在收集证据方面有更好的位置，但实际操作是不同的，ICC 和临时法庭面临相同的问题，即说服国家提供收集证据的援助。

法庭科学专家与国家当局发生的其他问题：相互信任问题、科学知识和标准、法庭科学设备和设施问题。

基于权利的规则：证人或嫌疑人的关键权利是隐私权。尽管这种隐私权在 ICC 和临时法庭成立的文件中并未提到，但法庭认为这是国际公认的必须尊重的人权。隐私权并不是绝对的，根据《欧洲人权公约》，如果有合理目的、合法且与其目的相适应，调查行动违反该权利就是合理的。

但是 ICC 和临时法庭的法规和规则都没有表述从证人或嫌疑人身上提取指纹或收集 DNA 的隐私权利。在没有同意的情况下，保证尊重上述 3 个条件就可以提取 DNA 和指纹。

基于程序的规则：在收集实物证据时有两个程序规则是非常重要的，即（1）对保管链的要求；（2）根据《国际刑事法院罗马规约》第 56 条，当有"特殊调查机会"时采取特殊措施。

ICC 和临时法庭均未在其法规、程序和证据规则（RPE）中提及保管链。ICC 公诉人表述了对保管链连续和记录的需要，审判庭提到了保管链对于确定文件或其他实物在审判中的证明价值的相关性。ICTY 法院审判规程说明证据的保管链不是必需的。《国际刑事法院罗马规约》第 56 条，即使对其适用情况不完全清楚，在涉及法庭科学证据时也可能非常有用。调查机会的特殊性完全适用于可能会变质或丢失的实物证据。

证据可采性

国际刑事法庭之前的所有证据必须通过相关性以及有证明价值的"可采

性测试"，比起一些国家的法律体系，这并没有那么严格。它将决定证据价值的任务留给了审判庭。

例如，ICTY 的程序和证据规则提供了有限的指导并对证据的可采性采取灵活的方法，受"先采纳，后决定价值"这一哲学理念的极大影响，没有详细的专门规则。证据是可采的，除非它对公正的庭审不利或者根据 ICTY 的证据规则第 95 条、第 96 条的规定应予排除。

像所有的证据一样，只要法庭科学证据与案件有关并且有证明力，初步印象就是可采的，且它必须有效、可靠。证据规则并没有提到科学标准，迄今为止所成立的所有国际刑事法庭对证据的可采性问题采取灵活的方法。受美国法庭使用的多伯特指导手册启发，国际刑事法庭在确定法庭科学证据的价值时可以考虑一些问题。这些标准中的一些已经在直接询问和交叉询问中测试过，就像在拉迪斯拉夫·克里斯蒂奇（Radislav Krstic）审判期间的案子一样。

国际刑事法庭中的专家证言

法庭科学专家就案件内容提供解释结果（专家意见），并且处理超出普通知识和经验的问题。法庭科学专家越来越多地使用高度发达的科学工具（如3D 建模）来展示他们的研究成果，

测试科学证据的可靠性和可信度可能涉及以下相关问题的部分或全部：（1）专家的资格和专家的地位；（2）采纳的科学方法；（3）操作法规；（4）科学界接受的普遍性以及通过出版或同行评审确认的方法的有效性；（5）科学是否及如何为诉讼产生；（6）呈现科学证据的新颖性。

在 ICC，没有关于专家或专家证人的定义，其证据规则第 44 条仅仅陈述了登记官必须汇编和保持一份专家名单，在任何时候都可以向法院的所有机关和诉讼程序的所有参与者提供，"适当指明有关领域的专门知识"。截至2012 年 6 月 28 日，登记处公布了来自 36 个国家的 144 名专家列表（个人或组织），任期为 5 年，根据他们的要求可以再延长 5 年。然而，即使专家不在该列表中也可以作证。

在 ICTY，证据规则第 94 条也并未提供专家证人的明确定义，但是法庭审判章程中提到：专家（1）"是一些拥有专业知识、技能或培训的人，能协助事实认定者理解或确定争议事实"；（2）"被期望完全透明地给出成立或假设事

实的专家意见，以及公开应用他们的知识、经验和技能形成专家意见时使用的方法"；（3）可能拥有由他们现在或先前的职位，以及他们提交的简历或出版物决定的专业知识。

在 ICTR，专家证人的"证言旨在就具体问题的技术性质启发法官，在特定的领域需要专业知识"。

当案件涉及不同学科的几个专家时又面临另一个挑战。尤其在 ICTY 案件中，法官接受了作为证据的特殊起诉证言，主要专家监督和协调由多学科和国际专家团队执行的死后检查，或者已经审查了由国际团队相互独立工作产生的报告。

国际刑事法庭中的法庭科学问题

法庭科学的变革

CSI 效应

对普通大众来说，随着许多电视节目盛行，法庭科学已经成为娱乐的来源。事实上却是需要法庭科学家和国际公诉人来处理这种 CSI 效应，即控制期望并解释科学的局限性。这在国际刑事法庭中非常重要，因为犯罪现场调查在犯罪发生后进行这一事实加剧了法庭科学的内部局限性。

国际刑事法庭使用法庭科学的变革

20 世纪初，法庭科学被看作仅次于目击证人的证据。在纽伦堡国际军事法庭举行的审判期间，皮革化的皮肤样本、广口瓶中盛放的肥大脂肪和骨头被视为证据，但是并没有进行法庭科学检查。

尽管其他法庭，如 ICTR 或 ECCC，仅对集体埋葬进行了部分调查，但对 ICTY 来说，被害人被掩埋的遗体和处决地点成为调查重点，因此其监督来自不同学科的专家进行大规模的挖掘和尸检工作，这些专家包括考古学家、病理学家、人类学家、牙科医生、司法摄影师、放射科医师等。每年运营几个月的太平间，设立在位于巴尔干半岛的国家，如科索沃、波斯尼亚、克罗地亚。在下一步，其他专家会在 DNA、弹道学、昆虫学、孢粉学、地质学及其他领域进行补充检查。

这种独特的经验并没有延伸到 ICC，对集体埋葬和/或犯罪现场的法庭科学调查目前仍是例外。为了确证，在个案基础上仍会考虑掘墓工作和尸体解剖，例如，证实证人证词。法庭科学经常涉及手机、磁带、数字设备和文件等问题。ICC 审判中使用受害人的临床检查来评估身体伤害。

法医学、精神病学以及心理学检查所提供的证据已经在很多案件中被引用，例如，ICTY、ICTR 以及 ECCC 最关心的是评估被告人的责任，而不是解决受害人的持续受侵害后果。

最后，贝叶斯定理是一个合理的解释工具，这不仅可以考虑多个与收集痕迹相关的科学信息的多个参数解释，还可以结合不同种类的痕迹。

控方和辩方的法庭科学专家

在国际刑事法庭中，控方和辩方会雇用自己的法庭科学专家提出科学证据，可以保证法律诉讼的平等权利。在解释法庭科学发现时经常发生歧义。

辩方能够实施独立的科学分析来测试或验证控方的科学证据。有时，这些结果的验证和再现可能在技术上很困难。例如，在涉及集体埋葬或爆炸的犯罪现场，重新审视时，并不能期望该地点仍是第一次检查时的状态。不过，从现场收集的实物证据可被辩方专家用来重新检查，辩方专家可以就书面报告、高清晰的照片和/或视频给出评论或对立的专业知识，构成对初始专家的调查结果的质量控制机制。

控方专家根据国际科学标准构建法庭科学行动计划；当发现超出控方提出的可能或解释时，他会验证、证实或排除调查工作的假设，包括任何与科学证明事实相符合的替代性理论。辩方专家寻找控方所提之外的其他可能或解释，提供与科学证明事实相符合的替代性理论。确定科学证据的不同解释和权衡法庭科学证据的利弊是法院的职责。

即使控方和辩方专家可能拥有相似的经验和资格，但仍有很多特征区分他们：

1. 控方专家很可能在调查的初始阶段就加入了，有时与调查人员一直接触，可能已经制定了法庭科学行动计划和战略来支持调查。他几乎总是第一个对相关证据进行深入检查的人。相反，辩方专家可能没有参与到此案中，直到大部分初始工作已由控方完成。

2. 控方专家经常进行复杂且冗长的法庭科学检查。相反，辩方专家通常需要从控方专家提供的信息或结果出发，如果法庭科学分析已经开展，他们不太可能会看到原始物品。他的作用就是评估实施的原始检查及其结果。有时，尽管很少，辩方专家可以拥有主动权，对还未被控方看到的物品进行科学检查。

与自我辩护的被告人的法庭科学证据有关的问题

国际刑事法庭在被告人的自我辩护问题上采取了各种态度。

在 ICTY，连续几位被指控的被告人被允许自我辩护，这有损于程序的有效进行，并可能与法庭确保公正审判的功能背道而驰。在 SCSL，法庭已经认可了"自我辩护的合格权利"。在 STL，根据其前主席所言，STL 的证据规则第 59 条，主要处理在 ICTY 中自我辩护出现的一些问题：

> 嫌疑人或被告人选择自己进行辩护的，应将其选择书面通知预审法官或他选择的审判庭。预审法官或审判庭根据国际刑事法或国际人权法可能会实施律师代理或以其他形式来协助被告人，它被认为在公正利益方面是必要的并且确保庭审公平快速地进行。

正如 A. 卡塞西（A. Cassese）所述，"国际刑事诉讼如此复杂，为了充分保证辩护，被告人不需要有经验的辩护律师的帮助几乎是不可思议的"。

就法庭科学证据自我辩护是要处理控方披露的成千上万页材料，包括高度专业化的法庭科学报告，这并不是一个自我辩护的被告人能自己轻松处理的任务。

法庭公平、快速审理不可避免地要求自我辩护的被告人有法庭科学家协助，即使他们并没有由专业的辩护律师代理。

国际合作和财政影响

尽管一般认为法庭科学有利于国际刑事法庭，但是由于预算是受限的，要确保法庭科学检验是值得的并且绝对必要。这也是国际法院和临时法庭需要有他们自己的法庭科学部门的原因。

此外，鉴于特定学科的大范围，科学分析的成本以及预算的局限性，国际刑事法庭既无人力也无财力进行内部的各种法庭科学检验。对国际刑事法庭来说，要么有一份通过能力选择的专家列表，要么有与国家或国际组织合作的渠道来使用他们的法庭科学服务，这一点很重要。如，STL、ICC 与国际刑警签了了合作协议，并与荷兰司法部签署了由荷兰法庭科学研究所（NFI）提供法庭科学服务的合作备忘录。

最后，尽管国际刑事法庭有调查权，但他们缺乏向拥有证据的国家发传票的权利。尽管如此，在大多数案件中，国家有义务合作，国际刑事法庭可能仅向国家发布非强制性的约束命令。如果国家没有遵守，ICC 只能做不遵守的认定，如果有强制措施的话，只能由联合国安理会或缔约国大会采取措施。

国际刑事法庭中法庭科学的未来

国际刑事法庭对法庭科学的使用和理解

法庭科学对国际刑事法庭的科学价值

在过去的几十年，法庭科学很大程度上受到国际刑事法庭实际需要的影响。例如，法庭科学证据对集体埋葬进行了第一次证据收集，而后以各种形式在法庭上应用，如掘墓工作报告、尸体解剖以及实验室分析、摄影证据、材料文物、专家证人证言，法庭科学证据已经成功地促进了诸多庭审的起诉，特别是那些有关斯雷布雷尼察（Srebrenica）的罪行。事实上，在 1995 年斯雷布雷尼察大屠杀中，有 7500 名男人和男孩被屠杀，尽管 ICTY 资源有限，也只关心遗骸的一般分类，但是 ICTY 法庭科学团队于 1996 年进行了犯罪现场调查，挖掘并解剖了 517 具遗骸。此外，法庭科学的附加价值一直被 ICTY 的几个判决强调，尤其是在多德维奇（Dordevic）案中。

为了从法庭科学中得到最好的结果，还需要出版、验证、同行评审，实际的操作程序和解释规则应以实验控制研究为基础。

国际刑事法庭需要对推理过程有更好的理解

国际刑事法庭可能会越来越多地面对统计学证据，特别是贝叶斯统计方法，最近几年，其在 DNA 分析和其他法庭科学领域特别流行。

一方面，法庭科学家可能需要向法庭上的非科学家解释适用原则和不确定性，他们可能会接受严格的交叉询问。

另一方面，似乎概率和统计并不是总能被律师、法官甚至是科学家自信和有能力地处理。在国际诉讼中，案例评估和解释的模型（CAI），基于国内司法的发展，可以研发并达成一致意见。

常设庭科学结构的需要

国际社会需要常设的应急小组

如先前所述，适当的犯罪现场调查对国际刑事法庭来说非常关键。国际调查委员会经常"做无用功"，从而浪费了宝贵的时间和财力，并且没有分享知识和经验的机制。确实需要协调和定义国际调查的统一方法。

解决方案可能是成立一个常设的联合国应急小组（IRT），其一旦被授权即能够在很短的时间内对国际犯罪进行调查。IRT 由律师、调查人员、分析人员和法庭科学专家组成，IRT 能够及时地收集证据，所有的法律、后勤和财力都必须保证符合高国际标准。例如，资源共享将允许购买昂贵的设备、便携式 X 射线机器以及便携式或可移动的停尸间，使其可用于联合国机构（例如联合国维和行动部、政治事务部门、人权高级专员办公室）以及国际调查委员会。

最后，司法快速应急（JRR）是一个由在职刑事司法及相关专业人士组成的非政府间多边机构。这些专家应国际社会要求可以快速部署，对违反人权和国际刑法的罪行进行调查、分析和报告。目前有 65 个国家以及其他组织参与进来。自 2009 年 10 月开始操作以来，JRR 已经成功地在几个案件中展开。

国际刑事法庭需要自己的法庭科学团队

在过去的几年，国际刑事法庭的犯罪现场调查和法庭科学的重要性已经得到越来越多的认可。材料的识别、收集、包装和运输的需要与潜在的证据价值必须由法院内部确保，通过法庭科学家在犯罪现场调查各方面的广泛培训，确保由实验室进行分析的物品的完整性。

正如 ICTY 的第一任庭长所说，一个没有自己警察力量的国际法庭，"很像一个没有手脚的巨人——他需要假肢才能走路……这些假肢就是国家权力。如果即将到来的不是国家的合作，法庭就不会实现它的功能"。如果一个国际法庭没有自己的法庭科学部门，这句话也依然正确。

根据定义，国际法庭处理最严重的犯罪。分析技术的伟大进展以及电子革命已经影响了犯罪现场调查员的专业化水平。一个理想的犯罪现场调查应该包括法庭科学协调员监督下的多学科的队伍，该法庭科学协调员全面地了解最先进的法庭科学程序并且对所涉及法庭科学学科的技术非常熟悉。

法庭科学家的特殊要求

法庭科学家首先必须能熟练应用科学技术，分析在犯罪调查期间获得的所有不同类型的证据；他也必须意识到司法系统的局限性，并且使用的程序和技术必须满足法院设立的可采性标准。国际水平的法庭科学家必须经过训练了解国际规则。

但是，在国际法庭中，法庭科学家为了成为决策过程的一部分，必须要与调查、起诉部门进行良好的沟通。因为调查人员和公诉人对法庭科学探索的可能仅有有限的看法，并且还有误解和滥用专家意见的风险。

国际刑事法庭需要通用规则

程序和证据的通用规则

正如先前所讨论，在多个规则来源中描述了国际公诉人收集实物证据以及国际法庭使用法庭科学证据的方式，例如，手册、论文、公约、法院法规、规则以及司法裁决，但是，还没有一个包含所有数据的单独文档。这种混乱的状况百害而无一利，不仅是对控方，还有辩方。

结果是，确实需要建立一个应用于法庭科学证据的通用证据规则，同时还要考虑国际犯罪的广泛性。例如由 STL 调查的恐怖袭击与 ICTY 或 ICC 调查的危害人类罪相当不同。不过，该任务应该可以克服，因为法庭科学的基础是科学的应用，这本质上就是通用的。

专家证言的通用规则

国际刑事法庭可能需要建立专家证言的标准，包括可靠性和相关性，并且可能将法官设为守门员。

国际刑事法庭将不得不开发一个系统来培训参与到诉讼中的人，但是确保专家的中立性。一个可能的解决方案是由精心挑选的专家提供具体的帮助来培训法官，帮助他们确定科学证据的可采性，批评各方专家的证词，并且如果有必要，在庭上作证。

对国际刑事法庭来说，法庭科学证据的价值是毋庸置疑的，但是为了巩固其关键证据的作用，它的使用在未来几年需要成熟的系统方法。法院应该使充分利用成为可能，确保能更好地理解法庭科学和法庭科学证据的推理过程。在该方面，他们可以成立常设的法庭科学机构，如常设的国际应急小组、通用的程序和法庭科学证据规则以及专家在国际刑事法庭的证言。

参见

法律：法庭科学的法律接受史；法庭科学的法律观。

扩展阅读

Alamuddin, A. R., 2010. Collection of evidence. Principles of evidence. In: Khan, K. A. A., Buisman, C., Gosnell, C. (Eds.), *International Criminal Justice*. Oxford University Press, Oxford, UK.

Bassiouni, C. , 2008. *International Criminal Law*, third ed. Koninklijke Brill NV, Leiden.

Blewitt, G. T. , 1997. The role of forensic investigations in genocide prosecutions before an international criminal tribunal. *Science and the Law*, 284–288.

Boas, G. , 2011. Self-representation before the ICTY, a case for reform. *Journal of International Criminal Justice* 9 (1), 53–83.

Bramley, R. , 2002. Quality in the laboratory. Presented at the Forensic Science Society AGM and Autumn Meeting in Glasgow.

Cassese, A. , 2008. *International Criminal Law*, second ed. Oxford University Press, New York, pp. 3–56.

Cassese, A. , 2009. *The Oxford Companion to International Criminal Justice*. Oxford University Press, New York.

Cassese, A. , Acquaviva, G. G. , De Ming Fan, M. , Whiting, A. , 2011. *International Criminal Law: Cases and Commentary*. Oxford University Press, New York.

Cassese, A. , Acquaviva, G. , Akande, D. , et al. , 2009. *The Oxford Companion to International Criminal Justice*. Oxford University Press, Oxford, UK, p. 508.

Cassesse, A. , 1998. On the current trends towards criminal prosecution and punishment of breaches of international humanitarian law. *European Journal of International Law* 9, L2–L17.

Cassesse, A. , 2010. Explanatory Memorandum by the Tribunal's President Special Tribunal for Lebanon, Rules of Evidence and Procedure (as of 25 November 2010).

Decision on the Application of Samuel Hinga Norman for Self Representation under Article 17 (4) (d) of the Statute of the Special Court, Norman, Fofana, and Kondewa ("CDF case") (SCSL-04-14-T), Trial Chamber, 8 June 2004 (hereafter the "Norman Decision on Self-Representation"), x 8. Art. 17 (4) SCSL St. reproduces the language of Art. 21 (4) ICTY St. and Art. 20 (4) ICTR St.

Del Ponte, C. , 2006. Investigation and prosecution of large-scale crimes at the international level, the experience of the ICTY. *Journal of International Criminal Justice* 4, 539–558.

Destexhe, A. , 1995. *Rwanda and Genocide in the Twentieth Century*. New York University Press, New York.

Harmon, M. B. , Gaynor, F. , 2004. Symposium on "The ICTY 10 years on: the view from inside", (iii) the prosecution, prosecuting massive crimes with primitive tools: three difficulties encountered by prosecutors in international criminal proceedings. *Journal of International Criminal Justice* 2 (2), 403–426.

ICTY Hearing, Milosevic, Transcript, 25 July 2002, at 8639.

Imwinkelried, E. A. , Giannelli, P. C. , Gilligan, F. A. , 1979. Criminal Evidence. West Publishing

Company College and School Division, St. Paul, MN, pp. 83–90.

Judgement Oric (IT–03–68–T), Trial Chamber, 30 June 2006, x 27.

Khan, K. A. A., Buisman, C., Gosnell, C., 2010. *Principles of Evidence in International Criminal Justice.* Oxford University Press, New York.

Klinkner, M., 2008. Proving genocide? Forensic expertise and the ICTY. *Journal of International Criminal Justice* 6 (3), 447–466.

Klinkner, M., 2009. Forensic science expertise for international criminal proceedings: an old problem, a new context and a pragmatic resolution. *International Journal of Evidence and Proof* 13 (2), 102–129.

Komar, D., 2008. Is victim identity in genocide a question of science or law? The scientific perspective, with special reference to Darfur. *Science and Justice* 48, 146–152.

May, R., Wierda, M., 2003. *International Criminal Evidence.* Transnational Publishers, Ardsley, NY, pp. 138–139.

Prosecutor v. Vlastimir Dordevic (Case No. IT–05–87/1–T), ICTY judgment of 23 February 2011.

Schabas, W., 2006. *The U. N. International Tribunals: The Former Yugoslavia, Rwanda and Sierra Leone.* Cambridge University Press, New York.

Schabas, W., 2010. *The International Criminal Court: A Commentary on the Rome Statute.* Oxford University Press, New York.

Shigekane, R., 2003. Balancing the needs of families and the needs of International Criminal Tribunals in Forensic Investigations, vol. 9 (3). Reports from the Field.

Special Tribunal for Lebanon Rules of Procedure and Evidence, Rev. 1, 10 June 2009, Rule 59 F, "Assignment of Counsel".

The Prosecutor v. Akayesu, International Criminal Tribunal for Rwanda (Case No. ICTR 96–4–T), 2 September 1998.

The Prosecutor v. Aloys Simba (Case No. ICTR–01–76–I). Decision on defence motion to disqualify expert witness Alison Des Forges, and to exclude her report, 14 July 2004.

The Prosecutor v. Ante Gotovina, Ivan Cermak and Mladen Markac (Case No. IT–06–90–T).

The Prosecutor v. Blagojevic and Jokic (Case No. IT–02–60–T). Decision on prosecution's motions for admission of expert statements, decision of 7 November 2003.

The Prosecutor v. D. Milosevic (Case No. IT–98–29/1–T). Decision of defence expert witnesses, 21 August 2007, para 6.

The Prosecutor v. Dragoljub Kunarac, Radomir Kovac and Zoran Vukovic (Case No. IT–96–23–T).

The Prosecutor v. Germain Katanga and Mathieu Ngudjolo Chui (ICC–01/04–01/07).

The Prosecutor v. Jovica Stanisic and Franco Simatovic (Case No. IT–03–69–T).

The Prosecutor v. Milan Milutinovic, Nikola Sainovic, DragoljubOjdanic, Nebojsa–Pavkovic, Vladimir Lazarevic and SretenLukic (Case No. IT–05–87–T).

The Prosecutor v. Mitar Vasiljevic (Case No. IT–99–32–T).

The Prosecutor v. Clement Kayishema and Obed Ruzindana (Case No. ICTR–95–1–T).

The Prosecutor v. Ignace Bagilishema (Case No. ICTR–95–1A–T).

The Prosecutor v. Popovic, Beara et al. (Case No. IT–05–88–T). Second decision regarding the evidence of General Rupert Smith, 11 October 2007.

The Prosecutor v. Radislav Krstic, ICTY Judgment dated 2 August 2001, IT–98–33–T.

The Prosecutor v. Slobodan Milosevic, Milan Milutinovic, Nikola Sainovic, Dragoljub Ojdanic and Vlajko Stojiljkovic (Case No. IT–02–54).

The Prosecutor v. Slobodan Milosevic, Milan Milutinovic, Nikola Sainovic, Dragoljub Ojdanic and Vlajko Stojiljkovic (Case No. IT–02–54). Decision on evidence tendered through Dr. Eric Baccard, 16 March 2007, para. 13.

The Prosecutor v. Stanislav Galic (Case No. IT–98–29–T). Decision concerning the expert witnesses Eva Tabeau and Richard Phillips, 3 July 2002.

The Prosecutor v. Thomas Lubanga Dylio, ICC–01/04–01/06–1069. Decision on the procedures for instructing expert witnesses, 10 December 2007, orders of the Trial Chamber, para 24.

The Prosecutor v. Vlastimir Dordevic (Case No. IT–05–87/1–T).

The Prosecutor v. Zejnil Delalic, Zdravko Mucic, Hazim Delic and Esad Landzo (Case No. IT–96–21–A).

Thompson, J., 1998. International forensic science. *Science and Justice* 38 (3), 141–142.

关键词

ABO，诉讼程序，可采性，可采的，坦白，对抗程序，亚历克斯·杰弗里斯，上诉，纵火犯，弹道学，巴里·谢克，最佳证据，偏见，咬痕，布莱迪材料，保管链，科学发生变化，法律诊所教育，CODIS，科林·皮奇福克，对质，对质权，合意程序，法院，犯罪现场调查，危害人类罪，交叉询问，CSI效应，习惯法（程序），多伯特，辩护律师，辩方专家，发现，DNA，（调查）卷宗，爱德华·布莱克，电子记录，平等武装，职业道德，证据，排除规则，豁免，专家，专家证据，专家证人，专家，目击证人辨认，虚假自白，指纹，火灾科学，火器，法庭，法庭科学证据，法庭科学专家，法庭科学实验室报告，法医牙科学，法庭科学，弗莱伊，加里·多森，灭绝种族，历史，告密者，无罪，无罪联盟，无罪计划，纠问程序，综合案例管理，国际法庭，国际刑事法庭，国际法，预审法官，调查，自由裁量权，陪审员，陪审法庭（庭审），法律，立法，线粒体 DNA，国家科学院，术语，意见证据，PCR，教育学，彼得·诺伊费尔德，辩诉交易，政策，无罪推定，合理判断，RFLP，证据规则，程序和证据规则，科学，血清学，条约，策略，意见书，恐怖主义，证言，庭审，守门人，战争罪，证人，错误判决

问题回顾

1. 为什么说法庭科学对警察和法院决定有用？它是如何改变过程的？

2. 政府法庭科学实验室导致的困难是什么？每个人都能平等地获得这些资源吗？

3. 纠问体系和对抗体系的区别是什么？

4. 在美国，有多少案件是通过有罪答辩决定的？为什么？

5. 什么是可采性，法庭科学家为什么要关心这个问题？

6. 外行人了解科学的专门能力是什么？为什么这是关键因素？

7. 直接证据和间接证据的区别是什么？法庭科学处理的哪种情况最多？

8. 证据可靠性的四个指标是什么？

9. 一个案件的法庭科学策略是什么？为什么法庭科学策略如此重要？

10. 什么是综合案例管理？它是如何帮助处理法庭科学案件的？

11. 为什么没有单一的法庭科学报告格式？

12. 什么是布莱迪材料？为什么它对法庭科学案件有重要意义？

13. 什么是专家？由谁来决定某人是否为专家？

14. 仅仅具备足够的经验有资格成为专家吗？

15. 什么是无罪计划？为什么启动该计划？它的服务功能是什么？

16. 为什么在免责案件中最常使用 DNA？为什么不是指纹？

17. 谁是 DNA 免责的第一人？

18. 在刑事司法系统中 DNA 免责的影响是什么？

19. 为什么法律要依赖过去的裁定？这是科学的情况吗？为什么是或为什么不是？

20. 法庭科学在国际刑事法庭中扮演的角色是什么？它与在其他法庭的角色不同吗？为什么不同或为什么相同？

问题讨论

1. 鉴于刑事犯罪中有罪答辩的数量，法庭科学家的作用是什么，特别是如果他们从未作证？这是好还是坏？为什么？

2. 通常，法庭科学家要比律师更担心可采性问题。你怎么认为？为什么律师并不是很关心可采性？

3. 法庭科学报告写给谁？它们应该写给谁？格式应该是什么样子的？为什么？

4. 在调查误判案件时公共法庭科学实验室的角色是什么？谁应该获得法庭科学资源？为什么？

5. 法律和科学的流程如何不同？如何相同？为什么是不同的？为了使它们更加相容，应该做什么？

补充阅读

Cole, S., 2013. Forensic science reform: out of the laboratory and into the crime scene. *Texas Law Review* 91, 123-136.

Hamer, D., 2014. Wrongful convictions, appeals, and thefinality principle: the need for a criminal cases review commission. *University of New South Wales Law Journal* 37, 270-311.

Kaye, D. H., Bieber, F. R., Primorac, D., 2014. DNA as Evidence in the Courtroom. *Forensic DNA Applications: An Interdisciplinary Perspective* 509-525.

McCartney, C., 2014. *Legal rules, forensic science and wrongful convictions. In Encyclopedia of Criminology and Criminal Justice.* Springer, New York, pp. 2915-2925.

第 7 章

专业组织和团体

作为一名专业人士的一部分工作是围绕一门学科或理念而组建团体和组织活动。这些组织通常每年开会一次，会员可以发表新的研究成果、交换意见，并就合作或新项目相互联络。这种交流是健康的职业活动的正常过程。故步自封阻碍个人和组织的发展。这里讨论的组织不是仅针对法庭科学家而言的，也包括许多定期召开会议的当地或区域性团体。参与活动对于法庭科学家来说很重要，他们可以学习规范、习惯以及职业价值观。

国际组织与合作

M. A. 雷蒙德，澳大利亚，新南威尔士州，新南威尔士州警察局

S. H. 约翰斯，美国，伊利诺伊州，皮奥里亚

引 言

几乎是从第一个犯罪实验室建立开始，法庭科学专业人士就试图建立国际性协会。埃德蒙·洛卡德博士于 1910 年被授

权在法国里昂建立第一个犯罪实验室，并于 1929 年组建了国际法庭科学学会（L'Académie Internationale de Criminalistique），这个总部设在当时的法国洛桑的专业协会终止于第二次世界大战。

　　一些国家和地区的法庭科学专业协会成立于 20 世纪中期到晚期。许多这样的专业协会是自然科学教育性质的，并致力于推动研究和培养科学专业精神。美国法庭科学学会（AAFS）成立于 1948 年，总部设在科罗拉多州的科罗拉多斯普林斯，是最早的法庭科学专业协会之一。AAFS 代表着广泛的法庭科学学科，通过其年度技术会议和科学期刊推动教育发展。1957 年，国际法庭科学协会（International Association of Forensic Sciences，IAFS）主办了首次会议，帮助法庭科学从业者交流技术信息。

　　独特的区域/大陆联盟已经由操作性的法庭科学实验室和研究所的实验室主任建立起来。美国犯罪实验室主任协会（ASCLD）正式成立于 1976 年，是一个提供卓越的法庭科学技术的专业协会。2010 年，ASCLD 扩大其成员范围，包括实验室管理人员、主管以及实验室主任。这样一来，来自北美洲以及其他国家的成员总数超过 600 人。

　　1986 年，一组法庭科学实验室主任在澳大利亚的阿德莱德会面并成立了澳大利亚和新西兰法庭科学实验室高级管理人员学会（SMANZFL）。代表们成立该组织的目的是建立一个媒介，以方便政府内部包括警察在内的所有主要的法庭科学服务提供部门的主任定期沟通。SMANZFL 的主要目标始终是追求卓越、引领法庭科学发展。

　　1992 年，西欧的法庭科学实验室的主任们一致认为应定期举行会议讨论共同关心的话题，从而成立了欧洲法庭科学研究所联盟（ENFSI），目的是分享知识、交流经验以及在法庭科学领域达成共识。该组织目前拥有来自欧洲 34 个国家的 59 名会员。

　　刑事侦查和法庭科学研究拉丁美洲学会（Academia Iberoamericana de Criminalistica Y Estudios Forenses，AICEF）成立于 2004 年，服务于欧洲和拉丁美洲的西班牙语和葡萄牙语国家。AICEF 拥有来自 19 个不同国家的 32 名活跃成员。通过教学、科研和质量体系，AICEF 专注于法庭科学的专业化，特别是在犯罪现场方面。

　　亚洲法庭科学联盟（Asian Forensic Sciences Network，AFSN）成立于 2008 年，作为亚洲法庭科学群体的代表，目前已拥有来自 11 个国家的 18 个会员机构。AFSN 充当了法庭科学研究所的亚洲论坛，对关于法庭科学服务的问题进行讨论，并集中精力加强亚洲的法庭科学服务的品质。

在联合国毒品和犯罪问题办公室（United Nations Office on Drugs and Crime，UNODC）的指导和支持下，代表非洲南部 12 个国家的南非地区法庭科学联盟（South Africa Regional Forensic Science，SARFS）的基础于 2008 年 12 月建立，自那时起 SARFS 一直致力于加入国际法庭科学战略联盟（International Forensic Strategic Alliance，IFSA）。SARFS 主要致力于进行必要的共同努力和整合资源，以在非洲南部推进法庭科学服务。

这些代表法庭科学实验室管理的联盟具有类似的角色、功能和目标，通过对战略问题进行长期协作实现其价值。其结果是，在新千年的第一个十年中，一个全球性法庭科学联盟 IFSA 成立。IFSA 没有合法身份，但代表了由成员联盟所构成的合作实体，其愿景是为全球法庭科学界的战略合作创建机会。IFSA 的目标和目的如下：

- 代表操作性的法庭科学共同体；
- 开发和实施法庭科学战略问题的逐步推进的议程；
- 成为其他相关国际组织和伙伴关系的战略合作伙伴；
- 鼓励成员联盟之间的经验、知识、技能等信息交流。

一个历史教训——IFSA 之路

历史会重演。这是历史所犯错误之一。

——克拉伦斯·达罗

IFSA 是多年努力的顶点。各位实验室主任间的国际性会议非正式地开始于每年一度的 FBI 或 ASCLD 座谈会、国际刑警组织的国际法庭科学研讨会以及其他技术会议。

从 1996 年开始，ASCLD、ENFSI 和 SMANZFL 试图建立非正式协作关系。那一年，这些组织的代表举行了两次非正式会议，第一次是在日本东京举行的 IAFS 会议，第二次是在美国弗吉尼亚州的匡提科举行的 ASCLD 会议。在匡蒂科会议上，由 ASCLD 国际联络员克利福德·范德·阿克（Clifford Vander Ark）推动，这三个组织同意接受珍妮·汤普森（Janet Thompson，ENFSI）的邀请，聚会伦敦。

1997 年 5 月，现在统称为 AES 的这三个联盟，在伦敦举行由英国法庭科学服务局主办的会议。这次会议被称为国际峰会。与会者制定了持续合作的战略计划。该计划包括保障合作成功的三项总体战略目标：

- 建立法庭科学领域的信任、信心和信誉；
- 通过信息交流最大限度地推动法庭科学前沿向前发展；
- 在关键问题上达成共识并推动前进。

在这些战略目标的背景下，确定了九个关键话题的合作：

- AES 成员之间以及 AES 与其他组织之间的联络和合作；
- 能力评估；
- 实验室认可；
- 信誉、政治宣传作用；
- 教育和培训；
- IAFS 和 AES 的作用；
- 实施的组织标准、价值观、个人道德；
- 业绩指标，包括基准；
- 控制消费强度。

1998 年 10 月，AES 聚会于在法国里昂举行的国际刑警组织的国际法庭科学研讨会上。虽然在 1997 年伦敦会议所产生的战略计划方面没有报告新进展，但三个联盟对常见问题进行了再次确认和讨论，战略计划得到更新。尝试签署谅解备忘录使 AES 正式化，但未获成功。谅解备忘录为国际峰会提出了一个建议的组织结构，任命了一名主席并划定了责任。

1999 年，虽然 AES 在美国加利福尼亚州的洛杉矶举行会议，但没有正式记录。2000 年，AES 会议未能举行。

2001 年，在国际刑警组织于法国里昂举行的会议上，ENFSI 主席瑟奇·凯列特（Serge Caillet）怕进程"将被永远地打断"而组织了 AES 会议。此次会议仍然没有任何战略计划进展报告，但与会者重申了他们对 AES 国际峰会的兴趣。他们认为该会议的目的是确定 AES 愿景，并进行了如下战略阐述：

- 为保证连续性，国际联络员是每个参与的联盟必不可少的；
- 构想网站以便沟通；
- 需要确定关键问题，以纳入新的战略计划。

此外，参与者认为确实需要将 AES 会议正式化，以确保协作的进一步发展。2002 年，ASCLD 年度研讨会在美国佛罗里达州的圣彼得斯堡举行。ENFSI 主席、ENFSI 继任主席以及 SMANZFL 前任主席均出席了会议。ASCLD 主席苏珊·纳维森组织了同这些人的非正式会议。与会者再次一致认为国际协作是一个好主意，但自上次会议以来没有取得任何进展。会议讨论的重点是如何变得更有组织性。与会者商定会议需要有一个战略重点。每个组织讨论了各自的主要目标，很明确的是它们之间存在重叠。AES 代表团同意继续讨论 1997 年 5 月 AES 会议确定的议题，沟通战略被视为重中之重。

2003 年，ENFSI 开始重大重组，无法投入大量资源用于 AES 合作。然而，ASCLD 和 SMANZFL 决定推进双边合作，并公开邀请 ENFSI 加盟。ASCLD 主席苏珊·约翰斯和 SMANZFL 主席托尼·雷蒙德开始通过电话会议沟通。在法国里昂由国际刑警组织举办的国际 DNA 用户会议上，ASCLD 和 SMANZFL/NIFS 举行了会议。一位 ENFSI 代表作为观察员出席。这次会议起草了 ASCLD 和 SMANZFL/ * NIFS 之间的双边协议，暂时命名为 ASCLD SMANZFL/NIFS 战略联盟（TASSA）。[* 在这一双边关系中，NIFS 起到推动者和 SMANZFL 支持合作伙伴的作用。]

这个实体的愿景是为全球法庭科学界的战略合作提供机会。目标包括：

- 识别对参与组织有效的业务管理潜在改进措施；
- 研究和完成由参与组织提供的方案和产品；
- 向参与组织的成员直接提供信息。

一份协议书提出成员组织在以下几个方面分享联合开发的培训、学习、质量提升产品：

- 知识；
- 评估工具；
- 研究；

● 业务支持战略。

协议书约定了通讯文章、网站帖子、链接和委员会会议记录之间的交流。该组织还同意每年至少沟通三次，包括两次电话会议和一次年度访问。所有的会议都有正式的议程。

2004 年 3 月，ASCLD、SMANZFL 和 NIFS 在新西兰惠灵顿会面。召开本次会议是为了应对全球伙伴关系所面临的挑战。这些挑战包括缺乏明确合作的愿景、建立长期沟通机制的困难、缺乏可识别的合作成果以及与会议有关的费用成本。2004 年 6 月，来自 ASCLD 和 SMANZFL 的联络员在法国里昂开会，确定意向书的详细信息，以便确立正式的关系并奠定基础，扩大与其他法庭科学联盟的合作。创建 IFSA 的意向书于 2004 年 11 月由 ASCLD 和 SMANZFL/NIFS 在美国加利福尼亚州圣地亚哥的 ASCLD 年度研讨会上签署。

2005 年 8 月，IFSA 与 IAFS 相聚于在中国香港举行的会议。在该次会议期间，ENFSI 的一名代表出席了会议，会议同意将双边协议扩展为包括 ENFSI、ASCLD 和 SMANZFL 的三边协议，并同意将协议覆盖经营性法庭科学联盟。此次会议制定了扩大宣传战略计划，其中包括一个网站。2006 年 10 月，IFSA 聚会于美国加利福尼亚州旧金山，起草了一份新的包括 ASCLD、SMANZFL、ENFSI 和 AICEF 的协议书。ENFSI 同意承办 IFSA 网站。此次会议确定沟通、信息、质量、犯罪现场、培训和国际化的发展为进一步合作的优先主题。2007 年，在国际刑警组织举办的国际法庭科学研讨会上签署了新的意向书，将 IFSA 扩大到四个联盟。2010 年，IFSA 与国际刑警组织在国际法庭科学研讨会上被再次扩大，同时 ASFN 加入了其他联盟。

成功的挑战

疯狂的定义是一遍又一遍地做同样的事情，并期待不同的结果。

——本杰明·富兰克林

一个全球性的法庭科学实验室和研究机构联盟的形成进展缓慢。1994 年，SMAZNFL 提出了与 ASCLD "双生"。然而，直到 2004 年，两个组织才正式签署结盟的意向书。

法庭科学联盟必须处理一些问题，以确保全球合作的成功。IFSA 要成功，必须回顾以前试图建立国际联盟的历史。一些现象是显而易见的：

- 国际合作是复杂的；
- 每次联盟代表会议都会做出承诺，但往往不能兑现承诺；
- 很难维持进展；
- 没有可衡量的结果将很难判断与全球会议相关的成本。

基于这些观察，可以确定导致进展失败的几个关键的原因。首要问题是缺乏组织记忆。每个参与联盟由一位主任或主席代表，任期通常为 1 年或 2 年。参与者轮流面对面进行会议的概率接近 100%。先前尝试举办 AES 会议是因为即使有也是很少的人参加或出席过之前的任何会议。没有人能保证连续性。使问题更加复杂的是，参与联盟往往缺乏一贯的组织联系点。正确的个体不能被确定，使得沟通变得更困难，甚至几乎不可能。虽然一些联盟通过建立永久办公室和/或执行秘书来解决这个问题，但并不是所有的联盟都能这样做。这个问题的解决方案是每个 IFSA 参与者确定一个任期至少 3 年的国际联络员作为联系点。国际联络员的职责还包括在可能的情况下参加 IFSA 会议，以提供连续性和行政支持。

沟通从始至终都是国际合作的主要障碍之一。这个问题必须持续地以多种机制加以解决。IFSA 进行了沟通隔阂分析并制定了沟通计划。计划的内容包括：

- 建立定期会议的日程表，记录和分发会议记录；
- 建立并维护一个包括所有相关文件以及所有会议记录的网站；
- 出版物（例如信息手册、年度报告等）；
- 会议和专题讨论会的报告；
- 与利益相关群体（例如国际刑警组织、联合国等）的正式接触。

结构缺位也被认为是导致 AES 不能兑现其承诺的原因。没有定期会议时间表或执行机制来确保完成任务，甚至关键任务都是在自愿的基础上执行的。组织会议是主办组织的主任或主席的责任。由于主办组织主席经常不出席之前的会议，通常不会意识到这一责任，这导致会议没有议程或根本没有举行会议。解决的办法是建立业务规则和程序。

进展

除了建立业务规则和程序，IFSA 已确立与法庭科学服务提供者和推动者的关系，以确保其目标向前发展。法庭科学服务提供者和推动者是积极参与法庭科学实践改进的政府组织或非营利性组织。这些组织的存在是为了向法庭科学界提供支持和服务。IFSA 认识到有必要与这些组织合作，以促进协作和协调推广活动。2010 年，IFSA 的主要参与者包括国际刑警组织、NIFS、UNODC。

IFSA 已经表明对每个联盟应该努力实现的成就的立场，具体如下。

质量

IFSA 主张，可商定的最低标准和持续改进目标的质量管理计划与可靠、健全的法庭科学操作密切相关。该计划应涉及法庭科学产品的三个关键要素，即提供者、从业者和过程。如 ISO/IEC 17025 等国际标准，通过确保和不断提高标准及成员联盟的标准化，向司法部门和更广泛的团体提供了信息和保障。

伦理与客观性

IFSA 认为法庭科学实践必须建立在伦理、客观和公正的基础上。法庭科学实验室的主任必须避免干扰其工作人员在技术或政策层面独立做出专业判断的任何活动、利益、影响或关联。

支持与合作

IFSA 认识到，在现有的和新兴的区域联盟中，其成员和法庭科学推动者之间通过自由交流知识、技能和信息来加强自身领域经验、知识和技术的国际合作与协作的重要性。

教育、培训和创新

IFSA 认为，法庭科学从业者必须有强大的科学功底，以确保有可用的技术能力。实验室有责任通过有针对性的持续培训来建立这种教育。他们还鼓励与学术界合作，通过成员联盟之间分享的知识性创新来强化和加快法庭科学知识体系的建设。

领导

IFSA 促进创建咨询基础设施，其中包括旨在推动全球法庭科学界的科学和管理优越性的现有和新兴联盟。该 IFSA 基础设施包括法庭科学联盟实验室主管，他了解新出现的关键问题以及具有普遍意义且需要强大的会员沟通、合作和/或倡导的新技术的含义。

UNODC

UNODC 越来越多地参与 IFSA 联盟活动。2010 年 5 月 19 日，在 UNODC 主持下，犯罪预防和刑事司法委员会通过了一项关于法庭科学领域国际合作的决议（第 19/5 号决议）。

该决议呼吁通过以下几点在法庭科学领域进行国际合作：

- 鼓励和支持法庭科学机构在全世界发展可持续法庭科学服务，积极参与区域联盟；
- 探索创新方法，以确保全世界法庭科学专业知识和信息的更有效交流；
- 促进包括教育和培训在内的发展和现代化进程。

该决议还请求 UNODC 继续支持在法庭科学领域的国际合作，并推动和促进区域法庭科学协会或联盟的建立和/或持续发展。因此，UNODC 与 IFSA 存在强大的共生关系，应该支持在国际上特别是在新兴国家设计和实施推进法庭科学的方案。

UNODC 的优先事项可简要概括如下：

- 犯罪现场调查是法庭科学在调查中成功发挥作用（或反之）的根本因素；
- 毒品贩运（鉴于其与有组织犯罪的关系）；
- 对个人、公司、执法机构、政府和全球经济造成更大危害的身份犯罪。

结对

作为法庭科学能力建设的一部分，UNODC/IFSA 项目调查联盟成员目前提供的法庭科学技术援助服务，该活动的可能结果应该是一些结对的机会。

结对是法庭科学联盟建立法庭科学设施和/或"使"组织（例如 UNODC、国际法院和国家资料管理系统）可以协助推进法庭科学的一种机制。结对安排可以是联盟到联盟、联盟到实验室、具有发挥战略和/或促进作用的启动器的实验室到实验室。结对安排的目的可以是提供信息、效率测试、培训、研究成果或指导。结对帮扶的一个重要部分是"匹配"所涉及的组织，使各自的优势和需求互补。此外，对于结对计划至关重要的是使其得到必要物质援助的结构化的合作安排。

国际法庭科学峰会（TIFS）

已经有更多的尝试来建立全球性的法庭科学联盟。通过 IAFS 主席梁兆昌在 2005 年 8 月于中国香港举行的第 17 届 IAFS 研讨会上的一项倡议，TIFS 被纳入 IAFS 项目。TIFS 是由包括梁兆昌、苏珊·约翰斯和托尼·雷蒙德在内的初始组委会组织的，旨在创建一个关注全球问题的永久性 IAFS 全体会议。该倡议汇集了来自主要大陆板块的法庭科学团体的代表，讨论建立协调机制和战略，以加强合作和信息共享。在中国香港的讨论分为三个部分：世界各地的法庭科学问题、有质量的未来定位以及未来的国际伙伴关系和合作。

在中国香港的会议结束时，初始组委会已扩大到包括医疗界的代表詹姆斯·杨（James Young，AAFS）以及 ENFSI 的代表。该小组成为指导委员会的核心，旨在扩大 TIFS 在 IAFS 会议之外的作用。TIFS 被提议设立为年度论坛，以汇集包括科学和医学的全面的法庭科学学科，确保通过建立和促进参与组织之间的全球伙伴关系，在全球范围内协调法庭科学专业以及确定和促进解决战略性法庭科学问题。拟议的 TIFS 目标包括以下内容：

● 通过组织和主办法庭科学联盟的年度工作组讨论，为国际讨论提供一个框架；

● 确定法庭科学问题及对合作研究和讨论的潜在改进措施；

● 提供一个框架以进一步促进在资源匮乏的情况下法庭科学的发展。

几次探讨性研讨会确定建立 TIFS 作为一个总组织协调主要法庭科学领域（法庭科学业务、学会、法庭科学教育和法医学）的可行性，这些会议包括：2006 年 6 月在芬兰赫尔辛基举行的 EAFS 会议的一个研讨会，2007 年在法国里昂召开的国际刑警组织国际法庭科学研讨会上的一个会议，2008 年 7 月在美国洛杉矶、新奥尔良主办的 IAFS 大会上的研讨会。

这些会议的目标包括以下内容：

- 建立国际法庭科学联盟的框架和机制；
- 制定 TIFS 战略计划纲要；
- 构建通过网站建立知识库的机制；
- 建立可运行的法庭科学管理人员全球工作组；
- 定义并建立"服务促进者"参与国际法庭科学联盟的框架和机制；
- 定义和建立一个能体现职业和教育人员的法庭科学全球工作组。

这些会议突出了 TIFS 的几个问题，如需要一种机制来促进沟通。2006 年，国家法庭科学技术中心（NFSTC）同意在试验的基础上设计、建立和支持 TIFS 网站。

在讨论过程中，合法性也是一个关键问题。如上文所提议的，TIFS 成员将是代表确定选区的组织（而不是个人）。不幸的是，这个问题从来没有完全解决。在某些情况下，这些组织无法对与国际会议有关的费用提供支持。在其他情况下，没有任何组织可以全面代表会议的主要成员。

虽然在 IAFS 会议上举行了 TIFS 会晤（2010 年美国新奥尔良、2010 年美国洛杉矶、2010 年葡萄牙马德拉），但是在全体会议之外的 TIFS 愿景尚未实现。澳大利亚维多利亚法医学研究所主任斯蒂芬·科德纳（Stephen Cordner）是目前的 TIFS 主席，他专注于与法医学有关的问题，希望 TIFS 能够提供一个框架，使资源匮乏的法庭科学得以发展。

商业联盟

除了在国家和国际层面组建合作联盟外，还有一些跨管辖区的共享项目和举措，其旨在为法庭科学实验室的切实有效的做法建立基准。

四重开发项目

涉及四个欧盟实验室的法庭科学实验室基准模型开发项目已经确定了初始基准。（四重开发。项目报告：2003 年 3 月 31 日。该项目由欧盟委员会的

OISIN II 计划提供经济支持：第 2001/OIS/066 号合同。）这项研究对欧盟的四个法庭科学实验室——瑞典、荷兰、波兰和芬兰——进行了深入分析。

四重开发项目旨在对四个参与实验室进行性能分析。这项分析涵盖了个案调查实验活动，即与单个犯罪调查有关的调查工作，同时也包括实验室的辅助支援活动，如研究开发、教育培训、各种支援服务、犯罪现场调查、参与国际合作、质量保证活动等。

从本质上说，四重开发项目向法庭科学管理者提出了以下问题：

- 我们做的是正确的事吗？
- 我们的业绩指标是什么？
- 我们如何以客观的方式比较实验室？
- 我们是否经济有效？
- 我们可以"识别"不同类型的实验室吗？

这种对任何差异的基准分析被认为是提供一个平台，以用于比较数据的连续生产，从而实现对本领域战略业务决策的改进。毫无疑问，最大的挑战是协调整个实验室（包括财政、人力资源和效率的数据）的定义。因此，应使用几套相对简单的标准来定期监控，同时限制额外的"项目"工作量。

国际法庭科学经贸座谈会

座谈会经西弗吉尼亚大学法庭科学计划举办，在 2006 年与美国国家司法研究所的合作协议中思考了以下问题：

- 法庭科学实验室如何开展业务（鉴于公众对该行业的认识）？
- 法庭科学实验室管理者如何应对资源、财务、流程和管理方面的挑战，其结果涉及准确性、质量、及时性、公众信任和资金？
- 鉴于对法庭科学业务如何运作的分析，怎样才能通过成熟的业务实践来增强实力？

座谈会的愿景是定义一些专业术语，为法庭科学今后的商业和经济研究奠定基础。参加者包括来自澳大利亚、欧洲和北美洲的法庭科学、实验室管理、政府和学术界的专家。

座谈会专注于与四重开发项目类似的研究，这将有利于北美洲法庭科学实验室，从而领导在北美洲涉及 12 个实验室或实验室系统（迄今为止）的 FORESIGHT 项目。法庭科学实验室的管理人员可能是优秀的科学家这一事实是主要的驱动因素，但他们总是首先把自己看作科学家，其次才是管理者；同样，他们很少有管理经验或参加项目培训，并且有很少的工具可以让他们了解业务流程以及如何在国内和国际上进行比较。将业务工具转变为法庭科学实验室环境被视为首要任务。基准是众所周知的，可以通过识别、理解和整合组织以外更好的实践和模型来帮助提高绩效。

FORESIGHT 是北美洲志愿法庭科学实验室的业务指导性自我评估。参与进来的实验室代表地方、区域、州和国家机构。该过程涉及对指标进行标准化定义，以评估工作流程，将财务信息与工作任务相关联。这使实验室管理人员可以对性能进行基准测试，以评估资源分配、效率和服务价值，并保留可以做的，改善不可以做的。这适用于实验室资源、沟通成果和上下层次需求，支持并合理化决策，为改进流程奠定了基础。

这些指标为前四分之一和后四分之一的实验室提供了"更好的实践"联系，以讨论哪些进程可能会导致这些表现结果。FORESIGHT 项目强调指标本身不是答案，而是指向或改进流程，这是提高绩效和投资回报的问题的答案。

合作障碍——吉尔报告

与其他联盟一样，ENFSI 不仅仅与多个司法辖区紧密相连，还对法庭科学服务合作的需求敏感，但是欧盟的多个国家之间的密切联系使国际合作更为迫切。由 ENFSI 委任、欧盟出资的吉尔报告于 2008 年 12 月出版。英国法庭科学中心理查德·吉尔（Richard Cill）博士及其欧洲团队发表的这份报告的题目是"不同成员国法庭科学实验室和其他有关机构之间以及这些机构与第三国机构之间的合作和信息共享障碍研究"。（项目报告：2008 年 12 月。该报告由欧洲委员会司法、自由和安全委员会资助。合同编号：JLS/D1/2007/02。）

吉尔博士强调了法庭科学在全球恐怖主义渐长的潮流中对于调查和起诉（包括全球组织犯罪）犯罪日益增加的作用，因为军事和海关或移民部门越来越多地转向使用法庭科学科技来协助执行他们的任务。吉尔博士的团队不仅帮助确定了差距和障碍，还确定了目前国家和国际合作的广泛多样性以及质量体系和标准在任何合作企业中的作用。吉尔报告旨在清晰洞察在司法辖区之间或国家之间共享信息、情报和数据库的障碍，并提出可能克服和/或最小化这些障碍的方法。

该报告提出了 36 项建议，重点关注以下方面：

- 有效的沟通和参与（包括面对面和电子化）；
- 有效的（相互）准备；
- 标准化和统一质量体系或标准，促进有效交流；
- 加强法庭科学界与法律界的接触：警方和民政部门；
- 审查法庭科学数据库及其实用性；
- 提高对法律障碍的认识，减少繁文缛节；
- 从案发到实验室，分享最佳实践方案；
- 减少语言障碍的调查工具；
- 通过与其他区域联盟（如 ASCLD、SMANZFL 和 AICEF）的国际协商，

进一步检验法庭科学合作模式。

参见

生物学/DNA：国际法医遗传学会（ISFG）的历史；
法律：国际法庭和法庭科学。

扩展阅读

Houck, M. M., Riley, R. A., Speaker, P. J., Witt, T. S., 2009. FORESIGHT：a business approach to improving forensic science services. *Forensic Science Policy and Management：An International Journal* 1 (2), 85-95.

Speaker, P. J., 2009. The decomposition of return on investment for forensic laboratories. *Forensic Science Policy and Management：An International Journal* 1, 96-102.

相关网站

www. aicef. net：Academia IberoAmericana De Criminalistica Y Estudios Forenses.

www. ASCLD. org：American Society of Crime Lab Directors.

www. asianforensic. net：Asian Forensic Sciences Network.

www. enfsi. eu/page. php? uid 1/4 8：International Forensic Strategic Alliance.

www. ENFSI. org：European Network of Forensic Science Institute.

www. nfstc. org：National Forensic Science Technology Center. The TIFS Website Was Determined to Be Unnecessary for TIFS and Was Removed in 2010.

www. nifs. com. au：National Institute of Forensic Science.

www. google. com/au：Resolution 19/5.

www. nifs. com. au：Senior Managers of Australian and New Zealand Forensic Laboratories.

http://www. un. org. za：South Africa Regional Forensic Science.

www. unodc. org：United Nations Office on Drugs and Crime.

美国法庭科学学会（AAFS）

麦克斯·M. 霍克，美国，华盛顿特区，联合法医实验室

引　言

AAFS 是一个多学科的专业组织，可提供领先的科学技术并促进其在法律系统中的应用。AAFS 的目标是提升专业精神、诚信、能力、教育，促进研究，改进实践，并鼓励法庭科学学科的合作。

AAFS 成立于 1948 年，是一个通过将科学的专业知识运用于法律程序、证据收集和犯罪侦查来提高司法效率的非营利性专业组织。AAFS 也致力于向执法、法律和科学群体教授现代法庭科学的诸多学科知识以及法庭科学技术的应用方法。AAFS 致力于促进实施专业人员培训计划、推动法庭科学家之间的信息交流、开发新的法庭科学技术、改善法庭科学、支持新的研究和开发新的法庭科学学科。AAFS 的另一个目标是在其成员之间保持和传授职业行为的道德标准。AAFS 也是法庭科学教育计划认证委员会（FEPAC）的常驻组织。

AAFS 出版《法庭科学杂志》，并举办一年一度的科学会议以及几次地区研讨会。AAFS 还向公众以及考虑在法庭科学领域开始职业生涯的人提供教育信息。专业人员和大学毕业生的继续教育和认证是 AAFS 提供的另一项服务。6260 名成员被分为 11 个部门，横跨法庭科学专业：

- 犯罪学

- 数字证据
- 工程科学
- 通识
- 法学
- 牙科学
- 病理学和生物学
- 体质人类学
- 精神病学和行为科学
- 问卷
- 毒理学

他们代表美国的 50 个州、加拿大和其他 62 个国家并且积极实践法庭科学学科，在许多情况下在现场进行教学和研究。每个领域都提供职业发展、个人联系、奖励和认可的机会。许多领域都会发布定期的通信信息和邮件，让他们的成员能够了解该领域的活动和发展。

致 谢

材料由 AAFS 网站提供：www. aafs. org。

参见

专业：美国犯罪实验室主任协会（ASCLD）。

扩展阅读

Ubelaker, D. （Ed. ）, 2012. *Global Forensic Science*. Wiley-Blackwell, New York.

相关网站

www. aafs. org：American Academy of Forensic Sciences.

澳大利亚和新西兰法庭科学学会（ANZFSS）

麦克斯·M. 霍克，美国，华盛顿特区，联合法医实验室

引 言

澳大利亚法庭科学学会成立于1971年，旨在汇集科学家、警察、犯罪学家、病理学家以及积极参与法庭科学的法律界人士，其目标是通过提供包含各种学科的正式和非正式讲座、讨论和示范的科学活动来提高法庭科学的质量。1988年会议决定，澳大利亚法庭科学学会应承认其新西兰成员，并更名为澳大利亚和新西兰法庭科学学会（ANZFSS）。

该学会每两年举行一次国际研讨会。会议和座谈会涵盖了法庭科学的主要领域——毒理学、生物学、牙科学、病理学、犯罪现场学、火器、纵火、爆炸、指纹、杀人、灾难、文件和毒品相关犯罪——这些领域与医学及法律都有联系。

目前，学会中有来自澳大利亚和新西兰的成员。澳大利亚各州、澳大利亚首都直辖区和新西兰都有该学会的分支。每个区域都会任命一位代表参加全国理事会。ANZFSS授予所有对法庭科学心怀善意的人士会员资格，并为其成员制定了道德守则。各个分会能定期通信，以增加有益的会议和讲座。该协会的另一个作用是组织和资助州际间和国家间的法庭科学专家的访问。地方分会定期举行会面，并访问相关法庭科学场所。这些会议通常由其所在领域的专家讲课，并为成员和客人提供在非正式气氛中会面的机会。大部分会议对嘉宾开放。

致 谢

ANZFSS网站提供的材料. www. anzfss. org. au.

参见

澳大利亚和新西兰法庭科学实验室高级管理人员学会（SMANZFL）。

相关网站

www. anzfss. org. aud：Australian and New Zealand Forensic Science Society.

欧洲法庭科学研究所联盟（ENFSI）

麦克斯·M. 霍克，美国，华盛顿特区，联合法医实验室

引　言

成立 ENFSI 的目的是在法庭科学领域分享知识、交流经验和达成共识。ENFSI 被公认为法庭科学领域的专家组。它致力于：

- 加强和巩固 ENFSI；
- 扩大欧洲各国的会员资格，同时保持 ENFSI 的发展和信誉；
- 建立和保持与其他类似组织的工作联系；
- 鼓励所有 ENFSI 实验室遵守最佳实践和国际标准，以保证质量和能力。

ENFSI 的活动范围包括：

- 组织会议、科学研讨会、合作研究、有效性测试；
- 向相关合作伙伴提供法庭科学问题咨询；
- 以几种语言出版最佳实践手册和法庭科学词汇表。

1992 年，西欧的政府法庭科学实验室主任们同意定期举行会议，讨论共同关心的话题。在 1993 年于荷兰赖斯韦克举行的第一次会议上，有 11 个实验室出席了会议。与会者一致认为，ENFSI 的会员资格将向所有欧洲国家开放。正式的创始会议于 1995 年 10 月 20 日在海牙举行，这一天被认为是 ENFSI 的官方生日。在这里，ENFSI 的创始人签署了管理网络运作的备忘录，选出第一届常务委员会，并引入了协会标志。在 1999 年于莫斯科举行的年会上，成员们通过了 ENFSI 的第一部章程。同年，ENFSI 网站成立。2002 年，秘书处进入试用期，赞助费从新引入的成员费中扣除。荷兰法医学院自愿承办秘书处。2004 年，新的 ENFSI 章程被批准，其主要特点是实现了从个人会员到机构会员的转变以及年费的明确引进。2009 年，欧洲共同体认可 ENFSI

为所谓的垄断者，也就是 ENFSI 被认为拥有欧洲法庭科学群体的唯一发言权。

ENFSI 有 16 个专家工作组，其提供咨询服务，制定共识标准，并作为 ENFSI 的科学武器：

- 数字成像
- DNA
- 文件
- 毒品
- 爆炸物
- 指纹
- 火灾和爆炸调查
- 枪支
- 法庭科学信息技术
- 法庭科学语音和音频分析
- 笔迹
- 痕迹
- 油漆和玻璃
- 道路事故分析
- 犯罪现场
- 纺织物和毛发

ENFSI 有三个关键领域的常设委员会和一个业务委员会。质量和能力委员会制定了质量保证和能力保证政策，向专家工作组和 ENFSI 成员提供咨询服务，并帮助 ENFSI 实验室遵守最佳实践标准和国际标准。教育和培训委员会协调并激励教育和培训活动，并促进外部培训机构、ENFSI 组织和 ENFSI 成员之间的沟通。最后，研究与开发委员会提高和维护了 ENFSI 的研发战略，向专家工作组和 ENFSI 成员提供有关课题研发的建议和信息，并促进国际实验室的联合研究。

欧洲法庭科学学会（European Academy of Forensic Science，EAFS）——ENFSI 第四委员会——的作用仅限于组织三年一度的会议。EAFS 在广义上担任了 ENFSI 的研究与开发事务的战略顾问。EAFS 的目标是发挥领导作用并关注研发事项，促进个别利益相关者（科学家、警察和律师）、研究人员和从业者之间的知识转移，并增加 ENFSI 研究课题的资金资助。

致　谢

材料由 ENFSI 网站（www. enfsi. eu）、ENFSI 手册和 ENFSI 2010 年年度报告提供。联络点：ENFSI 秘书处（维姆·内特博姆先生和彼得·德布劳内先生）。

参见

专业：美国法庭科学学会（AAFS）；澳大利亚和新西兰法庭科学学会（ANZFSS）。

相关网站

www. enfsi. eu：European Network of Forensic Science Institutes.

国际鉴定协会（IAI）

麦克斯·M. 霍克，美国，华盛顿特区，联合法医实验室

引　言

1915 年 8 月，一些"刑事鉴定执行者"在奥克兰举行会议，目的在于成立一个组织，使鉴定专业化。一个 22 人的组织进行了会晤，接着，国际刑事鉴定协会（International Association for Criminal Identification）在 1915 年 10 月成立。1918 年，在第四届年会上，考虑到身份鉴定机构所进行的大量非刑事性工作，"刑事"一词从协会名称中删除。1919 年 12 月 22 日，国际鉴定协会（IAI）根据特拉华州的法律成立。IAI 致力于六大目标，简而言之，就是将法庭科学从业者联系起来，让他们紧跟最新信息，促进相关科学发展，鼓励研究，提供培训和教育，并通过其出版物宣传这些信息，从而增进全球法庭科学从业者之间的关系。

1958 年，IAI 设立了约翰·A. 唐德罗（John A. Dondero）纪念奖，以纪

念他对鉴定领域的诸多贡献。这是一个 IAI 成员所能获得的最高荣誉。该奖用来奖励每次年度会议之前在鉴定和相关科学领域做出最重要的贡献的人。它的第一个获奖者是 J. 埃德加·胡佛（J. Edgar Hoover）。

到 1990 年，犯罪现场认证方案开始运行，对三个级别的认证进行了全面的测试。IAI 现在有七个认证项目，包括：

- 法庭科学技术
- 鞋印和轮胎印分析
- 血迹形态分析
- 法医摄影/影像
- 十指指纹认证
- 潜在指印

自 1988 年以来，IAI 出版了载有原创技术文章和案例报告的同行评审期刊——《司法鉴定杂志》。

在 IAI 的年度培训大会上，法庭科学鉴定和相关领域的领先专家会组织许多研讨会并进行演讲。IAI 是一个在美国以及其他地方举行会议的国际协会。

要符合"积极会员"资格，个人必须由地方、县、州或联邦政府部门雇用，并积极参与到法庭科学领域中来。"杰出会员"对符合某些标准的现任 IAI 会员开放。不符合"积极会员"资格的个人可能符合"准会员"资格。该类别包括就职于政府以外的某些法庭科学领域的人、法庭科学服务供应商和学生等。"学生会员"资格对已经认可大学的执法和/或法庭科学专业的全日制学生开放。

IAI 的藏品

2005 年，IAI 选择了西弗吉尼亚大学图书馆来珍藏其无价的研究成果，部分是由于西弗吉尼亚大学在法庭科学和鉴定教育领域有着先进的研究项目。IAI 系列藏品包括档案、手稿、书籍、期刊和各种各样的短期出版物，是现存最全面的法庭科学信息资源。其中包括可追溯到 19 世纪后期的材料，当时科学犯罪调查领域正处于起步阶段。IAI 系列中最早和最有价值的物品是亨利·福尔兹（Henry Faulds）博士的剪贴簿。福尔兹博士是法庭科学史上处在巅峰位置的人物，是他首先认识到了指纹在鉴定领域的价值。福尔兹博士的剪贴簿包括研究笔记、原始图纸、有关指纹图案和类型的研究，以及与世界各地的个人和打击犯罪组织的合作，可追溯到 19 世纪 70 年代末期到 1930 年福尔兹博士去世之前。

致　谢

材料由 IAI 网站提供：www. theiai. org 和 http://iai. lib. wvu. edu

参见

法医学/临床：鉴定；

形态证据/指纹（指纹图谱）：鉴定和分类。

延伸阅读

Anon, 2005. Desperately seeking Sherlock Holmes. West Virginia and Regional History Collection Newsletter 21（1），1-3

相关网站

http://iai. lib. wvu. edu/：International Association for Identification；West Virginia University.

www. theiai. org：International Association for Identification.

美国犯罪实验室主任协会（ASCLD）

麦克斯·M. 霍克，美国，华盛顿特区，联合法医实验室
版权所有© 2013 爱思唯尔公司。保留所有权利。

引　言

ASCLD 是一个包括法庭科学实验室主任和法庭科学管理者的非营利性的专业协会，致力于通过领导和创新为法庭科学领域提供优质服务。ASCLD 的宗旨是培养职业兴趣；协助开发实验室管理原理和技术；获取、保存和传播

与鉴定相关的信息；维护和增强法庭科学实验室主任之间的沟通；促进、支持和维持法庭科学实践的最高标准。该组织每年都会举办一次专题研讨会，提供领导和管理技术培训。ASCLD 网站（www. ascld. org）不断维护，并为会员提供包含当前新闻和业务项目的更新。

ASCLD 起始于 1973 年 30 名法庭科学实验室主任在弗吉尼亚州匡提科的联邦调查局学院的会面。虽然会面是由时任联邦调查局局长克莱伦斯·凯利（Clarence Kelly）发起的，但会议是由联邦调查局实验室主任布里格斯·怀特（Briggs White）主持和指导的。在那次会议上，成立了一个由理查德·福克斯（Richard Fox）主持的指导委员会，1974 年春天，该指导委员会在密苏里州堪萨斯市举行了会议。ASCLD 起草了一部章程并于 1974 年秋天在联邦调查局学院举行了第一次会议。

ASCLD 由美国、加拿大、波多黎各、中国、哥斯达黎加、芬兰、意大利、英国、以色列、瑞典、瑞士、新西兰、新加坡、土耳其和澳大利亚等的法庭科学实验室主任、管理人员和主管组成，会员包括生物学家、化学家、文件鉴定人员、物理学家、毒理学家、教育工作者、老师和主要职能是管理法庭科学实验室的执法人员。

ASCLD 中有三种会员（普通、退休和学术会员）。普通会员资格对所有个人开放，其主要职责包括法庭科学实验室、分支法庭科学实验室或法庭科学实验室系统的管理或指导。退休会员资格对所有成为正式会员至少 5 年并不再有资格成为正式会员的人员开放，如退休、职责变更或晋升等原因。学术会员资格对所有曾被高等教育培训机构雇用的法庭科学教育者和/或教学人员开放。作为非营利性组织，ASCLD 的董事会、成员、委员和代表都是在法庭科学实验室拥有全职管理职位的志愿者。

认可

ASCLD 不是认可机构。在 ASCLD 诞生的同一时期，国家自愿效能检测计划启动并实施。结果显示，一些法庭科学实验室的工作质量需要重点关注。新成立的 ASCLD 认识到，必须采取行动确定犯罪实验室的行动标准，并采取适当措施，恢复公众对犯罪实验室工作的信心。因此，ASCLD 任命了一个委员会来审议和研究可用于评估和提高实验室操作质量的各种计划。该委员会考虑将个人认可、自我评估计划和基于外部同行评审的认可计划作为实现目标的可能手段。该委员会最终成为 ASCLD 实验室评估委员会，1980 年秋季由 ASCLD 成员通过了实验室认可计划。1981 年 6 月 11 日，该委员会在匡提科组织了一次会议。为了避免混淆，它的名字继续反映其起源，现在被称为美国犯罪实验室主任协会/实验室认可委员会，或 ASCLD/LAB（www.ascld-lab.org）。

致　谢

材料由 ASCLD 网站提供：www.ascld.org。

参见

专业：美国法庭科学学会（AAFS）。

扩展阅读

Peterson, J., Hickman, M., 2005. *Census of Publicly Funded Forensic Crime Laboratories.* US Department of Justice, Bureau of Justice Statistics, Washington, DC.

相关网站

www.ascld.org：The American Society of Crime Laboratory Directors（ASCLD）.

澳大利亚和新西兰法庭科学实验室高级管理人员学会（SMANZFL）

麦克斯·M. 霍克，美国，华盛顿特区，联合法医实验室

引　言

SMANZFL 是澳大利亚和新西兰所有法庭科学、科学和警察组织的总管组成的团体。SMANZFL 每年举行一次正式会议，但在正式会议外还会举行其他会议。SMANZFL 在法庭科学领域起着领导作用，并追求卓越的成就，其职能是：

- 为法庭科学领域提供领导和最佳的管理实践；

- 促进与利益相关者的互动及合作；
- 促进科学精益求精；
- 对司法制度中的政策做出贡献；
- 增强对法庭科学的信心；
- 高效利用资源。

SMANZFL 得到 8 个专家咨询小组的支持，这些专家咨询小组向 SMANZFL 提供咨询意见，并就技术系统、科学基础设施、研究与开发、培训、质量、立法政策和通信等方面进行讨论。SMANZFL 与专家咨询小组联系紧密，专家咨询小组向 SMANZFL 报告并通过 SMANZFL 做报告。有 8 个可代表以下学科法庭科学家的专家咨询小组：

- 医学
- 生物学
- 化学
- 文件检验
- 现场鉴定
- 毒理学
- 非法药物
- 电子证据

SMANZFL 执行委员会负责专家咨询小组的推广和咨询工作。专家咨询小组由 SMANZFL 代表的每个组织的专家组成。他们每年举行一次正式会议，但正式会议外还会举行会议。

致　谢

材料由 SMANZFL 网站提供：http://www.nifs.com.au/SMANZFL/SMANZFL.html。

参见

专业：澳大利亚和新西兰法庭科学学会（ANZFSS）。

相关网站

http://www.nifs.com.au：Senior Managers of Australian and New Zealand Forensic Laboratories.

全国医学检验员协会（NAME）

麦克斯·M. 霍克，美国，华盛顿特区，联合法医实验室
版权所有©2013 爱思唯尔公司。保留所有权利。

引　言

　　NAME 是一个包含医学检验员、医学死亡调查员和死亡调查系统管理员的全国性的专业组织，负责履行对美国公众死亡进行法医学调查的官方职责。NAME 成立于 1966 年，它的成立有着双重目的，即提高医学死亡调查员的专业性，并普及专业技术信息，以持续改进对暴力、可疑、异常死亡的医学调查。NAME 已扩大其范围，包括美国和其他国家的医学检验员、验尸官、医学死亡调查员和法医系统管理员。

　　NAME 成员为医学死亡调查提供专业知识，这对于民事和刑事司法系统的有效运作至关重要。NAME 是现今重要公共行政部门进行专业技术信息交换的国家论坛。NAME 旨在提升对个案的日常调查的表现，并促进死亡调查系统与其他机构和政治实体之间的相互作用，这些机构和政治实体与每个管辖区的死亡调查相关。

　　在美国，法医学死亡调查的发展缓慢而且艰辛。在许多司法辖区，医学死亡调查仍然由没有经过医疗培训的人员进行，或由受过少量死亡调查教育或没有受过此类教育的人员进行。NAME 通过不断制定和提高国家死亡调查标准，为那些寻求改善法医学死亡调查工作的个人和司法辖区提供资源。已发表的现代法医学死亡调查系统 NAME 标准为寻求改善死亡调查工作的司法辖区提供了一个模式。NAME 旨在让各个司法辖区都有能力充足的专业法医学死亡调查员。

　　作为一个协会，NAME 通过其成员与美国病理学家学会、美国临床病理

学家协会以及其他专业组织保持积极的合作关系。NAME 代表参与并服务于联邦、公共和私人组织中的一些共同关注项目。作为医学检验员的官方专业协会，NAME 提出了愿景：从美国医学协会代表团的一员，成长为一个有能力的国家死亡调查组织。同时，NAME 的教育功能指向了发展和完善行政高效、成本效益好的死亡调查体系。NAME 是医学死亡调查员和死亡调查系统管理员的国家论坛，用于讨论和传播相关信息。NAME 进一步鼓励成员参与执法人员培训、综合医疗专业人员培训、辅助医务人员培训以及与死亡案件相关的其他人员的培训。

NAME 的工作在官员和委员会的指导下进行，其董事会是由成员选举产生的。执行委员会负责 NAME 的财务和管理工作。常务委员会处理会籍和证书、教育、项目和出版物、伦理、标准、检查、认证以及财务等问题。鼓励所有成员参加 NAME 活动。NAME 总部位于亚特兰大，常任执行董事及兼职执行副总裁提供全年行政支持。

作为其在全国范围内提高死亡调查质量的使命的一部分，NAME 为法医学死亡调查机构提供自愿检查和认可计划。该计划旨在为改进职能机构提供专家评价和建议。NAME 的认可是医疗机构的荣誉和巨大成就。这意味着，对于公众来讲，医疗机构能力高并且公共服务表现好。NAME 还为寻求建立法医学死亡调查系统的司法辖区提供咨询服务，并为那些希望评估其行政职权范围内的死亡调查系统的政治实体提供咨询服务。

NAME 的会员资格向积极从事法医学死亡调查的所有医生、研究人员和管理人员开放。

成员由研究员、会员、预备会员和荣誉会员组成。研究员是法医学死亡调查员，他们具有由美国病理学委员会或由该委员会确定的国际同等委员会认可的资质，或在 2008 年之前完成了由法医学教育认可委员会认可的法医病理学培训计划，或由美国病理学委员会认证有资格在法医病理学领域实行检查。会员是指那些符合研究员标准的人之外的鉴定人员。会员包括病理学家、法医病理学家、医生法医和医生验尸官。预备会员是在申请会员时协助研究员或会员的人，他们是进行死亡调查的军事指挥部成员，官方死亡调查系统中的行政人员，研究员或会员在正式调查中使用或附属的协助员，其他辅助研究员、会员及预备会员进行死亡调查的非顾问式工作人员，以及高中毕业后在任何可以提供会员身份的领域接受培训的人员。荣誉会员是上述任一类别的成员，他们已经有了多年的会员资格，并且完全退出了法医学实践。

致 谢

材料由 NAME 网站提供：www. namus. gov。

参见

法医/病理学： *尸检；法医病理学原则和概述。*

扩展阅读

Hanzlick, R. , Combs, D. , 1998. Medical examiner and coroner systems history and trends. *Journal of the American Medical Association* 279 (11) , 870−874.

Hickman, M. , Strom, K. , Hughes, K. , Ropero-Miller, J. , 2004. *Medical Examiners and Coroners' Offices* , 2004. US Department of Justice, Bureau of Justice Statistics, Washington, DC.

法庭科学 DNA 咨询组：DAB、SWGDAM、ENFSI 和 BSNG

J. M. 巴特勒，美国马里兰州，盖瑟斯堡，国家标准和技术研究所

术语表

　　质量保证　一种活动系统，其目的是向产品或服务的生产者或用户确认产品或服务符合规定标准或质量。

　　验证　一种方法、仪器或计算机程序在被接受进行常规使用之前经过严格评估而被认定对某一特定目的有用的过程。

引 言

　　利用强大的 DNA 检测技术帮助在犯罪调查的背景下确定有罪或无罪，当务之急是采取措施来获得有信心的结果。本部分简要介绍了支持法庭科学 DNA 检测的国家级和国际级组织，它们以咨询者的身份实施准确可靠的测试并以质量保证手段协助工作。表 1 包括管理或协调法庭科学工作的主

要国家或地区团体。表 2 列出了本部分将涉及的法庭科学 DNA 咨询组的一些细节。

美国

在使用法庭科学 DNA 检测的头十年里，对其数据质量的担忧开始蔓延，这催生了美国境内的几个组织。此外，1992 年和 1996 年美国国家科学院国家研究委员会的报告侧重于高质量 DNA 结果的技术和统计问题。

DNA 分析方法技术工作组（TWGDAM）/DNA 分析方法科学工作组（SWGDAM）

TWGDAM 成立于 1988 年 11 月，由联邦调查局实验室资助来协助北美法庭科学 DNA 科学家。自 1998 年以来，DNA 分析方法技术工作组被称为 SWGDAM，意思是 DNA 分析方法科学工作组。SWGDAM 由大约 50 位科学家组成，他们代表美国和加拿大的联邦、州和地方法庭科学 DNA 实验室。ENFSI 的 DNA 工作组的代表也经常出席 SWGDAM 的会议。会议每年举行两次，通常在 1 月和 7 月举行。几年来，SWGDAM 公开会议与普洛麦格（Promega）公司每年秋季赞助的国际人类识别研讨会一起举行。自 2006 年以来，SWGDAM 公开会议是联邦调查局资助的 CODIS 会议的一部分。

自从该组织成立以来，已有 6 人担任 TWGDAM 或 SWGDAM 主席：詹姆斯·卡尼（James Kearney，联邦调查局）、布鲁斯·布德沃（Bruce Budowle，联邦调查局）、理查德·圭列里（Richard Guerrieri，联邦调查局）、大卫·考夫曼（David Coffman、佛罗里达州执法部门）和泰德·斯特普尔斯（Ted Staples，乔治亚州调查局）。2011 年 1 月，联邦调查局实验室主任安东尼·奥诺拉托（Anthony Onorato，联邦调查局）被任命为 SWGDAM 主席。

多年来，TWGDAM 或 SWGDAM 的许多委员会向整个工作组提出建议，涉及（不同时期）以下议题：限制性片段长度多态性，聚合酶链式反应，CODIS，线粒体 DNA，短串联重复解释，训练，鉴定，Y 染色体，专家系统，质量保证，失踪人员/巨灾，混合物解释，质谱，增强方法检测和解释，以及快速 DNA 分析。TWGDAM 于 1989 年、1991 年和 1995 年发布了 DNA 分析的质量保证指南。修订的 SWGDAM 验证指南于 2004 年发布，2010 年发布了常染色体 STR 分型解释指南。几个特设工作组就以下问题提出了建议：外包数据审查和部分匹配。SWGDAM 文件可通过《法庭科学通讯》获得，其是联邦调查局实验室发起的在线期刊。

表 1 协助法庭科学质量保证的组织

组织、起始年份	成员	网站
美国犯罪实验室主任协会（AS-CLD），始于 1976 年	美国联邦、州和地方实验室管理者；不直接与 SWGDAM 相关，但 ASCLD/LAB 适用 FBI 质量保证标准来审核 DNA	http：//www.ascid.org
欧洲法庭科学研究所联盟（EN-FSI），始于 1995 年	16 个工作组，包括一个关于 DNA 的	http：//www.entsi.eu
澳大利亚和新西兰法庭科学实验室高级管理人员学会（SMANZFL），始于 1986 年	8 个专家咨询小组，包括生物学专家咨询小组（BSAG）	http：//www.nits.com.au/SMANZFL/SMANZFL.html
刑事侦查和法庭科学研究拉丁美洲学会（AICEF），始于 2004 年	代表 19 个在欧洲和拉丁美洲的西班牙语和葡萄牙语国家，有 4 个工作组，包括一个关于法医遗传学的	http：//www.aicet.net/
亚洲法庭科学联盟（AFSN），始于 2008 年	5 个工作组，包括一个关于 DNA 的	http：//www.asianforensic.net

注：信息来自国际法庭科学战略联盟（IFSA）2010 年度报告。

表 2 法庭科学 DNA 咨询组

组织	成员	会议频率/目的
国际法医遗传学会（ISFG）DNA 委员会	ISFG 执行委员会和选定的专家；由彼得·吉尔博士主持	根据需要准备建议
DNA 分析方法科学工作组（SWGDAM）	美国和加拿大的联邦、州和地方 DNA 技术领导和特邀嘉宾（总共 40—50 人）；细分为 5—8 个委员会	每年召开两次会议、制定验证指南、解释 DNA 数据和其他主题
ENFIS 的 DNA 工作组	超过 30 个欧洲国家和特邀嘉宾（总共 90—100 人）；细分为 5 个委员会	每年与欧洲 DNA 分析小组会面两次
生物学专家咨询小组（BSAG）	澳大利亚和新西兰的每个法庭科学 DNA 实验室的代表（共 11 人）	在 SMANZFL 的指导下和在澳大利亚国家法庭科学研究所的支持下每年举行一次会议

DNA 咨询委员会（DAB）

DAB 是由美国国会通过 1994 年《DNA 鉴定法》设立和资助的国会授权咨询委员会。DAB 的首次会议于 1995 年 5 月 12 日举行，由诺贝尔奖获得者约书亚·莱德伯格（Joshua Lederberg）博士主持。DAB 由 13 名投票成员组成，其中包括来自联邦、州、地方和私人法庭科学实验室的科学家，不属于法庭科学实验室的分子遗传学家和群体遗传学家，国家标准技术研究所的代表，TWGDAM 主席，以及一名法官。

DAB 原有的投票成员包括约书亚·莱德伯格（洛克菲勒大学）、亚瑟·艾森伯格（Arthur Eisenberg，北德克萨斯大学健康科学中心）、雪莉·阿布拉姆森（Shirley Abrahamson，威斯康星州最高法院）、杰克·巴兰坦（Jack Ballantyne，萨福克郡犯罪实验室）、布鲁斯·布德沃（Bruce Budowle，联邦调查局实验室）、拉纳吉特·查克拉博蒂（Ranajit Chakraborty，德克萨斯大学健康科学中心）、伯纳德·德夫林（Bernard Devlin，卡内基梅隆大学）、玛西娅·艾森伯格（Marcia Eisenberg，美国实验室公司）、保罗·费拉拉（Paul Ferrara，弗吉尼亚州法庭科学局）、约翰·希克斯（John Hicks，亚拉巴马州法庭科学局）、玛格丽特·郭（Margaret Kuo，奥兰治县治安官办公室）、特里·拉贝（Terry Laber，明尼苏达州刑事侦查局）和丹尼斯·里德（Dennis Reeder，国家标准技术研究所）。DAB 的非投票成员是菲利普·赖利（Phillip Reilly，尤尼斯·施莱弗精神发育迟滞中心）、拉里·普雷斯利（Larry Presley，联邦调查局实验室）、杰·米勒（Jay Miller，联邦调查局实验室）和兰德尔·默奇（Randall Murch，联邦调查局实验室指定联邦雇员）。

DAB 成立 5 年内，为法庭科学 DNA 检测领域制定了质量保证标准（QAS）。当 DAB 的职责在 2000 年结束时，SWGDAM 被指定为负责提供 QAS 修改意见的小组。2007 年，SWGDAM 修订了法庭科学 DNA 检测实验室的 QAS 和 DNA 数据库实验室的 QAS。这些修订标准在联邦调查局实验室主任批准后于 2009 年 7 月 1 日生效。2011 年 1 月 SWGDAM 会议进一步修订数据审查标准，并于 2011 年 9 月 1 日起施行。

美国的法庭科学 DNA 实验室由国会授权，严格遵守 QAS。1998 年 10 月和 1999 年 4 月，根据 DAB 的建议，联邦调查局局长发布了法庭科学 DNA 实验室的 QAS 和被定罪人 DNA 数据库实验室的 QAS，解释了法庭科学 DNA 实验室如何开展业务。这些 QAS 在 10 年后修订，于 2009 年 7 月 1 日生效，并在 2011 年进行了关于数据审查的一些小修改。2009 年修订版还将被定罪人 DNA 数据库实验室的 QAS 更名为 DNA 数据库实验室的 QAS，以便它们适用于处理违法者、被捕者和被拘留者样本的实验室。美国法庭科学 DNA 实验室依 QAS 进行管理，并定期对其是否符合这些标准进行审核。

修订（及原始）版 QAS 涵盖 17 个主题：范围、定义、质量保证计划、实验室组织管理、人员、设施、证据/样本控制、验证、分析程序、设备校准和维护、报告/文件、审查、能力测试、纠正措施、审核、安全和外包。

美国犯罪实验室主任协会及其实验室认可委员会

美国犯罪实验室主任协会（ASCLD）及其实验室认可委员会（ASCLD/LAB）在美国和国际上对实验室认可计划发挥重要作用。ASCLD/LAB 的格言是"通过检查进行质量保证"。犯罪实验室认可计划是一个自愿计划，任何犯罪实验室都可以参与其中，以证明其管理、运营、人员、程序和工具符合严格的标准。认可的目标是提高刑事司法系统法庭科学实验室的整体服务水平。如果法庭科学实验室有兴趣获得认可，执行秘书可以收取 ASCLD/LAB 认可手册的费用。在法医生物学方面获得认可的实验室根据联邦调查局的 QAS 进行审核，用于与 DNA 检测相关的实验室操作。ASCLD/LAB 认可可能属于遗留计划或国际计划。然而，自 2009 年 4 月以来，没有新的遗留计划申请被处理。实验室可得到遗留计划的支持，直到它们可以转换到符合 ISO/IEC 17025 要求的 ASCLD/LAB-International。截至 2011 年 9 月，共有 389 个犯罪实验室获得 ASCLD/LAB 认可，尽管其并不都进行 DNA 检测。有关其他信息，请参阅 ASCLD/LAB 网站。

法庭科学质量服务协会（FQS）

FQS 是一个非营利性组织，其为美国的法庭科学实验室提供 ISO/IEC 17025 认证。FQS 由联邦调查局认可，执行 QAS DNA 评估，并提供认证培训讲习班。有关更多信息，请参阅 FQS 网站。

欧洲

与美国一样，自 20 世纪 80 年代后期以来，欧洲已经成立相关组织，帮助进行法庭科学 DNA 分析。

国际法医遗传学会（ISFG）DNA 委员会

ISFG 由来自 60 多个国家的 1100 多位科学家组成，目的是在人类血液法医标记领域推广科学知识。自 1989 年以来，ISFG 通过 DNA 委员会就 DNA 分析中的各种重要课题提出了建议。这些建议包括命名 STR 变异等位基因和 STR 重复命名、线粒体 DNA 和 Y-STR 问题、DNA 混合物解释、亲子鉴定生物学、灾难遇害者识别以及动物 DNA 在法医遗传学调查中的应用。更多信息请参阅 ISFG DNA 委员会网站。

欧洲 DNA 分析小组（EDNAP）

ISFG 的另一个工作组是 EDNAP，其由来自 17 个欧洲国家的 21 个实验室的成员以及来自美国和澳大利亚的几位受邀嘉宾组成，这些成员来自大学法庭科学研究所、政府法庭科学实验室，专注于法庭科学研究。丹麦的尼尔斯·莫林（Niels Morling）是 EDNAP 的主席。目前，奥地利、比利时、丹麦、英国、芬兰、法国、德国、希腊、意大利、荷兰、挪威、葡萄牙、西班牙、瑞典和瑞士都有代表。

EDNAP 成立于 1988 年 10 月，旨在协调用于法庭科学 DNA 调查的方法。EDNAP 每年举行两次会议（自 2004 年以来和 ENFSI 的 DNA 工作组会议同时举行），并定期组织协作练习，以评估方法，同时检查可以在哪些方面进行改进。这些实验室间的研究发表在科学文献中，有助于建立欧洲核心基因座，并处理新的标记系统（见 ISFG 网站）。奥地利因斯布鲁克法庭科学研究所开发并维护了 EDNAP 线粒体 DNA 人口数据库（EMPOP）。欲了解更多信息，请参阅 ED-NAP 网站。

ENFSI

ENFSI 于 1995 年正式启动，旨在制定成员国之间的数据交换标准，并通过进行实验室审核成为认证机构。今天，ENFSI 被公认为欧洲法庭科学界的唯一发言人。在 ENFSI 内，有一个 DNA 工作组每年举行两次会议，讨论法庭科学 DNA 报告和研究方式，与 SWGDAM 在北美洲所做的一样。

ENFSI 的 DNA 工作组有 5 个委员会被称为"研讨会"：（1）质量控制、质量保证、抽样包、培训和教学；（2）DNA 分析方法和解释；（3）DNA 数据库；（4）自动化和专家系统；（5）法医生物学。制造商被允许参加许多会议，并有机会分享他们最新产品的信息。

DNA 数据库委员会在 2010 年 4 月编制了一份关于 DNA 数据库管理的年度文件，其中包括 28 项建议（关于这些建议的审计问题已添加进最新版本）。ENFSI 网站定期进行和分享关于欧洲 DNA 数据库大小的报告和调查。2010 年 11 月发布了 DNA 员工培训和最低验证指南的建议。2008 年出版了一份关于 DNA 混合样本 Y-STR 分析的 ENFSI 合作项目成果，并就欧洲 DNA 混合物解释原则共识发表了一份声明。ENFSI DNA 工作组维护一个人口数据库，用于确定其网站上欧洲人群的匹配概率。

ENFSI 的 DNA 工作组的主席包括来自德国 BKA（Bundeskrimnnalamt）的英戈·巴斯蒂奇（Ingo Bastisch）、来自英国法庭科学服务公司的戴夫·沃瑞特（Dave Werrett）和林恩·费里迪（Lyn Fereday）。ENFSI 成员来自奥地利、比利时、波斯尼亚和黑塞哥维那、克罗地亚、塞浦路斯、捷克共和国、丹麦、爱沙尼亚、芬兰、法国、德国、希腊、匈牙利、意大利、拉脱维亚、立陶宛、黑山、荷兰、挪威、波兰、葡萄牙、俄罗斯、斯洛伐克、斯洛文尼亚、西班牙、瑞典、瑞士、土耳其和英国。来自美国、阿布扎比、澳大利亚的受邀嘉宾也经常参加 ENFSI 会议。有关其他信息，请参阅 ENFSI 网站。

西班牙语和葡萄牙语国家

AICEF 为欧洲和拉丁美洲的西班牙语和葡萄牙语国家提供服务，有来自 19 个不同国家的 32 名活跃成员。AICEF 有四个工作组：犯罪现场（CITEC）、法医遗传学（GITAD）、弹道学（CITBAF）和滥用药物（GITADA）。有关更多信息，请参阅 AICEF 网站。

澳大利亚、新西兰

NIFS

位于墨尔本的 NIFS 于 1992 年开始作为澳大利亚和新西兰法庭科学界的中心组织。NIFS 赞助和支持法庭科学研究，协助司法辖区之间的法庭科学服务的发展和协调，辅助培训计划和协调提供质量保证计划。2008 年，NIFS 成为新成立的澳大利亚/新西兰警务咨询机构的成员。NIFS 与 SMANZFL 密切合作。欲了解更多信息，请参阅 NIFS 网站。

SMANZFL

SMANZFL 由澳大利亚和新西兰法庭科学实验室主任组成，每年至少召开一次会议，旨在"追求卓越的法庭科学领导力"。SMANZFL 得到 8 个专家咨询小组的支持，涵盖医学、生物学、化学、文件检验、现场鉴定、毒理学、非法药物、电子证据等领域。有关更多信息，请参阅 SMANZFL 网站。

BSAG

BSAG 是 SMANZFL 的 8 个专家咨询小组之一，由 NIFS 资助，为实验室提供建议。BSAG 每年举行一次正式会议，还可以根据需要亲自或通过互联网举行额外的会议。BSAG 有来自澳大利亚和新西兰的 11 个组织的代表：维多利亚警察法庭科学服务中心、维多利亚法庭科学研究所、新南威尔士法庭科学研究所、新南威尔士警察法庭科学服务组、昆士兰州卫生局、北领地警察司法鉴定服务处、西澳大利亚州 PathWest、南澳大利亚州法庭科学研究所、塔斯马尼亚州法庭科学处、澳大利亚联邦警察局和新西兰 ESR（环境科学与研究）。塔斯马尼亚州法庭科学处的帕姆·斯科特（Pam Scotl）是目前的 BSAG 主席。BSAG 已经支持 ISFG DNA 委员会关于 DNA 混合物解释和事故遇难者识别的建议。有关更多信息，请参阅 BSAG 网站。

亚洲

亚洲法庭科学联盟（AFSN）是建立较晚的支持法庭科学的区域组织。AFSN 创建于 2008 年，共有 5 个工作组，涵盖 DNA、非法药物、毒理学、微量证据、质量保证和标准。AFSN 每年都举行会议。截至 2011 年 9 月，成员研究机构来自文莱达鲁萨兰国、印度尼西亚、韩国、老挝、马来西亚、蒙古、中国、菲律宾、新加坡、泰国和越南。有关更多信息，请参阅 AFSN 网站。

国际合作与协调

在国际层面，表 1 中列出的区域集团之间在努力进行更多的合作。2009 年成立的国际法庭科学战略联盟（IFSA），代表着区域性法庭科学实验室联盟（包括 ASCLD、ENFSI、SMANZFL、AICEF 和 AFSN）之间的伙伴关系。

虽然像 SWGDAM 或 ENFSI 这样的独立 DNA 咨询小组通常会产生自己的指导方针，但已经出现了几部联合出版物。2004 年，SWGDAM 组织了 SNP 分型的立场声明；ENFSI 强调，在可预见的未来，STR 标记可能仍然是国家 DNA 数据库的主要资源。2010 年，SWGDAM、ENFSI 和 BSAG 加入了关于消耗性污染问题和制造商及消费者潜在解决方案的立场文件。国际上继续追求这一主题，希望能够为法医级无 DNA 产品制定正式的 ISO 标准。

致　谢

非常感谢唐·赫肯汉姆（Dawn Herkenham）和林茨·威尔逊-怀尔德（Linzi Wilson-Wilde）对本部分的评论。本部分的观点是作者的观点，不一定代表美国司法部的官方立场或政策。需要识别某些商业设备、仪器和材料，以尽可能完整地指定实验程序。在任何情况下，这种识别都不意味着国家标准技术研究所的建议或认可，也不意味着所标识的任何材料、仪器或设备必然是最好的。

参见

生物学/DNA：国际法医遗传学会（ISFG）的历史；

因特网可访问的人口数据库：Y-STR 单倍型参考数据库（YHRD）和 EMPOP。

扩展阅读

Adams，D. E.，Lothridge，K. L.，2000. Scientific working groups. *Forensic Science Communications* 2 (3)，1–4. Available at：http://www.fbi.gov/about-us/lab/forensicscience-communications/fsc/july2000/swgroups.htm.

Aronson，J. D.，2010. On trial! Governing forensic DNA technologies in the USA. In：Hindmarsh，R.，Prainsack，B.（Eds.），*Genetic Suspects：Global Governance of Forensic DNA Profiling and Databasing.* Cambridge University Press，New York，pp. 240–261.

Butler，J. M.，2012. *Advanced Topics in Forensic DNA Typing：Methodology.* Elsevier Academic Press，San Diego.

DNA Advisory Board，2000. Statistical and population genetics issues affecting the evaluation of the frequency of occurrence of DNA profiles calculated from pertinent population database（s）. Forensic Science Communications 2 (3). Available at：http://www2.fbi.gov/hq/lab/fsc/backissu/july2000/dnastat.htm.

FBI Quality Assurance Standards，2011. Available at：http://www.fbi.gov/about-us/lab/codis/qas-standards-for-forensic-dna-testing-laboratories-effective-9-1-2011.

Gill, P. , Rowlands, D. , Tully, G. , Bastisch, I. , Staples, T. , Scott, P. , 2010. Manufacturer contamination of disposable plastic-ware and other reagentsdan agreed position statement by ENFSI, SWGDAM and BSAG. *Forensic Science International*: *Genetics* 4 (4), 269–270.

Gill, P. , Werrett, D. J. , Budowle, B. , Guerrieri, R. , 2004. An assessment of whether SNPs will replace STRs in national DNA databasesdjoint considerations of the DNA working group of the European Network of Forensic Science Institutes (ENFSI) and the Scientific Working Group on DNA Analysis Methods (SWGDAM). *Science & Justice* 44, 51–53.

Presley, L. A. , 1999. The evolution of quality assurance standards for forensic DNA analyses in the United States. Profiles in DNA 3 (2), 10–11. Available at: http://www. promega. com/profiles.

相关网站

http://www. ascld: lab. org–ASCLD/LAB.

http://www. nifs. com. au/smanzfl/SAGcriteria. pdf: BSAG.

http://www. isfg. org/EDNAP: EDNAP.

http://www. enfsi. eu/: ENFSI.

http://www. fbi. gov/about – us/lab/forensic – science – communications/: Forensic Science Communications.

http://www. fsigenetics. com/: Forensic Science International: Genetics.

http://www. forquality. org/: FQS.

http://www. isfg. org/: International Society for Forensic Genetics.

http://www. nifs. com. au/: NIFS.

http://www. SWGDAM. org: Scientific Working Group, DNA Analysis Methods.

国际法医遗传学会 (ISFG) 的历史

N. 莫林, 丹麦, 哥本哈根, 哥本哈根大学

1968 年 6 月 24 日, 在德国美因茨大学的一次会议上, 一组血型血清学专家创立了 ISFG, 它当时的名称是国际法医血液遗传学会。因此, ISFG 是德国的一个非营利性组织, 于 1968 年 7 月 31 日在德国美因茨地区法院注册 (注册号 1006)。

ISFG 最初的目标是建立人类血液遗传标记研究的科学平台，用于法庭科学领域。德语国家和其他国际成员的数量迅速增加，1989 年，ISFG 成为以德文和英文为正式语言的国际学会（国际法医血液遗传学会）。自 1993 年以来，ISFG 大会上的所有演讲都以英文进行。1991 年，学会名称改为国际法医遗传学会，反映出几乎所有类型的组织都可以用 DNA 方法分型。2011 年 ISFG 的章程如下页所示。

名誉会员

ISFG 的所有活动都是无偿的和非营利的。许多成员对社会做出了非常宝贵的贡献。ISFG 大会任命了一些名誉会员。

会员资格

2001 年，ISFG 已有来自 50 多个国家的 1100 多位个人会员。会员通常在学术机构（大学等）、刑事司法和警察组织、私人公司进行法医遗传学工作。会员的专长包括分子和人口遗传学、血型血清学、生物统计学、刑事法律、医学伦理等。申请人需要 ISFG 两名会员的推荐。会员费（2011 年：每年 60 欧元）包括两年一次的大会的注册费用，以及 ISFG 附属科学杂志《国际法庭科学：遗传学》的订阅费用（印刷版和在线版本）。

商业公司可以成为公司成员，表达对社会目标的支持。

双年度 ISFG 大会

ISFG 最重要的活动是每两年举行一次的国际大会。大会的地点和主席由 ISFG 常务会议决定。600 多人参加了 2007 年和 2009 年 ISFG 大会。

ISFG 大会会议记录

自 1997 年以来，ISFG 两年一次的大会会议记录已经在爱思唯尔公司出版的《法医遗传学进展》上发表。自 2007 年以来，大会会议记录可以通过《国际法庭科学：遗传学补充系列》（www.fsigeneticssup.com）免费获得。在 1985 年至 1995 年期间，大会会议记录发表在斯普林格公司出版的《法医流行病学进展》中。

ISFG 2011 年章程

第一节　注册名称和地点

国际法医遗传学会在美因茨注册。

第二节　目标

1. 该学会致力于推动对人类血液中的遗传标记物的认识的发展。这一目标通过学会科学会议、区域工作组会议、科学出版物实现。

2. 学会努力与其他科学机构合作。学会尤其要随时准备协助公众查询。

第三节　一般用途

1. 在德国税法（Abgabenordnung）的"受益人纳税目的"意义上，学会的唯一科学目的是给予。

2. 学会绝对不以营利为目的。学会基金仅可用于规定目的。不向会员收取费用，也不得从学会资金中扣除其他津贴。

3. 任何人不得以不适合学会目的或不适当津贴的方式获得支持。

第四节　会员资格

1. 任何对人类血液进行遗传标记研究的学术研究生，都可以申请成为会员。

2. 企业（如商业公司）可以注册成为会员，但没有投票权。

3. 会员资格申请向学会执行委员会提出，并要有两位会员的推荐信。由执行委员会决定是否能加入学会。

4. 会员资格因书面通知退出、死亡或取消资格而终止。撤回通知以挂号信方式发给执行委员会。

5. 贡献在血液遗传学方面非常重要的人和其他特别值得社会认可的人都可以被提名为名誉会员。这取决于大会的决定。

6. 会员资格不得用于广告目的。

7. 第 1 点所指人员以外对科学有兴趣的人士可以成为没有投票权的会员。

第五节　执行委员会

1. 执行委员会由主席、副主席、所有工作组的代表、秘书和财务主管组成。

2. 在大会上通过会员的秘密投票以简单多数票选举执行委员会。财务主管、秘书任期为 4 年，执行委员会其他成员任期 2 年。如果主席得到连任，那么副主席自动再连任 2 年。只允许连任一次。

3. 新当选的执行委员会在选举后的 1 月 1 日接任官方职务；在此之前，前执行委员会仍然在职。

4. 即使有成员在任期结束前离任，执行委员会仍有权通过决议。递补选举在下一届大会上进行。

5. 执行委员会可邀请嘉宾参加会议。

第六节　授权代表

根据《德国民法典》第 26 条，执行委员会的两名成员即能代表学会。

第七节　大会

大会特别注意以下几点：

○接收年度报告，也是财务主任的年度报告；

○选举执行委员会成员；

○执行委员会成员的救济；

○任命名誉会员；

○确定科学会议的时间和地点；

○必要时做出规定的决定；

○变更法规的决定；

○解散学会决定。

2. 大会以简单多数票通过决议，除非另有规定。

3. 一般来说，大会是在科学大会召开之际举行的。因此，执行委员会必须提前 6 周以书面形式通知大会的举行时间。不属于议程上的议题可以在没有决议的情况下引入，只要有 3/4 的成员赞成接受。

4. 特别全体大会可由执行委员会批准。必须有四分之一成员以正当理由提请执行委员会召开。

5. 经执行委员会决定，或应 100 名以上普通会员要求，或经出席大会成员中 2/3 以上同意，有关商业事项的表决可以通过信件进行。

第八节　科学会议

1. 至少每两年举行一次科学会议。

2. 每个成员都应该就计划递交提案。提案应在会议前至少 4 个月提交至执行委员会。由执行委员会决定文件的科学主题，并选择发言人。

3. 根据具体规定，可以每两年在科学会议上颁发 ISFG 科学奖。

第九节　会员订阅、审核员、营业年度

1. 提高年度会员订阅费，该事项应以日历表年初为最后期限，其金额由大会确定。订阅费的变更在下一个日历年开始时生效。

2. 荣誉会员无须交订阅费。对于公司成员，固定的订阅费已是最低的，并通过自我评估单独商定。

3. 在会计年度末尾，由大会选出的两名审计员对学会的现金账户进行审计，并向大会报告。

4. 会计年度与日历年相同。

第十节　工作组、委员会、调查团

1. 工作组为交流经验而工作。

2. 大会可以结束工作组、委员会和调查团。

第十一节　法规的变更

1. 修改章程的申请应有 1/5 以上会员签名，并附上修改理由，在大会举行前 3 个月递交给主席。

2. 执行委员会也有权附理由提议修改章程，且必须在大会的邀请下，使各成员了解相关主题。

3. 根据《德国民法典》第 33 条，变更章程的决议，需由出席大会成员的 3/4 多数决定；变更学会目的，需经全体成员同意。

第十二节　学会解散

1. 2/3 以上成员在大会前 3 个月将申请递交至执行委员会后，学会解散事宜方可列为议程。解散学会的决议需经出席成员的 3/4 多数通过。

2. 学会解散后，其财产归属于德国研究协会，用于一般实用目的。需获得相关财政部门的事先同意。

ISFG 科学奖

ISFG 董事会可以颁发科学奖。科学奖是在 ISFG 两年一次的大会上颁发的。鼓励获奖者在下一次 ISFG 大会上展示其科学工作。

基于语言的工作组

ISFG 有以下基于语言的工作组：中文、英语、法语、德语、意大利语和西班牙语–葡萄牙语。工作组通常处理有关区域或国家利益的项目。一些工作组还提供质量控制和能力测试练习（http://www.isfg.org，http://www.rtw-eswg.forensic.ku.dk 和 http://www.gep-isfg。org/ISFG/English/portada.php）。

DNA 委员会

自 1989 年以来，ISFG 委员会与受邀科学家一起，成立了各种特别工作组，即 ISFG DNA 委员会，它们讨论了重要的法医遗传学专题，并提出了建议。已发表的建议有助于建立新的分型方法和遗传系统的科学标准。

EDNAP

EDNAP 成立于 1988 年 10 月在伦敦举行的欧洲国家的法医遗传科学家会议。EDNAP 的初始目的是协调利用 DNA 技术进行犯罪案件调查，以便 DNA 结果可以在欧洲各地交流。1991 年，EDNAP 被接受为 ISFG 的工作组。约 20 个欧洲实验室是 EDNAP 的成员。EDNAP 与 ENFSI 的 DNA 工作组密切合作。两个工作组通常每年组织两次常务会议。EDNAP 组织练习来探索新法医遗传方法的标准化可能性。练习的结果发布并在 ISFG 网站上提供（参见 http://www. isfg. org）。

遵守法规

ISFG 成员资格不得用于广告目的。欲了解更多信息，请访问 http://www. isfg. org。

参见

法庭科学 DNA 咨询组：DAB、SWGDAM、ENFSI 和 BSAG。

扩展阅读

Amorim, A., Corte-Real, F., Morling, N. (Eds.), 2006. Progress in forensic genetics 11. 21st Congress of the International Society for Forensic Genetics, Ponta Delgada, Portugal, 2005. Elsevier, Amsterdam.

Brinkmann, B., Carracedo, A. (Eds.), 2003. Progress in forensic genetics 9. 19th Congress of the International Society for Forensic Genetics. Münster, Germany, 28 August – 1 September 2001. Elsevier, Amsterdam.

Carracedo, A., Bär, W., Lincoln, P., et al., 2000. DNA Commission of the International Society for Forensic Genetics: guidelines for mitochondrial DNA typing. *Forensic Science International* 110 (2), 79–85.

Doutremepuiche, C., Morling, N. (Eds.), 2004. Progress in forensic genetics 10. 20th Congress of the International Society for Forensic Genetics. Arcachon, France, 2003. Elsevier, Amsterdam.

Gill, P., Brenner, C., Brinkmann, B., et al., 2001. DNA Commission of the International Society of Forensic Genetics: recommendations on forensic analysis using Y-chromosome STRs. *Fo-

rensic Science International 124, 5-10.

Gill, P., Brenner, C. H., Buckleton, J. S., et al., 2006. DNA commission of the International Society of Forensic Genetics: recommendations on the interpretation of mixtures. *Forensic Science International* 160, 90-101.

Gjertson, D. W., Brenner, C. H., Baur, M. P., et al., 2007. ISFG: recommendations on biostatistics in paternity testing. *Forensic Science International Genetics* 1 (3), 223-231.

Gusmao, L., Butler, J. M., Carracedo, A., et al., 2006. DNA Commission of the International Society of Forensic Genetics (ISFG): an update of the recommendations on the use of Y-STRs in forensic analysis. *Forensic Science International* 157, 187-197.

Linacre, A., Gusmão, L., Hecht, W., et al., 2011. ISFG: recommendations regarding the use of non-human (animal) DNA in forensic genetic investigations. *Forensic Science International Genetics* 5 (5), 501-505.

Morling, N., Allen, R. W., Carracedo, A., et al., 2002. Paternity testing commission of the international society of forensic genetics: recommendations on genetic investigations in paternity cases. *Forensic Science International* 129 (3), 148-157.

Morling, N. (Ed.), 2008. Progress in forensic genetics 12. 22nd Congress of the International Society for Forensic Genetics. Copenhagen, Denmark, 2007. *Forensic Science International Genetics Supplement Series* 1 (1). Available at: http://www. fsigeneticssup. com/.

Morling, N. (Ed.), 2009. Progress in forensic genetics 13. 23rd Congress of the International Society for Forensic Genetics, Buenos Aires, Argentina, 2009.

Forensic Science International Genetics Supplement Series 2 (1). Available at: http://www. fsigeneticssup. com/.

Morling, N. (Ed.), 2011. Progress in forensic genetics 14. 24th Congress of the International Society for Forensic Genetics. Vienna, Austria, 2011. Forensic Science International Genetics Supplement Series 3 (1). Available at: http://www. fsigeneticssup. com/.

Prinz, M., Carracedo, A., Mayr, W. R., et al., 2007. DNA Commission of the International Society for Forensic Genetics (ISFG): recommendations regarding the role of forensic genetics for disaster victim identification (DVI). *Forensic Science International Genetics* 1 (1), 3-12.

相关网站

http://www. rtw: eswg. forensic. ku. dk-English Speaking Working Group of the International Society of Forensic Genetics.

http://www. isfg. org: Internal Society for Forensic Genetics.

http://www. gep-isfg. org: The Spanish and Portuguese-speaking Working Group of the International Society for Forensic Genetics.

全国失踪和身份不明人口系统（NamUs）

麦克斯·M. 霍克，美国，华盛顿特区，联合法医实验室

介　绍

据估计，约有 40 000 具身份不明的人类遗骸，或存放在法医和验尸官工作场所中，或在被确认身份之前被掩埋或火化。2007 年 6 月，司法统计局证实，一年中，法医和验尸官需要处理大约 4400 例不明身份的人类死亡案件，其中 1000 例在 1 年后仍未确定身份。司法统计局进一步确定了改进记录保留政策的必要性。截至 2004 年，超过一半（51%）的法医办公室没有保留身份不明人员的 X 光、DNA 或指纹记录的政策。然而，司法统计局还指出，超过 90% 的大型司法辖区的办事处确实有这样的政策。18 岁以下失踪人员的案件必须报告，成年失踪人员报告全凭自愿。只有少数几个州有法律要求执法机构编写成年失踪人员报告。总体而言，通过国家犯罪信息中心通报这些案件的比例很低。

NamUs 是集中存储失踪人员和身份不明死者记录的国家资源中心。NamUs 是一个免费的在线系统，（可由）全国各地的法医、验尸官、执法官员和公众检索，以期解决这些案件。

失踪人员数据库包含有关失踪人员的信息，任何人都可以输入；但是，将这些信息加入 NamUs 数据库之前，必须对信息进行验证。NamUs 为用户提供各种资源，既能打印失踪人员的海报，又能获得免费的生物信息收集和测试方面的帮助。其他资源包括与国家信息交换所、法医和验尸官办公室、执法机构、受害者援助团体和相关立法的链接。

身份不明人员数据库包含法医和验尸官输入的信息。身份不明人员指的是已经死亡且身份尚未确定的人。任何人都可以使用性别、种族、不同的身体特征甚至牙科信息等来搜索此数据库。

新增的未认领人员数据库（UCP）包含已经通过姓名识别但未确定或未

找到近亲属或家庭成员认领尸体而进行埋葬或其他处置的死者的信息。只有法医和验尸官可以在此数据库中输入案例。但是，公众可以使用失踪人员的姓名和出生年份来搜索此数据库。

当一个新的失踪人员或不明身份的死者案件被输入 NamUs 时，系统会自动执行数据库之间的交叉匹配，确定案例之间的匹配或相似性。NamUs 提供免费的 DNA 测试和其他法医服务，如人类学和牙科学援助。NamUs 失踪人员数据库和身份不明人员数据库现已提供西班牙语版本。

致谢

材料由 OJP 提供，来源于 http://www.namus.gov。

参见

生物学/DNA：DNA 数据库
调查：指纹
形态证据/指纹（指纹鉴定法）：鉴定和分析

扩展阅读

Ritter, N., 2007. Missing persons and unidentified remains: the nation's silent mass disaster. *NIJ Journal* 256, 2-7. http://www.nij.gov.

关键词

解剖学，BSAG，协作，座谈会，合作，死亡调查，DNA，DNA 咨询组，EDNAP，有效性，ENFSI，联邦调查局实验室，FEPAC，指纹，法医 DNA，法医牙科学，历史，鉴定，IFSA，国际，国际法医遗传学会（ISFG），实验室，失踪人员，网络，障碍，病理学，专业协会，专业组织，四重开发项目，质量保证，研究，SWGDAM，TIFS。

问题回顾

1. 为什么法庭科学家的国际合作很重要？
2. 法庭科学家的第一个专业组织是谁组建的？何时？
3. 什么是 AAFS？
4. 什么是官方出版物？
5. 什么是 ANZFSS？

6. 哪些国家是 ANZFSS 的一部分？

7. 什么是 ENFSI？

8. 什么是 EAFS？

9. 什么是 IAI？

10. IAI 涵盖哪些学科？

11. 什么是 ASCLD？

12. ASCLD 于何时由谁建立？

13. 什么是 SMANZFL？

14. SMANZFL 和 ASCLD 有什么共同之处？

15. 什么是 NAME？

16. NAME 与其他专业组织的区别是什么？

17. 什么是 DAB？

18. 什么是 SWGDAM？

19. 谁能向 DAB 授权？

20. 什么是 NamUs？它在刑事司法系统中扮演什么角色？

讨论问题

1. 为什么专业组织对法庭科学这样的学科很重要？成为这样一个组织的成员意味着什么？

2. 本节中的组织清单并不详尽，还有更多的存在。为什么有这么多组织？这对于法庭科学意味着什么？

3. 来自世界各地的科学和管理机构之间的相似之处是什么？

4. 所列组织的成员是自愿的。如果一名法庭科学家不属于任何组织，意味着什么？这很重要吗？

5. 许多组织都有正式附属于它们的期刊，你认为原因是什么？

补充阅读

Robertson, J., 2011. Forensic Science—A true profession? *Australian Journal of Forensic Sciences* 43 (2-3), 105-122.

Robertson, J., White, R., Kelty, S., Julian, R., 2014. Professionalization and crime scene examination. *Forensic Science Policy & Management: An International Journal* 5 (3-4), 99-111.

Williamson, T., 2013. Towards Greater Professionalism: Minimizing Miscarriages of Justice. *Investigative Interviewing*, 147.